PRESS

SAP PRESS ist eine gemeinschaftliche Initiative von SAP SE und der Rheinwerk Verlag GmbH. Ziel ist es, Anwendern qualifiziertes SAP-Wissen zur Verfügung zu stellen. SAP PRESS vereint das fachliche Know-how der SAP und die verlegerische Kompetenz von Rheinwerk. Die Bücher bieten Expertenwissen zu technischen wie auch zu betriebswirtschaftlichen SAP-Themen.

Felix Roth, Stefan Stöhr
BOPF – Business-Objekte mit ABAP entwickeln
400 Seiten, 2017, gebunden
SAP PRESS, ISBN 978-3-8362-5972-9

Horst Keller
ABAP – Die offizielle Referenz
1759 Seiten, 4., aktualisierte und erweiterte Auflage 2016, geb.
SAP PRESS, ISBN 978-3-8362-4109-0

Hermann Gahm, Thorsten Schneider, Eric Westenberger, Christiaan Swanepoel
ABAP-Entwicklung für SAP HANA
653 Seiten, 2., aktualisierte und erweiterte Auflage 2015, gebunden
SAP PRESS, ISBN 978-3-8362-3661-4

Roland Schwaiger
Schrödinger programmiert ABAP: Das etwas andere Fachbuch
742 Seiten, 2., korrigierte und erweiterte Auflage 2014, broschiert, in Farbe
SAP PRESS, ISBN 978-3-8362-2859-6

Aktuelle Angaben zum gesamten SAP PRESS-Programm finden Sie unter *www.sap-press.de*.

Renzo Colle, Ralf Dentzer, Jan Hrastnik

# Core Data Services für ABAP®

Rheinwerk
Publishing

# Liebe Leserin, lieber Leser,

Sie sind schon ein recht erfahrener ABAP-Programmierer, denken aber, dass die Entwicklung von analytischen und transaktionalen Apps einfacher gehen müsste? Lernen Sie mit diesem Buch die Core Data Services (CDS) kennen, die in der modernen Art der ABAP-Programmierung eine wichtige Rolle spielen. Auch SAP S/4HANA, die Business Suite der nächsten Generation, basiert auf CDS in Form des virtuellen Datenmodells.

Die Autoren Renzo Colle, Ralf Dentzer und Jan Hrastnik halten sich nicht mit Vorreden auf, sondern zeigen Ihnen direkt an einem ausführlichen Beispiel, wie Sie Ihre ersten eigenen CDS-Views programmieren. Dann steigen sie tiefer ein und stellen Ihnen CDS-Annotationen und CDS-Zugriffskontrollen im Detail vor. An praktischen Beispielen lernen Sie, wie Sie am einfachsten transaktionale und analytische Anwendungen modellieren. So verbessern Sie den Datenbankzugriff und die Performance Ihrer SAP-Anwendungen und profitieren vom besser verständlichen Datenmodell.

Wir freuen uns stets über Lob, aber auch über kritische Anmerkungen, die uns helfen, unsere Bücher zu verbessern. Scheuen Sie sich nicht, sich bei mir zu melden; Ihr Feedback ist jederzeit willkommen.

**Ihre Kerstin Billen**
Lektorat SAP PRESS


kerstin.billen@rheinwerk-verlag.de
www.rheinwerk-verlag.de
Rheinwerk Verlag · Rheinwerkallee 4 · 53227 Bonn

# Auf einen Blick

Wir hoffen, dass Sie Freude an diesem Buch haben und sich Ihre Erwartungen erfüllen. Ihre Anregungen und Kommentare sind uns jederzeit willkommen. Bitte bewerten Sie doch das Buch auf unserer Website unter **www.rheinwerk-verlag.de/feedback**.

An diesem Buch haben viele mitgewirkt, insbesondere:

**Lektorat** Kerstin Billen
**Korrektorat** Monika Klarl, Köln
**Herstellung** Kamelia Brendel
**Typografie und Layout** Vera Brauner
**Einbandgestaltung** Nadine Kohl
**Coverbild** iStock_497979751 © ChoochartSansong
**Satz** SatzPro, Krefeld
**Druck** Beltz Bad Langensalza GmbH, Bad Langensalza

Dieses Buch wurde gesetzt aus der TheAntiquaB (9,35/13,7 pt) in FrameMaker. Gedruckt wurde es auf chlorfrei gebleichtem Offsetpapier (80 g/m²). Hergestellt in Deutschland.

Bibliografische Information der Deutschen Nationalbibliothek:
Die Deutsche Nationalbibliothek verzeichnet diese Publikation in der Deutschen Nationalbibliografie; detaillierte bibliografische Daten sind im Internet über *http://dnb.d-nb.de* abrufbar.

**ISBN 978-3-8362-5902-6**

1. Auflage 2018
© Rheinwerk Verlag, Bonn 2018

Informationen zu unserem Verlag und Kontaktmöglichkeiten finden Sie auf unserer Verlagswebsite **www.rheinwerk-verlag.de**. Dort können Sie sich auch umfassend über unser aktuelles Programm informieren und unsere Bücher und E-Books bestellen.

# Inhalt

# 3   CDS-Annotationen 111

# 4   CDS-Zugriffskontrollen 137

# 5   Native SAP-HANA-Funktionen in CDS   163

# 6   CDS-Modelle für Anwendungsdaten   173

# 7 Das virtuelle Datenmodell in SAP S/4HANA 211

# 8 Modellierung analytischer Anwendungen 241

# 9 Modellierung transaktionaler Anwendungen 291

# 10 CDS-basierte Suchfunktionen 351

# 13  Problembehandlung

# Einleitung

*ABAP Core Data Services* (*CDS*) bilden die Grundlage des modernen Programmiermodells der *ABAP-Plattform* und sind somit ein wichtiger Bestandteil der aktuellen Technologiestrategie. Unter anderem erlaubt diese Technologie als Erweiterung von SQL die optimale und erweiterte Nutzung der *SAP-HANA-Datenbank*. Mit ABAP CDS und der Annotationstechnologie können umfangreiche Informationen modelliert werden, die sich optimal in die Schnittstellen für Cloud-Anwendungen oder andere Benutzerschnittstellen integrieren lassen, da hier mit *OData* ebenfalls ein stark modellbasiertes Protokoll verwendet wird. Daher bilden CDS und das darauf basierende Programmiermodell die Grundlage von *SAP-Fiori-Anwendungen*, die den neuen Standard für das moderne Aussehen von SAP-Anwendungen verkörpern.

Auch *SAP S/4HANA*, die Business Suite der nächsten Generation, basiert auf CDS in Form des virtuellen Datenmodells. In diesem Buch beschreiben wir die Nutzung von CDS aus Sicht von SAP S/4HANA und dessen Gesamtarchitektur. Daher beschreiben wir nicht nur die technischen Aspekte von CDS, sondern erläutern vielmehr die Motivation hinter den beschriebenen Ansätzen. Hierzu nutzen wir realitätsnahe Beispiele aus der Anwendungsentwicklung und ergänzen diese um Empfehlungen und Erfolgsrezepte für eine erfolgreiche Umsetzung Ihrer eigenen Projekte, die weit über die rein funktionalen Aspekte reichen.

Wir behandeln die wichtigsten Aspekte und Funktionen von ABAP CDS, die in konkreten Anwendungsfällen im Umfeld von SAP S/4HANA genutzt werden. Die technische Beschreibung sämtlicher Funktionen von CDS finden Sie in der SAP-Standarddokumentation. Diese ist (in der jeweiligen Version der ABAP-Plattform) auch ausschlaggebend bezüglich der anwendbaren Syntax und des unterstützten Funktionsumfangs. Das CDS-basierte Programmiermodell ist ein recht junges Programmiermodell und somit noch Änderungen und signifikanten Weiterentwicklungen unterworfen. Speziell im Umfeld von transaktionalen Anwendungen steht die Entwicklung des Programmiermodells noch am Anfang. Daher erwarten wir in zukünftigen Versionen hier die größten Änderungen und Erweiterungen, die die Implementierung noch effizienter gestalten und den Funktionsumfang erweitern. Dies sollten Sie bei der Umsetzung eigener Projekte stets beachten. Aus diesem Grund haben wir uns auch entschieden, das große Thema »Draft Handling« zunächst außen vorzulassen. Ebenso werden wir das Thema »Enterprise Search« bei den Suchfunktionen nicht behandeln.

Modernes ABAP-Programmiermodell

SAP S/4HANA

**Ziel des Buches**  Mit diesem Buch möchten wir Ihnen einen Überblick über das CDS-basierte Programmiermodell und mögliche Anwendungsfälle geben. Das vermittelte grundlegende Wissen soll Sie in die Lage versetzen, CDS-Views nach erprobten Regeln und Empfehlungen zu definieren und sinnvoll in Ihren Anwendungen zu nutzen sowie die SAP-S/4HANA-Standardanwendungen zu erweitern. Am Ende der Lektüre sollten Sie umfassende Kenntnisse über die hierzu notwendigen Konzepte sowie ein praktisches Verständnis dafür entwickelt haben, wie diese Konzepte beim Aufbau echter Anwendungen angewandt werden können und wie SAP diese Konzepte in SAP S/4HANA nutzt.

**Zielgruppe**  Das Buch richtet sich daher an ABAP-Entwickler, die ABAP-basierte Anwendungen für die Nutzung in der Cloud oder in SAP Fiori User Interfaces (UIs) entwickeln oder erweitern möchten. Grundlegende Kenntnisse der ABAP-Entwicklung sowie in SQL setzen wir voraus. Aber auch als Neueinsteiger in die ABAP- und SQL-Welt sollte Ihnen das Buch helfen, erste Anwendungen und Services mithilfe von CDS-Modellen zu erstellen. Sie können ohne selbst ABAP-Code zu schreiben, im Umfeld von analytischen und rein lesenden Anwendungen sehr schnell ansprechende Anwendungen und Schnittstellen entwickeln. Für den Einstieg in die transaktionale Welt ist ABAP hingegen als Programmiersprache für die Geschäftslogik unerlässlich. Zudem ist hierzu ein fundiertes Grundwissen des *Business Object Processing Frameworks* (*BOPF*) und der zugrunde liegenden Konzepte hilfreich. Auf diesen Themenkomplex werden wir im Rahmen dieses Buches nur grundlegend eingehen. Ebenso gehen wir nicht näher auf die Benutzerschnittstelle SAP Fiori ein und zeigen nur anhand von einfachen Beispielen, wie Sie ohne viel Aufwand auf Basis Ihres CDS-Modells einen OData-Service und ein SAP Fiori UI erstellen können. Das notwendige Wissen können Sie sich jedoch auch durch paralleles Studium entsprechender Literatur bzw. der SAP-Dokumentation aneignen.

## Aufbau des Buches

Im Folgenden geben wir Ihnen einen groben Überblick über die Kapitelstruktur und den Inhalt der einzelnen Kapitel. Die ersten drei Kapitel sollten hierbei als Grundlage sequenziell gelesen werden, da alle anderen Konzepte und Kapitel auf diesen Grundlagen aufbauen. Danach können Sie durchaus zwischen den einzelnen Kapiteln hin- und herspringen.

In **Kapitel 1**, »Schritt für Schritt zu Ihren ersten CDS-Views«, lernen Sie im Schnelldurchlauf, wie Sie Ihre ersten einfachen CDS-Views definieren können. Dabei stellen wir Ihnen neben den wesentlichen Teilen eines CDS-Views auch die wichtigsten Entwicklungswerkzeuge kurz vor.

In **Kapitel 2**, »Grundlagen der CDS-Datenmodellierung«, lernen Sie die technischen Grundlagen der CDS-Datenmodelle kennen. Dazu stellen wir Ihnen die aus Entwicklersicht relevanten CDS-Artefakte mitsamt ihren Komponenten anhand von Modellierungsbeispielen vor.

In **Kapitel 3**, »CDS-Annotationen«, erläutern wir Ihnen anhand von Beispielen die Grundlagen der CDS-Annotationen sowie deren Propagationslogik. CDS-Annotationen reichern die Datenmodelle mit semantischen Informationen an. Diese Informationen werden von den CDS-Verwendern interpretiert und steuern z. B. die Darstellung auf der Benutzeroberfläche oder das Aggregationsverhalten einer analytischen Anwendung.

In **Kapitel 4**, »CDS-Zugriffskontrollen«, beschäftigen wir uns mit den Berechtigungen beim Zugriff auf die von den CDS-Modellen exponierten Daten. Die Zugriffskontrolle über die Data Control Language CDS DCL) ermöglicht es Ihnen, mithilfe klassischer ABAP-Berechtigungsobjekte Selektionsergebnisse von CDS-Views, entsprechend den Berechtigungen des Anwenders, einzugrenzen. Wir erläutern die Grundlagen der CDS-Zugriffskontrollen und zeigen ihren konkreten Einsatz.

In **Kapitel 5**, »Native SAP-HANA-Funktionen in CDS«, beleuchten wir *CDS-Tabellenfunktionen*. Diese ermöglichen es Ihnen, native SAP-HANA-Funktionen über SQLScript in den CDS-View-Stack zu integrieren. Wir illustrieren beispielhaft die Modellierung von CDS-Tabellenfunktionen und heben ihre Besonderheiten hervor.

**Kapitel 6**, »CDS-Modelle für Anwendungsdaten«, bietet einen Überblick über die Anwendungsarchitektur in SAP S/4HANA und die Positionierung der Core Data Services innerhalb dieser Architektur. Anhand von Beispielen zeigen wir Ihnen, wie wichtige Aspekte von Anwendungsdaten mit CDS modelliert werden, z. B. Objektkompositionen, Fremdschlüsselbeziehungen und sprachabhängige Texte.

In **Kapitel 7**, »Das virtuelle Datenmodell in SAP S/4HANA«, erläutern wir das virtuelle Datenmodell (VDM) von SAP S/4HANA, das durch ausgewählte CDS-Views gebildet wird; die zentralen Qualitätsvorgaben genügen. Anhand von Beispielen stellen wir Ihnen die dabei angewandten Modellierungsregeln schematisch vor. Die Erläuterungen sollen Ihr Verständnis der von SAP ausgelieferten CDS-Modelle erleichtern und es Ihnen darüber hinaus ermöglichen, diese im Rahmen eigener Entwicklungen zielgerichtet zu verwenden.

In **Kapitel 8**, »Modellierung analytischer Anwendungen«, starten wir mit den ersten Anwendungsfällen. Wir gehen kurz auf die S/4HANA-Architektur für Embedded Analytics ein und erläutern Ihnen, wie CDS-Views hierzu genutzt werden können. Das verwendete analytische Modell beruht auf einem konsistenten Geflecht miteinander verknüpfter analytischer CDS-Views. Anhand von Beispielen zeigen wir Ihnen die Zusammenhänge zwischen diesen CDS-Views sowie deren Besonderheiten auf.

In **Kapitel 9**, »Modellierung transaktionaler Anwendungen«, beschäftigen wir uns dann mit den transaktionalen Anwendungen. Neben der Modellierung und Ausführung lesender Zugriffe ermöglicht CDS auch die Modellierung transaktionaler Aspekte. Die Einbindung einer transaktionalen Laufzeit sowie die speziellen Aspekte transaktionaler Anwendungen, wie z. B. das Sperren und die Geschäftslogik, erläutern wir Ihnen anhand entsprechender Beispiele.

In **Kapitel 10**, »CDS-basierte Suchfunktionen«, zeigen wir Ihnen, dass CDS auch als Grundlage für die Modellierung von Wertehilfen und Freitextsuchen genutzt werden kann. Sie erfahren, wie die Suchfunktionen in Anwendungsfälle integriert und verwendet werden können.

**Kapitel 11**, »Erweiterungen von CDS-Views«, bietet einen Überblick über die Möglichkeiten modifikationsfreier Erweiterungen durch Kunden und Partner. In der Cloud-Distribution von SAP S/4HANA unterstützen spezielle Applikationen einen erfahrenen Benutzer mit besonderen Berechtigungen, den Key User, darin, die notwendigen Erweiterungen vorzunehmen. Diese Erweiterungen müssen aus Sicht Ihres Lebenszyklus stabil sein, um reibungslose Upgrades zu gewährleisten. Dies setzt spezielle Vorbereitungen durch die Anwendungsentwicklung sowie das Einhalten von Stabilitätskontrakten voraus.

**Kapitel 12**, »Testautomatisierung«, bietet Ihnen einen Einstieg in die Erstellung automatisierter Tests für Ihre CDS-Modelle. Das hier vorgestellte *Test-Double-Framework* erlaubt es Ihnen, die Datenquellen von CDS-Views auszutauschen und damit die Testausführung von den tatsächlich persistenten Daten zu entkoppeln. Wir erklären Ihnen die Testautomatisierung mit den Test-Double-Frameworks anhand von Beispielen.

In **Kapitel 13**, »Problembehandlung«, geben wir Empfehlungen aus der Praxis, wie Fehler und Probleme gefunden und behoben werden können. Wir stellen Ihnen die für die Fehlersuche relevanten Werkzeuge vor und erläutern deren Verwendung.

Im Anhang finden Sie eine Übersicht über die in diesem Buch vorgestellten CDS-Annotationen als Schnellreferenz. Eine Übersicht über alle verfügbaren CDS-Annotationen finden Sie in der SAP-Dokumentation.

In diesem Buch verwenden wir Kästen, um Sie auf bestimmte Dinge gesondert hinzuweisen. In Kästen, die mit Hinweissymbol gekennzeichnet sind, finden Sie Informationen zu weiterführenden Themen oder wichtigen Inhalten, die Sie sich merken sollten.

[«]

Die mit dem Tippsymbol gekennzeichneten Kästen geben Ihnen spezielle Empfehlungen, die Ihnen die Arbeit erleichtern können.

[+]

Kästen mit dem Achtung-Symbol weisen Sie auf typische Probleme oder Fallstricke hin.

[!]

In eigener Sache

Die Beschreibungen und Beispiele beziehen sich auf den uns vorliegenden Stand der Technik (SAP NetWeaver AS ABAP 7.52); wir haben sie nach bestem Wissen und Gewissen erstellt, können Fehler jedoch nicht komplett ausschließen. Im Zweifelsfall konsultieren Sie die offizielle SAP-Dokumentation. Als Entwicklungsumgebung nutzen wir ABAP in Ecplise (ABAP Development Tools). Die Standardentwicklungssprache für Entwicklungsobjekte oder Kommentare im Quellcode ist Englisch. Für die Tests der Beispielapplikationen werden in vielen Beispielen auch deutsche Bildschirminformationen gezeigt. Sämtliche für den Endbenutzer relevanten Texte sind natürlich übersetzbar, und somit kann jede Anwendung auch lokalisiert werden.

## Danksagung

Wir möchten uns herzlich bei unseren Kollegen Christoph Glania, Roland Lucius, Horst Schnörer, Stefan Unnebrink und Felix Wente bedanken, die sich Zeit für Diskussionen und Reviews des Inhaltes des Buches genommen haben. Ihre Anmerkungen und Hinweise haben maßgeblich zum Gelingen des Buches beigetragen. Ganz besonders wollen wir auch unseren Familien und Freunden danken, deren Unterstützung uns den notwendigen Freiraum zur Erstellung des Buches gegeben hat.

Los geht's!

Und nun wünschen wir Ihnen viel Spaß beim Lesen und viel Erfolg bei der Umsetzung Ihrer Entwicklungsprojekte mit CDS.

**Renzo Colle**, **Ralf Dentzer** und **Jan Hrastnik**

# Kapitel 1

# Schritt für Schritt zu Ihren ersten CDS-Views

*Dieses Kapitel bietet Ihnen einen Schnelleinstieg in die Datenmodellierung mit Core Data Services (CDS). Sie erhalten insbesondere einen Überblick über die aus Entwicklungssicht relevanten Abläufe und Werkzeuge.*

In diesem Kapitel erfahren Sie im Schnelldurchlauf, wie Sie *CDS-Modelle* entwickeln und analysieren können.

Mit CDS-Modellen können Sie die Datenbeschaffung Ihrer Anwendung dergestalt erfassen, dass diese Logik unmittelbar in der Datenbank ausgeführt werden kann.

**Einführung der CDS-Views**

Die *CDS-Views* repräsentieren innerhalb der CDS-Modelle die aktuell bedeutendsten Design-Time-Artefakte. Sie gestatten es Ihnen, das starre Design der Datenbanktabellen durch entsprechende Formulierungen von Datenselektionen flexibel in geeignete CDS-Datenmodelle zu transformieren, auf denen Sie dann Ihre Anwendungen aufbauen können. Sie modellieren CDS-Views in einer Syntax, die ähnlich der *Structured Query Language* (SQL) ist, die Sie von Datenbanken her kennen. Dabei greifen Sie auf eine Vielzahl spezialisierter Entwicklungswerkzeuge zu, die in die ABAP-in-Eclipse-Umgebung integriert sind, die ABAP Development Tools (ADT).

Sie lernen anhand eines Referenzbeispiels die wesentlichen Entwicklungs- und Analysewerkzeuge kennen. Dabei stehen in diesem Kapitel nicht die Details der CDS-Implementierung im Vordergrund. Diese lernen Sie ausführlich in den Folgekapiteln kennen. In diesem Kapitel konzentrieren wir uns auf die im Rahmen Ihrer Entwicklungstätigkeit erforderlichen Abläufe und Vorgehensweisen sowie auf die verfügbaren Werkzeuge.

**Schwerpunkte des Kapitels**

Zunächst beschäftigen wir uns mit dem Design des Datenmodells Ihrer Anwendung. Aufbauend auf dem Modell der Datenbanktabellen, durchlaufen wir im Anschluss die einzelnen, praktisch ausführbaren Schritte zum Anlegen und Ändern der CDS-View-Modelle. Sie erfahren dabei, wie Sie auf der einen Seite CDS-Views als grundlegende Bausteine weiterer CDS-Views nut-

**Aufbau des Kapitels**

zen können. Außerdem lernen Sie, wie Sie die CDS-Views in Ihrer ABAP-Implementierung als Datenquelle nutzen können. Dazu selektieren Sie Daten des CDS-Views mit der Open-SQL-Syntax von ABAP.

Im Rahmen der dargestellten Pflegeprozesse stellen wir Ihnen weitere Funktionen zur Untersuchung der CDS-Modelle vor, die Ihnen helfen sollen, Analysen der CDS-Modelle künftig zielgerichtet durchzuführen.

## 1.1   Datenmodell der Anwendung definieren

Der wichtigste Schritt im Rahmen der Entwicklung von CDS-Modellen ist die Festlegung des Datenmodells, das der jeweiligen Anwendung zugrunde liegt. In dieser Designphase geht es vornehmlich darum, die verschiedenen Datenquellen bzw. die grundlegenden Entitäten, auf denen Ihre Anwendung beruhen soll, zu identifizieren und zu benennen. Die zunächst voneinander separierten Entitäten sollen dabei auch in eine semantische Beziehung zueinander gebracht werden.

**Grundlegendes Design ausarbeiten**

Bevor Sie mit Ihren Implementierungstätigkeiten beginnen, sollten Sie sich die Zeit nehmen, das Datenmodell Ihrer Anwendung sorgfältig auszuarbeiten und offene Fragen diesbezüglich zu klären. Sie sollten sich dabei, beginnend auf der Persistenzebene bis hinauf in die anwendungsspezifischen Verwendungen des Datenmodells, vorarbeiten. Mit ein wenig Übung wird Ihnen die anschließende Übertragung des ausgearbeiteten Datenmodells in eine CDS-basierte Implementierung desselben leicht gelingen.

Wenn Sie indes verfrüht mit der Implementierung der von Ihnen gewünschten Funktionen beginnen, können sich im Laufe Ihrer Entwicklungstätigkeiten Änderungszwänge ergeben, die aufgrund nur eingeschränkter Refaktorierungsmöglichkeiten sehr zeitaufwendige Anpassungen der bereits entwickelten CDS-Modelle erfordern.

Referenzbeispiel: Kundenauftrag

Betrachten wir dazu als Beispiel ein vereinfachtes Modell des *Kundenauftrags*, auf das sich viele weitere Ausführungen des Buches beziehen. Einen Überblick über das Datenmodell vermittelt Abbildung 1.1. Teile dieses Referenzmodells werden Sie im Laufe dieses Kapitels anlegen. Die vollständige Implementierung der Datenbanktabellen und CDS-Views finden Sie in den Codebeispielen, die Sie von der Webseite zum Buch *www.sap-press.de/4487* herunterladen können.

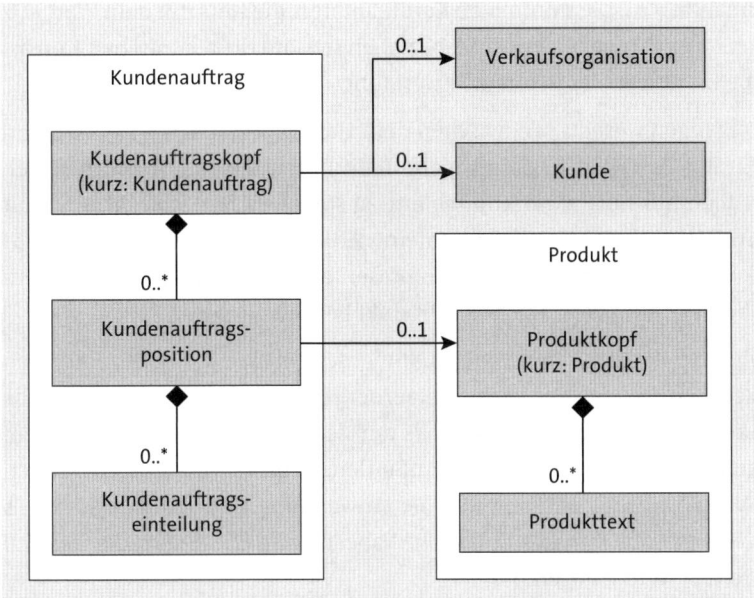

**Abbildung 1.1** Referenzdatenmodell des Kundenauftrags

Das Gesamtobjekt Kundenauftrag ist ein mehrgliedriges Dokument, das hierarchisch aus den Entitäten Kundenauftragskopf, Kundenauftragsposition und Kundenauftragseinteilung aufgebaut ist. Die Entität Auftragskopf hat darüber hinaus eine Beziehung zu Verkaufsorganisation und Kunde. Die Entität Kundenauftragsposition hat eine Beziehung zum Gesamtobjekt Produkt, das seinerseits aus der entsprechenden Kopfentität (Produktkopf) und der zugehörigen Entität Produkttext besteht.

**Entitäten des Referenzdatenmodells**

Zur Ableitung der Kardinalitäten der Beziehungen, d. h. der mengenmäßigen Zusammenhänge zwischen den genannten Entitäten, betrachten wir die Relationen auf der Ebene der miteinander in Verbindung stehenden Datensätze: Auf dieser Instanzenebene besitzt ein Auftrag einen Kopf, dem mehrere Positionen zugeordnet sein können (maximale Kardinalität »*«). Jeder einzelne Datensatz einer Position kann über Relationen zu mehreren Datensätzen der Einteilung verfügen (maximale Kardinalität »*«).

**Kardinalitäten der Entitätsbeziehungen**

Zu einem Datensatz eines Kundenauftragskopfes kann es jeweils maximal eine zugeordnete Verkaufsorganisation sowie einen Kundendatensatz geben (maximale Kardinalität »1«). Einem Datensatz der Kundenauftragsposition kann maximal ein Produkt und damit ein entsprechender Datensatz des Produktkopfes zugewiesen werden (maximale Kardinalität »1«). Für jeden Datensatz des Produktkopfes können zahlreiche mehrsprachige Texte als Datensätze der Entität Produkttext hinterlegt werden (maximale

Kardinalität »*«). Die minimalen Kardinalitäten, die stets mit dem Wert »0« in Abbildung 1.1 spezifiziert sind, beziehen sich auf die technischen Konsistenzbedingungen der Referenzanwendung.

Im Folgenden werden wir zwischen dem Gesamtobjekt Kundenauftrag und der Entität Kundenauftragskopf nicht mehr unterscheiden, sondern in beiden Fällen nur noch vom Kundenauftrag sprechen. In der Regel ist damit die Entität Kundenauftragskopf gemeint. Ähnliches gilt für die Entität Produktkopf, die im Folgenden als Repräsentant des Produkts mit diesem gleichgesetzt und vereinfacht als Produkt bezeichnet wird.

**Implementierung des Referenzdatenmodells**

Tabelle 1.1 zeigt eine Zusammenstellung der Objekte sowie der Entitäten des Referenzbeispiels. Sie vermittelt ferner einen Überblick darüber, wie die Entitäten des Referenzdatenmodells auf den zugrunde liegenden Datenbanktabellen abgebildet werden. Außerdem nennt sie die grundlegenden CDS-Views, die das Datenmodell der Anwendung CDS-seitig erfassen. Es handelt sich dabei um exemplarische Tabellen und CDS-Views, die Sie lokal in Ihrem System anlegen müssen.

| Objekt | Entität | Datenbank-tabelle | CDS-View |
|---|---|---|---|
| Kundenauftrag | Kunden-auftrag(skopf) | ZSALESORDER | ZI_SalesOrder |
| | Kundenauf-tragsposition | ZSALESORDER-ITEM | ZI_Sales-OrderItem |
| | Kunden-auftrags-einteilung | ZSALESORDERS-LINE | ZI_SalesOrder-ScheduleLine |
| Verkaufs-organisation | Verkaufs-organisation | ZSALESORG | ZI_Sales-Organization |
| Kunde | Kunde | ZCUSTOMER | ZI_Customer |
| Produkt | Produkt(kopf) | ZPRODUCT | ZI_Product |
| | Produkttext | ZPRODUCTTEXT | ZI_ProductText |

**Tabelle 1.1** Referenzdatenmodell mit zugehörigen Datenbanktabellen und CDS-Views

Wir verwenden für alle CDS-Modelle und deren Bestandteile englische Namen. Die angewandten Schreibweisen und die genutzten Präfixe orientieren sich an den Vorgaben des virtuellen Datenmodells (siehe Kapitel 7, »Das virtuelle Datenmodell in SAP S/4HANA«), denen ein großer Teil der von SAP ausgelieferten CDS-Modelle folgt. Da die CDS-Modelle des Referenzdatenmodells im lokalen Namensraum angelegt werden, steht ihrem Namen ein »Z« voran.

**Namen der CDS-Modelle**

**Kundennamensraum nutzen**

Wenn Sie CDS-Modelle anlegen, müssen Sie diese immer in Ihrem eigenen Namensraum definieren, um Namenskollisionen mit den von SAP ausgelieferten Modellen zu vermeiden.

## 1.2   Datenmodell der Anwendung implementieren

Wir möchten nun einen Auszug aus dem Referenzdatenmodell implementieren. Zuerst legen wir die Datenbanktabellen für die Kundenauftragsposition ZSALESORDERITEM und das Produkt ZPRODUCT an. In der Datenbanktabelle ZPRODUCT definieren wir im Anschluss den CDS-View ZI_Product, der fortan das Produkt repräsentieren soll. Danach legen wir den CDS-View ZI_SalesOrderItem an, der die Kundenauftragsposition repräsentieren soll. Die semantische Beziehung dieser beiden CDS-Views erfassen wir dabei modellseitig als *CDS-Assoziation* _Product. Assoziationen sind ein wichtiger integraler Bestandteil der CDS-Syntax (siehe Abschnitt 2.10, »Assoziationen«). Sie dokumentieren die Beziehung zwischen den CDS-Modellen im Sinne eines *Entity-Relationship-Modells* (ERM). Ein ERM beschreibt mithilfe von Entitäten, von deren Relationen und Eigenschaften ein semantisches Datenmodell, das Grundlage vieler Entwicklungsprojekte ist. Die Assoziationen können darüber hinaus sowohl zur Modellbildung als auch für Laufzeitzugriffe genutzt werden. Dies werden wir Ihnen später noch zeigen.

**Vorgehensweise im Überblick**

Schließlich legen wir einen weiteren CDS-View ZC_SalesOrderItemWithProduct an, der ein Beispiel für eine anwendungsspezifische Konsumentensicht auf das Datenmodell der Anwendung darstellen soll. Dieser CDS-View selektiert die Daten des CDS-Views der Kundenauftragsposition und reichert sie mit den Daten des CDS-Views des Produkts per Join-Verknüpfung an. Abbildung 1.2 illustriert die genannten Zusammenhänge.

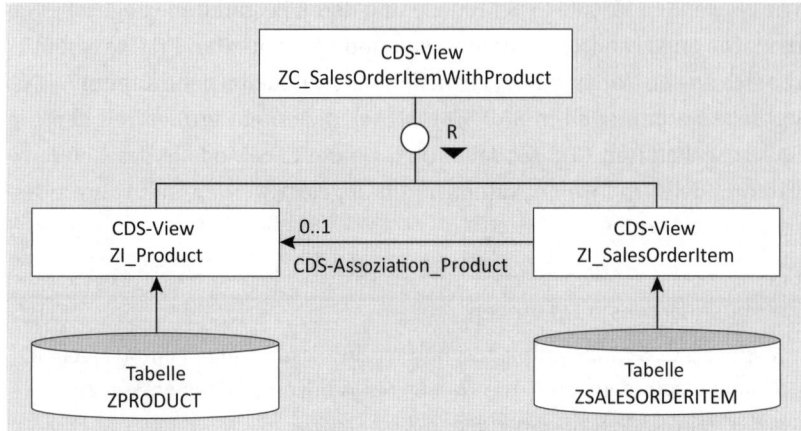

**Abbildung 1.2** Ausschnitt der Implementierung des Datenmodells der Referenzanwendung

### 1.2.1 Datenbanktabellen anlegen

Da das Design der Datenbanktabellen einer Anwendung oft bereits existiert (beispielsweise nutzen die S/4HANA-Modelle des Kundenauftrags die bereits zuvor definierte Datenbanktabelle VBAK), gehen wir nur in diesem Abschnitt auf die Definition von Datenbanktabellen anhand unseres Referenzbeispiels ein.

Sie können Datenbanktabellen in Transaktion SE11 der ABAP Workbench erfassen. Alternativ können Sie dazu die ABAP-in-Eclipse-Umgebung nutzen. Darin steht Ihnen ein Quelltexteditor für Datenbanktabellen in der Perspektive **ABAP** zur Verfügung. Wir wollen im Folgenden die ABAP in Eclipse-Funktionen zum Anlegen der beiden Datenbanktabellen aus Abbildung 1.2 nutzen.

Objekttyp auswählen

Zum Anlegen einer Datenbanktabelle wählen Sie den Pfad **File · New · Other** des Hauptmenüs. Alternativ können Sie diese Funktion auch über das Kontextmenü des Projektbaums des ABAP-Entwicklungssystems in der Sicht **Project Explorer** über **New · Other** aufrufen. In der nun erscheinenden Selektionsmaske wählen Sie die Einträge **ABAP · Dictionary · Database Table**. Sie können die Objektauswahl dabei durch die Eingabe des Filters **Database Table** einschränken. Das Ergebnis dieser Filterung wird in Abbildung 1.3 dargestellt. Sie bestätigen Ihre Auswahl durch Klicken auf **Next**.

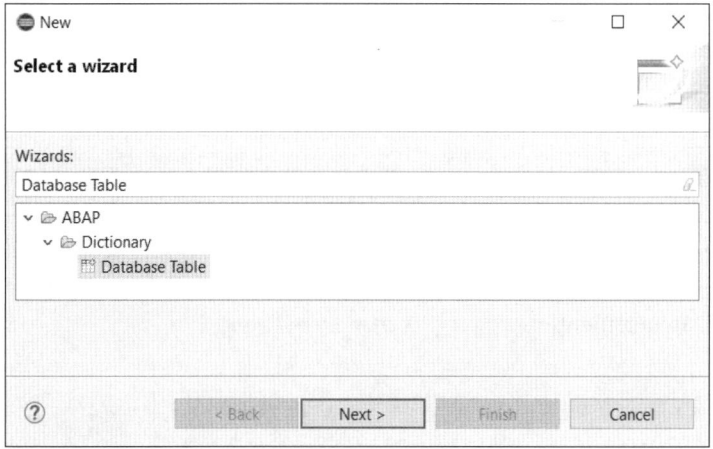

**Abbildung 1.3** Wahl der Anlage einer Datenbanktabelle

Die ausgewählte Funktion startet einen spezifischen Anlegen-Dialog für Datenbanktabellen, der Sie über zwei Schritte führt:

**Anlegen-Dialog aufrufen**

1. Zunächst erscheint ein modales Fenster, in dem Sie das ABAP-Projekt des Entwicklungssystems, das Paket sowie den Namen der Datenbanktabelle mitsamt ihrer Beschreibung erfassen.

   Abbildung 1.4 illustriert ein Beispiel. Darin wird das lokale Paket TEST_ CDS_REFERENCE_APPLICATION für die Anlage der Datenbanktabelle ZPRODUCT mit der Beschreibung »Product« genutzt. Wenn Sie das Beispiel nachvollziehen möchten, können Sie statt des angegebenen Pakets auch das lokale Paket $TMP verwenden. Sie bestätigen Ihre Eingaben mit **Next**.

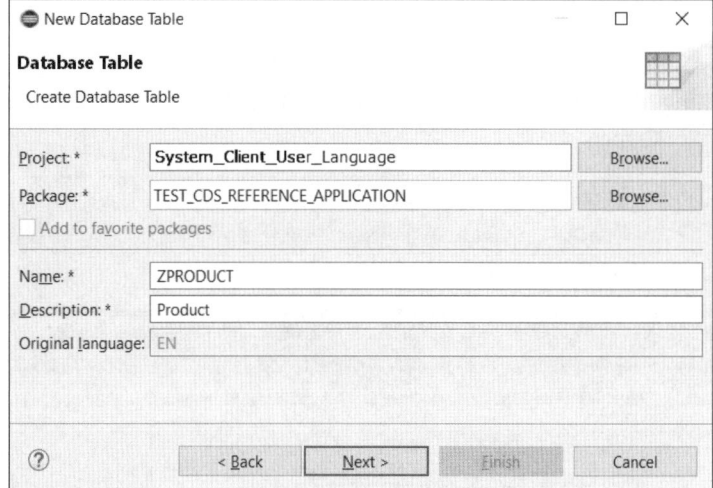

**Abbildung 1.4** Erster Dialogschritt beim Anlegen einer Datenbanktabelle

2. Im nächsten Dialogschritt können Sie einen Transportauftrag auswählen, unter dem Ihre Änderungen aufgezeichnet werden. Da wir im vorliegenden Fall ausschließlich lokale Objekte definieren, können Sie den Dialog durch Anklicken des Buttons **Finish** abschließen.

**Editor für Datenbanktabellen**

Damit öffnet sich der quelltextbasierte Editor für Datenbanktabellen. Geben Sie die in Abbildung 1.5 dargestellten Daten ein. Das heißt, Sie definieren neben dem Feld client ein weiteres Schlüsselfeld product sowie zwei weitere Felder product_type und creation_date_time und verknüpfen diese mit den Datenelementen matnr, mtart bzw. timestampl.

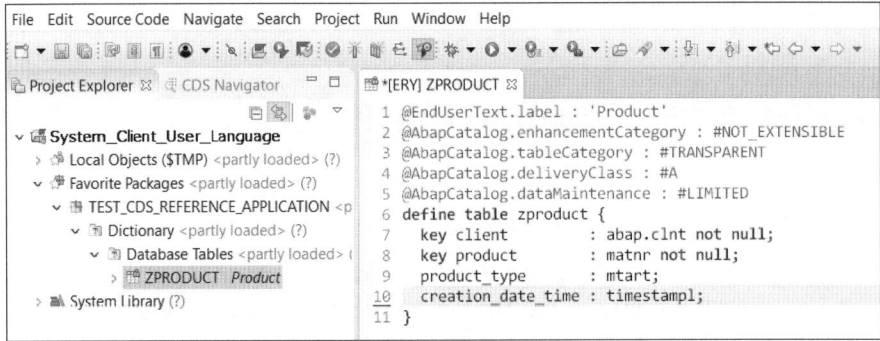

**Abbildung 1.5** Tabellendefinition ZPRODUCT vor dem Sichern

**Tabellendefinition aktivieren**

Sie können Ihre Tabellendefinition ZPRODUCT nun über den Pfad **Edit • Activate** des Hauptmenüs, anhand der Tastenkombination [Strg] + [F3] oder über das entsprechende Icon ![Icon] unter der Hauptmenüleiste aktivieren. Damit haben Sie eine transparente Datenbanktabelle für die Applikationsdaten des Produkts mit eingeschränkten Pflegemöglichkeiten sowie ohne Erweiterungsmöglichkeiten erfolgreich angelegt.

Abbildung 1.6 zeigt die korrespondierende Sicht auf Tabelle ZPRODUCT in der ABAP Workbench.

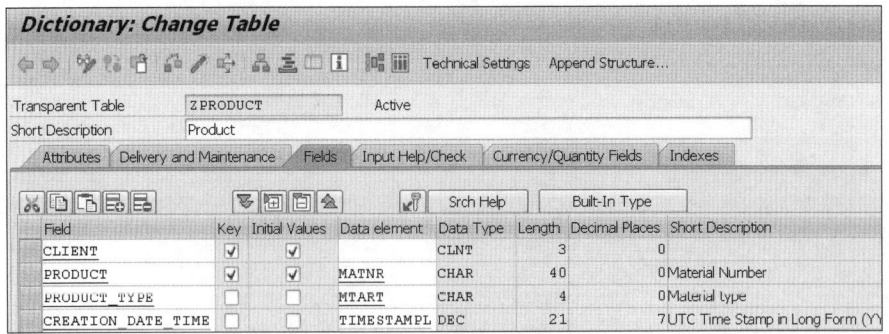

**Abbildung 1.6** Tabelle ZPRODUCT in der ABAP Workbench

Legen Sie nun die Tabelle der Kundenauftragsposition ZSALESORDERITEM analog zu Tabelle ZPRODUCT an. Übertragen Sie dabei die Daten aus Listing 1.1.

```
@EndUserText.label : 'Sales Order Item'
@AbapCatalog.enhancementCategory : #NOT_EXTENSIBLE
@AbapCatalog.tableCategory : #TRANSPARENT
@AbapCatalog.deliveryClass : #A
@AbapCatalog.dataMaintenance : #LIMITED
define table zsalesorderitem {
    key client           : abap.clnt not null;
    key salesorder       : vbeln not null;
    key salesorderitem   : posnr not null;
    product              : matnr;
    @Semantics.quantity.unitOfMeasure : 'zsalesorderitem.orderquantityunit'
    orderquantity        : kwmeng;
    orderquantityunit    : vrkme;
    @Semantics.amount.currencyCode : 'zsalesorderitem.transactioncurrency'
    netamount            : netwr_ap;
    transactioncurrency  : waerk;
    creationdate         : erdat;
    createdbyuser        : ernam;
    creationdatetime     : creation_date_time;
    lastchangedbyuser    : aename;
    lastchangedatetime   : last_changed_date_time;
}
```

**Listing 1.1**  Definition der Datenbanktabelle ZSALESORDERITEM

**Tabellendesign simplifizieren**

[+]

Wenn Sie das Tabellendesign Ihrer Anwendung definieren, sollten Sie darauf achten, die anzulegenden Datenbanktabellen an den Entitäten Ihres Datenmodells zu orientieren. Insbesondere sollten Sie Daten einer Entität nicht über mehrere Tabellen verteilen, da dies zusätzliche Join-Verknüpfungen für die Konsumenten Ihres Datenmodells erforderlich macht. Des Weiteren sollten Sie die Feldnamen der Datenbanktabellen an den extern verwendeten Namen orientieren, um notwendige Transformationen auf ein Minimum zu begrenzen.

### 1.2.2   CDS-View anlegen

CDS-Modelle werden in der ABAP-in-Eclipse-Umgebung entwickelt.

> **Einschränkungen der ABAP Workbench beachten**
>
> Die ABAP Workbench bietet Ihnen eine nur sehr rudimentäre Visualisie-
> rungsmöglichkeit für CDS-Modelle. Essenzielle Funktionen für die Entwick-
> lung von CDS-Modellen sind darin nicht integriert worden. Sie sollten
> daher stets mit der ABAP-in-Eclipse-Umgebung arbeiten.

**Objekttyp auswählen**   Beim Anlegen eines CDS-Modells gehen Sie ähnlich wie bei der zuvor erläu-
terten Anlage von Datenbanktabellen vor. Wählen Sie den Pfad **File • New •
Other** des Hauptmenüs. Im nun angezeigten Dialog (siehe Abbildung 1.7)
wählen Sie die Einträge **ABAP • Core Data Services • Data Definition**. Sie können die Objektauswahl dabei durch die Eingabe des Filters **Data Definition**
einschränken. Sie bestätigen Ihre Auswahl mit **Next**.

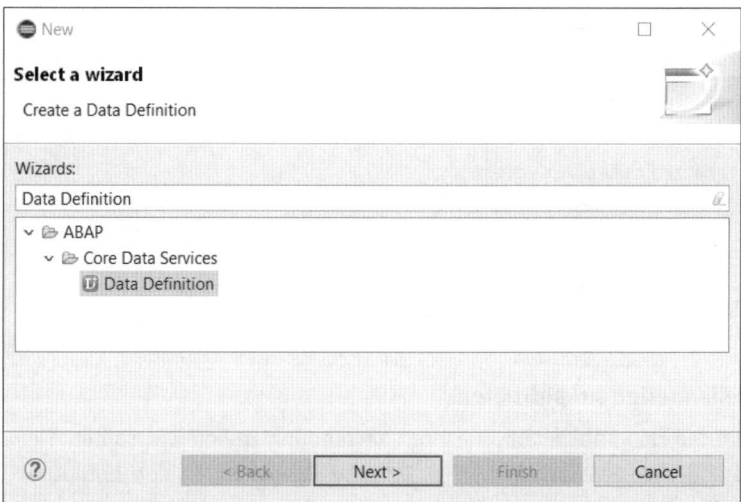

**Abbildung 1.7** Wahl der Anlage eines CDS-Datenmodells

**Anlegen-Dialog aufrufen**   Die Funktion startet einen spezifischen Anlegen-Dialog für CDS-Datenmodelle, der Sie durch mehrere Schritte führt. Zunächst erscheint ein modales
Fenster, in dem Sie das ABAP-Projekt des Entwicklungssystems, das Paket
sowie den Namen des Entwicklungs- bzw. Transportobjekts für das CDS-
Modell mitsamt seiner Beschreibung erfassen. Geben Sie darin den Namen
»ZI_Product« und die Beschreibung »Product« ein, wie in Abbildung 1.8 gezeigt. Sie bestätigen Ihre Eingaben mit **Next**.

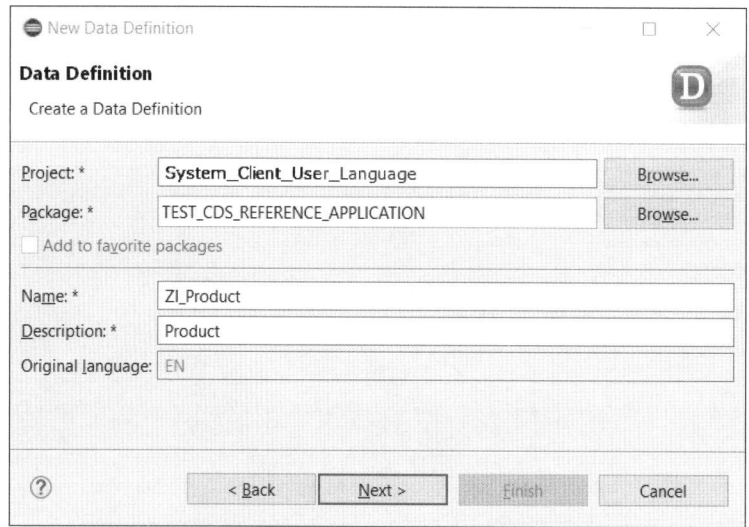

**Abbildung 1.8** Erster Dialogschritt beim Anlegen eines CDS-Datenmodells

---

**DDLS-Transportobjekt und CDS-Modell**                                    [!]

DDLS-Transportobjekt und CDS-Modell sind zwei verschiedene Design-Time-Artefakte: Das anzulegende *Transportobjekt*, die Data Definition Language Source (DDLS), beinhaltet die Definition eines CDS-Modells. Ein DDLS-Transportobjekt könnte theoretisch auch mehrere CDS-Modelldefinitionen beinhalten. Dies wird von der ABAP-Infrastruktur jedoch nicht unterstützt.

Die Namen dieser beiden Design-Time-Artefakte – DDLS-Transportobjekt und CDS-Modell – können technisch voneinander abweichen. Wir empfehlen Ihnen jedoch, diese beiden Namen stets so zu definieren, dass der DDLS-Name dem CDS-Modellnamen in Großbuchstaben entspricht. Ansonsten sind Sie bei späteren Analysen gezwungen, beide Namen mappen zu müssen.

---

Im nächsten Dialogschritt können Sie einen Transportauftrag auswählen, unter dem Ihre Änderungen aufgezeichnet werden. Sie können diesen Schritt mit **Next** überspringen.

Im letzten Schritt des Anlegen-Dialogs können Sie ein vordefiniertes Template auswählen, das Sie bei der Anlage Ihres Datenmodells unterstützen soll (siehe Abbildung 1.9).

Templates

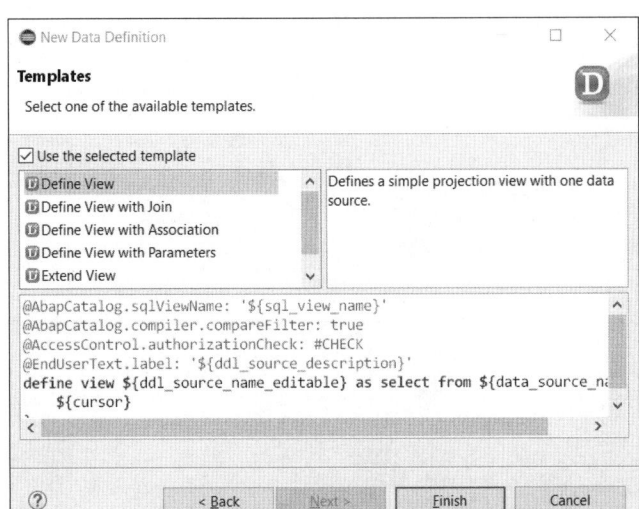

**Abbildung 1.9**  Auswahl eines Anlage-Templates im Anlegen-Dialog

[»]

**Verwendung der Anlage-Templates**

Die verfügbaren Standard-Templates decken typische Modellierungsfälle ab. Sie sollen Ihnen helfen, die erforderlichen Informationen effizient zu erfassen. Die Verwendung dieser Templates ist optional. Sie können auf die Nutzung dieser Funktionalität durch Abwählen der Option **Use the selected template** auch verzichten.

Da Sie einen CDS-View definieren wollen, wählen Sie das Template **Define View**. Bestätigen Sie Ihre Auswahl mit **Finish**.

CDS-Editor   Damit öffnet sich der quelltextbasierte CDS-Editor aus Abbildung 1.10. Der *CDS-Editor* ist das Hauptentwicklungswerkzeug für CDS-Modelle.

```
 *[ERY] ZI_PRODUCT
 1  @AbapCatalog.sqlViewName: 'sql_view_name'
 2  @AbapCatalog.compiler.compareFilter: true
 3  @AccessControl.authorizationCheck: #CHECK
 4  @EndUserText.label: 'Product'
 5  define view ZI_Product as select from data_source_name {
 6
 7  }
 8
 9
10
```

**Abbildung 1.10**  CDS-Editor nach dem Schließen des Anlegen-Dialogs

Auswirkungen des   Da Sie zuvor die Vorlage **Define View** ausgewählt haben, ist die Grundstruk-
Anlage-Templates   tur einer CDS-View-Definition bereits ausgeprägt. Der von Ihnen eingege-

bene Name für das Transportobjekt ZI_Product wird standardmäßig als Name des CDS-Modells wiederverwendet. Er findet sich hinter den Schlüsselworten define view, entsprechend der im ersten Dialogschritt von Ihnen festgelegten Schreibweise. Wir haben den DDLS-Namen dort daher in Camel-Case-Schreibweise erfasst, obwohl der Name des Transportobjekts selbst, im Gegensatz zum Namen des CDS-Modells, stets in Großbuchstaben vorliegt. Ebenso wird der beschreibende Text »Product« des Transportobjekts in die folgende Annotation des CDS-Views überführt:

```
@EndUserText.label:'Product'
```

Sie müssen nun den Namen des SQL-Views, der als Repräsentant des CDS-Views vom ABAP Dictionary generiert wird, angeben. Wir wählen den Namen »ZIPRODUCT«. Diesen legen Sie über die folgende Annotation im Datenmodell fest:

**CDS-View-Definition vervollständigen**

```
@AbapCatalog.sqlViewName:'ZIPRODUCT'
```

Als Nächstes tragen Sie die Datenbanktabelle ZPRODUCT als Datenquelle der Selektionsanweisung hinter den Sprachelementen select from ein. Nun können Sie die Feldliste Ihres CDS-Views innerhalb der geschweiften Klammern { } aufbauen. Der Editor unterstützt Sie dabei durch die Bereitstellung einer Vervollständigungsfunktion. Um diese nutzen zu können, platzieren Sie den Cursor innerhalb der geschweiften Klammern. Mit der Tastenkombination ⌈Strg⌉ + Leertaste können Sie nun einzelne selektierte Elemente oder aber auch alle Elemente der Datenquelle in die Projektionsliste Ihres CDS-Views übernehmen (siehe Abbildung 1.11).

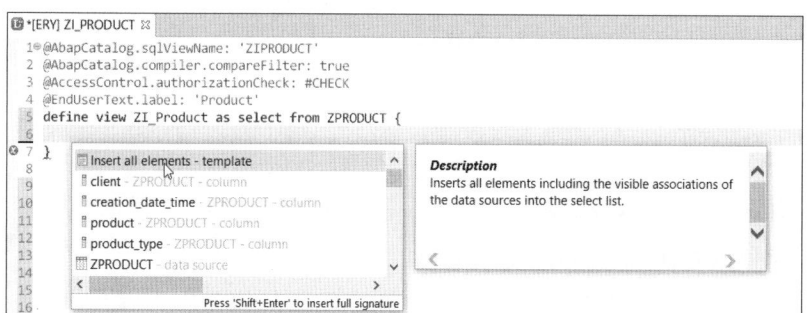

**Abbildung 1.11** Vervollständigungsfunktion des CDS-Editors

Übertragen Sie nun sukzessive die angebotenen Einzelfelder product und product_type, durch ein Komma getrennt, in die Projektionsliste des CDS-Views. Im Anschluss zeichnen Sie das Feld product durch Voranstellen des Syntaxelements key als Schlüssel des CDS-Views aus.

CDS-Namen definieren

Die Feldnamen der Tabellen sind in Kleinbuchstaben in den CDS-View übernommen worden. Im Gegensatz zum klassischen ABAP Dictionary unterstützen CDS-Modelle das Erfassen von Namen in der Camel-Case-Schreibweise.

[»]

### CDS-Namensgebung

CDS-Namen, die sich nur in Ihrer Groß- und/oder Kleinschreibung voneinander unterscheiden, werden in ABAP als identisch angesehen. Das heißt, Sie können nicht allein über die Groß- bzw. Kleinschreibung von Buchstaben zwei CDS-Namen voneinander abgrenzen.

Bei der Exponierung der CDS-Modelle in OData-Services bleiben die CDS-Namen in ihrer Schreibweise erhalten. Wir empfehlen Ihnen daher die Nutzung der Camel-Case-Schreibweise, auch wenn diese innerhalb der ABAP-Logik keine Auswirkung hat.

Im vorliegenden Fall wollen wir die Namen product und product_type in die Namen Product und ProductType überführen. Dazu nutzen wir die Aliasfunktion as der CDS-Sprache.

F1-Hilfe nutzen

Wenn Sie unsicher sind, welche Aufgaben ein Sprachelement erfüllt, können Sie aus dem Editor heraus die ABAP-Dokumentation zurate ziehen. Dazu positionieren Sie Ihren Cursor auf dem entsprechenden Sprachelement und verwenden ⌕F1⌕. Für das Sprachelement as erscheint daraufhin die in Abbildung 1.12 gezeigte ABAP-Hilfe.

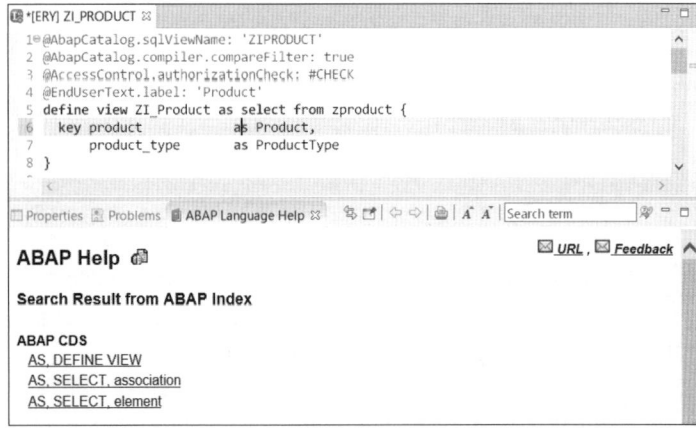

**Abbildung 1.12** Integrierte ABAP-Hilfe

CDS-View aktivieren

Mit den letzten Pflegeoperationen haben Sie alle Anpassungen des CDS-View-Modells vollzogen. Listing 1.2 zeigt Ihnen das Modell im Überblick.

```
@AbapCatalog.sqlViewName: 'ZIPRODUCT'
@AbapCatalog.compiler.compareFilter: true
@AccessControl.authorizationCheck: #CHECK
@EndUserText.label: 'Product'
define view ZI_Product as select from zproduct {
    key product      as Product,
        product_type as ProductType
}
```

**Listing 1.2** CDS-View ZI_Product

Sie können das CDS-Modell nun über den Pfad **Edit · Activate** des Hauptmenüs bzw. über die Tastenkombination [Strg] + [F3] aktivieren. Abbildung 1.13 zeigt die aktivierte CDS-View-Definition mit allen angesprochenen Anpassungen.

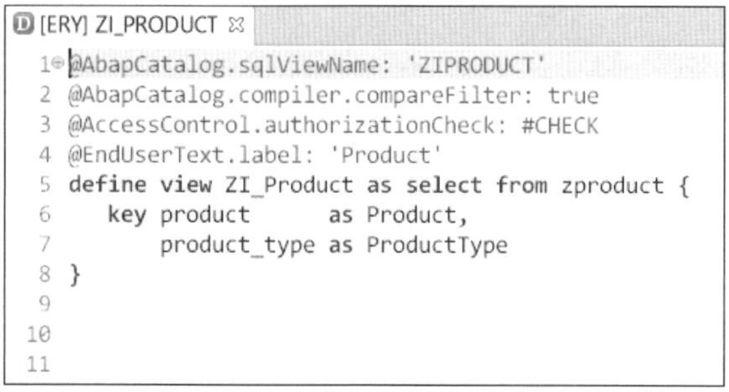

**Abbildung 1.13** Aktivierter CDS-View

Glückwunsch! Sie haben damit Ihr erstes CDS-Modell erfolgreich anlegt und aktiviert. Sie können Ihren CDS-View nun prinzipiell nutzen.

Mit dem erfolgreichen Abschluss der Aktivierung haben Sie drei Artefakte des ABAP Dictionarys erzeugt bzw. aktiviert. Tabelle 1.2 stellt diese in einer Übersicht zusammen.

ABAP-Dictionary-Artefakte des CDS-Modells

| ABAP-Dictionary-Artefakt | Name | Bedeutung |
|---|---|---|
| DDLS-Objekt | ZI_PRODUCT | transportierbares Entwicklungsobjekt |
| CDS-View | ZI_Product | Träger der Modellinformationen und Datenquelle in ABAP |
| SQL-View | ZIPRODUCT | Repräsentant des CDS-Views auf der Datenbankebene |

**Tabelle 1.2** ABAP-Dictionary-Artefakte des CDS-Views ZI_Product

Das DDLS-Objekt ZI_PRODUCT dient als Transportcontainer für den im Quelltext definierte CDS-View. Der CDS-View ZI_Product beinhaltet die modellierte SQL-Selektionslogik und weiterführende Metadaten. Wie diese Metadaten von der Laufzeitumgebung sowie den Frameworks ausgewertet bzw. zur Steuerung dieser genutzt werden können, erfahren Sie in den folgenden Kapiteln.

Wenn Sie den CDS-View in einer Datenselektion nutzen, wird der Datenzugriff während der Open-SQL-Laufzeit von ABAP an den generierten SQL-View ZIPRODUCT delegiert. Das heißt, der SQL-View bestimmt die tatsächliche Ausführung der Selektionsabfrage in der Datenbank.

SQL-Create-Anweisung   Über die Funktion **Show SQL CREATE Statement** des Kontextmenüs des Editors können Sie sich die Anweisung ansehen, die zum Anlegen des SQL-Views in der Datenbank führt (siehe Abbildung 1.14).

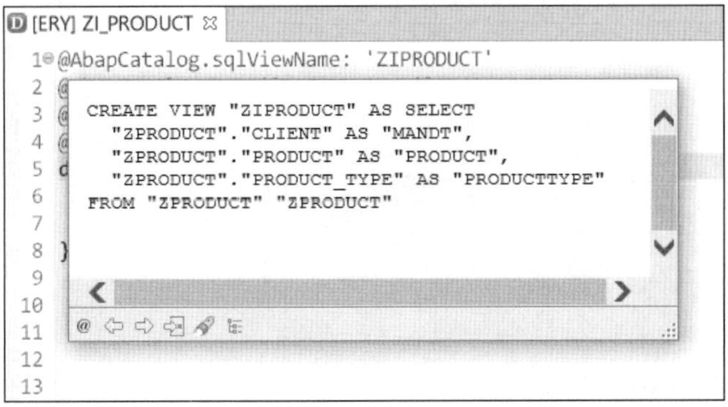

**Abbildung 1.14**  Create-Anweisung zur Anlage des SQL-Views ZIPRODUCT

Sie finden diesen SQL-View auch im ABAP Dictionary; im Editor können Sie sich ihn anzeigen lassen. Dazu platzieren Sie Ihren Cursor auf dem entsprechenden Wert »ZIPRODUCT« der Annotation @AbapCatalog.sqlViewName. Nun rufen Sie die Funktion **Navigate to** des Kontextmenüs auf, oder Sie verwenden F3. Abbildung 1.15 zeigt die entsprechende Sicht auf den generierten SQL-View.

Anders als die von Ihnen manuell im ABAP Dictionary angelegten SQL-Views trägt der aus den CDS-Modellen generierte SQL-View einen Verweis auf seine Definitionsquelle. Im vorliegenden Fall ist diese das DDLS-Transportobjekt ZI_PRODUCT. Sie finden diese Information in der Mitte von Abbildung 1.15 im dort zusätzlich eingeblendeten Feld **DDL Source**.

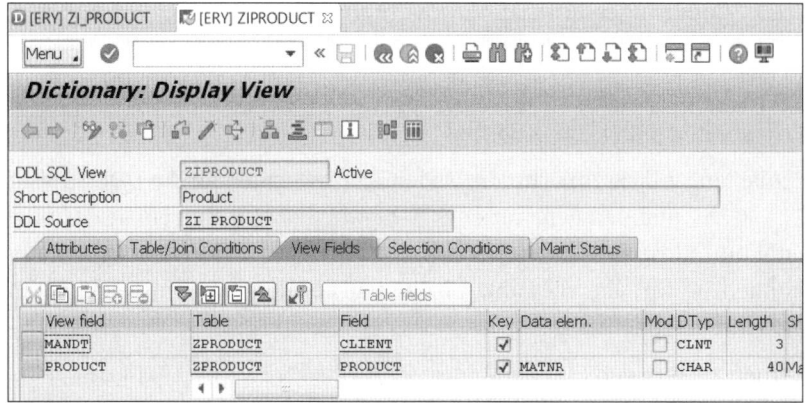

**Abbildung 1.15**  Anzeige des generierten SQL-Views

Alle drei genannten Artefakte des ABAP Dictionarys besitzen die gleiche Paketzuordnung. Im Project Explorer der ABAP-in-Eclipse-Umgebung finden Sie diese entsprechend unter dem sie einbettenden Paket (im Beispiel unter **TEST_CDS_REFERENCE_APPLICATION**).

**CDS-Artefakte im Project Explorer**

Wie in Abbildung 1.16 zu sehen ist, erreichen Sie das DDLS-Objekt bzw. den CDS-View darin, ausgehend vom einbettenden Paket, über den Pfad **Core Data Services • Data Definitions**. Den SQL-View erreichen Sie über den Pfad **Dictionary • Views**.

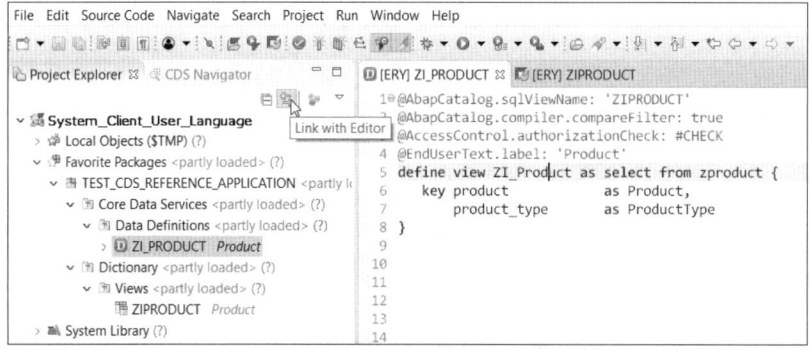

**Abbildung 1.16**  CDS-Artefakte im Project Explorer

**Synchronisation zwischen CDS-Editor und Project Explorer nutzen**

Sie können sich die Navigation zwischen den Eclipse-Sichten für die CDS-Modelle und dem Project Explorer erleichtern, wenn Sie die Funktion **Link with Editor** mit dem Icon 🔁 aktivieren. Diese Funktion ist in Abbildung 1.16 illustriert.

### 1.2.3   Änderungen am CDS-View vornehmen

Im nächsten Schritt wollen wir eine Änderung an dem zuvor anlegten CDS-View ZI_Product vornehmen und dabei weitere Funktionen der ABAP-in-Eclipse-Umgebung kennenlernen.

Schließen Sie dazu zunächst die beiden Eclipse-Sichten für das DDLS-Objekt ZI_PRODUCT und den generierten SQL-View ZIPRODUCT. Nutzen Sie dazu die Funktion **Close** im oberen Bereich der jeweiligen Editorsicht. Alternativ können Sie dort über die Funktion **Close All** des Kontextmenüs alle Sichten auf einmal schließen.

CDS-Editor für das angelegte CDS-Modell öffnen

Öffnen Sie nun den CDS-Editor des DDLS-Objekts ZI_PRODUCT. Dazu wählen Sie den Pfad **Navigation • Open ABAP Development Object** des Hauptmenüs. Alternativ können Sie auch die Tastenkombination ⌈Strg⌉ + ⌈⇧⌉ + ⌈A⌉ oder das Icon 🖫 nutzen.

In dem sich öffnenden Dialogfenster (siehe Abbildung 1.17), in dem Sie das DDLS-Objekt ZI_PRODUCT suchen wollen, legen Sie zunächst das ABAP-Projekt der Eclipse-Umgebung fest. Des Weiteren können Sie ein adäquates Filterkriterium spezifizieren, um die Ergebnisliste einzuschränken. Da wir gezielt nach dem angegebenen DDLS-Objekt suchen möchten, tragen Sie »type:ddls ZI_PRODUCT<« in das Eingabefeld für den Filter ein.

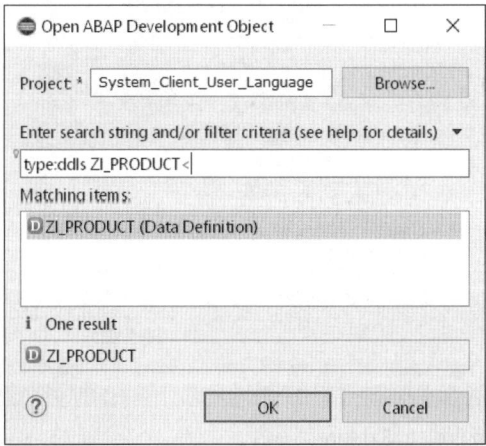

**Abbildung 1.17** Ladedialog mit Auswahl des DDLS-Objekts ZI_PRODUCT

Der erste Teil »type:ddls« Ihrer Eingabe grenzt den relevanten Bereich der Suche auf DDLS-Objekte ein. Der sich anschließende Name »ZI_PRODUCT« reduziert die Trefferliste auf alle DDLS-Objekte, deren Namen mit diesem Präfix beginnen. Das Suffix »<« bewirkt, dass die Suche exakt für den eingegebenen Namen durchgeführt wird. Demzufolge enthält das Selektionsergebnis einen einzelnen Eintrag »ZI_PRODUCT«, wie in Abbildung 1.17 dargestellt. Den darin markierten Eintrag können Sie mit **OK** in den CDS-Editor laden.

Anstatt ein CDS-Modell über den Ladedialog in den Editor zu übernehmen, können Sie auch den Project Explorer nutzen und darin das gewünschte Datenmodell durch Einfachklick (falls Sie die Synchronisation zwischen dem Project Explorer und dem CDS-Editor aktiviert haben) oder durch Doppelklick zur Anzeige bringen.

Fügen Sie nun am Ende der Projektionsliste des CDS-Views ZI_Product noch das zusätzliche Feld creation_date_time mit dem Aliasnamen Creation-DateTime ein. Das Ergebnis dieser Änderung zeigt Abbildung 1.18. Beachten Sie, das darin neben dem DDLS-Namen am oberen linken Rand des Bildes nun kleines Schloss eingeblendet ist und dass dort zusätzlich noch ein Stern »*« erscheint. Das Schlosssymbol deutet darauf hin, dass das DDLS-Objekt durch Ihre Änderungen gesperrt ist. Das Sternsymbol signalisiert Ihnen, dass Ihre Änderungen noch nicht gesichert sind.

*Änderungen am CDS-Modell verfolgen*

```
*[ERY] ZI_PRODUCT ⌗
 1  @AbapCatalog.sqlViewName: 'ZIPRODUCT'
 2  @AbapCatalog.compiler.compareFilter: true
 3  @AccessControl.authorizationCheck: #CHECK
 4  @EndUserText.label: 'Product'
 5  define view ZI_Product as select from zproduct {
 6      key product           as Product,
 7          product_type      as ProductType,
 8          creation_date_time as CreationDateTime
 9  }
10
11
```

**Abbildung 1.18**  CDS-View ZI_Product unmittelbar nach dem Hinzufügen des Felds CreationDateTime

Sichern Sie nun Ihre Änderungen über den Menüpfad **File • Save** bzw. mit ⌨Strg + ⌨S. Mit dem erfolgreichen Sichern verschwindet das Sternzeichen. Es erscheint stattdessen eine kleine graue Raute unter dem Schlosssymbol (siehe Abbildung 1.19).

*Modelländerungen sichern*

```
[ERY] ZI_PRODUCT ⌗
 1  @AbapCatalog.sqlViewName: 'ZIPRODUCT'
 2  @AbapCatalog.compiler.compareFilter: true
 3  @AccessControl.authorizationCheck: #CHECK
 4  @EndUserText.label: 'Product'
 5  define view ZI_Product as select from zproduct {
 6      key product           as Product,
 7          product_type      as ProductType,
 8          creation_date_time as CreationDateTime
 9  }
10
11
```

**Abbildung 1.19**  CDS-View ZI_Product nach dem Sichern der Modelländerungen

**Sicht »Properties« nutzen**

Der aktuelle Zustand eines Objekts wird auch in der Sicht **Properties** wiedergegeben (siehe Abbildung 1.20). Diese zeigt Ihnen weiterführende administrative Informationen zu einem CDS-Modell. Aktuell ist das neu hinzugefügte Feld noch nicht in das aktive CDS-View-Modell übernommen worden. Entsprechend wird darin die **Version** des CDS-Views als **Inactive** geführt.

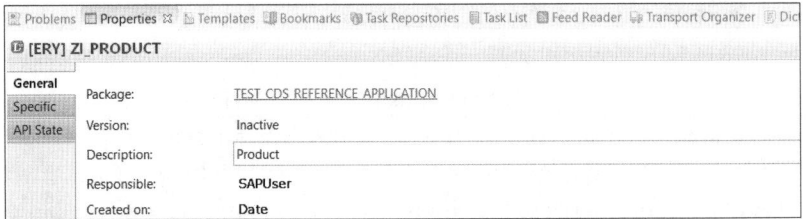

**Abbildung 1.20**  Sicht »Properties« nach dem Sichern der Modelländerungen

**Anzeigewechsel zwischen inaktiv und aktiv**

Sie können sich den aktiven Stand des Modells ansehen, wenn Sie das Kontextmenü im Editor aufrufen und dort den Eintrag **Show Active Version** auswählen. Der Inhalt des Editorfensters des DDLS-Objekts ZI_PRODUCT entspricht daraufhin der Darstellung in Abbildung 1.13. Gleichzeitig ändert sich die unter der Bezeichnung **Version** in der Sicht **Properties** angezeigte Information. Der in Abbildung 1.21 angezeigte Text vermittelt, dass es neben der aktiven Version des CDS-Modells auch noch eine inaktive Version gibt.

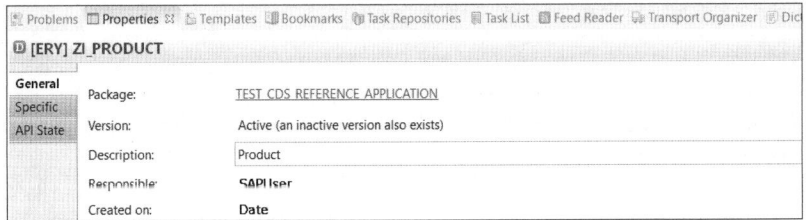

**Abbildung 1.21**  Sicht »Properties« nach dem Wechsel zur Darstellung der aktiven Version des CDS-Modells

Sie können nun zur inaktiven Version zurückkehren, indem Sie auf **Show Inactive Version** im Kontextmenü des Editors klicken. Aktivieren Sie nun Ihre Änderungen!

[+]

**Wechsel zwischen Versionen nutzen**

Der Wechsel zwischen der aktiven und inaktiven Version eines CDS-Modells ist insbesondere dann hilfreich, wenn Sie Aktivierungsprobleme analysieren und dabei die Veränderungen zwischen dem bereits aktivierten CDS-Modell und der aktuell inaktiven Version nachvollziehen wollen (siehe Kapitel 13, »Problembehandlung«).

### 1.2.4   CDS-View-Stack aufbauen

Im Folgenden möchten wir die beiden noch fehlenden CDS-Views `ZI_Sales-OrderItem` und `ZC_SalesOrderItemWithProduct` aus Abbildung 1.2 anlegen. Dazu gehen wir schrittweise unter Beachtung der vorliegenden Abhängigkeitsbeziehungen zwischen den CDS-View-Modellen vor.

**[«]**

#### Eingeschränkte Massenaktivierungsfunktionalität

Der CDS-Editor bietet Ihnen mit der Funktion **Activate inactive ABAP development objects** bzw. mit der Tastenkombination ⌈Strg⌉ + ⌈⇧⌉ + ⌈F3⌉ zwar die Möglichkeit an, mehrere CDS-Modelle für die Aktivierung auszuwählen, diese Massenaktivierung unterliegt aber starken funktionalen Einschränkungen. Sie sollten Ihre CDS-Modelle daher stets sukzessive aufbauen. Insbesondere wenn zyklische Abhängigkeiten zwischen Änderungen an verschiedenen CDS-Modellen vorliegen, müssen Sie diese Änderungen in der Regel in mehrere voneinander unabhängige Teiländerungen aufspalten, um sie erfolgreich aktivieren zu können.

Wenn Sie beispielsweise den Namen eines Felds eines CDS-Modells umbenennen wollen, müssen Sie dieses Feld zunächst aus allen verwendenden CDS-Modellen entfernen und diese ehemals das Feld verwendenden CDS-Modelle aktivieren. Erst danach können Sie die Umbenennung durchführen und aktivieren. Im Abschluss müssen Sie das umbenannte Feld dann erneut in die zu verwendenden CDS-Modelle aufnehmen und diese aktivieren.

Legen Sie als Erstes den CDS-View `ZI_SalesOrderItem` an. Folgen Sie dabei der in Abschnitt 1.2.2, »CDS-View anlegen«, beschriebenen Vorgehensweise. Übertragen Sie die in Listing 1.3 enthaltene Definition des CDS-Views in Ihre DDLS-Quelltextdatei `ZI_SALESORDERITEM`.

**CDS-View ZI_Sales-OrderItem anlegen**

```
@AbapCatalog.sqlViewName: 'ZISALESORDERITEM'
@AbapCatalog.compiler.compareFilter: true
@AccessControl.authorizationCheck: #CHECK
@EndUserText.label: 'Sales Order Item'
define view ZI_SalesOrderItem
   as select from zsalesorderitem
   association [0..1] to ZI_Product as _Product
     on $projection.Product = _Product.Product
{
   key salesorder          as SalesOrder,
   key salesorderitem      as SalesOrderItem,
       product             as Product,
```

```
                 @Semantics.quantity.unitOfMeasure: 'OrderQuantityUnit'
                 orderquantity        as OrderQuantity,
                 @Semantics.unitOfMeasure:true
                 orderquantityunit   as OrderQuantityUnit,
                 _Product
}
```

**Listing 1.3** CDS-View ZI_SalesOrderItem

**Assoziation _Product**

Darin finden Sie die Definition einer Assoziation mit dem Namen `_Product`. Diese CDS-Assoziation dokumentiert die Beziehung zwischen dem Quell-CDS-View `ZI_SalesOrderItem` und dem Ziel-CDS-View `ZI_Product` im Sinne eines ERM. Dabei werden gemäß der spezifizierten On-Bedingung die Datensätze der Quelle und des Ziels genau dann miteinander verknüpft, wenn sich die in ihnen erfassten Werte für das Feld `Product` gleichen. Entsprechend bewegt sich die Zielkardinalität der Assoziation zwischen »0« und »1«, wenn es keinen bzw. einen korrespondierenden Datensatz des Produkts gibt.

Wenn Sie eine Assoziationsdefinition für den Verwender Ihres CDS-Views nutzbar machen wollen, müssen Sie diese, wie im vorliegenden Fall, analog zu den Feldern in die Projektionsliste des CDS-Views aufnehmen und damit exponieren. Nähere Informationen zur Nutzung der Assoziationen erhalten Sie in den nachfolgenden Kapiteln. Beispielsweise erläutert Ihnen Kapitel 6, »CDS-Modelle für Anwendungsdaten«, den Einsatz von Assoziationen bei der Definition von Fremdschlüsselbeziehungen.

**CDS-View testen**

Bevor Sie fortfahren, sollten Sie den aktivierten CDS-View `ZI_SalesOrderItem` testen. Dazu müssen Sie zunächst geeignete Daten in den Datenbanktabellen `ZPRODUCT` und `ZSALESORDER` hinterlegen. Um das diskutierte Beispiel praktisch nachvollziehen zu können, legen Sie jeweils zwei Datensätze in diesen Datenbanktabellen gemäß Tabelle 1.3 an.

| Tabelle | Feld | | |
|---------|------------|----------------|---------|
|         | SALESORDER | SALESORDERITEM | PRODUCT |
| ZSALESORDERITEM | »S1« | »000010« | »P1« |
|         | »S1« | »000020« | »P2« |
| ZPRODUCT | – | – | »P1« |
|         | – | – | »P2« |

**Tabelle 1.3** Minimale Daten zum Nachvollziehen des Testbeispiels

Wählen Sie daraufhin im Kontextmenü des CDS-Editors den Pfad **Open With · Data Preview**. Abbildung 1.22 zeigt die sich öffnende Sicht auf das Ergebnis der automatisch durchgeführten Selektion auf dem CDS-View ZI_SalesOrderItem. Durch Anklicken der Spaltenüberschriften können Sie diese Liste sortieren. Ferner können Sie das Ergebnis über zusätzliche Filterbedingungen (**Add filter**) bedarfsweise einschränken.

**Data Preview nutzen**

Wählen Sie nun einen Datensatz, dem ein Produkt zugeordnet ist. Im dargestellten Beispiel wird dieser Datensatz durch die beiden Schlüsselfelder SalesOrder (mit dem Wert »S1«) und SalesOrderItem (mit dem Wert »000020«) bestimmt. Entsprechend der Anzeige beinhaltet dieser Datensatz eine Referenz auf das Produkt »P2«.

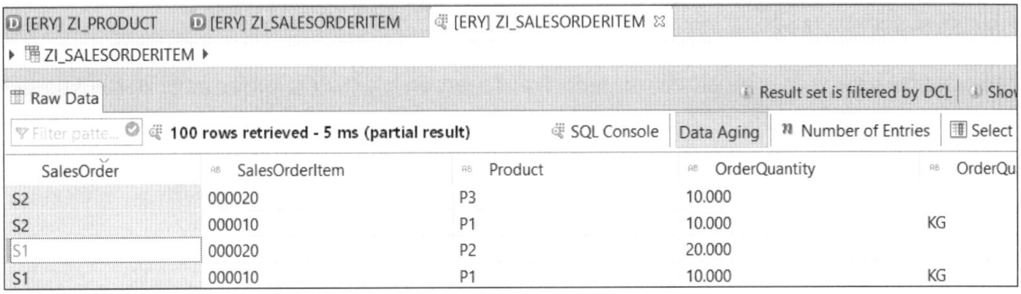

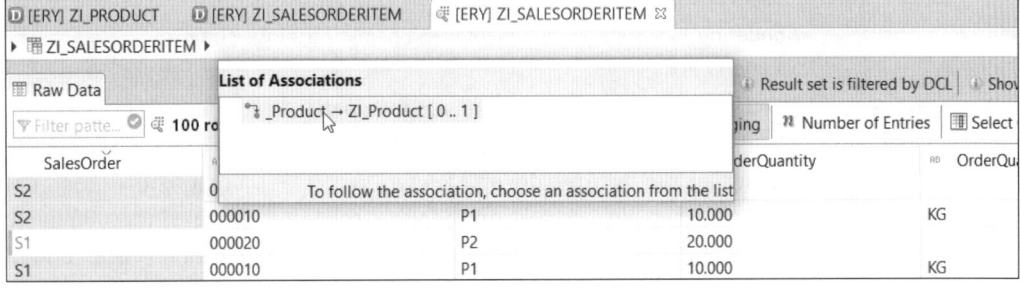

**Abbildung 1.22**  Anzeige des Selektionsergebnisses im Data Preview

Oberhalb der Ergebnisliste finden Sie einen grau hinterlegten Bereich, in dem der Name des CDS-Modells in Großbuchstaben zwischen zwei Pfeilsymbolen eingebettet ist. Wenn Sie auf das rechte Pfeilsymbol klicken, erscheint eine Auswahlliste zu den im CDS-View exponierten Assoziationen (siehe Abbildung 1.23). Diese können Sie für die Navigation zum Assoziationsziel nutzen.

**Navigation im Data Preview nutzen**

**Abbildung 1.23**  Auswahl von Assoziationen zur Navigation im Data Preview

Klicken Sie auf die Assoziation _Product. Die in Abbildung 1.24 dargestellte Ergebnisliste zeigt nun den Datensatz zu Produkt »P2« an. Sie sehen ober-

halb der Ergebnisliste den verfolgten Pfad, ausgehend vom CDS-View ZI_
SALESORDERITEM über die Assoziation _Product bis hin zum Ziel-CDS-View
ZI_Product. Durch Anklicken des ersten Pfadsegments ZI_SALESORDERITEM
können Sie zur ursprünglichen Ergebnisliste zurückkehren.

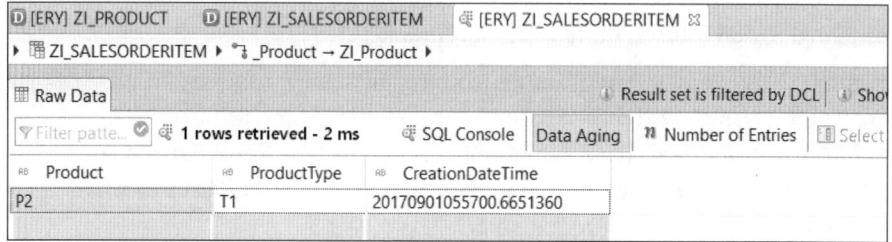

**Abbildung 1.24** Anzeige des Navigationsziels im Data Preview

**Sicht »SQL Console«
nutzen**
Wir möchten uns jedoch ansehen, welche Selektionsanfrage zu dem dargestellten Ergebnis geführt hat. Dazu klicken Sie auf den Button **SQL Console**
oberhalb der Ergebnisliste. Es öffnet sich eine weitere Sicht (siehe Abbildung 1.25), in der Sie die dem in Abbildung 1.24 präsentierten Resultat zugrunde liegende Selektionsanweisung finden.

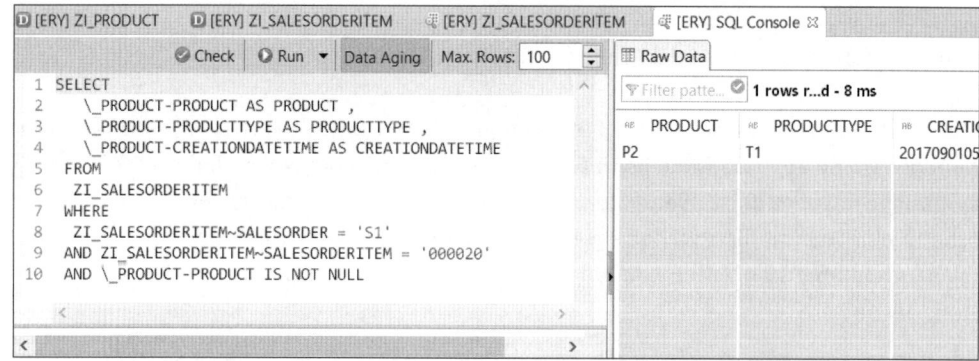

**Abbildung 1.25** Sicht »SQL Console« mit Selektionsanweisung

**Analyse der
Selektions-
anweisung**
Die dargestellte Selektionsanweisung verwendet die Open-SQL-Syntax von
ABAP. Ausgehend von der Datenquelle der Selektion, dem CDS-View ZI_
SalesOrderItem, werden die drei Felder Product, ProductType und Creation-
DateTime über die Assoziation _Product selektiert. Dabei finden Pfadaus-
drücke Verwendung, innerhalb derer die Assoziationen mit einem
Schrägstrich \ eingeleitet und über einen Bindestrich vom Feldnamen se-
pariert werden, z. B. \_Product-Product. Gemäß der On-Bedingung der Asso-
ziation _Product werden implizit nur die Werte der Datensätze aus dem
CDS-View ZI_Product zurückgestellt, deren Feld Product den gleichen Wert

besitzt wie das korrespondierende, namensgleiche Feld der selektierten Datensätze des Quell-Views ZI_SalesOrderItem.

Das Selektionsergebnis wird mit der formulierten Where-Bedingung zudem auf diejenigen Einträge eingegrenzt, für die die Datensätze der Datenquelle ZI_SalesOrderItem den Wert »S1« für das Feld SalesOrder und den Wert »000020« für das Feld SalesOrderItem tragen. Zusätzlich wird durch die Where-Bedingung \Product-Product is not null eingefordert, dass es für jeden selektierten Quelldatensatz im Selektionsergebnis mindestens einen zugehörigen Datensatz des Ziel-Views ZI_Product gibt.

Wir wollen diese Selektionsabfrage dahingehend verändern, dass wir die Einschränkung auf die Auftragsposition in Zeile 9 entfernen. Nach dem Starten der Abfrage mit **Run** in der Sicht **SQL Console** zeigt die Ergebnisliste in Abbildung 1.26 daraufhin zwei Einträge. Diese umfassen neben dem zuvor bereits selektierten Produkt »P2« auch das Produkt »P1«. Der Datensatz mit dem Produkt »P1« resultiert im Beispiel aus der zusätzlich selektierten Auftragsposition, die durch die Schlüsselfelder SalesOrder (mit dem Wert »S1«) und SalesOrderItem (mit dem Wert »000010«) identifiziert wird und deren Feld Product den Wert »P1« aufweist.

**Selektionsanweisung verändern**

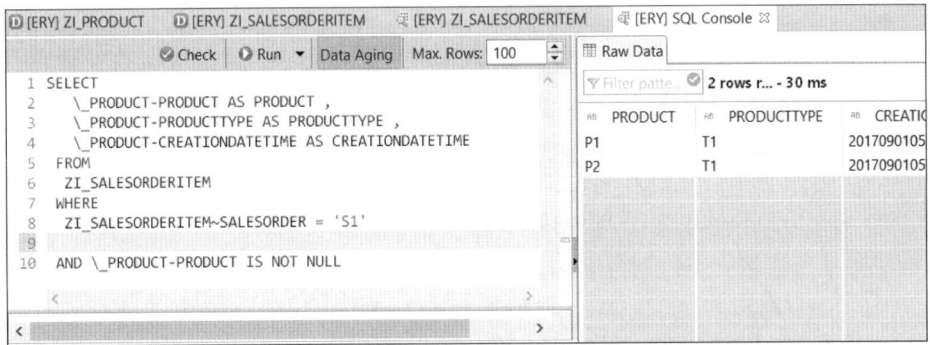

**Abbildung 1.26** Sicht »SQL Console« mit veränderter Selektionsanweisung

Die in der Sicht **SQL Console** definierten Selektionsanweisungen zeigen Ihnen, wie Sie die CDS-Datenmodelle in Ihre ABAP-Implementierung integrieren können. Betrachten wir dazu die in Listing 1.4 dargestellte Datenselektion in ABAP. Diese entspricht der Logik aus Abbildung 1.26.

**CDS-Datenselektion in ABAP**

```
DATA: lt_zi_product
        TYPE STANDARD TABLE OF zi_product
        WITH DEFAULT KEY.
SELECT \_product-product          AS product,
       \_product-producttype      AS producttype,
       \_product-creationdatetime AS creationdatetime
```

45

```
FROM zi_salesorderitem
WHERE zi_salesorderitem~salesorder = 'S1'
  AND \_product-product IS NOT NULL
INTO TABLE @lt_zi_product.
```

**Listing 1.4** Datenselektion aus Abbildung 1.26 in ABAP

**Analyse der Datenselektion in ABAP**

Sie können Listing 1.4 entnehmen, dass Sie die CDS-Modelle prinzipiell zur Typisierung von Variablen in ABAP verwenden können. Beispielsweise ist die Variable lt_zi_product als interne Tabelle auf Basis des aus dem CDS-View ZI_Product abgeleiteten Strukturtyps definiert. Anders als bei der Selektionsanweisung in der Sicht **SQL Console** muss das Ergebnis der Datenselektion explizit in diese interne Tabelle zurückgestellt werden. Die Einbindung dieser internen Tabelle erfordert die Nutzung des Präfixes @. Dieses Präfix müssen Sie bei der Verwendung der neuen SQL-Syntax von ABAP allen in der Selektionsanweisung eingebrachten Variablen voranstellen.

Des Weiteren können Sie dem Beispiel entnehmen, dass Sie CDS-Modelle als reguläre Datenquellen einer Selektionsanweisung ähnlich wie Datenbanktabellen einsetzen können. Dabei können Sie zusätzlich über Pfadausdrücke von den CDS-Assoziationen Gebrauch machen. Diese Pfadausdrücke können Sie an zahlreichen Stellen innerhalb der Selektionsanweisung einsetzen, an denen auch das Einbringen einfacher Felder gestattet ist.

**CDS-View ZC_SalesOrderItemWithProduct anlegen**

Fahren Sie nun fort mit dem Anlegen des CDS-Views ZC_SalesOrderItemWithProduct. Dieser verknüpft die zuvor angelegten CDS-Views ZI_SalesOrderItem und ZI_Product per Join-Verknüpfung und übernimmt dabei mit dem Coding aus Listing 1.5 einen Großteil der Felder.

```
@AbapCatalog.sqlViewName: 'ZCSOITEMPRODUCT'
@AbapCatalog.compiler.compareFilter: true
@AccessControl.authorizationCheck: #CHECK
@EndUserText.label: 'Sales Order Item with Product'
define view ZC_SalesOrderItemWithProduct
    as select from ZI_SalesOrderItem as ITEM
    left outer to one join ZI_Product as PROD
      on PROD.Product = ITEM.Product
{
    key ITEM.SalesOrder,
    key ITEM.SalesOrderItem,
        ITEM.Product,
        ITEM.OrderQuantity,
        ITEM.OrderQuantityUnit,
```

```
        PROD.ProductType,
        PROD.CreationDateTime
}
```

**Listing 1.5** CDS-View ZC_SalesOrderItemWithProduct

Mit der Aktivierung dieses CDS-Views haben Sie Ihren ersten CDS-View-Stack aufgebaut. Den zugrunde liegenden Aufbau der View-Hierarchie können Sie sich über den Pfad **Open With · Dependency Analyzer** des Kontextmenüs des CDS-Editors ansehen.

Funktion »Dependency Analyzer« nutzen

Abbildung 1.27 zeigt die sich nach der Auswahl dieser Funktion öffnende Registerkarte **SQL Dependency Tree** des CDS-Views ZC_SalesOrderItemWithProduct. Darin finden Sie die aus der SQL-Perspektive bestehenden Abhängigkeiten des CDS-Views von allen seinen zugrunde liegenden Datenquellen, einschließlich der Datenbanktabellen in einer hierarchischen Darstellung.

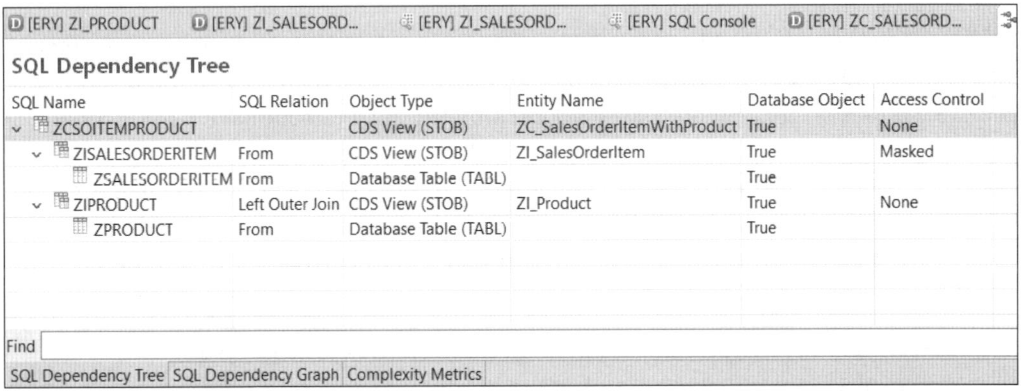

Registerkarte »SQL Dependency Tree« nutzen

| | [ERY] ZI_PRODUCT | | [ERY] ZI_SALESORD… | | [ERY] ZI_SALESORD… | | [ERY] SQL Console | | [ERY] ZC_SALESORD… |

**SQL Dependency Tree**

| SQL Name | SQL Relation | Object Type | Entity Name | Database Object | Access Control |
|---|---|---|---|---|---|
| ∨ ZCSOITEMPRODUCT | | CDS View (STOB) | ZC_SalesOrderItemWithProduct | True | None |
| ∨ ZISALESORDERITEM | From | CDS View (STOB) | ZI_SalesOrderItem | True | Masked |
| ZSALESORDERITEM | From | Database Table (TABL) | | True | |
| ∨ ZIPRODUCT | Left Outer Join | CDS View (STOB) | ZI_Product | True | None |
| ZPRODUCT | From | Database Table (TABL) | | True | |

| Find | |

| SQL Dependency Tree | SQL Dependency Graph | Complexity Metrics |

**Abbildung 1.27** Die Registerkarte »SQL Dependency Tree«

Im konkreten Beispiel besteht auf der ersten Ebene eine Abhängigkeit des CDS-Views ZC_SalesOrderItemWithProduct bzw. des SQL-Views ZCSOITEMPRODUCT von den beiden per Join verknüpften Datenquellen, den CDS-Views ZI_SalesOrderItem und ZI_Product bzw. den ihnen zugehörigen SQL-Views ZISALESORDERITEM und ZIPRODUCT. Auf der nächsten Ebene finden Sie die Abhängigkeiten zu den Datenbanktabellen ZSALESORDERITEM und ZPRODUCT.

Sie können die tabellarische Darstellung verlassen und sich diese Zusammenhänge auch grafisch präsentieren lassen. Wechseln Sie in die Registerkarte **SQL Dependency Graph** unterhalb der tabellarischen Darstellung. Es erscheint eine baumartige Darstellung der Zusammenhänge (siehe Abbildung 1.28).

Registerkarte »SQL Dependency Graph« nutzen

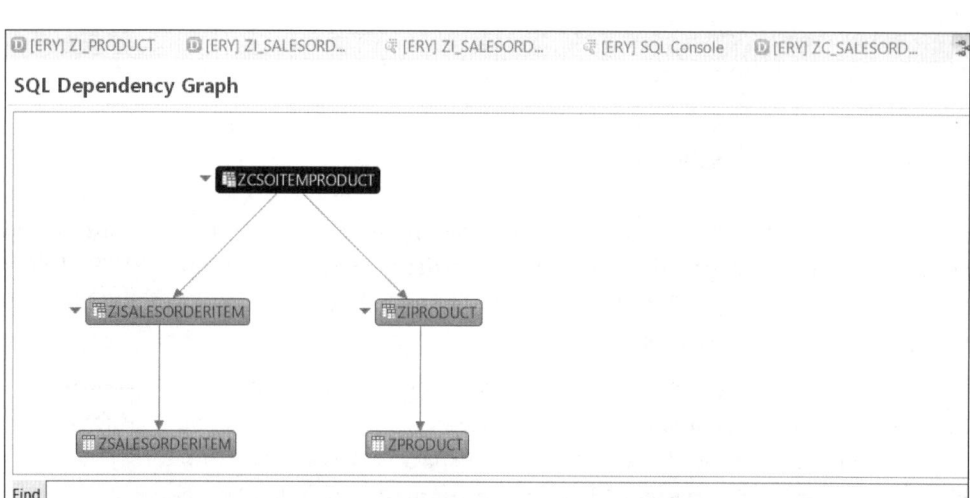

**Abbildung 1.28** Die Registerkarte »SQL Dependency Graph«

**Registerkarte »Complexity Metrics« nutzen**

Kennzahlen zum Aufbau des View-Stacks liefert die Registerkarte **Complexity Metrics**. Im Rahmen der Analyse, die dieser Metrik zugrunde liegt, wird der gesamte View-Stack bis hinunter auf die Ebene der eingebundenen Datenbanktabellen aufgelöst und das Vorkommen von Join-Verknüpfungen usw. aufsummiert. Abbildung 1.29 präsentiert das Analyseergebnis für den CDS-View ZC_SalesOrderItemWithProduct. Die darin abgebildete Statistik zeigt, dass der CDS-View-Stack zwei Tabelleneinbindungen sowie zwei SQL-View-Einbindungen aufweist. Zusätzlich beinhaltet er einen Join.

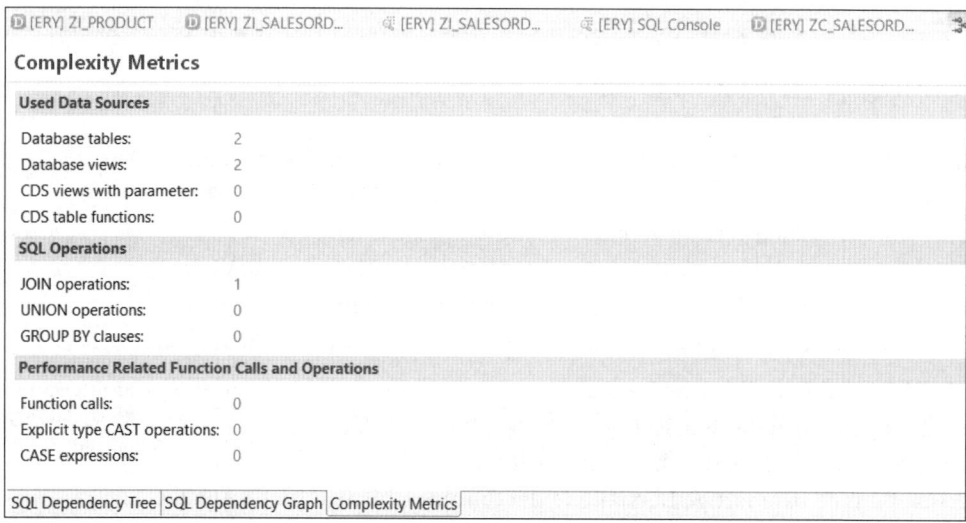

**Abbildung 1.29** Die Registerkarte »Complexity Metrics«

**[«]**

---

**Ergebnisse der Registerkarte »Complexity Metrics«
richtig interpretieren**

Beachten Sie, dass sich die Zahlen zu den aufgeführten Datenquellen in der Komplexitätsmetrik auf deren Verwendungen im CDS-View-Stack beziehen. Das heißt, wenn derselbe View z. B. zweimal im View-Stack per Join-Verknüpfung eingebunden ist, erhöht sich die in der Statistik erfasste Anzahl an verwendeten Views um zwei und nicht etwa um eins!

---

Sie können sich nicht nur einen Überblick über den Aufbau des zugrunde liegenden CDS-View-Stacks verschaffen, sondern sich auch über die verschiedenen Verwendungen eines CDS-Views im ABAP-System informieren. Kehren Sie dazu zurück zum View ZI_Product. Wählen Sie dort die Funktion **Get Where-used List** im Kontextmenü. In der sich öffnenden Sicht **Search** wird Ihnen das Ergebnis des Verwendungsnachweises präsentiert (siehe Abbildung 1.30). Darin finden sich unter anderem die Verwendungen des CDS-Views ZI_Product als Assoziationsziel des CDS-Views ZI_SalesOrder-Item sowie als Datenquelle des CDS-Views ZC_SalesOrderItemWithProduct. Darüber hinaus erscheint der Selektionszugriff des ABAP-Programms ZTEST_CDS_SQL_SELECT in der Ergebnisliste.

*Verwendungs-nachweis nutzen*

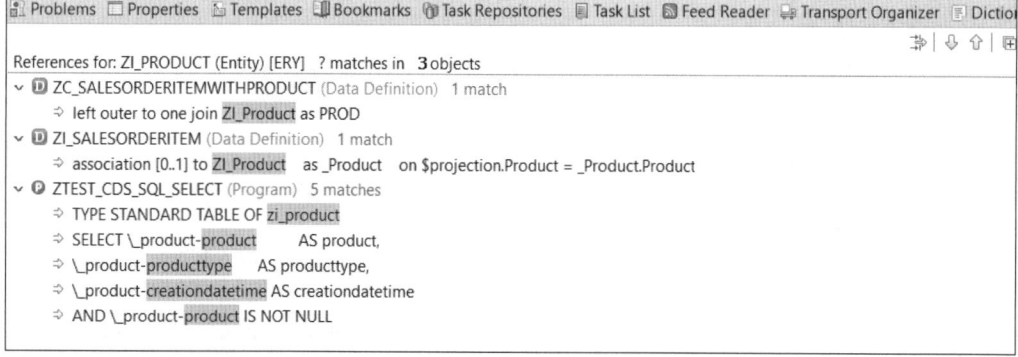

**Abbildung 1.30**  Ergebnisliste des Verwendungsnachweises des CDS-Views ZI_Product

Durch einen Doppelklick auf einen Eintrag in der Ergebnisliste können Sie bequem zu der entsprechenden Verwendungsstelle des CDS-Views ZI_Pro-duct navigieren.

Wenden wir uns nun erneut dem CDS-View ZC_SalesOrderItemWithProduct zu. Öffnen Sie dazu die entsprechende Editorsicht. Öffnen Sie zusätzlich die Sicht **Outline**.

Sicht »Outline« nutzen

Die Sicht **Outline** bietet Ihnen eine kompakte Darstellung der Bestandteile eines CDS-Modells ohne deren Annotationen. Insbesondere wenn Sie umfangreichere CDS-Modelle erstellen, können Sie von der darin angewandten Gruppierung und alphabethischen Sortiermöglichkeit profitieren und sich einen ersten Überblick über das CDS-Modell verschaffen. Daneben erlaubt es Ihnen die Sicht **Outline** auch, zu den Details des CDS-Views zu navigieren (und umgekehrt). Um diese Funktion nutzen zu können, markieren Sie darin einfach das entsprechende Baumelement, z. B. das Feld Product. Dieses wird im Editor hervorgehoben, wenn die Synchronisierung zwischen dem CDS-Editor und der Sicht **Outline** eingestellt ist (**Link with Editor**), wie es in Abbildung 1.31 zu sehen ist.

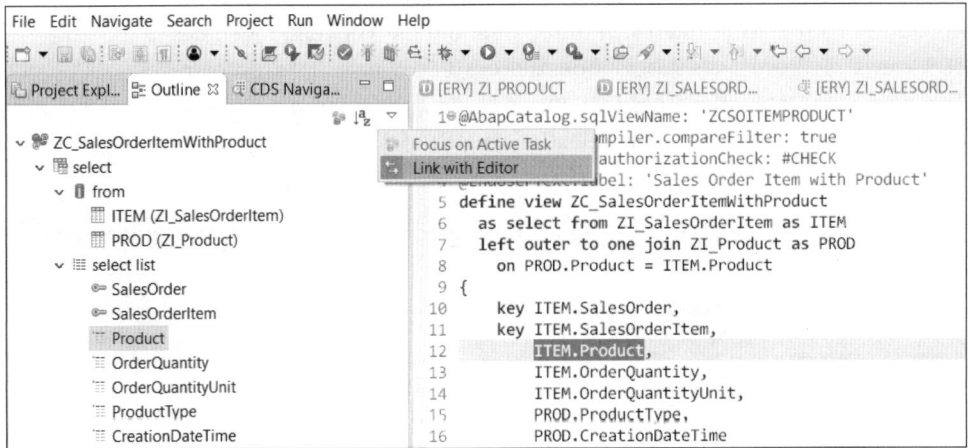

**Abbildung 1.31** Nutzung der Sicht »Outline« als Navigationshilfe

F2-Hilfe nutzen

Betrachten wir nun die Implementierungsdetails des CDS-Views ZC_Sales-OrderItemWithProduct. Positionieren Sie dazu den Cursor auf einem Feld der Projektionsliste des CDS-Views, und verwenden Sie die [F2]-Hilfe. Es erscheint eine kurze Charakterisierung des Felds. Diese beinhaltet die Information zu dem zugrunde liegenden Datenelement und dessen Eigenschaften, wie die technische Typisierung und den zugeordneten Feldbezeichner. Abbildung 1.32 illustriert dies am Beispiel des Schlüsselfelds SalesOrder, das mit dem Datenelement VBELN verknüpft ist.

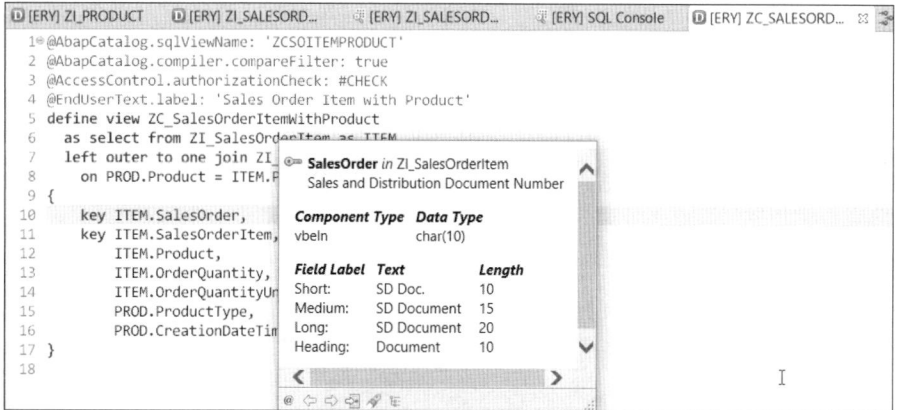

**Abbildung 1.32** Informationen zum Feld SalesOrder des
CDS-Views ZI_SalesOrderItem

Obwohl keines der Felder des CDS-Views ZC_SalesOrderItemWithProduct explizite Annotationsauszeichnungen trägt, sind die Felder aus Verwendersicht dennoch mit einigen Annotationen ausgestattet. Um diese einsehen
zu können, wählen Sie im Kontextmenü des Editors den Pfad **Open With ·
Active Annotations** aus. Diese öffnet die Sicht **Active Annotations**, die in Abbildung 1.33 dargestellt ist.

**Aktive Annotatio-
nen anzeigen**

| Annotated Elements | Annotation Value | Translated Text | Origin Data Source | Origin Data Element |
|---|---|---|---|---|
| ⌄    OrderQuantityUnit | | | | |
| ⌄     @Semantics | | | | |
|      unitOfMeasure | true | | ZI_SalesOrderItem | |
| ⌄     @EndUserText | | | | |
|      quickInfo | | Sales unit | ZSALESORDERITEM | VRKME |
|      label | | Sales unit | ZSALESORDERITEM | VRKME |
|      heading | | SU | ZSALESORDERITEM | VRKME |

**Abbildung 1.33** Die Sicht »Active Annotations«

Sie finden in der Sicht **Active Annotations**, z. B. für das Feld OrderQuantity-
Unit, die Annotation @Semantis.unitOfMeasure:true. Diese stammt aus dem
unter **Origin Data Source** angegebenen CDS-View ZI_SalesOrderItem und
wurde durch die automatisch angewandte Propagationslogik für Elementannotationen in den aktuellen View vererbt. Die Bezeichnertexte @End-
UserText... werden durch das Datenelement VRKME (**Origin Data Element**)

**Propagationslogik
von CDS-Annota-
tionen**

definiert, das bereits in der Datenbanktabelle ZSALESORDERITEM in den CDS-View-Stack eingebracht wurde.

Sicht »Annotation Propagation« nutzen

Um diesen Zusammenhang im Detail nachvollziehen zu können, können Sie die Zeile mit dem Feld OrderQuantity markieren und über das Kontextmenü die Funktion **Open Annotation Propagation** ausführen (siehe Abbildung 1.34).

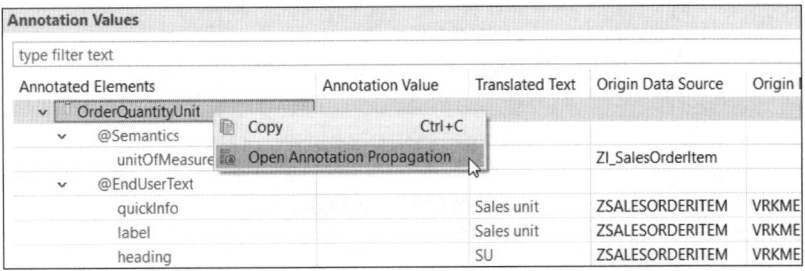

**Abbildung 1.34** Analyse der Propagationslogik anfordern

Abbildung 1.35 zeigt die sich daraufhin öffnende Übersicht zur Propagationslogik mit dem Ergebnis der Annotationspropagation für das Feld OrderQuantityUnit aus dem CDS-View ZC_SalesOrderItemWithProduct. Der dargestellte Inhalt ist durch den übertragenen Filter bereits auf Annotationen des Felds OrderQuantityUnit eingeschränkt. Sie können diese Übersicht durch veränderte Filter flexibel an Ihre Bedürfnisse anpassen. Die präsentierten Analyseergebnisse der Propagationslogik bestätigen die bereits zuvor festgestellten Zusammenhänge.

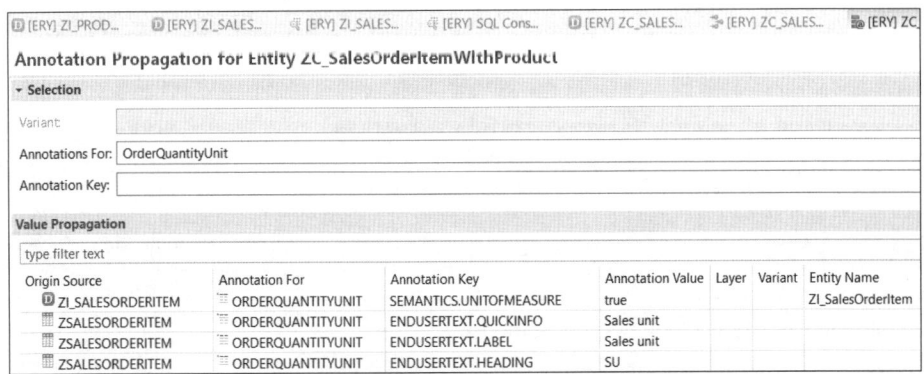

**Abbildung 1.35** Ergebnis der Annotationspropagation

Sie haben nun eine Vielzahl von Funktionen kennengelernt, die Sie im Rahmen der Entwicklung und Analyse von CDS-Modellen nutzen können. In den folgenden Kapiteln des Buches wollen wir uns nun mit den Details der CDS-Modellierung beschäftigen.

# Kapitel 2

# Grundlagen der CDS-Daten-modellierung

*In diesem Kapitel vermitteln wir Ihnen die technischen Grundlagen der CDS-Datenmodellierung. Dazu stellen wir Ihnen das aus Entwicklersicht wichtigste CDS-Design-Time-Artefakt, den CDS-View, mitsamt seinen Komponenten anhand von Modellierungsbeispielen vor.*

Die CDS-Modellierungssprache, die CDS Data Definition Language (kurz CDS-DDL), lehnt sich stark an die Structured Query Language (SQL) an. Sie erlaubt es Ihnen, CDS-Views und CDS-Tabellenfunktionen als unabhängige CDS-Datenmodelle sowie CDS-View-Erweiterungen und CDS-Metadatenerweiterungen als davon abhängige Modellerweiterungen zu definieren.

Dabei unterstützt die CDS-Sprache die Implementierung einer *Datenselektion*. So können Sie durch Projektionsbildung Elemente einer Datenquelle in Ihren CDS-View übernehmen. Semantische Anreicherungen der reinen SQL-Logik werden durch die Erfassung von gerichteten Relationen zwischen den Modellen, den *CDS-Assoziationen*, und durch das Einbringen von zusätzlichen Metadateninformationen, den *CDS-Annotationen*, erzielt.

In diesem Kapitel beschäftigen wir uns mit den CDS-View-Modellen, die aus Entwicklersicht die wichtigsten CDS-Artefakte sind. Insbesondere lernen Sie, die Datenselektion mithilfe der CDS-Syntax zu implementieren. Dabei schauen wir auch auf die folgenden Detailaspekte:

- Schlüsselfelder
- Cast-Anweisungen
- Case-Anweisungen
- CDS-Sitzungsvariablen
- Mandantenbehandlung
- Union-Views
- Join-Verknüpfungen
- SQL-Aggregationsfunktionen
- Parameter
- Konvertierungsfunktionen für Währungen und Mengeneinheiten

Ein zweiter Schwerpunkt des Kapitels sind die CDS-Assoziationen. Sie lernen, wie Sie diese modellierten Beziehungen zwischen den CDS-Modellen

**Die wichtigsten Begriffe**

**Kapitelüberblick**

in Ihrer CDS-View-Implementierung sowie für Ihre Selektionsanfragen in ABAP nutzen können.

Die übrigen CDS-Modelle werden in den folgenden Kapiteln behandelt. CDS-Metadatenerweiterungen werden in Kapitel 3, »CDS-Annotationen«, aufgegriffen. Detaillierte Informationen zu den CDS-View-Erweiterungen finden Sie in Kapitel 11, »Erweiterungen von CDS-Views«. CDS-Tabellenfunktionen werden in Kapitel 5, »Native SAP-HANA-Funktionen in CDS« erläutert. Diese Themen werden in diesem Kapitel nur kurz behandelt, wenn sie für die Beispiele notwendig sind.

## 2.1   Überblick über die CDS-Syntax

**Beispiel einer CDS-View-Definition**

Listing 2.1 illustriert exemplarisch die Definition eines CDS-Views.

```
/*comment*/
//another comment
//annotation definition
@AbapCatalog.sqlViewName: 'ZVIEWDEF'
//view definition
define view Z_ViewDefinition
    //parameter definition
    with parameters
      P_SalesOrderType : auart
    //data source of selection
    as select from ZI_SalesOrderItem as ITEM
    //join
    left outer to one join ZI_SalesOrder as SO
        on SO.SalesOrder = ITEM.SalesOrder
    //association definition
    association [0..1] to ZI_Product as _Product
        on $projection.RenamedProduct = _Product.Product
{
        //projected field as key with alias name
    key ITEM.SalesOrder,
        //projected field used in association definition
    key ITEM.Product                    as RenamedProduct,
        //calculated field
        cast( 'A' as abap.char(2) )     as CalculatedField,
        //aggregate
        count(*)                        as NumberOfAggregatedItems,
        //projected and exposed association
        ITEM._SalesOrder,
```

```
    //association exposure
    _Product
}
  //filter conditions using a join partner and a parameter
  where SO.SalesOrderType = $parameters.P_SalesOrderType
  //definition of the aggregation level
  group by ITEM.SalesOrder,
          ITEM.Product
```

**Listing 2.1** CDS-View-Definition

Im vorliegenden Beispiel wird der technische Typ des CDS-Modells durch die einleitende Define-Anweisung spezifiziert. Im vorliegenden Fall handelt es sich um ein CDS-View-Modell (DEFINE VIEW). Dieses besitzt den CDS-View-Namen Z_ViewDefinition.

**Analyse des Beispiels**

Der CDS-View nutzt als seine primäre Datenquelle (SELECT FROM) den CDS-View der Kundenauftragsposition ZI_SalesOrderItem und verknüpft diesen per Left-Outer-Join-Anweisung mit den Kopfdaten des Auftrags ZI_SalesOrder. Beide Datenquellen werden durch Aliasnamen ITEM bzw. SO lokal umbenannt (auch als *verschattet* bezeichnet).

Aus der primären Datenquelle werden verschiedene Elemente durch Projektionsbildung in das vorliegende CDS-View-Modell übernommen. Unter anderem zählen dazu das den Kundenauftragskopf identifizierende Feld SalesOrder und das Feld Product, über das die Auftragsposition einen Datensatz des Produktstamms referenziert. Das zuletzt genannte Feld wird per Alias in RenamedProduct umbenannt.

Durch die angewandte Verdichtung (GROUP BY) der Datensätze anhand der beiden Felder SalesOrder und Product, legen diese Felder den Schlüssel des CDS-Views Z_ViewDefinition fest. Die Schlüsselfelder werden entsprechend mit dem Syntaxelement KEY ausgezeichnet.

Neben den projizierten Feldern findet sich im CDS-View-Modell auch ein berechnetes Feld CalculatedField. Dieses beinhaltet den konstanten Wert »A«. Es wird technisch auf den Typ CHARACTER der Länge »2« mittels einer Cast-Operation abgebildet. Des Weiteren wird ein Aggregat NumberOfAggregatedItems durch Abzählen (COUNT(*)) der in jedem einzelnen Datensatz des Selektionsergebnisses zusammengeführten Auftragspositionen bestimmt.

Die Datenselektion wird durch den Einsatz einer Where-Bedingung auf den Auftragstyp, der durch das Feld SalesOrderType repräsentiert wird, eingeschränkt. Für jeden selektierten Datensatz soll dabei der Auftragstyp dem Wert des Parameters P_SalesOrderType entsprechen.

Das CDS-View-Modell beinhaltet die Definition der Assoziation _SalesOrder. Diese stellt eine benannte Verknüpfung zu dem korrespondierenden Datensatz des CDS-Views des Kundenauftragskopfes ZI_SalesOrder dar. Durch Aufnahme dieser Assoziation in die Projektionsliste des CDS-Views wird die Assoziation exponiert. Das heißt, fortan steht sie den Verwendern des CDS-Views zur Wiederverwendung zur Verfügung.

*Kommentare* in der Quellcode-Textdatei können entweder als Einzelzeilenkommentare durch einleitende doppelte Schrägstriche // oder aber durch Einbettung in das Pattern /*…*/ mehrzeilig erfasst werden.

**SQL-View**  Die einleitende Annotation @AbapCatalog.sqlViewName legt den Namen des SQL-Views ZVIEWDEF fest. Der SQL-View wird beim Aktivieren des CDS-Views als dessen Repräsentant vom ABAP Dictionary automatisch angelegt.

### Namensraum der CDS-Modelle beachten

Sowohl der CDS-View-Name als auch der darin hinterlegte SQL-ViewName teilen sich ihren Namensraum untereinander und mit anderen ABAP-Artefakten, z. B. mit den Tabellen des ABAP Dictionarys. Daraus folgt unter anderem, dass der Name des CDS-Views und der Name des SQLViews nicht zusammenfallen dürfen. Entscheidend ist in diesem Zusammenhang, dass die jeweils in Großbuchstaben konvertierten Namen nicht identisch sein dürfen, um Mehrdeutigkeiten zu vermeiden.

Nutzen Sie bei der Anlage eigener Datenmodelle stets Ihren Kunden- respektive Partnernamensraum, um Namenskollisionen mit den von SAP ausgelieferten CDS-Modellen zu vermeiden.

**Transportobjekt**  Die einzelnen CDS-View-Definitionen werden in jeweils einer eigenen Quellcode-Textdatei erfasst. Diese ist dem Transportobjekt DDLS zugeordnet.

### Definition der DDLS-Namen

Sie sollten den DDLS-Namen so wählen, dass dieser mit dem Namen des darin definierten CDS-Modells identisch ist, aber in Großbuchstaben geschrieben wird. Dadurch vermeiden Sie die Einführung zusätzlicher Abbildungsvorschriften. Dies erleichtert Ihre Analysetätigkeiten, bei denen Sie in der Regel beide Namen kennen bzw. nutzen müssen.

Die in den Quellcode-Textdateien definierten CDS-Views werden nicht transportiert, sondern im Zielsystem bei der Aktivierung des Transportobjekts als Objekttyp STOB lokal angelegt. Genauso wird auch der zugehörige SQL-View lokal im Zielsystem mit dem Objekttyp VIEW generiert.

> **Namen nach dem ersten Transport beibehalten**                           **[!]**
>
> Nach dem ersten Transport eines CDS-Modells ist die Kombination von
> DDLS-Name, CDS-Name und SQL-Name fixiert und darf nicht mehr verän-
> dert werden. Außerdem darf keiner dieser Namen nach dem Löschen der
> Quellcode-Datei für die Definition anderer Objekte desselben Namens-
> raums wiederverwendet werden. Ansonsten können unerwartete Aktivie-
> rungsprobleme in den Zielsystemen der Transporte auftreten.

## 2.2    Schlüsselfelder

*Schlüsselfelder* eines CDS-Modells werden mithilfe des ihnen vorangestell-       **Schlüsseldefinition**
ten Syntaxelements KEY definiert. Der so definierte Schlüssel kann beliebig
viele Felder umfassen. Diese Felder müssen jedoch immer am Anfang der
Feldliste eines CDS-Modells aufgeführt werden. Die Kombination der einzelnen Schlüsselfelder muss einen Datensatz des Selektionsergebnisses
eindeutig identifizieren. Der Schlüssel soll dabei so kurz wie möglich, aber
so lang wie notwendig definiert werden.

Für das Beispiel des CDS-Views der Kundenauftragsposition ZI_SalesOrder-        **CDS-View mit**
Item in Listing 2.2 besteht der Schlüssel aus den beiden Feldern SalesOrder     **Schlüsselangabe**
und SalesOrderItem, da die Positionsnummer des Kundenauftrags nur im
Kontext eines Auftrags eindeutig ist.

```
@AbapCatalog.sqlViewName: 'ZISALESORDERITEM'
define view ZI_SalesOrderItem
   as select from zsalesorderitem
{

   key salesorder     as SalesOrder,
   key salesorderitem as SalesOrderItem,
       product        as Product
}
```

**Listing 2.2** CDS-View mit Schlüsseldefinition

Die Aufnahme des Produktfelds Product in den Schlüssel wäre technisch
möglich. Sie ist inhaltlich aber nicht erforderlich, um die Eindeutigkeit des
Schlüssels sicherzustellen und sollte daher unterbleiben.

Die Schlüsselangabe dient zunächst der Dokumentation der CDS-Modelle.       **Verwendung der**
Sie kann zur Prüfung der Modellkonsistenz genutzt werden, beeinflusst die    **Schlüsselangaben**
CDS-Zugriffskontrollen und wird ferner von den Implementierungs-

Frameworks genutzt. Beispielsweise wird die Schlüsseldefinition eines CDS-Modells zur Ableitung des Schlüssels eines darauf aufbauenden OData Entity Sets genutzt.

**Transparenz der CDS-Modelle erhöhen**

Sie sollten für jedes Ihrer CDS-Modelle einen Schlüssel definieren, falls dies technisch möglich ist. Falls es keine geeigneten Felder für eine Schlüsseldefinition gibt, sollten Sie jedoch auf die Auszeichnung eines Schlüssels gänzlich verzichten, um Fehlinterpretationen zu vermeiden.

Schlüsseldefinition des generierten SQL-Views

Die Schlüsseldefinition des aus einem CDS-View generierten SQL-Views orientiert sich standardmäßig nicht an der Schlüsseldefinition des CDS-Views. Die Schlüsseldefinition des SQL-Views wird stattdessen technisch aus den Schlüsseldefinitionen der zugrunde liegenden Datenbanktabellen sowie aus den Verknüpfungen der Datenquellen abgeleitet.

**Schlüsseldefinitionen abgleichen**

Sie können durch die Annotation @AbapCatalog.preserveKey:true eine Übertragung der Schlüsseldefinition des CDS-Views auf dessen generierten SQL-View erzwingen.

Abbildung 2.1 zeigt exemplarisch die Schlüsseldefinition des SQL-Views ZISALESORDERITEM aus Listing 2.2.

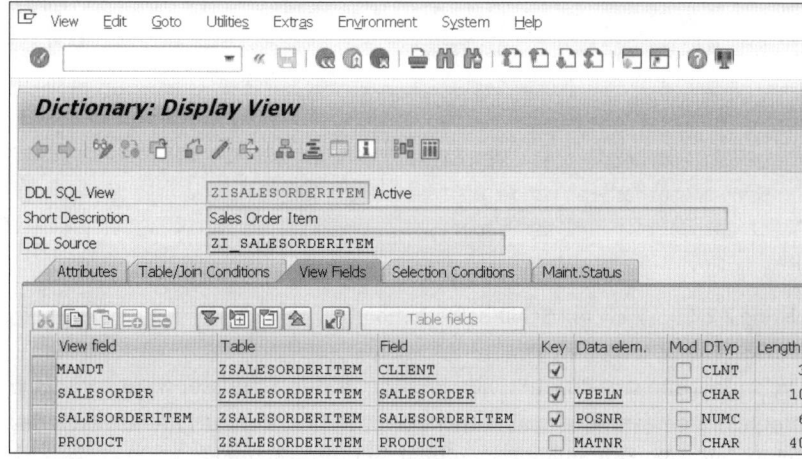

**Abbildung 2.1** Schlüsseldefinition des generierten SQL-Views zum CDS-View aus Listing 2.2

Der Schlüssel des SQL-Views entspricht in diesem Fall dem Schlüssel des zugehörigen CDS-Views. Dies können Sie an der Spalte **Key** erkennen, die die Schlüsselfelder des SQL-Views auszeichnet.

Das Mandantenfeld **MANDT** wird von der Infrastruktur aus technischen Gründen in die Definition des SQL-Views aufgenommen. In den CDS-Views von SAP wird das Mandantenfeld in der Regel nicht exponiert (siehe Abschnitt 2.6, »Mandantenbehandlung«).

## 2.3   Cast-Anweisungen

Die *Cast-Anweisung* gehört zu den wichtigsten grundlegenden SQL-Funktionen. Sie können Cast-Anweisungen verwenden, um den Typ von berechneten Feldern festzulegen oder um Typumwandlungen bestehender Felder auf der Ebene der Datenbank durchzuführen. Die CDS-Modelle unterstützen sowohl elementare ABAP-Typen als auch Datenelemente als Zieltypen für die Cast-Operation. Datenelemente dienen dabei nicht nur der Typisierung von Feldern und Parametern, sondern legen auch deren Bezeichnertexte (Label) fest.

Verwendungszweck der Cast-Anweisungen

Wird der Cast auf ein Datenelement des gleichen Typs lediglich deshalb definiert, um Bezeichnertexte auszutauschen, können Sie die Cast-Anweisung mit dem Zusatz PRESERVING TYPE versehen. Dieser Zusatz informiert den Compiler darüber, dass keine effektive Typänderung vorliegt und damit auch kein Cast in der Datenbank erforderlich ist.

Cast-Anweisungen ohne Typänderung

---

### Unterstützte Typumwandlungen

[«]

Nicht jede Typumwandlung wird nativ von der CDS-Sprache unterstützt. Eine aktuelle Übersicht finden Sie in Ihrer ABAP-Dokumentation.

Bestimmte Typumwandlungen können Sie nicht per Cast-Anweisung, sondern ausschließlich mit einer speziellen CDS-Funktion realisieren. Beispielsweise erfolgt die Konvertierung eines Floating-Point-Werts in einen Dezimalwert über die Funktion FLTP_TO_DEC.

Zuweilen können Sie Typumwandlungen, die Sie nicht in Ihrem CDS-View selbst definieren können, in eine CDS-Tabellenfunktion auslagern. Hierin steht Ihnen der erweiterte Vorrat an nativen SAP-HANA-Konvertierungsfunktionen zur Verfügung.

---

Listing 2.3 zeigt einen CDS-View, dessen Felder unterschiedliche Typumwandlungen aufweisen.

CDS-View mit Typumwandlungen

```
define view Z_ViewWithCasts
   as select distinct from t000
{
   t000.logsys as ProjectedField,
   '20170809' as CharacterField,
   cast ( '20170809' as abap.dats ) as DateField,
   cast ( cast ( 'E' as abap.lang ) as sylangu preserving type )
      as LanguageField,
   1.2 as FloatingPointField,
   FLTP_TO_DEC(1.2 as abap.dec(4,2) ) as DecimalField
}
```

**Listing 2.3** CDS-View mit Typumwandlungen

Analyse des Beispiel-Views

Wird ein Feld über Projektionsbildung in einen CDS-View aufgenommen, behält es dessen Typisierung bei. Beispielsweise besitzt das Feld Projected-Field dieselbe Typisierung wie das zugrunde liegende Basisfeld t000. logsys. Für lokal berechnete Felder findet standardmäßig eine implizite Typermittlung statt. So wird das Literal 20170809 in ein Feld CharacterField mit dem Typ CHAR und der Länge »8« konvertiert. Durch eine explizite Zuweisung des Typs abap.dats per Cast-Operation erhält das Feld DateField, das auf dem gleichen Literalwert beruht, den Datumstyp DATS.

Sie können Cast-Operationen auch ineinander verschachteln, wie der Ausdruck cast ( cast ( 'E' as abap.lang ) as sylangu preserving type ) in Listing 2.3 zeigt: Der Wert »E« des Felds LanguageField, dessen Typ implizit als CHAR der Länge »1« betrachtet wird, wird zunächst auf den Typ LANG abgebildet. Im Anschluss wird das Feld mit dem Datenelement sylangu typisiert. Da keine technische Typkonvertierung vorliegt, wird bei dieser Konvertierung der Zusatz PRESERVING TYPE ergänzt.

Das Feld FloatingPoint erhält durch die Zuweisung des Werts »1.2« implizit eine Typisierung mit dem Typ FLTP. Durch Anwendung der Funktion FLTP_TO_DEC kann der Wert »1.2« in das Feld DecimalField vom Typ DEC konvertiert werden.

[+]

**Explizite Typisierung nutzen**

Sofern dies technisch möglich ist, sollten Sie berechnete Felder explizit über einen Cast typisieren, um unerwünschte Seiteneffekte, die durch eine implizite Typzuordnung hervorgerufen werden können, auszuschließen.

## 2.4   Case-Anweisungen

*Case-Anweisungen* erlauben es Ihnen, eine konditionierte Berechnung direkt in der CDS-View-Logik zu verankern. In einer Case-Anweisung können nen Sie verschiedene Ausführungszweige über When-Then-Anweisungen definieren, die die fallweise anzuwendende Berechnungslogik beinhalten. Zum Abschluss des Case-Verarbeitungsblocks können Sie auch einen weiteren Ausführungszweig durch eine unbedingte Else-Anweisung einbringen. Dieser Zweig ermöglicht es Ihnen, nicht bewertete Fälle im Selektionsergebnis auszuschließen. Anderenfalls erhalten diese, falls keine Bedingung zutrifft, den Wert »null«.

**Aufbau von Case-Anweisungen**

In Listing 2.4 finden Sie ein Beispiel für einen CDS-View Z_ViewWithCase-Statements, der drei Case-Anweisungen beinhaltet.

**CDS-View mit Case-Anweisungen**

```
define view Z_ViewWithCaseStatements
    as select from ZI_SalesOrder
{
    key SalesOrder,
        case (SalesOrderType)
            when 'TAF' then 'X'
            when 'OAF' then 'X'
            else ''
        end as IsStandardOrder,
        cast( case (SalesOrderType)
            when 'TAF' then 'X'
            when 'OAF' then 'X'
            else ''
        end as abap.char(3) ) as IsStandardOrderAsChar3,
        case when SalesOrderType = 'TAF' then 'X'
            when SalesOrderType = 'OAF' then 'X'
            else ''
        end as IsStandardOrder2
}
```

**Listing 2.4**  CDS-View mit Case-Anweisungen

Die erste Case-Anweisung prüft den Wert des Auftragstyps SalesOrderType. Sie bewertet das Feld IsStandardOrder mit der Konstante »X«, falls der Auftragstyp einen der beiden Werte »TAF« oder »OAF« besitzt. Anderenfalls wird der berechnete Wert auf den Initialwert »« gesetzt. Beachten Sie, dass

**Analyse des Beispiel-Views**

sich die Typisierung des berechneten Felds IsStandardOrder dabei implizit aus den in den Pfaden verwendeten Werten ableitet. Im vorliegenden Fall resultiert daraus eine Typisierung des Felds als Typ CHAR der Länge »1«.

Wenn Sie den Ergebnistyp beeinflussen möchten, können Sie die Case-Anweisung mit einer sie umschließenden Cast-Anweisung kombinieren. Dies sehen Sie in der zweiten Case-Anweisung, die der ersten Case-Anweisung ähnelt. Das berechnete Feld IsStandardOrderAsChar3 wird jedoch explizit auf den Typ CHAR der Länge »3« per Cast-Anweisung konvertiert.

Die dritte Case-Anweisung entspricht inhaltlich der ersten Case-Anweisung. Prinzipiell können die When-Bedingungen der einzelnen Zweige der dritten Case-Anweisung jedoch auch komplexere Regeln beinhalten. Diese Variante ist damit ausdrucksstärker als die erste Case-Anweisung, die nur einen einfachen Vergleich von Operanden unterstützt.

## 2.5   CDS-Sitzungsvariablen

Beispiel für
CDS-Sitzungs-
variablen

Mit *CDS-Sitzungsvariablen* können Sie in Ihrer CDS-View-Logik auf Informationen der aktuellen Laufzeitsitzung zugreifen. Sie können die CDS-Sitzungsvariablen dabei, ähnlich wie Literalwerte, an unterschiedlichsten Stellen in die Implementierung Ihrer Datenselektion einbringen. Listing 2.5 zeigt ein Beispiel.

```
define view Z_ViewWithSessionVariables
   as select from t000
{
   $session.client         as ClientField,
   $session.system_date    as SystemDateField,
   $session.system_language as SystemLanguageField,
   $session.user           as UserField
}
where
   mandt = $session.client
```

**Listing 2.5** CDS-View mit CDS-Sitzungsvariablen

Tabelle 2.1 zeigt eine Übersicht über die CDS-seitig unterstützten Sitzungsvariablen.

| CDS-Sitzungsvariable | Beschreibung | ABAP-Entsprechung |
|---|---|---|
| $session.client | aktueller Mandant | sy-mandt |
| $session.system_date | Systemdatum des Applikationsservers | sy-datum |
| $session.system_language | Anmeldesprache | sy-langu |
| $session.user | aktueller Benutzer | sy-uname |

**Tabelle 2.1** CDS-Sitzungsvariablen

**CDS-Sitzungsvariablen und Parameter**

Durch die Verwendung von CDS-Sitzungsvariablen wird die Selektionslogik von Faktoren beeinflusst, die der Verwender Ihres CDS-View-Modells nicht explizit steuern kann. Dies kann zu unerwarteten Seiteneffekten führen und die Nachvollziehbarkeit der Ergebnisse erschweren.

In der Regel können Sie auf den Einsatz von CDS-Sitzungsvariablen verzichten, wenn Sie stattdessen Parameter nutzen. Der Einsatz von Parametern erleichtert die Fehleranalyse und Wartungstätigkeit.

Die nachträgliche Einführung eines Parameters kann jedoch eine Anpassung bestehender Verwender des entsprechenden CDS-Views erfordern. Demgegenüber stellt die Einführung einer CDS-Sitzungsvariable ein View-lokales Implementierungsdetail dar. Diese ist aus Verwendersicht innerhalb von ABAP technisch kompatibel.

## 2.6   Mandantenbehandlung

Bei *Standardselektionszugriffen* auf Datenbanktabellen über die Open-SQL-Schnittstelle werden mandantenabhängige Daten automatisch entsprechend des aktuellen *Mandanten* der ABAP-Sitzung eingeschränkt. Mandantenübergreifende Selektionszugriffe müssen einen der beiden Zusätze USING CLIENT oder CLIENT SPECIFIED tragen. Listing 2.6 zeigt ein Beispiel für eine derartige Selektion, bei der die Daten aus dem Mandanten »001« gelesen werden.

Standard-
selektionszugriffe

```
SELECT *
  FROM zsalesorder
  CLIENT SPECIFIED
  INTO TABLE @DATA(lt_zsalesorder)
  WHERE client = '001'.
```

**Listing 2.6** Mandantenübergreifender Selektionszugriff

Bei CDS-Views kann die Standardbehandlung des Mandanten durch die in Listing 2.7 erfassten Annotationen ausgedrückt werden.

```
...
@ClientHandling.type: #INHERITED
@ClientHandling.algorithm: #AUTOMATED
//or outdated: @ClientDependent: true
define view ...
```

**Listing 2.7** CDS-Annotationen für eine Standardmandantenbehandlung in CDS-Modellen

Die damit verknüpfte Auswertungslogik wird auch dann eingesetzt, wenn die genannten Annotationen im CDS-Modell fehlen.

[!] **Einschränkungen der CDS-Zugriffskontrollen beachten**

Mandantenübergreifende Selektionszugriffe auf ein CDS-Modell sind nicht gestattet, wenn das CDS-Modell durch eine CDS-Zugriffskontrolle geschützt ist.

**Mandanten-behandlung**

Im Regelfall wird in den SAP-S/4HANA-CDS-Modellen ein von dem in Listing 2.7 erfassten Algorithmus `@ClientHandling.algorithm:#AUTOMATED` abweichender Algorithmus `@ClientHandling.algorithm:#SESSION_VARIABLE` genutzt, um eine einheitliche Mandantenbehandlung zu forcieren.

**CDS-View mit Sitzungsvariable**

Listing 2.8 zeigt einen CDS-View, der diese Annotation trägt.

```
@AbapCatalog.sqlViewName: 'ZISALESORDER'
@ClientHandling.algorithm: #SESSION_VARIABLE
define view ZI_SalesOrder
  as select from zsalesorder
{
```

```
  key salesorder     as SalesOrder,
      salesordertype as SalesOrderType
}
```

**Listing 2.8** CDS-View mit Mandantenbehandlung über
eine entsprechende Sitzungsvariable

Dieser Algorithmus führt zu einer automatischen Filterung der Datensätze
mit dem Mandanten der aktuellen Sitzung des Benutzers. Diese Filterung
kann sich in dem abgeleiteten SQL-View, der auf Datenbankebene angelegt
wird, manifestieren. Der betroffene SQL-View weist dann eine zusätzliche
Where-Bedingung auf.

**Analyse des Beispiel-Views**

In Listing 2.9 wird das Mandantenfeld CLIENT dazu mit der Kontextvariable
CDS_CLIENT verknüpft, die von der Open-SQL-Schnittstelle beim Selektionszugriff automatisch gesetzt wird.

**Selektionsein-schränkung über Variable CDS_CLIENT**

```
CREATE VIEW "ZISALESORDER" AS SELECT
   "ZSALESORDER"."CLIENT"        AS "MANDT",
   "ZSALESORDER"."SALESORDER"     AS "SALESORDER",
   "ZSALESORDER"."SALESORDERTYPE" AS "SALESORDERTYPE"
FROM "ZSALESORDER" "ZSALESORDER"
WHERE (
   "ZSALESORDER"."CLIENT" = SESSION_CONTEXT( 'CDS_CLIENT' )
)
```

**Listing 2.9** Create-Anweisung zum Anlegen des SQL-Views aus Listing 2.8

Durch die Zwangsfilterung vereinfacht sich z. B. die Selektionslogik bei
Join-Verknüpfungen von einer mandantenunabhängigen mit einer man-
dantenabhängigen Datenquelle. Die Logik ist zudem performanter.

Da der Mandant im Regelfall fixiert ist, soll das Mandantenfeld nicht mit in
die Projektionsliste der CDS-Views aufgenommen werden. Eine Ausnahme
stellen lediglich CDS-Views dar, deren alleiniger Schlüssel das Mandantenfeld ist. In den betroffenen CDS-Views muss das Mandantenfeld mit @Abap-
Catalog.internal.ismandt:true annotiert werden. Sie können sich dabei
am CDS-View I_SAPClient, der in SAP-S/4HANA ausgeliefert wird, orientieren.

**Mandantenfeld**

Auch die Signaturen von CDS-Tabellenfunktionen, die mandantenspezi-
fische Datensätze nutzen, sollten das Mandantenfeld enthalten. Näheres
dazu finden Sie in der ABAP-Dokumentation unter *https://help.sap.com*.

**Mandantenbehandlung harmonisieren**

Wenn Sie CDS-Modelle von SAP in Ihren CDS-View-Stack integrieren, sollten Sie auf eine einheitliche Gestaltung der Mandantenbehandlung achten. In der Regel sollten Sie die Annotation @ClientHandling.algorithm: #SESSION_VARIABLE in Ihr CDS-Modell aufnehmen.

## 2.7   Union-Views

*Union-Views* führen Datensätze unterschiedlicher Datenquellen zusammen und vereinheitlichen sie dabei. Das Resultat der Vereinigung ist eine aus Verwendersicht harmonisierte Ergebnisliste mit einheitlichen Feldern und Assoziationen.

Union-Definitionen

Sie definieren Union-Views, indem Sie mehrere Selektionsanweisungen mit der Union-Funktion aneinanderreihen. Jeder einzelne Selektionszweig muss dabei die gleichen Felder und Assoziationen in der gleichen Reihenfolge definieren. Ferner müssen die jeweils positionsgleichen Elemente der Selektionslisten die gleiche Definition haben. Neben der Namensgleichheit der Elemente (bei fehlender expliziter Namensliste) impliziert diese Forderung, dass sich auch die Assoziationen der einzelnen Zweige entsprechen müssen. Das heißt, die zugrunde liegenden Assoziationsdefinitionen müssen die gleichen On-Bedingungen, Kardinalitäten und Zielentitäten aufweisen. Die Typisierung der einzelnen Felder des Union-Views muss indes nicht für jeden Zweig identisch sein. Diese Typisierung der Felder wird vielmehr aus dem ersten Selektionszweig abgeleitet.

CDS-Views, die als Datenquellen dienen

Betrachten Sie dazu den CDS-View Z_ViewAsDataSourceA aus Listing 2.10, Z_ViewAsDataSourceB aus Listing 2.11 sowie Z_ViewAsDataSourceC aus Listing 2.12. Der CDS-View Z_ViewAsDataSourceA fungiert als Datenquelle für den Union-View Z_UnionView aus Listing 2.13.

```
define view Z_ViewAsDataSourceA
   as select distinct from t000
   association [0..1] to Z_ViewAsDataSourceC as _ViewC
      on $projection.FieldA3 = _ViewC.FieldC1
{
  key cast( 'A' as abap.char(1) ) as FieldA1,
      cast( 'B' as abap.char(1) ) as FieldA2,
```

```
    cast( 'C' as abap.char(2) ) as FieldA3,
    _ViewC
}
```

**Listing 2.10** CDS-View Z_ViewAsDataSourceA

Ebenso fungiert der CDS-View Z_ViewAsDataSourceB als Datenquelle für den
Union-View Z_UnionView aus Listing 2.13.

```
define view Z_ViewAsDataSourceB
   as select distinct from t000
{
   key cast( 'B_X' as abap.char(3) ) as FieldB1,
       cast( 'A' as abap.char(1) )   as FieldB2
}
```

**Listing 2.11** CDS-View Z_ViewAsDataSourceB

Der CDS-View Z_ViewAsDataSourceC dient als Assoziationsziel für den Union-
View Z_UnionView aus Listing 2.13.

```
define view Z_ViewAsDataSourceC
   as select distinct from t000
{
   key cast( 'C' as abap.char(2) )  as FieldC1,
       cast( 'C2' as abap.char(2) ) as FieldC2
}
```

**Listing 2.12** CDS-View Z_ViewAsDataSourceC

Entsprechend ihrer Definition stellen die CDS-Views jeweils einen Datensatz bereit. Beispielsweise selektiert der View Z_ViewAsDataSourceA durch
die angewandte Distinct-Anweisung einen Datensatz aus der Tabelle T000,
die stets gefüllt ist. Er liefert dabei die konstanten Werte »A«, »B« und »C«
für die Felder FieldA1, FieldA2 und FieldA3 zurück. Tabelle 2.2 zeigt eine
Übersicht über die bereitgestellten Daten der CDS-Views.

| CDS-View | FieldA1/B1/C1 | FieldA2/B2/C2 | FieldA3 |
|---|---|---|---|
| Z_ViewAsDataSourceA | »A« | »B« | »C« |
| Z_ViewAsDataSourceB | »B_X« | »A« | – |
| Z_ViewAsDataSourceC | »C« | »C2« | – |

**Tabelle 2.2** Datensätze der CDS-Views aus Listing 2.10 bis Listing 2.12

Beispiel eines
Union-CDS-Views

Der Union-CDS-View Z_UnionView in Listing 2.13 vereinigt die CDS-Views Z_ViewAsDataSourceA und Z_ViewAsDataSourceB als Datenquellen. Ferner exponiert er eine Assoziation _ViewC zu dem CDS-View Z_ViewAsDataSourceC.

```
define view Z_UnionView
    as select from Z_ViewAsDataSourceA
    association [0..1] to Z_ViewAsDataSourceC as _ViewC
        on $projection.UnionField1 = _ViewC.FieldC1
{
    key FieldA1 as UnionField1,
    key FieldA2 as UnionField2,
    key FieldA3 as UnionField3,
      _ViewC
}
    union select from Z_ViewAsDataSourceB
    association [0..1] to Z_ViewAsDataSourceC as _ViewC
        on $projection.UnionField1 = _ViewC.FieldC1
{
    key FieldB2 as UnionField1,
    key FieldB1 as UnionField2,
    key ''      as UnionField3,
      _ViewC
}
```

**Listing 2.13** Union-CDS-View Z_UnionView

Tabelle 2.3 zeigt die Datensätze des Union-CDS-Views.

| UnionField1 | UnionField2 | UnionField3 |
|---|---|---|
| »A« | »B« | »C« |
| »A« | »B« | Initialwert |

**Tabelle 2.3** Datensätze des Union-CDS-Views Z_UnionView

Analyse des
Beispiel-Views

Um den geforderten Abgleich der Feldnamen zu realisieren, werden die in den einzelnen Selektionszweigen des Union-Views enthaltenen Felder über die Aliasfunktion AS auf die Feldnamen UnionField1, UnionField2 und UnionField3 abgebildet. Alle in der Feldliste des Union-Views enthaltenen Felder besitzen den Typ CHAR mit der Länge »1« bzw. »2«. Diese Definition leitet sich aus der Definition der zugrunde liegenden Felder FieldA1, FieldA2 und FieldA3 des ersten Selektionszweiges des Union-Views ab.

Das Feld `FieldB1` des Views `Z_ViewAsDataSourceB`, das eine maximale Länge von »3« besitzt, wird damit bei seiner Abbildung auf das Feld `UnionField1` implizit gekürzt. Mithin enthält der entsprechende Datensatz des Union-Views den Wert »B« statt des ursprünglichen Werts »B_X« (siehe Tabelle 2.3).

Falls die Typen der aufeinander abgebildeten Felder nicht automatisch ineinander konvertierbar sind, müssten Sie eine explizite Typumwandlung, z. B. per Cast für das betroffene Feld definieren. Da jeder Selektionszweig dieselbe Anzahl von Feldern vorweisen muss, muss auch im zweiten Selektionszweig das Feld `UnionField3` eingefügt werden. Da es keine passende Quellinformation gibt, wird dieses Feld mit dem Initialwert »« des zugrunde liegenden Datentyps belegt.

[!]

**Select-\*-Anweisungen vermeiden**

Sie sollten speziell in den einzelnen Zweigen eines Union-Views auf die Anwendung der Select-\*-Logik verzichten. Ansonsten können bei Änderungen der Elementliste der zugrunde liegenden Datenquellen sehr leicht Abweichungen zu den übrigen Selektionszweigen Ihrer Union-Views auftreten, die zu einem inkonsistenten CDS-View-Modell führen.

Die CDS-Sprache bietet Ihnen die Möglichkeit, den erforderlichen Abgleich der Elementnamen der einzelnen Selektionszweige auch über eine dedizierte *Namensliste* zu realisieren. Die einzelnen Einträge dieser Namensliste werden dabei implizit an positionsgleiche Elemente der Projektionslisten der einzelnen Selektionszweige gebunden. — Namensliste

In Listing 2.14 ist beispielsweise der Name `UnionField1` den beiden Feldern `FieldA1` und `FieldB2` der CDS-Views `Z_ViewAsDataSourceA` bzw. `Z_ViewAsDataSourceB` zugeordnet. — CDS-Union-View mit Namensliste

```
define view Z_UnionViewWithNameList(
   UnionField1,
   UnionField2,
   UnionField3,
   _ViewC
)
   as select from Z_ViewAsDataSourceA
   association [0..1] to Z_ViewAsDataSourceC as _A_ViewC
      on $projection.FieldA1 = _A_ViewC.FieldC1
{
   key FieldA1,
   key FieldA2,
```

```
      key FieldA3,
        _A_ViewC
}
      union select from Z_ViewAsDataSourceB
      association [0..1] to Z_ViewAsDataSourceC as _B_ViewC
         on $projection.FieldB2 = _B_ViewC.FieldC1
{
      key FieldB2,
      key FieldB1,
      key '',
        _B_ViewC
}
```

**Listing 2.14** Union-CDS-View mit Namensliste

[+]   **Lesbarkeit erhöhen**

Sie sollten Namenslisten nur in Ausnahmefällen einsetzen, da die Namensabbildung, insbesondere bei umfangreicheren Projektionslisten und einer Vielzahl von Selektionszweigen, unübersichtlich werden kann.

Assoziationen in Union-CDS-Views

Beachten Sie, dass in Listing 2.13 die bereits definierte Assoziation _ViewC des Views Z_ViewAsDataSourceA zum View Z_ViewAsDataSourceC nicht einfach durch Projektionsbildung in den ersten Selektionszweig des Union-Views Z_UnionView mitaufgenommen werden kann. Hintergrund ist, dass der View Z_ViewAsDataSourceB selbst keine entsprechende Assoziationsdefinition aufweist. Die erforderliche Definition dieser Assoziation im zweiten Selektionszweig des Union-Views besitzt eine andere On-Bedingung als im CDS-View Z_ViewAsDataSourceA. Damit müssen beide Selektionszweige die gleiche Assoziationsdefinition im Union-View selbst erhalten.

Zweistufiges CDS-Union-View-Modell

Um Redundanzen bei den Assoziationsdefinitionen zu vermeiden, könnten Sie Ihre Union-Views in zwei aufeinander aufbauende CDS-Views zerlegen. Listing 2.15 und Listing 2.16 zeigen ein Beispiel eines derartigen zweistufigen Aufbaus.

Der CDS-View Z_UnionViewWithoutAssociation aus Listing 2.15 implementiert die Union-Bildung.

```
define view Z_UnionViewWithoutAssociation
   as select from Z_ViewAsDataSourceA
{
   key FieldA1 as UnionField1,
   key FieldA2 as UnionField2,
```

```
   key FieldA3 as UnionField3
}
   union select from Z_ViewAsDataSourceB
{
   key FieldB2 as UnionField1,
   key FieldB1 as UnionField2,
   key ''      as UnionField3
}
```

**Listing 2.15** Union-View ohne Assoziationsdefinitionen

Der darauf aufbauende CDS-View Z_UnionViewWithAssociation aus Listing 2.16 nutzt diesen Zwischen-View und reichert die Union-Logik redundanzfrei mit der Assoziation _ViewC an.

```
define view Z_UnionViewWithAssociation
   as select from Z_UnionViewWithoutAssociation
   association [0..1] to Z_ViewAsDataSourceC as _ViewC
      on $projection.UnionField1 = _ViewC.FieldC1
{
   key UnionField1,
   key UnionField2,
   key UnionField3,
       _ViewC
}
```

**Listing 2.16** Projektions-View des Union-Views mit Assoziationsdefinitionen

[«]

**Assoziationsdefinitionen in Union-CDS-Views**
Wenn Sie einen größeren Umfang an Assoziationen innerhalb Ihres Union-Views definieren müssen, kann es vorteilhaft sein, die Assoziationsdefinitionen in einen eigenen übergeordneten CDS-View auszulagern. Dieser View kann über Projektionsbildung die Feldliste des Union-Views übernehmen und definiert die Assoziationen einmalig lokal.

Bei der Anwendung der Union-Logik werden Duplikate der Ausgangsdatensätze automatisch aus der Ergebnisliste entfernt. Ist dies nicht gewünscht, sollten Sie die *Union-All-Logik* anwenden. Die darüber definierte Vereinigung behält die Datensätze der beteiligten Datenquellen bei. Die Union-All-Logik ist im Allgemeinen performanter.

Duplikate im Selektionsergebnis

Beispielsweise führt die Implementierung in Listing 2.17 durch Anwendung der Union-Logik zu einem einzelnen resultierenden Datensatz.

Union- und Union-All-Logik

```
define view Z_UnionViewWithoutDuplicate
    as select from Z_ViewAsDataSourceA
{
    key FieldA1
}
    union select from Z_ViewAsDataSourceA
{
    key FieldA1
}
```

**Listing 2.17** Union-View ohne Duplikate im Selektionsergebnis (Union-Logik)

Demgegenüber enthält das Selektionsergebnis in Listing 2.18 durch die Anwendung der Union-All-Logik zwei identische Datensätze.

```
define view Z_UnionViewWithDuplicate
    as select from Z_ViewAsDataSourceA
{
    FieldA1
}
    union all select from Z_ViewAsDataSourceA
{
    FieldA1
}
```

**Listing 2.18** Union-View mit Duplikaten im Selektionsergebnis (Union-All-Logik)

Schlüssel-
definitionen

Das Vereinigen von Selektionsergebnissen erfordert es, die Schlüsseldefinition des Union-Views kritisch zu prüfen. Für einen Union-CDS-View mit Duplikaten kann grundsätzlich kein eindeutiger Schlüssel angegeben werden. Deshalb sollte die Schlüsselauszeichnung hier stets entfallen (siehe Listing 2.18). Werden CDS-Views, die über eigene Schlüsseldefinitionen verfügen, zusammengeführt, entspricht der Schlüssel des Union-Views nicht zwangsläufig der Obermenge aller Schlüsselfelder der vereinigten Views: Beim Union-CDS-View Z_UnionView aus Listing 2.13 sind nicht nur die beiden Felder UnionField1 und UnionField2 Bestandteil des Schlüssels. Vielmehr ist auch das Feld UnionField3 in den Schlüssel inkludiert. Dieses Feld ist für eine eindeutige Unterscheidung der beiden Datensätze des Selektionsergebnisses erforderlich (siehe Tabelle 2.2).

Wäre dieses Feld für den zweiten Selektionszweig statt mit dem Initialwert »« mit dem Wert »C« belegt (und würde damit dem Wert des Datensatzes, den der View Z_ViewAsDataSourceA zurückliefert, entsprechen), könnte insgesamt kein eindeutiger Schlüssel für den Union-CDS-View `Z_UnionView` ausgezeichnet werden.

---

**[+]**

### Lesbarkeit verbessern

Auch wenn dies technisch nicht erzwungen wird, sollten Sie stets für alle Selektionszweige dieselbe Schlüsselangabe definieren, um die Lesbarkeit Ihres CDS-Modells zu verbessern.

---

## 2.8   Join-Verknüpfungen

Mit *Joins* können Sie bedingte Verknüpfungen zweier Datenquellen modellieren. Die Join-Bedingungen beschreiben dabei Kriterien, unter denen die Verknüpfung eines Datensatzes der primären Datenquelle mit einem Datensatz der sekundären Datenquelle erfolgen soll.

Join-Definitionen

Die per Join verknüpften Datenquellen Ihres CDS-Views können Sie nutzen, um Elemente in der Projektionsliste Ihres CDS-Views zu definieren. Überdies können Sie mit den Elementen der verknüpften Datenquellen die Where-Bedingungen Ihres CDS-Views anreichern.

Join-Verknüfungen nutzen

---

### Performanceoptimierung

Join-Verknüpfungen erschweren die Optimierung des Ausführungsplans der Selektionsanfrage in der Datenbank. Sie sollten Joins demnach nur dann in die Logik Ihres CDS-Views integrieren, wenn sie für die Funktionalität des entsprechenden CDS-Views selbst tatsächlich erforderlich sind. Ansonsten sollten Sie auf eine Denormalisierung der CDS-Modelle, d. h. auf das Zusammenführen der Daten verschiedener CDS-Modelle über Join-Verknüpfungen verzichten. Dies gilt insbesondere für CDS-Views, die Sie wiederverwenden wollen. Stattdessen sollten Sie entsprechende Assoziationen zwischen den CDS-Modellen bereitstellen. Diese Assoziationen kann ein Verwender Ihres Modells bedarfsweise nutzen, um die für ihn relevanten Datenanreicherungen komfortabel vorzunehmen.

---

CDS-Views unterstützen grundsätzlich zwei Ausprägungen von Join-Verknüpfungen:

Join-Typen

- **Left Outer Join**
  Verknüpfung einer primären Datenquelle mit einer sekundären Datenquelle, deren Ergebnis alle Datensätze der Primärquelle enthält.

- **Inner Join**

  Verknüpfung einer primären Datenquelle mit einer sekundären Datenquelle, deren Ergebnis nur die Datensätze der Primärquelle enthält, für
  die mindestens ein Join-Partner in der Sekundärdatenquelle identifiziert
  werden konnte.

Die Anzahl der durch die Join-Verknüpfung gebildeten Datensätze wird
durch die Kardinalität des Join-Partners beeinflusst: Gibt es zu einem Datensatz der primären Datenquelle mehr als einen korrespondierenden Datensatz in der sekundären Datenquelle, wird die Anzahl der resultierenden
Datensätze durch die Anwendung der Join-Logik entsprechend ausmultipliziert.

Beispiele für
Datenquellen

Betrachten Sie dazu exemplarisch die CDS-Views Z_ViewAsDataSourceD aus
Listing 2.19 und Z_ViewAsDataSourceE aus Listing 2.20.

Der CDS-View Z_ViewAsDataSourceD fungiert als primäre Datenquelle der
Join-Verknüpfungen der CDS-Views Z_ViewWithLeftOuterJoin und Z_View-
WithInnerJoin aus Listing 2.21 und Listing 2.23.

```
define view Z_ViewAsDataSourceD
   as select distinct from t000
{
   key cast( 'A' as abap.char(1) ) as FieldD1,
       cast( 'D' as abap.char(1) ) as FieldD2
}
   union select distinct from t000
{
   key cast( 'C' as abap.char(1) ) as FieldD1,
       cast( 'E' as abap.char(1) ) as FieldD2
}
```

**Listing 2.19** CDS-View Z_ViewAsDataSourceD

Der CDS-View Z_ViewAsDataSourceE fungiert als sekundäre Datenquelle der
gleichen Join-Verknüpfungen.

```
define view Z_ViewAsDataSourceE
   as select distinct from t000
{
   key cast( 'D' as abap.char(1) ) as FieldE1,
   key cast( 'H' as abap.char(1) ) as FieldE2
}
   union select distinct from t000
{
```

```
   key cast( 'D' as abap.char(1) ) as FieldE1,
   key cast( 'I' as abap.char(1) ) as FieldE2
}

   union select distinct from t000
{
   key cast( 'F' as abap.char(1) ) as FieldE1,
   key cast( 'I' as abap.char(1) ) as FieldE2
}
```

**Listing 2.20**  CDS-View Z_ViewAsDataSourceE

Die CDS-Views Z_ViewAsDataSourceD und Z_ViewAsDataSourceE liefern zwei bzw. drei Datensätze, wie es aus Tabelle 2.4 ersichtlich ist.

| CDS-View | FieldD1 | FieldD2 | FieldE1 | FieldE2 |
|---|---|---|---|---|
| Z_ViewAsDataSourceD | »A« | »D« | – | – |
| | »C« | »E« | – | – |
| Z_ViewAsDataSourceE | – | – | »D« | »H« |
| | – | – | »D« | »I« |
| | – | – | »F« | »I« |
| Z_ViewWithLeftOuterJoin | »A« | »D« | – | »H« |
| | »A« | »D« | – | »I« |
| | »A« | »E« | – | »null« |
| Z_ViewWithInnerJoin | »A« | »D« | – | »H« |
| | »A« | »D« | – | »I« |

**Tabelle 2.4**  Datensätze der Datenquellen sowie der darauf aufbauenden Join-CDS-Views

Werden diese beiden CDS-Views als Datenquellen durch einen Left Outer Join gemäß Listing 2.21 verknüpft, erhält die Ergebnisliste des CDS-Views Z_ViewWithLeftOuterJoin drei Datensätze (siehe Tabelle 2.4).

**Left-Outer-Join-View**

```
define view Z_ViewWithLeftOuterJoin
   as select from Z_ViewAsDataSourceD
   left outer to many join Z_ViewAsDataSourceE
      on Z_ViewAsDataSourceD.FieldD2 = Z_ViewAsDataSourceE.FieldE1
{
   key Z_ViewAsDataSourceD.FieldD1,
```

```
        key Z_ViewAsDataSourceD.FieldD2,
        key Z_ViewAsDataSourceE.FieldE2
}
```

**Listing 2.21** CDS-View mit Left Outer Join

Analyse des
Beispiel-Views

Der erste Eintrag des CDS-Views `Z_ViewAsDataSourceD`, der den Wert »A« für das Schlüsselfeld `FieldD1` besitzt, ist mit zwei Datensätzen des CDS-Views `Z_ViewAsDataSourceE` verknüpft. Mithin erhält die Ergebnisliste des CDS-Views `Z_ViewWithLeftOuterJoin` zwei Datensätze zu diesem Eintrag. Dieser (mögliche) Kardinalitätssprung wird durch den Zusatz TO MANY in der Left-Outer-Join-Anweisung bekanntgegeben.

**Kardinalität des Left-Outer-Join-Partners angeben**

Sie sollten stets die maximale Zielkardinalität (TO ONE respektive TO MANY) eines Left-Outer-Join-Partners angeben. Diese Angabe dient einerseits der Dokumentation des Aufbaus des CDS-Views. Andererseits kann diese Information die Verarbeitung einer Selektionsanfrage in der Datenbank optimieren.

Falls Sie die Kardinalitätsangabe pflegen, sollten Sie allerdings darauf achten, dass diese korrekt definiert ist, da ansonsten das Selektionsergebnis fehlerhaft sein kann.

Der zweite Eintrag des Views `Z_ViewAsDataSourceD`, der den Wert »C« für das Schlüsselfeld `FieldD1` besitzt, hat keinen Join-Partner. Gemäß der Left-Outer-Join-Semantik verbleibt dieser Datensatz dennoch in der Ergebnisliste. Das verknüpfte Feld `FieldE2` des CDS-Views `Z_ViewWithLeftOuterJoin` erhält in diesem Fall auf der Datenbankebene den Null-Wert.

Null- und
Initialwerte

Wenn Sie das Selektionsergebnis in eine interne ABAP-Tabelle gemäß Listing 2.22 transferieren, wird dieser Null-Wert implizit in den Initialwert des korrespondierenden ABAP-Felds überführt. Das heißt, die ABAP-Laufzeitumgebung unterscheidet im Gegensatz zur CDS-Sprache und zur Datenbanklogik nicht zwischen Initialwerten und Null-Werten.

```
SELECT *
    FROM z_viewwithleftouterjoin
    INTO TABLE @DATA(lt_z_viewwithleftouterjoin).
```

**Listing 2.22** Datenselektion in ABAP über den CDS-View aus Listing 2.21

[!]

**Notwendige Behandlung von Null-Werten**

Auf SQL-Ebene ist der Unterschied zwischen Initialwerten und Null-Werten signifikant. Erstere stellen mit dem Initialwert bewertete Daten dar. Letztere stellen nicht bewertete Daten dar. In der Regel resultieren Null-Werte dabei aus Left-Outer-Join-Verknüpfungen ohne Join-Partner.

Bei der Modellierung Ihrer CDS-View-Logik müssen Sie diese Unterscheidung beachten und gegebenenfalls gezielt behandeln.

Gegenüber einer Left-Outer-Join-Verknüpfung entfernt eine Inner-Join-Verknüpfung Datensätze ohne Join-Partner aus dem Selektionsergebnis. Entsprechend beinhaltet das Selektionsergebnis des CDS-Views Z_ViewWithInnerJoin aus Listing 2.23 lediglich zwei Datensätze (siehe Tabelle 2.4).

*Inner-Join-Verknüpfungen*

```
define view Z_ViewWithInnerJoin
    as select from Z_ViewAsDataSourceD
    inner join Z_ViewAsDataSourceE
        on Z_ViewAsDataSourceD.FieldD2 = Z_ViewAsDataSourceE.FieldE1
{
    key Z_ViewAsDataSourceD.FieldD1,
    key Z_ViewAsDataSourceD.FieldD2,
    key Z_ViewAsDataSourceE.FieldE2
}
```

**Listing 2.23** CDS-View mit Inner Join

Ein entsprechendes Selektionsergebnis können Sie auch über eine Left-Outer-Join-Verknüpfung erzielen. Dazu müssen Sie über zusätzlich eingebrachte Where-Bedingungen die Existenz eines Datensatzes des jeweiligen Join-Partners sicherstellen. Sie können dabei ein adäquates Feld (in der Regel ein Schlüsselfeld) des Join-Partners dahingehend prüfen, dass dessen Wert vom Null-Wert abweicht. Listing 2.24 illustriert dieses Vorgehen anhand des per Left Outer Join verknüpften Felds FieldE2.

*Left Outer Join ohne Null-Werte*

```
define view Z_ViewWithJoinAndFilter
    as select from Z_ViewAsDataSourceD
    left outer to many join Z_ViewAsDataSourceE
        on Z_ViewAsDataSourceD.FieldD2 = Z_ViewAsDataSourceE.FieldE1
{
    key Z_ViewAsDataSourceD.FieldD1,
    key Z_ViewAsDataSourceD.FieldD2,
```

```
      key Z_ViewAsDataSourceE.FieldE2
}

      where Z_ViewAsDataSourceE.FieldE2 is not null
```

**Listing 2.24** CDS-View mit Left Outer Join und zusätzlicher Existenzprüfung des Join-Partners

Elemente durch Datenquellen qualifizieren

Wenn Sie mehrere Datenquellen über Joins verknüpfen, müssen Sie bei Bezügen auf die Elemente dieser Datenquellen deren Eindeutigkeit sicherstellen. Dazu können sie dem Elementnamen den Namen der Datenquelle, getrennt durch einen Punkt, voranstellen. Dabei kann es auch erforderlich sein, Datenquellen, die mehrfach in die CDS-View-Logik eingebunden werden, über Aliasnamen voneinander abzugrenzen.

Im Beispiel aus Listing 2.25 wird der CDS-View Z_ViewAsDataSourceD zweimalig als Datenquelle verwendet. Um die beiden Einbindungen dieser Datenquelle voneinander abgrenzen zu können, werden sie mit den Aliasnamen D1 bzw. D2 belegt.

```
define view Z_ViewWithJoinAndAlias
    as select from Z_ViewAsDataSourceD as D1
    left outer to one join Z_ViewAsDataSourceD as D2
      on D1.FieldD1 = D2.FieldD1
{
    key D1.FieldD1,
        D2.FieldD2
}
```

**Listing 2.25** CDS-View mit Aliasnamen für die verknüpften Datenquellen

[+]

**Elemente der Projektionsliste qualifizieren**
Wenn Sie Datenquellen per Join-Logik miteinander verknüpfen, sollten Sie Elementbezüge immer mithilfe der zugrunde liegenden Datenquelle qualifizieren. Ansonsten können durch gleichnamige Elementerweiterungen der Datenquellen zu einem späteren Zeitpunkt unbeabsichtigt Mehrdeutigkeiten auftreten, die eine erfolgreiche Aktivierung der abhängigen CDS-Views verhindern.

## 2.9   SQL-Aggregationsfunktionen

*SQL-Aggregationsfunktionen* gestatten es Ihnen, die Berechnungen von vordefinierten Aggregaten effizient in der Datenbank durchführen zu lassen. Diese SQL-Funktionen können Sie auch innerhalb Ihrer CDS-View-Implementierung nutzen.

Dazu definieren Sie zunächst die *Aggregationsebene*, auf die Sie das Ergebnis verdichten wollen. Die Aggregationsebene erfassen Sie mit dem Syntaxelement GROUP BY. Die Group-by-Anweisung findet sich hinter der Projektionsliste und zählt alle Felder der Datenquellen auf, die in die Projektionsliste einfließen. Felder, deren Aggregat berechnet wird, sind davon ausgenommen. Die gewünschte Aggregationsfunktion wenden Sie dann innerhalb der Projektionsliste des CDS-Views auf die entsprechenden zu aggregierenden Felder an.

**Aggregationen definieren**

Ein Anwendungsbeispiel illustrieren der CDS-View Z_ViewAggregationBase aus Listing 2.26 und der CDS-View Z_ViewWithAggregations aus Listing 2.26. Der CDS-View Z_ViewAggregationBase fungiert dabei als Datenquelle der Aggregation.

**Aggregierender CDS-View mit Datenquelle**

```
define view Z_ViewAggregationBase
    as select distinct from t000
{
    key 'A' as Field1,
    key 'A' as Field2,
        cast( 1 as abap.int1) as Field3
}
    union select distinct from t000
{
    key 'A' as Field1,
    key 'B' as Field2,
        cast( 2 as abap.int1) as Field3
}
    union select distinct from t000
{
    key 'A' as Field1,
    key 'C' as Field2,
        cast( 3 as abap.int1) as Field3
}
```

**Listing 2.26** CDS-View, der als Datenquelle einer Aggregation dient

Der CDS-View Z_ViewAggregationBase definiert drei Datensätze entsprechend Tabelle 2.5.

| Field1 | Field2 | Field3 |
|--------|--------|--------|
| »A« | »A« | »1« |
| »A« | »B« | »2« |
| »A« | »C« | »3« |

**Tabelle 2.5** Datensätze des CDS-Views Z_ViewAggregationBase

Der CDS-View Z_ViewWithAggregations aus Listing 2.27 beinhaltet die Aggregationslogik. Die Datensätze der Datenquelle sollen darin bis auf die Ebene des ersten Schlüsselfelds Field1 verdichtet werden. Entsprechend ist die angewandte Group-by-Anweisung des CDS-Views Z_ViewWithAggregations definiert.

```
define view Z_ViewWithAggregations
    as select from Z_ViewAggregationBase
{
    key Field1,
        min(Field3)                        as FieldWithMin,
        max(Field3)                        as FieldWithMax,
        avg(Field3)                        as FieldWithAvg,
        cast( sum(Field3) as abap.int4 ) as FieldWithSum,
        count( distinct Field1 )           as FieldWithCountDistinct,
        count(*)                           as FieldWithCountAll
}
    group by Field1
```

**Listing 2.27** CDS-View mit Aggregationsfunktionen

**Analyse des Beispiels**

Im vorliegenden Fall umfasst das Resultat der Selektion des CDS-Views Z_ViewWithAggregations einen einzelnen Datensatz. Berechnet werden das Minimum FieldWithMin (MIN=»1«), das Maximum FieldWithMax (MAX=»3«), der Durchschnittswert FieldWithAvg (AVG=»2«) sowie die Summe FieldWithSum (SUM=»6«) der Werte des Felds Field3. Ferner werden für jeden Eintrag in der Ergebnisliste des aggregierenden Views Z_ViewWithAggregations die Anzahl der sich im Wert des gruppierenden Felds Field1 unterscheidenden Datensätze FieldWithCountDistinct (COUNT DISTINCT=»1«) und die Anzahl der insgesamt verdichteten Datensätze FieldWithCountAll (COUNT(*)= »3«) bestimmt.

Die Spalten für das Minimum `FieldWithMin` und das Maximum `FieldWith-Max` behalten die Typisierung `INT1` des zugrunde liegenden Felds `Field3` bei. Standardmäßig würde dies auch für das Summenfeld `FieldWithSum` gelten. Durch die angewandte Cast-Operation wird dieses im Beispiel jedoch explizit auf den Typ `INT4` verlängert. Die Typisierung der Count-Felder sowie des Durchschnittswerts erfolgt implizit mit den ABAP-Typen `INT4` oder `FLTP`.

**Typisierung der Aggregatfelder**

**[!]**

### Speicherüberläufe vermeiden

Um zur Ausführungszeit der Selektionsabfrage einen Speicherüberlauf beim Anwenden von Aggregationsfunktionen zu vermeiden, sollten Sie die erwarteten Wertebereiche und vorliegenden Typisierungen der Felder prüfen und die Typisierungen gegebenenfalls durch explizite Typkonvertierungen erweitern.

Wenn Sie Aggregationsfunktionen anwenden, sollten die gruppierenden Felder idealerweise nur die differenzierten Schlüsselfelder beinhalten, um effizient verarbeitet werden zu können. So sollten Sie Feldlistenanreicherungen über Joins vorzugsweise erst nach der Aggregation nutzen. Dies gilt insbesondere dann, wenn durch die Join-Logik berechnete Felder in die Group-by-Anweisung einfließen.

**Performance-überlegungen**

Des Weiteren sollte Sie die Aggregation möglichst tief im CDS-View-Stack ansiedeln, um den Umfang der prozessierten Daten so früh wie möglich auf ein Minimum zu reduzieren.

Falls die zu aggregierenden Werte Beträge oder Mengen darstellen, müssen Sie diese vor einer Aggregation normieren. Das heißt, Sie müssen diese zunächst in die gleiche Einheit umrechnen oder aber die Einheit im Aufriss der Aggregationsstufe beibehalten, um ungewollte Berechnungsfehler zu vermeiden.

**Konvertierungs-funktionen nutzen**

### Performance optimieren

Durch den Einsatz von Konvertierungsfunktionen auf nicht aggregierten Einzeldatensätzen kann es zu erheblichen Performanceeinbußen kommen. Sie sollten in diesen Fällen erwägen, zunächst die Datensätze unter der Wahrung ihrer Einheiten zu aggregieren und die Konvertierungsfunktionen erst im Nachgang auf den vorverdichteten Datensätzen zu applizieren.

## 2.10   Assoziationen

Verwendungs-
möglichkeiten von
Assoziationen

Mit *Assoziationen* können Sie gerichtete Beziehungen zwischen CDS-Views erfassen. Die Assoziationen können Sie zur Implementierung der internen Logik Ihrer CDS-Views nutzen. Sie können die Assoziationen darüber hinaus jedoch auch für eine externe Nutzung durch die Verwender Ihrer CDS-Views exponieren. Die mögliche externe Nutzung beinhaltet dabei sowohl die Wiederverwendung der in den Assoziationsdefinitionen enthaltenen Logik innerhalb aufeinander aufbauender CDS-Views eines CDS-View-Stacks als auch die Verwendung der Assoziationen innerhalb von Open-SQL-Selektionsanfragen einer ABAP-Anwendung.

Darüber hinaus sind Assoziationen als Träger zahlreicher Metadaten wertvoll für die sie verwendenden bzw. interpretierenden Frameworks, die zahlreiche Funktionen aus diesen Metadaten ableiten. Beispielsweise können assoziierte Dimensions-CDS-Views als Quelle von Anzeigeattributen in analytischen Reports genutzt werden.

### Technische Abbildung der Assoziationen

Technisch werden Assoziationen auf Join-Verknüpfungen abgebildet. Diese Verknüpfungen kommen allerdings erst dann zum Tragen, wenn die Assoziationen tatsächlich verwendet werden. Dies ist z. B. dann der Fall, wenn mit ihrer Hilfe ein Pfadausdruck zu einem Feld gebildet wird. Die reine Definition oder Propagation einer Assoziation im CDS-View-Stack manifestiert sich ansonsten nicht in den aus CDS-Views generierten SQL-Views.

CDS-Elemente

Konzeptionell werden Datenfelder und Assoziationen aus Sicht der CDS-Sprache als gleichrangig betrachtet und gemeinschaftlich als *CDS-Elemente* bezeichnet. Implementierungsseitig gibt es jedoch einige Unterschiede zwischen Datenfeldern und Assoziationen.

### Namensraum der Assoziationen beachten

Die Namen der CDS-Elemente (Felder und Assoziationen) sowie die Parameternamen teilen sich denselben Namensraum. Sie müssen eindeutig innerhalb eines CDS-Modells definiert werden.

### 2.10.1   Assoziationsdefinitionen

Die *Assoziationsdefinition* beschreibt die Verknüpfung der jeweiligen Definitionsquelle mit einem Assoziationsziel. In Listing 2.28 wird beispielsweise der CDS-View `ZI_SalesOrder` mit dem Ziel-CDS-View `ZI_SalesOrder-Item` über die Assoziation `_Item` verknüpft.

```
define view ZI SalesOrder
...
   association [0..*] to ZI_SalesOrderItem as _Item
      on $projection.SalesOrder = _Item.SalesOrder
...
```

**Listing 2.28**  Assoziationsdefinition

Als Definitionsquelle können CDS-Views oder deren Erweiterungen dienen. Technisch zulässige Assoziationsziele sind:

**Assoziationsziele**

- CDS-Views
- CDS-Tabellenfunktionen
- SQL-Views
- Datenbanktabellen

**Assoziationsziele wählen**

Sie sollten ausschließlich CDS-Views über Assoziationen verknüpfen, um funktionale Einschränkungen zu vermeiden. Beispielsweise können Datenbanktabellen in analytischen Anwendungen nicht als Ziel von Fremdschlüsselassoziationen genutzt werden.

Der Name einer Assoziation kann per Aliasfunktion definiert werden. Im skizzierten Beispiel lautet der Name `_Item`.

**Assoziationsnamen**

**Assoziationsnamen wählen**

Sie sollten Namen von Assoziationen von normalen Feldnamen und Parameternamen abgrenzen. Wir empfehlen Ihnen, zu diesem Zweck dem semantischen Namen der Assoziation einen Unterstrich als Präfix voranzustellen, z. B. `_Item`.

Die Assoziationsdefinition enthält neben dem Namen des verknüpften Ziels auch die Beziehung zwischen den Datensätzen der Quell- und Zielentität.

Diese relationalen Zusammenhänge werden mithilfe einer *On-Bedingung* erfasst. Im vorliegenden Beispiel aus Listing 2.28 wird dabei das Feld `Sales-Order` der Projektionsliste des Quell-CDS-Views über `$projection.SalesOrder` angesprochen und durch den Pfadausdruck `_Item.SalesOrder` mit dem

**On-Bedingungen der Assoziationen**

gleichnamigen Feld des Ziel-CDS-Views der Assoziation verknüpft. Wird die Assoziation im Fall einer Navigation von der Definitionsquelle zum Ziel-CDS-View genutzt, findet eine, der On-Bedingung entsprechende Filterung der Datensätze der Zielentität auf der Basis der Quelldatensätze statt.

Kardinalitäts-angaben
Prinzipiell kann es zu einem Datensatz der Quelle einer Assoziation, abhängig von den festgelegten On-Bedingungen, unterschiedlich viele korrespondierende Datensätze des Assoziationsziels geben. Die mögliche Anzahl an korrespondierenden Datensätzen wird über eine Kardinalitätsangabe in eckigen Klammern [ ] dokumentiert. Diese beschreibt, wie viele Datensätze des Assoziationsziels minimal und maximal mit einem Datensatz der Quelle verknüpft sein können.

[+]

### Kardinalität von Assoziationen angeben

Sie sollten die Kardinalität einer Assoziation immer explizit und so präzise wie möglich spezifizieren. Geben Sie dabei sowohl den Minimal- als auch den Maximalwert an. Dies erhöht die Lesbarkeit Ihres CDS-Modells.

Tabelle 2.6 zeigt Beispiele der in vielen CDS-Views vorzufindenden Ausprägungen der Kardinalitätsangaben.

| Kardinalitätsangabe | Anzahl der Datensätze des Assoziationsziels | |
| --- | --- | --- |
| | Minimal | Maximal |
| [] | 0 | 1 |
| [1] | 0 | 1 |
| [0..1] | 0 | 1 |
| [1..1] | 1 | 1 |
| [0..*] | 0 | unbegrenzt |
| [1..*] | 1 | unbegrenzt |
| keine (Default-Logik) | 0 | 1 |

**Tabelle 2.6** Kardinalitätsangaben in Assoziationsdefinitionen

[!]

### Kardinalitätsangaben überprüfen

Sie sollten die Kardinalitätsangaben Ihrer Assoziationsdefinitionen kritisch prüfen. Fehlerhafte Kardinalitätsangaben können zu Folgefehlern in der Datenmodellierung führen. Ferner können daraus sowohl Duplikate als

2

auch fehlende Datensätze in den Selektionsergebnissen resultieren. Nicht zuletzt drohen bei fehlerhaften Kardinalitätsangaben Performanceein-bußen.

### 2.10.2   Exponierung von Assoziationen

Mit der Definition einer Assoziation steht diese für die interne Implemen-tierung eines CDS-Views bereit. Um die Assoziation auch außenstehen-den Verwendern zugänglich zu machen, muss diese analog zu den Fel-dern in die Projektionsliste des CDS-Views aufgenommen werden. Ohne diese Exponierung handelt es sich bei der Assoziationsdefinition lediglich um ein internes Implementierungsdetail, dessen Funktion Sie auch über die Definition von entsprechenden Join-Verknüpfungen hätten erreichen können.

In Listing 2.29 wird die zuvor definierte Assoziation _Item in die Projek-tionsliste übernommen. Sie ist damit Bestandteil der externen Signatur des CDS-View-Modells und kann von dessen Verwendern angesprochen werden.

**CDS-View mit exponierter Assoziation**

```
define view ZI_SalesOrder
   ...
   association [0..*] to ZI_SalesOrderItem as _Item ...
{
   key SalesOrder,
      _Item,
      ...
}
```

**Listing 2.29** CDS-View mit exponierter Assoziation

#### Nicht genutzte Assoziationen entfernen

Definierte Assoziationen, die im CDS-View-Modell weder zur Implementie-rung der View-Logik verwendet noch in dessen Signatur exponiert werden, bieten keine Funktion. Als Implementierungsbestandteil werden sie jedoch im Rahmen der CDS-Aktivierung geprüft. Sie sollten derartige Asso-ziationen löschen, um unnötige Aktivierungsprobleme zu vermeiden.

Beachten Sie, dass Assoziationen zu Extension-Include-Views nur definiert aber nicht exponiert werden (siehe Kapitel 11, »Erweiterungen von CDS-Views«). Sie werden von der Extensibility-Infrastruktur zur Bildung von Pfadausdrücken genutzt.

### 2.10.3   Modellierung von m:n-Beziehungen

Separate CDS-Views für m:n-Beziehungen

Falls ein Datensatz einer Entität Beziehungen zu vielen Datensätzen einer anderen Entität aufweist und umgekehrt, stehen die beiden Entitäten in einer m:n-Beziehung zueinander. Wenn Sie derartige m:n-Beziehungen in Ihren CDS-Views abbilden wollen, müssen Sie in der Regel einen eigenständigen CDS-View, der die m:n-Beziehung abbildet, modellieren. Dieser separate View verhindert, dass Sie die Quelle oder aber auch das Ziel der Relation mit der m:n-Beziehungsinformation per Join anreichern müssen und damit unerwünschte Kardinalitätssprünge in Kauf nehmen müssen.

CDS-Views mit m:n-Beziehung

Betrachten Sie dazu die CDS-Views Z_ViewAWithMToNRelationToViewB, Z_ViewBWithMToNRelationToViewA und Z_ViewMToNRelation. Der CDS-View Z_ViewAWithMToNRelationToViewB aus Listing 2.30 (im Folgenden kurz View A genannt) mit dem Schlüssel KeyFieldA ist über die Assoziation _MToN mit dem CDS-View Z_ViewMToNRelation verknüpft. Er liefert zwei Datensätze entsprechend Tabelle 2.7.

```
define view Z_ViewAWithMToNRelationToViewB
   as select distinct from t000
   association [0..*] to Z_ViewMToNRelation as _MToN
      on $projection.KeyFieldA = _MToN.KeyFieldA
{
   key 1 as KeyFieldA,
      _MToN
}
   union select distinct from t000
   association [0..*] to Z_ViewMToNRelation as _MToN
      on $projection.KeyFieldA = _MToN.KeyFieldA
{
   key 2 as KeyFieldA,
      _MToN
}
```

**Listing 2.30** CDS-View Z_ViewAWithMToNRelationToViewB

Analog ist der CDS-View Z_ViewBWithMToNRelationToViewA aus Listing 2.31 (im Folgenden kurz View B genannt) mit dem Schlüssel KeyFieldB über eine gleichnamige Assoziation _MToN mit dem View Z_ViewMToNRelation verknüpft. Auch dieser CDS-View liefert zwei Datensätze.

```
define view Z_ViewBWithMToNRelationToViewA
   as select distinct from t000
   association [0..*] to Z_ViewMToNRelation as _MToN
      on $projection.KeyFieldB = _MToN.KeyFieldB
```

2

```
{
   key 3 as KeyFieldB,
      _MToN
}
   union select distinct from t000
   association [0..*] to Z_ViewMToNRelation as _MToN
      on $projection.KeyFieldB = _MToN.KeyFieldB
{
   key 4 as KeyFieldB,
      _MToN
}
```

**Listing 2.31** CDS-View Z_ViewBWithMToNRelationToViewA

Der CDS-View Z_ViewMToNRelation aus Listing 2.32 besitzt einen kombinier-
ten Schlüssel KeyFieldA und KeyFieldB. Er bildet eine m:n-Beziehung zwischen den CDS-Views A und B aus Listing 2.30 und Listing 2.31 ab und verfügt über die entsprechenden Assoziationen _ViewA und _ViewB zu diesen
beiden CDS-Views.

```
define view Z_ViewMToNRelation
   as select distinct from t000
   association [0..1] to Z_ViewAWithMToNRelationToViewB as _ViewA
      on $projection.KeyFieldA = _ViewA.KeyFieldA
   association [0..1] to Z_ViewBWithMToNRelationToViewA as _ViewB
      on $projection.KeyFieldB = _ViewB.KeyFieldB
{
   key 1 as KeyFieldA,
   key 3 as KeyFieldB,
      _ViewA,
      _ViewB
}
   union select distinct from t000
   association [0..1] to Z_ViewAWithMToNRelationToViewB as _ViewA
      on $projection.KeyFieldA = _ViewA.KeyFieldA
   association [0..1] to Z_ViewBWithMToNRelationToViewA as _ViewB
      on $projection.KeyFieldB = _ViewB.KeyFieldB
{
   key 1 as KeyFieldA,
   key 4 as KeyFieldB,
      _ViewA,
      _ViewB
}
   union select distinct from t000
```

```
association [0..1] to Z_ViewAWithMToNRelationToViewB as _ViewA
    on $projection.KeyFieldA = _ViewA.KeyFieldA
association [0..1] to Z_ViewBWithMToNRelationToViewA as _ViewB
    on $projection.KeyFieldB = _ViewB.KeyFieldB
{
    key 2 as KeyFieldA,
    key 4 as KeyFieldB,
      _ViewA,
      _ViewB
}
```

**Listing 2.32** CDS-View Z_ViewMToNRelation

Tabelle 2.7 vermittelt Ihnen einen Überblick über die von den CDS-Views bereitgestellten Datensätze.

| CDS-View | KeyFieldA | KeyFieldB |
|---|---|---|
| Z_ViewAWithMToNRelationToViewB | 1 | – |
| | 2 | – |
| Z_ViewBWithMToNRelationToViewA | – | 3 |
| | – | 4 |
| Z_ViewMToNRelation | 1 | 3 |
| | 1 | 4 |
| | 2 | 4 |

**Tabelle 2.7** Datensätze der CDS-Views, die über eine m:n-Beziehung miteinander in Verbindung stehen

Abbildung 2.2 illustriert das Assoziationsgeflecht der beteiligten CDS-Views.

Analyse der Beispiel-Views

Der CDS-View Z_ViewMToNRelation liefert insgesamt drei Datensätze. Diese setzen die jeweils vorliegenden Datensätze der Views A und B miteinander in Verbindung. Wollten Sie diese Information in einen dieser beiden Views A oder B integrieren, müssten die bestehenden Datensätze entsprechend ausmultipliziert werden.

Ein Verwender dieses View-Geflechts kann nun je nach Quell-View A oder B Pfadausdrücke der Form _MToN._ViewB oder _MToN._ViewA nutzen, um die miteinander verknüpften Datenbestände der beiden Views A und B auszuwerten.

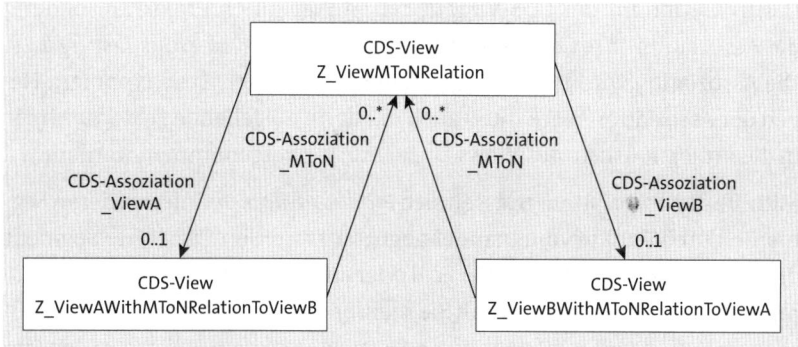

**Abbildung 2.2** CDS-Assoziationen der CDS-Views, die über eine m:n-Beziehung miteinander in Verbindung stehen

### 2.10.4   Verwendung von Assoziationen in CDS-Views

Exponierte Assoziationen eines CDS-Views können prinzipiell genauso wie die Felder des Views in die Implementierung eines darauf aufbauenden CDS-Views einfließen. Sie können Assoziationen allerdings nicht in On-Bedingungen anderer Assoziationen oder Join-Verknüpfungen nutzen. Sie können die exponierten Assoziationen eines zugrunde liegenden Basis-CDS-Views aber in die Projektionsliste Ihres eigenen CDS-Views aufnehmen und damit über diesen View ebenfalls exponieren. Falls erforderlich, können Sie dabei die projizierte Assoziation mit einem Aliasnamen versehen.

*Assoziationen einsetzen*

[«]

**Abhängigkeiten projizierter Assoziationen beachten**

Wenn Sie eine Assoziation durch die Projektionsbildung in Ihren CDS-View übernehmen und exponieren, müssen Sie sicherstellen, dass auch alle Felder des Basis-Views, die in der On-Bedingung seiner Assoziationsdefinition verwendet werden, in die Projektionsliste Ihres CDS-Views aufgenommen werden. Sie dürfen diese Basisfelder bei Bedarf über Aliasnamen umbenennen.

Listing 2.33 illustriert ein Beispiel.

*CDS-View mit projizierter Assoziation*

```
define view ZC_SalesOrder
    as select from ZI_SalesOrder
{
    key ZI_SalesOrder.SalesOrder,
    ZI_SalesOrder._Item as _SalesOrderItem
}
```

**Listing 2.33** CDS-View mit projizierter Assoziation

Analyse des
Beispiel-Views

Darin übernimmt der CDS-View ZC_SalesOrder durch Projektionsbildung die Assoziation _Item des Basis-CDS-Views ZI_SalesOrder aus Listing 2.29. Die Assoziation wird mit dem Aliasnamen _SalesOrderItem exponiert. Neben der Assoziation _Item muss auch das darin eingehende Feld SalesOrder in die Projektionsliste des Views ZC_SalesOrder aufgenommen werden.

Pfadausdrücke

Mithilfe der Assoziationen lassen sich *Pfadausdrücke* definieren, deren Segmente durch Punkte voneinander abgegrenzt werden. Das letzte Segment dieser Pfade bildet entweder ein Feld oder eine Assoziation des Ziels der vorangestellten Assoziation. Wenn Sie mehrere Assoziationen in Pfadausdrücken zu Ketten verknüpfen, müssen Sie auch in diesem Fall alle in den On-Bedingungen der einzelnen Assoziationsdefinitionen eingehenden Felder in Ihren CDS-View mitaufnehmen.

Beispiele
assoziierter
CDS-Views

Betrachten Sie exemplarisch die CDS-Views aus Listing 2.34 bis Listing 2.37. Der CDS-View ZI_SalesOrderScheduleLine aus Listing 2.34 beschreibt die Einteilung des Kundenauftrags. Er verfügt über eine Assoziation _SalesOrderItem zum CDS-View ZI_SalesOrderItem der Kundenauftragsposition.

```
@AbapCatalog.sqlViewName: 'ZISALESORDERSL'
define view ZI_SalesOrderScheduleLine
    as select from zsalesordersline
    association [1..1] to ZI_SalesOrderItem as _SalesOrderItem
        on $projection.SalesOrder     = _SalesOrderItem.SalesOrder
        and $projection.SalesOrderItem = _SalesOrderItem.SalesOrderItem
{
    key salesorder           as SalesOrder,
    key salesorderitem       as SalesOrderItem,
    key salesorderscheduleline as SalesOrderScheduleLine,
        _SalesOrderItem
}
```

**Listing 2.34** CDS-View der Einteilung des Kundenauftrags

Der CDS-View ZI_SalesOrderItem aus Listing 2.35 beschreibt die Kundenauftragsposition. Er verfügt über eine Assoziation _Product zum CDS-View ZI_Product des Produkts.

```
@AbapCatalog.sqlViewName: 'ZISALESORDERITEM'
define view ZI_SalesOrderItem
    as select from zsalesorderitem
    association [0..1] to ZI_Product as _Product
        on $projection.Product = _Product.Product
{
    key salesorder      as SalesOrder,
```

```
   key salesorderitem as SalesOrderItem,
       product        as Product,
       _Product
}
```

**Listing 2.35** CDS-View der Kundenauftragsposition

Der CDS-View `ZI_Product` aus Listing 2.36 verfügt über eine Assoziation `_Text` zum CDS-View `ZI_ProductText` des Produkttextes.

```
@AbapCatalog.sqlViewName: 'ZIPRODUCT'
define view ZI_Product
   as select from zproduct
   association [0..*] to ZI_ProductText as _Text
      on $projection.Product = _Text.Product
{
   key product as Product,
      _Text
}
```

**Listing 2.36** CDS-View des Produkts

Listing 2.37 beinhaltet die Definition des CDS-Views `ZI_ProductText`, der den Produkttext beschreibt.

```
@AbapCatalog.sqlViewName: 'ZIPRODUCTTEXT'
define view ZI_ProductText
   as select from zproducttext
{
   key language     as Language,
   key product      as Product,
       product_name as ProductName
}
```

**Listing 2.37** CDS-View des Produkttextes

Auf diesen CDS-Views wird der Projektions-CDS-View `Z_ViewWithAssocia-tionPaths` entsprechend Listing 2.38 definiert.

**CDS-View mit Pfadausdrücken**

```
@AbapCatalog.sqlViewName: 'ZVIEWASCPATHS'
define view Z_ViewWithAssociationPaths
   as select from ZI_SalesOrderScheduleLine
{
   key SalesOrder,
   key SalesOrderItem,
```

```
    key SalesOrderScheduleLine,
        _SalesOrderItem,
        _SalesOrderItem.Product as SalesOrderItemProduct,
        _SalesOrderItem._Product,
        _SalesOrderItem._Product.Product,
        _SalesOrderItem._Product._Text
}
```

**Listing 2.38** Projektions-View der Kundenauftragseinteilung aus
Listing 2.34 mit Pfadausdrücken

Analyse des
Beispiels

Der CDS-View `Z_ViewWithAssociationPaths` übernimmt die Assoziation
`_SalesOrderItem` in seine Projektionsliste. Dies erfordert gleichzeitig auch
die Übernahme der Felder `SalesOrder` und `SalesOrderItem`, da diese in der
On-Bedingung der Assoziationsdefinition des Basis-CDS-Views verwendet
werden.

Über den Pfadausdruck `_SalesOrderItem._Product` wird eine Beziehung
zum CDS-View `ZI_Product` hergestellt. Der CDS-View `Z_ViewWithAssocia-
tionPaths` selbst besitzt damit auch eine exponierte Assoziation `_Product`
zum Produktstamm. Damit diese Assoziation exponiert werden kann,
muss auch das Feld `Product` aus dem View `ZI_SalesOrderItem` in die Projektionsliste übernommen werden, da dieses Feld in der On-Bedingung der zugrunde liegenden Assoziationsdefinition verwendet wird. Die Einbindung
des Felds erfolgt über den Pfadausdruck `_SalesOrderItem.Product`. Um Namenskollisionen zu vermeiden, wird das damit aufgenommene Feld `Pro-
duct` mit dem Aliasnamen `SalesOrderItemProduct` versehen.

Genauso wird nun die Assoziation zum Text-View des Produkts per Pfadausdruck `_SalesOrderItem._Product._Text` übernommen. Um die Assoziation `_Text` exponieren zu können, muss die Projektionsliste mit dem Feld
`Product` des Views `ZI_Product` erweitert werden. Dies geschieht über den
Pfadausdruck `_SalesOrderItem._Product.Product`.

Entstehung
impliziter Join-
Verknüpfungen

Bei der Aufnahme von Feldern über Pfadausdrücke werden implizit die in
den Assoziationsdefinitionen hinterlegten On-Bedingungen in Join-Verknüpfungen überführt.

> [»]
>
> ### Entstehung impliziter Join-Verknüpfungen
>
> Die alleinige Definition und Exponierung von Assoziationen führt nicht zu
> zusätzlichen Join-Verknüpfungen. Diese werden erst durch die Verwen-
> dung der Assoziationen in Pfadausdrücken erzeugt.

2

Entsprechend resultieren aus den beiden Pfadausdrücken _SalesOrder-Item.Product und _SalesOrderItem._Product.Product zwei effektive Join-Verknüpfungen.

Listing 2.39 veranschaulicht dies anhand der Create-Anweisung zum SQL-View ZVIEWASCPATHS.

**SQL-View mit impliziten Join-Verknüpfungen**

```
CREATE VIEW "ZVIEWASCPATHS" AS SELECT
    "ZISALESORDERSL"."MANDT" AS "MANDT",
    "ZISALESORDERSL"."SALESORDER",
    "ZISALESORDERSL"."SALESORDERITEM",
    "ZISALESORDERSL"."SALESORDERSCHEDULELINE",
    "=A0"."PRODUCT" AS "SALESORDERITEMPRODUCT",
    "=A2"."PRODUCT"
FROM (
    "ZISALESORDERSL" "ZISALESORDERSL"
    LEFT OUTER MANY TO ONE JOIN "ZISALESORDERITEM" "=A0" ON (
        "ZISALESORDERSL"."SALESORDER" = "=A0"."SALESORDER" AND
        "ZISALESORDERSL"."SALESORDERITEM" = "=A0"."SALESORDERITEM" AND
        "ZISALESORDERSL"."MANDT" = "=A0"."MANDT"
    )
) LEFT OUTER MANY TO ONE JOIN "ZIPRODUCT" "=A2" ON (
    "ZISALESORDERSL"."MANDT" = "=A2"."MANDT" AND
    "=A0"."PRODUCT" = "=A2"."PRODUCT"
)
```

**Listing 2.39** Create-Anweisung zur Anlage des SQL-Views aus Listing 2.38

Auf der Datenbankebene treten die in den Pfadausdrücken verwendeten Assoziationen _SalesOrderItem und _Product nicht in Erscheinung. Die sie ersetzenden Join-Verknüpfungen übernehmen jedoch neben ihren On-Bedingungen auch ihre Kardinalitätsangaben (TO ONE). Der To-One-Zusatz signalisiert der Datenbank, dass der Join die Kardinalität des Ergebnisses der Datenselektion nicht beeinflusst. Damit muss dieser nicht zwangsläufig ausgeführt werden, sofern die Felder SalesOrderItemProduct und Product im Rahmen der Datenselektion nicht angefordert bzw. benötigt werden. Die zusätzlichen Join-Verknüpfungen wirken sich dennoch negativ auf die statische View-Komplexität aus und können die Optimierung der Prozessierung der Selektion auf Datenbankebene behindern.

**Analyse des Beispiels**

Alternativ zur Modellierung des CDS-Views Z_ViewWithAssociationPaths aus Listing 2.38 mit Pfadausdrücken kann die gleiche Funktion auch ohne Pfadausdrücke allein durch die Nutzung von expliziten Join-Verknüpfungen realisiert werden. Dies zeigt Listing 2.40.

**CDS-View mit expliziten Join-Verknüpfungen**

```
@AbapCatalog.sqlViewName: 'ZVIEWNOASCPATHS'
define view Z_ViewWithoutAssociationPaths
    as select from ZI_SalesOrderScheduleLine as SL
    left outer to one join ZI_SalesOrderItem as ITEM
        on ITEM.SalesOrder     = SL.SalesOrder
        and ITEM.SalesOrderItem = SL.SalesOrderItem
    left outer to one join ZI_Product as PROD
        on PROD.Product = ITEM.Product
{
    key SL.SalesOrder,
    key SL.SalesOrderItem,
    key SL.SalesOrderScheduleLine,
        _SalesOrderItem,
        ITEM.Product as SalesOrderItemProduct,
        ITEM._Product,
        PROD.Product,
        PROD._Text
}
```

**Listing 2.40** Projektions-View der Kundenauftragseinteilung mit der Verwendung von expliziten Join-Verknüpfungen

[+]

**Denormalisierungen der CDS-Modelle vermeiden**

Sie sollten auf (potenziell implizite) Join-Verknüpfungen der Datenquellen soweit wie möglich verzichten, um die statische Komplexität der CDS-View-Modelle so gering wie möglich zu halten. Dies gilt insbesondere für Ihre zentralen, mehrfach verwendeten CDS-Views.

Statt einer expliziten oder impliziten Denormalisierung der CDS-Modelle sollten Sie versuchen, die entsprechenden Relationen der Datenquellen über Assoziationen zu modellieren und diese dem Verwender (eventuell verteilt über mehrere assoziierte CDS-Views) zur Verfügung zu stellen. Der Verwender kann zweckgerichtet die exponierten Assoziationen verfolgen und sich so das gesamte Netzwerk der miteinander in Beziehung stehenden Modelle selbst erschließen.

Inner-Join-Verknüpfungen

Standardmäßig führen die in einem Pfadausdruck zu einem Feld verwendeten Assoziationen zu einem Left Outer Join. Wird indes eine Assoziation oder ein Pfadausdruck innerhalb der From-Anweisung eines CDS-Views genutzt, so wird dieser als Inner Join interpretiert.

CDS-View mit assoziierter Datenquelle

Listing 2.41 zeigt, dass Sie Assoziationen auch zur Definition der Datenquellen eines CDS-Views nutzen können. Der darin definierte CDS-View Z_View-

WithPathDataSource verwendet, ausgehend vom CDS-View ZI_SalesOrder-
Item, die Assoziation _SalesOrder, um Elemente des Ziel-CDS-Views ZI_
SalesOrder zu projizieren.

```
@AbapCatalog.sqlViewName: 'ZVIEWPATHDATASRC'
define view Z_ViewWithPathDataSource
   as select from ZI_SalesOrderItem._SalesOrder
{
   key SalesOrder,
      _Item as _SalesOrderItem
}
```

**Listing 2.41** CDS-View mit Pfadausdruck als Datenquelle in
Analogie zu Listing 2.33

In diesem Fall dient als Datenquelle eine Inner-Join-Verknüpfung des Views
ZI_SalesOrderItem mit dem View ZI_SalesOrder, entsprechend Listing 2.42.

*Beispiel eines generierten SQL-Views*

```
CREATE VIEW "ZVIEWPATHDATASRC" AS SELECT
   "=A0"."MANDT" AS "MANDT",
   "=A1"."SALESORDER"
FROM "ZISALESORDERITEM" "=A0" INNER JOIN "ZISALESORDER" "=A1" ON (
   "=A0"."MANDT" = "=A1"."MANDT" AND
   "=A0"."SALESORDER" = "=A1"."SALESORDER"
)
```

**Listing 2.42** Create-Anweisung zur Anlage des SQL-Views aus Listing 2.41

On-Bedingungen von Assoziationen, die nicht nur exponiert werden, sondern auch innerhalb des sie definierenden Views verwendet werden, dürfen keine lokal im CDS-View berechneten Felder referenzieren. Betrachten
Sie dazu das Beispiel aus Listing 2.43.

*Assoziationsdefinitionen, die berechnete Felder referenzieren*

```
define view Z_ViewWithCalcFieldsInAssocs
   as select from ZI_SalesOrderItem
   association [0..1] to ZI_Product as _Product
      on ZI_SalesOrderItem.Product = _Product.Product
   association [0..1] to ZI_Product as _ProductWithAlias
      on $projection.ProductWithAlias = _ProductWithAlias.Product
   association [0..1] to ZI_Product as _ProductWithCast
      on $projection.ProductWithCast = _ProductWithCast.Product
   association [0..1] to ZI_Product as _ProductWithCastPreserving
      on $projection.ProductWithCastPreserving =
         _ProductWithCastPreserving.Product
```

```
{
    key SalesOrder,
    key SalesOrderItem,
        Product,
        _Product,
        _Product.ProductType,
        Product as ProductWithAlias,
        _ProductWithAlias,
        _ProductWithAlias.ProductType as ProductTypeWithAlias,
        cast (Product as matnr) as ProductWithCast,
        _ProductWithCast,
        cast (Product as matnr preserving type)
            as ProductWithCastPreserving,
        _ProductWithCastPreserving,
        _ProductWithCastPreserving.ProductType
            as ProductTypeWithCastPreserving
}
```

**Listing 2.43** CDS-View mit Assoziationen, deren Definitionen berechnete Felder nutzen

**Analyse des Beispiel-Views**

Die Assoziation _Product nutzt in ihrer Definition das Feld Product der zugrunde liegenden Datenquelle ZI_SalesOrderItem. Diese Assoziation kann sowohl exponiert werden, als auch zur Bildung von Pfadausdrücken, wie _Product.ProductType, innerhalb des Views Z_ViewWithCalcFieldsInAssocs selbst genutzt werden.

Gleiches gilt für die Assoziation _ProductWithAlias, in deren Definition das Feld ProductWithAlias einfließt, das über einen Alias aus dem Feld Product der zugrunde liegenden Datenquelle ZI_SalesOrderItem hervorgeht.

In die Definition der Assoziation _ProductWithCast geht ein über eine Cast-Operation berechnetes Feld ProductWithCast ein. Diese Assoziation kann auch exponiert werden. Allerdings ist es nicht zulässig, in der CDS-View-Definition einen Pfadausdruck der Form _ProductWithCast.ProductType zu nutzen. Dies ist nur in den verwendenden Views gestattet.

**Cast-Operationen ohne Typänderung**

Beim Feld ProductWithTypePreserving bleibt der technische Datentyp bei der Cast-Operation auf das Datenelement MATNR erhalten. Dieser Sachverhalt wird durch den Zusatz PRESERVING TYPE ausgedrückt. Wird ein derartig umgewandeltes Feld in die On-Bedingung einer Assoziation eingebracht, darf die Assoziation auch innerhalb des Views selbst zur Bildung von Pfadausdrücken, wie z. B. _ProductWithCastPreserving.ProductType, genutzt werden.

Der in Listing 2.44 definierte CDS-View `Z_ViewWithCardChngngAssocPaths` nutzt den CDS-View `ZI_Product` aus Listing 2.36 als Datenquelle.

```
@AbapCatalog.sqlViewName: 'ZVIEWCARDPATHS'
define view Z_ViewWithCardChngngAssocPaths
    as select from ZI_Product
{
    key Product,
    key _Text[*:inner].Language
}
```

**Listing 2.44**  CDS-View mit kardinalitätsänderndem Pfadausdruck

Über den Pfadausdruck `_Text[...].Language` wird die Projektionsliste des CDS-Views `Z_ViewWithCardChngngAssocPaths` mit dem Sprachschlüssel des Ziel-CDS-Views `ZI_ProductText` angereichert. Da dieser Ziel-View potenziell Texte in mehreren Sprachen für ein einzelnes Produkt vorhalten kann, führt die Aufnahme des Sprachschlüssels zu einem Ausmultiplizieren der Datensätze des CDS-Views `ZI_Product` in der Ergebnisliste des CDS-Views `Z_ViewWithCardChngngAssocPaths`. Dieser Sachverhalt wird durch die Kardinalitätsangabe * im Pfadausdruck signalisiert.

[!]

**Kardinalitätsänderungen durch Pfadausdrücke beachten**

Die Verwendung von Pfadausdrücken kann durch das Ausprägen von Join-Verknüpfungen die Anzahl der selektierten Datensätze beeinflussen.

Im vorliegenden Fall soll statt einer Left-Outer-Join-Verknüpfung explizit eine Inner-Join-Verknüpfung, ausgedrückt durch das Sprachelement `inner`, vorgenommen werden. Listing 2.45 illustriert die resultierende Create-Anweisung für den SQL-View.

```
CREATE VIEW "ZVIEWCARDPATHS" AS SELECT
    "ZIPRODUCT"."MANDT" AS "MANDT",
    "ZIPRODUCT"."PRODUCT",
    "=A0"."LANGUAGE"
FROM "ZIPRODUCT" "ZIPRODUCT" INNER JOIN "ZIPRODUCTTEXT" "=A0" ON (
    "ZIPRODUCT"."MANDT" = "=A0"."MANDT" AND
    "ZIPRODUCT"."PRODUCT" = "=A0"."PRODUCT"
)
```

**Listing 2.45**  Create-Anweisung zum Anlegen des SQL-Views aus Listing 2.44

Diese Verknüpfung reduziert die resultierten Datensätze entsprechend der Inner-Join-Semantik. Das heißt, sie nimmt ebenfalls Einfluss auf die Kardinalität der Ergebnisliste des CDS-Views `Z_ViewWithCardChngngAssocPaths`.

**Filterkriterien in Pfadausdrücken**

Wenn Sie Assoziationen in Pfadausdrücken verwenden, können Sie innerhalb dieser Pfade zusätzliche Filterkriterien definieren. Ein Beispiel zeigt Listing 2.46.

```
@AbapCatalog.sqlViewName: 'ZVIEWFILTASCS'
@AbapCatalog.compiler.compareFilter: true
define view Z_ViewWithFilteredAssocPaths
    as select from ZI_Product
{
    Product,
    _Text[1:Language='E'].ProductName as ProductNameInEnglish,
    _Text[1:Language='E'].Product as ProductOfEnglishText
}
```

**Listing 2.46** CDS-View mit Filtereinschränkungen in Pfadausdrücken

Darin verwendet der CDS-View `Z_ViewWithFilteredAssocPaths` die Assoziation `_Text` des CDS-Views `ZI_Product` aus Listing 2.36, um die beiden Felder `ProductName` und `Product` des Ziel-Views `ZI_ProductText` aus Listing 2.37 in seine Projektionsliste zu übernehmen. Die assoziierten Zieldatensätze werden jedoch auf die Datensätze eingeschränkt, deren Sprachschlüssel `Language` dem konstanten Wert »E« entspricht.

Damit wird die in der On-Bedingung der Assoziation `_Text` erfasste Bindung des Felds `Product` des Ziel-CDS-Views durch eine weitere Einschränkung ergänzt. Mithin ist der aus den Feldern `Product` und `Language` aufgebaute Schlüssel des Ziel-CDS-Views `ZI_ProductText` vollständig spezifiziert. Die maximale Kardinalität der Verknüpfung der Datensätze über das Pfadsegment sinkt auf »1«. Diese Information wird der Filterbedingung in den beiden Pfadausdrücken vorangestellt und von dieser durch einen Doppelpunkt separiert.

**Gleichartige Pfadausdrücke im SQL-View**

Da die aus beiden Pfadausdrücken resultierenden Join-Verknüpfungen augenscheinlich identisch sind, sollte der aus dem CDS-View `Z_ViewWithFilteredAssocPaths` abgeleitete SQL-View `ZVIEWFILTASCS` idealerweise nur einen Join enthalten. Tatsächlich findet im vorliegenden Fall eine entsprechende Kondensierung der Join-Operationen statt. In der in Listing 2.47 dargestellten Create-Anweisung zur Anlage des SQL-Views `ZVIEWFILTASCS` aus Listing 2.46 findet sich nur ein Join.

```
CREATE VIEW "ZVIEWFILTASCS" AS SELECT
   "ZIPRODUCT"."MANDT" AS "MANDT",
   "ZIPRODUCT"."PRODUCT",
   "=A0"."PRODUCTNAME" AS "PRODUCTNAMEINENGLISH",
   "=A0"."PRODUCT" AS "PRODUCTENGLISH"
FROM "ZIPRODUCT" "ZIPRODUCT" LEFT OUTER MANY TO ONE
   JOIN "ZIPRODUCTTEXT" "=A0" ON (
     "ZIPRODUCT"."PRODUCT" = "=A0"."PRODUCT" AND
     "=A0"."LANGUAGE" = N'E' AND
     "ZIPRODUCT"."MANDT" = "=A0"."MANDT"
)
```

**Listing 2.47** Create-Anweisung bei vorliegender Annotation
@AbapCatalog.compiler.compareFilter:true

Die Kardinalität des Joins entspricht mit dem Wert »TO ONE« der Auszeichnung der maximalen Kardinalität 1 in den Pfadausdrücken. Die übrigen On-Bedingungen spiegeln die Bedingungen aus der Assoziationsdefinition sowie den Filterwert der Pfadausdrücke wider.

Der Grund für die genannte Optimierung der Join-Verknüpfungen liegt in der Verwendung der Annotation @AbapCatalog.compiler.compareFilter: true im CDS-View Z_ViewWithFilteredAssocPaths. Würde diese fehlen, würde trotz formal gleicher Pfadsegmente für jeden einzelnen Pfad eine eigene Join-Verknüpfung generiert.

*Optimierung der Join-Logik*

Dies wird in Listing 2.48 für die Create-Anweisung des SQL-Views ZVIEW-FILTASCS aus Listing 2.46 demonstriert.

*SQL-View mit redundanter Join-Verknüpfung*

```
CREATE VIEW "ZVIEWFILTASCS" AS SELECT
   "ZIPRODUCT"."MANDT" AS "MANDT",
   "ZIPRODUCT"."PRODUCT",
   "=A0"."PRODUCTNAME" AS "PRODUCTNAMEINENGLISH",
   "=A1"."PRODUCT" AS "PRODUCTENGLISH"
FROM (
   "ZIPRODUCT" "ZIPRODUCT" LEFT OUTER MANY TO ONE JOIN "ZIPRODUCTTEXT"
     "=A0" ON (
     "ZIPRODUCT"."PRODUCT" = "=A0"."PRODUCT" AND
     "=A0"."LANGUAGE" = N'E' AND
     "ZIPRODUCT"."MANDT" = "=A0"."MANDT"
   )
) LEFT OUTER MANY TO ONE JOIN "ZIPRODUCTTEXT" "=A1" ON (
   "ZIPRODUCT"."PRODUCT" = "=A1"."PRODUCT" AND
```

```
"=A1"."LANGUAGE" = N'E' AND
"ZIPRODUCT"."MANDT" = "=A1"."MANDT"
)
```

**Listing 2.48** Create-Anweisung bei fehlender Annotation
@AbapCatalog.compiler.compareFilter:true

**Optimierte Join-Logik nutzen**

Um den Compiler zu instruieren, gleichartige Pfade als solche zu behandeln, sollten Sie stets die Annotation `@AbapCatalog.compiler.compareFilter:true` in Ihren CDS-Views verwenden. Ansonsten könnte bei Pfadausdrücken trotz identischer Filterbedingungen der gleiche Join mehrfach in den generierten SQL-Views angewandt werden.

### 2.10.5    Verwendung von Assoziationen in ABAP-Implementierungen

Exponierte Assoziationen eines CDS-Views können Sie auch im Rahmen von Selektionszugriffen aus Ihrer ABAP-Implementierung heraus nutzen. Ähnlich wie innerhalb Ihrer CDS-View-Modellierung können Sie dabei Pfadausdrücke mit den Assoziationen bilden. Über diese Pfade können sie auf die Felder der jeweiligen Ziel-CDS-Views zugreifen. Anders als in der CDS-View-Modellierung können Sie jedoch keine Assoziation als Element in die Ergebnisliste Ihrer Selektionsanweisung übernehmen.

Wenn Sie auf eine Assoziation in ABAP zugreifen möchten, müssen Sie dieser einen Schrägstrich \ voranstellen. Das Feld des Assoziationsziels wird durch einen Bindestrich vom Assoziationsnamen abgegrenzt. Im Fall von Assoziationsketten werden die einzelnen Assoziationen, mit einem Schrägstrich beginnend, aneinandergereiht. Filterbedingungen können in eckigen Klammern erfasst werden.

*Datenselektion in ABAP mit Pfadausdrücken*

Listing 2.49 illustriert ein Beispiel.

```
SELECT \_salesorder-salesordertype,
       \_salesorderitem\_product\_text[ (1) inner :
                              where language = 'E' ]-productname
    FROM zi_salesorderscheduleline
    WHERE \_salesorderitem\_product-producttype EQ 'FERT'
    INTO TABLE @DATA(lt_result).
```

**Listing 2.49** Datenselektion in ABAP unter der Verwendung von Pfadausdrücken

In der im Beispiel dargestellten Selektionsanweisung wird, ausgehend von dem CDS-View der Kundenauftragseinteilung ZI_SalesOrderScheduleLine, das assoziierte Feld SalesOrderType des Kundenauftrags-CDS-Views ZI_SalesOrder in die Ergebnisliste lt_result zurückgestellt. Zusätzlich wird das Feld ProductName aus dem CDS-View ZI_ProductText in die Ergebnisliste übernommen. Es werden dabei alle Datensätze der Kundenauftragseinteilung berücksichtigt, deren Position ein Produkt vom Typ FERT zugeordnet ist.

Analyse des Beispiels

Des Weiteren werden durch die Pfadrestriktion [ (1) inner : where language = 'E' ] nur die Datensätze nach der Inner-Join-Semantik selektiert, für die es einen englischen Text (Language = »E«) gibt. Die in runden Klammern erfasste Kardinalitätsangabe »1« signalisiert dabei, dass es keine Ausmultiplizierungseffekte der Anzahl der Datensätze im Ergebnis aufgrund des Pfadausdrucks geben wird.

## 2.11    Parameter

*Parameter* sind Bestandteile der Signatur der CDS-Modelle. Sie repräsentieren skalare Eingabewerte, die im Rahmen der Datenselektion vom Aufrufer versorgt werden müssen.

> **Abbildung der CDS-Datenmodelle auf SAP-HANA-Datenbankartefakte**
>
> CDS-Views ohne Parameter werden als SQL-Views auf der SAP-HANA-Datenbank angelegt. CDS-Views mit Parametern werden analog zu den CDS-Tabellenfunktionen als SAP-HANA-Tabellenfunktionen in der Datenbank abgebildet.

**[«]**

Sie haben die Möglichkeit, Parameterwerte in die Logik Ihrer CDS-Modelle einfließen zu lassen und damit dem Verwender des CDS-Modells vorgedachte Steuerungsoptionen für die Datenselektion anzubieten. Darüber hinaus können Sie mit Parametern die Selektionsmöglichkeiten aber auch bewusst eingrenzen, indem Sie diese für eine vorgedachte Filterung des Selektionsergebnisses nutzen.

Parameter einsetzen

Parameter werden unmittelbar hinter dem Namen des CDS-Modells aufgelistet. Die Parameterliste wird dabei durch das CDS-Syntaxelement WITH PARAMETERS eingeleitet. Die in ihr definierten Parameter besitzen einen Namen und einen Typ, die durch einen Doppelpunkt voneinander getrennt

Definition von Parametern

werden. Die Typisierung kann sowohl auf elementaren ABAP-Typen als auch auf Datenelementen basieren.

Listing 2.50 zeigt beide Typisierungsmöglichkeiten anhand eines Beispiels.

```
define view Z_ViewWithParameters
    with parameters
        P_KeyDate  : abap.dats,
        P_Language : sylangu
        ...
```

**Listing 2.50** Definition von Parametern

Die Parameternamen müssen innerhalb eines CDS-Modells eindeutig sein und sich auch von den übrigen Elementnamen unterscheiden.

> **Parameternamen wählen**
>
> Sie sollten den Namen von Parametern vorzugsweise mit dem Präfix »P« beginnen lassen, gefolgt von dem semantischen Namen des transportierten Werts, um diesen gegen die Namen der übrigen Elemente des CDS-Modells eindeutig abzugrenzen.

Verwendung von Parametern in CDS-Modellen

Parameter können innerhalb eines CDS-Modells an unterschiedlichen Stellen Verwendung finden. Zum Beispiel können Parameter dazu genutzt werden, um:

- Where-Bedingungen zu formulieren
- Felder der Projektionsliste eines CDS-Views zu definieren
- Parameter anderer Datenquellen mit Werten zu versorgen

Der Zugriff auf die Parameter kann dabei entweder über das ihnen vorangestellte und durch einen Punkt separierte Syntaxelement $parameters oder über einen Doppelpunkt, der ebenso dem Parameternamen vorangestellt wird, erfolgen.

Beispiele von CDS-Views mit Parametern

Betrachten Sie dazu die drei folgenden, miteinander in Beziehungen stehenden CDS-Views in Listing 2.51 bis Listing 2.53.

Der CDS-View Z_WithWithParameters in Listing 2.51 definiert Parameter für den Stichtag P_KeyDate und die Sprache P_Language.

```
define view Z_ViewWithParameters
    with parameters
        P_KeyDate  : abap.dats,
        P_Language : sylangu
    as select from Z_ViewWithParametersDataSource
```

```
    association [0..*] to Z_ViewWithParametersAscTrgt as _Target
       on  $projection.KeyField = _Target.KeyField
    association [0..1] to Z_ViewWithParametersAscTrgt
       as _FilteredTarget
       on  $projection.KeyField = _FilteredTarget.KeyField
       and $projection.Language = _FilteredTarget.Language
{
    key KeyField,
        ValidityEndDate,
        ValidityStartDate,
        :P_Language as Language,
        _Target(P_ValidityDate: :P_KeyDate)[1:Language=
           :P_Language].KeyField
           as TargetKeyField, _FilteredTarget
}
    where ValidityEndDate   >= :P_KeyDate
      and ValidityStartDate <= :P_KeyDate
      and Language          =  :P_Language
```

**Listing 2.51** CDS-View mit Parametern

Diese Parameter werden in der Where-Bedingung genutzt, um die Datenselektion einzuschränken. Der Parameter P_Language wird darüber hinaus
als Feld Language in die Projektionsliste des CDS-Views eingebracht. Dieses
Feld wird für alle Datensätze denselben, durch den Parameter definierten
Wert aufweisen. Über dieses Projektionsfeld gelangt der Parameterwert in
die Definition der Assoziation _FilteredTarget, deren Ziel Z_ViewWithPara-
metersAscTrgt ebenfalls ein CDS-View mit Parameter gemäß Listing 2.52 ist.

```
define view Z_ViewWithParametersAscTrgt
   with parameters
      P_ValidityDate : abap.dats
   as select from Z_ViewWithParametersDataSource
{
   key KeyField,
   key Language,
       ValidityEndDate,
       ValidityStartDate
}
   where  ValidityEndDate   >= $parameters.P_ValidityDate
      and ValidityStartDate <- $parameters.P_ValidityDate
```

**Listing 2.52** CDS-View mit Parameter, der als Assoziationsziel dient

[»]    **Fehlende Verwendungsmöglichkeit von Parametern in Assoziationsdefinitionen**

Parameter können nicht unmittelbar zur Definition von Assoziationen verwendet werden. Zudem können Parameter der Assoziationsziele nicht innerhalb der Definition einer Assoziation versorgt werden.

Daraus folgt unter anderem, dass Sie keine expliziten Verknüpfungen von Parametern einander assoziierender CDS-Modelle realisieren können. Auch eine Zwangskopplung der Parameter mehrerer CDS-Modelle kann demnach nicht realisiert werden. Vielmehr muss der Verwender die voneinander technisch getrennten Parameter immer explizit beim Zugriff auf ein entsprechendes CDS-Modell mit Daten versorgen.

**Parameter in Pfadausdrücken**

Beim Zugriff auf das Feld KeyField des assoziierten CDS-Views Z_ViewWith-ParametersAscTrgt über den folgenden Pfadausdruck _Target(P_Validity-Date: :P_KeyDate)[1:Language= :P_Language].KeyField muss dessen Parameter P_ValidityDate im CDS-View Z_ViewWithParameters aus Listing 2.51 versorgt werden. Dies geschieht unter der Nutzung des View-eigenen Parameters P_KeyDate. Des Weiteren wird in dem skizzierten Pfadausdruck der zweite lokale Parameter P_Language dazu verwendet, einen Filter auf dem assoziierten Zielfeld Language zu applizieren. Dadurch ist der Schlüssel und damit der assoziierte Datensatz des Ziel-Views eindeutig fixiert. Demzufolge beträgt die maximale Kardinalität des Pfades »1«.

**Datenquellen mit Parametern**

Wenn Sie das CDS-Modell als Datenquelle einer Selektion nutzen wollen, müssen Sie auch die Parameter eines CDS-Modells, wie gerade beschrieben, mit Werten versorgen. Beispielsweise zeigt Listing 2.53 einen CDS-View Z_ViewWithParametersConsumer, der die beiden Parameter P_KeyDate und P_Language seines Basis-CDS-Views Z_ViewWithParameters aus Listing 2.51 mit der Sitzungsvariable $session.system_date bzw. mit der Konstante »E« versorgt.

```
define view Z_ViewWithParametersConsumer
   as select from Z_ViewWithParameters(
      P_KeyDate:
      $session.system_date,
      P_Language: 'E')
{
   key KeyField
}
```

**Listing 2.53** CDS-View, der den CDS-View aus Listing 2.51 als Datenquelle nutzt

2

Eine entsprechende Selektion in ABAP zeigt Listing 2.54. Dabei wird die Sitzungsvariable sy-datum verwendet.

```
SELECT *
   FROM z_viewwithparameters( p_keydate = @sy-datum,
     p_language = 'E' )
   INTO TABLE @DATA(lt_z_viewwithparameter).
```

**Listing 2.54**  Datenselektion in ABAP, die der CDS-Modellierung aus Listing 2.53 entspricht

Innerhalb des CDS-View-Stacks müssen Parameter immer obligatorisch übergeben werden. Die Open-SQL-Schnittstelle unterstützt im Gegensatz dazu auch die automatische Versorgung von Parametern, die die Annotation @Environment.systemField tragen. Die zulässigen Werte dieser Annotation »CLIENT«, »SYSTEM_DATE«, »SYSTEM_TIME«, »SYSTEM_LANGUAGE« und »USER« korrespondieren mit den Werten der ABAP-Systemfelder sy-mandt, sy-datum, sy-uzeit, sy-langu und sy-uname. Wird ein derartig annotierter Parameter bei einem Selektionszugriff über die Open-SQL-Schnittstelle von ABAP nicht explizit mit einem Wert versorgt, füllt die Laufzeit den Parameter selbstständig mit dem Wert des entsprechenden ABAP-Systemfelds.

**Automatische Versorgung von Parametern**

Aus der ABAP-Perspektive heraus betrachtet, scheint der entsprechende Parameter des CDS-Modells damit optional zu sein. Diesen Sachverhalt demonstrieren exemplarisch die beiden Datenselektionen in Listing 2.55 und Listing 2.56.

**Datenselektionen in ABAP**

```
SELECT *
   FROM z_viewwithoptionalparameter
   INTO TABLE @DATA(lt_z_viewwithoptionalparameter).
```

**Listing 2.55**  Datenselektion in ABAP mit impliziter Versorgung des View-Parameters

```
SELECT *
   FROM z_viewwithoptionalparameter( p_keydate = @sy-datum )
   INTO TABLE @DATA(lt_z_viewwithoptionalparameter).
```

**Listing 2.56**  Datenselektion in ABAP mit expliziter Versorgung des View-Parameters

Sie nutzen jeweils den CDS-View Z_ViewWithOptionalParameter aus Listing 2.57 als Datenquelle.

```
define view Z_ViewWithOptionalParameter
   with parameters
      @Environment.systemField: #SYSTEM_DATE
      P_KeyDate : abap.dats
   as select distinct from Z_ViewWithParametersDataSource
{
   key KeyField
}
   where ValidityEndDate   >= $parameters.P_KeyDate
     and ValidityStartDate <= $parameters.P_KeyDate
```

**Listing 2.57** CDS-View mit speziell annotiertem Parameter

Beide Selektionen liefern das gleiche Ergebnis, obwohl nur in der zweiten Datenselektion der Parameter P_KeyDate des CDS-Views explizit mit dem ABAP-Systemfeld sy-datum versorgt wird.

**Verwendung von Parametern prüfen**

Da Parameter im Allgemeinen eine Versorgung ihrer Werte erzwingen, muss der Verwender die zulässigen Wertebereiche kennen, um eine Datenselektion erfolgreich durchführen zu können. Eine einfache Datenselektion ist damit nicht möglich. Zudem ist in aller Regel das Hinzufügen, Ändern oder Entfernen eines Parameters für die Verwender des betroffenen CDS-Modells inkompatibel, d. h., die Verwender müssen auf diese Veränderungen reagieren. Daher sollten Sie Parameter in Ihren CDS-Modellen nur dann nutzen, wenn diese für deren Funktion unabdingbar sind.

## 2.12 Konvertierungsfunktionen für Währungen und Mengeneinheiten

*Konvertierungsfunktionen* für die Umrechnung von Währungen und Mengeneinheiten basieren auf einem Geflecht von persistenten Datensätzen. Diese Datensätze fließen im Rahmen der Prozessierung der Konvertierungsanfrage in die Auswertungslogik ein. Die zugrunde liegenden Datenbanktabellen erfassen z. B. die zeitabhängigen Umrechnungsfaktoren zwischen verschiedenen Landeswährungen. Diese müssen stichtagsbezogen in die Konvertierungslogik integriert werden.

Einheiten- und Währungsumrechnung nutzen
Die CDS-Sprache erlaubt es Ihnen, die Konvertierungsfunktionen direkt in die Logik Ihrer CDS-Datenmodelle einzubetten. Eine derartige Integration ist in Listing 2.58 für eine Einheitenumrechnung dargestellt.

```
define view Z_ViewWithUnitConversion
   with parameters
      P_DisplayUnit       : msehi
   as select from ZI_SalesOrderItem
{
   key SalesOrder,
   key SalesOrderItem,
       @Semantics.quantity.unitOfMeasure: 'OrderQuantityUnit'
       OrderQuantity,
       @Semantics.unitOfMeasure: true
       OrderQuantityUnit,
       @Semantics.quantity.unitOfMeasure: 'OrderQuantityDisplayUnit'
       unit_conversion( quantity       => OrderQuantity,
                        source_unit    => OrderQuantityUnit,
                        target_unit    => :P_DisplayUnit,
                        error_handling => 'FAIL_ON_ERROR' )
          as OrderQuantityInDisplayUnit,
       @Semantics.unitOfMeasure: true
       :P_DisplayUnit as OrderQuantityDisplayUnit
}
```

**Listing 2.58** CDS-View mit Einheitenumrechnung

Listing 2.59 zeigt ein entsprechendes Beispiel für eine Währungsumrechnung.

```
define view Z_ViewWithCurrencyConversion
   with parameters
      P_DisplayCurrency  : waers_curc,
      P_ExchangeRateDate : sydatum
   as select from ZI_SalesOrderItem
{
   key SalesOrder,
   key SalesOrderItem,
       @Semantics.amount.currencyCode: 'TransactionCurrency'
       NetAmount,
       @Semantics.currencyCode: true
       TransactionCurrency,
       @Semantics.amount.currencyCode: 'DisplayCurrency'
       currency_conversion( amount             => NetAmount,
                            source_currency    => TransactionCurrency,
                            target_currency    => :P_DisplayCurrency,
                            exchange_rate_date => :P_ExchangeRateDate,
                            exchange_rate_type => 'M',
```

```
                                    round               => 'X',
                                    decimal_shift       => 'X',
                                    decimal_shift_back  => 'X',
                                    error_handling      => 'FAIL_ON_ERROR' )
                 as NetAmountInDisplayCurrency,
              @Semantics.currencyCode: true
              :P_DisplayCurrency as DisplayCurrency,
  }
```

**Listing 2.59** CDS-View mit Währungsumrechnung

Analyse der Beispiele

Grundsätzlich besitzen die Konvertierungsfunktionen Pflichteingabeparameter sowie optionale Parameter, die Sie nur dann versorgen müssen, wenn Sie den ihnen standardseitig zugewiesenen Default-Wert übersteuern wollen. In Abhängigkeit vom konkreten Eingabeparameter der Konvertierungsfunktion können Sie diesen entweder mit einem Literalwert, mit einem Aktualwert des betreffenden Datensatzes oder mit einem Parameterwert belegen.

Einheiten- konvertierung

Die Einheitenkonvertierung nutzt die Funktion unit_conversion. In Listing 2.58 fließen die Menge quantity und deren Einheit source_unit in diese Funktion ein. Ihre Werte sind an die beiden Felder OrderQuantity und OrderQuantityUnit des CDS-Views Z_ViewWithUnitConversion gebunden. Der semantische Zusammenhang zwischen diesen beiden Feldern wird über die Annotation @Semantics.quantity.unitOfMeasure:'OrderQuantityUnit' des Felds OrderQuantity ausgedrückt. Zusätzlich wird das Einheitenfeld OrderQuantityUnit formal als solches über die Annotation @Semantics.unitOf-Measure:true spezifiziert.

Die Zieleinheit der Umrechnung target_unit wird durch den Parameter P_DisplayUnit festgelegt. Das Resultat wird in das Feld OrderQuantityIn-DisplayUnit zurückgestellt. Dieses wird mit dem Einheitenfeld OrderQuantityDisplayUnit, das aus dem Eingangsparameter P_DisplayUnit abgeleitet wird, über die zuvor beschriebenen Annotationen in Beziehung gesetzt.

Währungs- konvertierung

Die Währungsumrechnung in Listing 2.59 entspricht im Wesentlichen der zuvor diskutierten Einheitenumrechnung. Neben dem Betragsfeld quantity, das mit dem Aktualwert »NetAmount« belegt wird, dem Währungsfeld source_unit, das mit dem Aktualwert »TransactionCurrency« belegt wird, und der über den Parameter P_DisplayCurrency vorgegebenen Zielwährung target_unit gehen jedoch noch weitere Parameter in die Berechnung mit ein. Insbesondere der Stichtag der Umrechnung exchange_rate_date ist durch den Aufrufer der Funktion zu spezifizieren. Im vorliegenden Fall wird dieser über den Parameter `P_ExchangeRateDate` vorgegeben. Als Umrechnungstyp `exchange_rate_type` wird der Fixwert »M« genutzt.

Des Weiteren können Sie das kaufmännische Runden (`round`) und die Anwendung von Dezimalstellenverschiebungen vor (`decimal_shift`) und nach der Berechnung (`decimal_shift_back`) aktivieren bzw. deaktivieren. Im skizzierten Beispiel werden diese Parameter mit dem konstanten Literalwert »X« belegt. Diese Belegung entspricht den Default-Werten der Funktion.

Der Zusammenhang zwischen den Betrags- und Währungsfeldern wird über die beiden Annotationen `@Semantics.amount.currencyCode:...` und `@Semantics.currencyCode:true` ausgedrückt.

Besonderes Augenmerk im Umgang mit den Konvertierungsfunktionen verdient die Behandlung von möglichen Fehlern. Die beiden zuvor skizzierten Beispiele verwenden als eingestellte Fehlerbehandlung den Wert »FAIL_ON_ERROR«. Dies entspricht der Standardbelegung des Eingabeparameters. Er bewirkt, dass es zu einem Laufzeitfehler in der Datenbank kommt, wenn die Konvertierung nicht erfolgreich durchgeführt werden kann. Die möglichen Ursachen für diese Fehler sind vielfältig. Die Einheitenumrechnung kann z. B. nicht erfolgreich ausgeführt werden, wenn die per Parameter eingebrachte Zieleinheit nicht existiert. Die Fehlerbehandlung »FAIL_ON_ERROR« setzt demnach ein hohes Maß an Datenkonsistenz und -vollständigkeit sowie eine Kontrolle der Eingabeparameter voraus, um mögliche Fehlersituationen auf ein Minimum zu reduzieren.

Neben der Fehlerbehandlung »FAIL_ON_ERROR« gibt es noch die beiden Werte »KEEP_UNCONVERTED« und »SET_TO_NULL«, über die bei Problemen im Rahmen der Konvertierung der ursprüngliche Wert zurückgestellt wird bzw. der Zielwert als ungesetzter Null-Wert verbleibt. Wenn eine dieser Fehlerbehandlungen von Ihnen gewünscht ist, sollten Sie den entsprechenden Eingabeparameter der Konvertierungsfunktion entsprechend belegen.

**Fehlerbehandlung**

# Kapitel 3
# CDS-Annotationen

*In diesem Kapitel lernen Sie anhand von Beispielen die Grundlagen der CDS-Annotationen sowie deren mögliche Verwendungen kennen. Darüber hinaus stellen wir Ihnen einige Besonderheiten der CDS-Annotationen vor, die Sie im Umgang beachten sollten.*

*CDS-Annotationen* reichern die SQL-Logik der Datenmodelle mit zusätzlichen Metadaten an. Sowohl die ABAP-Laufzeitumgebung als auch weitere Verwender der CDS-Modelle interpretieren diese Zusatzinformationen. Dazu zählen Entwickler, die die CDS-Modelle verstehen wollen, und Infrastrukturkomponenten, die die CDS-Modelle ausführen. Beispielsweise nutzen analytische Anwendungen CDS-Annotationen, um das Aggregationsverhalten von Kennzahlen zu steuern.

**Motivation**

CDS-Annotationen sind integrale Bestandteile der CDS-Modelldefinitionen. Sie erfassen Informationen, die allen potenziellen Konsumenten der Datenmodelle unmittelbar zur Verfügung stehen. Ehemals proprietäre Metadaten der unterschiedlichen Frameworks und Engines sollen darin aufgehen bzw. durch eine zentrale sowie harmonisierte Beschreibung der Eigenschaften des Datenmodells ersetzt werden. Dieser Ansatz unterstützt Sie dabei, Redundanzen und Inkonsistenzen in der Modellierung und Implementierung Ihrer Anwendungen zu vermeiden.

In diesem Kapitel vermitteln wir Ihnen zunächst einen Überblick über die *Annotationsdefinitionen*. Diese legen neben dem Namen auch die technischen Eigenschaften der Annotationen fest. Im Anschluss daran erläutern wir Ihnen den Nutzen der Annotationen: die Abdeckung dokumentarischer Aspekte und vor allem die Steuerung generischer Framework-Funktionen.

**Kapitelüberblick**

Sie lernen daraufhin die *Propagationslogik für Elementannotationen* kennen. Diese gestattet es Ihnen, zentral erfasste Modellinformationen wiederzuverwenden. Gleichzeitig erfordert die erfolgreiche Anwendung der Propagationslogik aber auch eine konsistente Modellierung Ihres gesamten CDS-View-Stacks. Dies wird anhand von zwei Beispielen illustriert.

*CDS-Metadatenerweiterungen* bieten Ihnen die Möglichkeit, Annotationen aus Ihren CDS-Modelldefinitionen auszulagern. Die SQL-Logik der CDS-Modelle kann damit übersichtlicher gestaltet werden. Gleichzeitig können Sie mit den CDS-Metadatenerweiterungen Annotationen der von SAP ausgelieferten CDS-Views modifikationsfrei an Ihre Bedürfnisse anpassen. Zum Abschluss des Kapitels erfahren Sie, wie sich die lokal im CDS-Modell definierten, durch Propagation geerbten und in CDS-Metadatenerweiterungen zusätzlich erfassten CDS-Annotationen zu dem aus Sicht der Verwender relevanten Gesamtbild, den *aktiven Annotationen*, zusammensetzen.

## 3.1   Annotationsdefinitionen

In der technischen Spezifikation einer CDS-Annotation werden die folgenden Eigenschaften definiert:

- ein eindeutiger Name
- eine Typisierung
- eine optionale Werteliste
- ein optionaler Default-Wert
- ein Geltungsbereich

**Beispiel einer Annotationsdefinition**

In den folgenden Abschnitten gehen wir auf diese Elemente jeweils ausführlich ein. Einen Überblick über die genannten Eigenschaften soll Ihnen jedoch bereits vorab Listing 3.1 vermitteln.

```
annotation Semantics
{
  ...
  @Scope:[#ELEMENT]
  unitOfMeasure: Boolean default true;
  @Scope:[#ELEMENT]
  quantity
  {
      unitOfMeasure: ElementRef;
  };
  ...
}
```

**Listing 3.1** Auszug aus der Annotationsdefinition der Domäne »Semantics«

Dieses Listing stellt Ihnen einen Auszug aus der Annotationsdefinition der *Domäne* Semantics vor. Die Annotationsdefinitionen können Sie sich in der

ABAP-in-Eclipse-Umgebung ansehen. Öffnen Sie dazu beispielsweise das Objekt `Semantics` über den Ladedialog. Das Konzept der Domänen erörtern wir im Zusammenhang mit den Annotationsnamen in Abschnitt 3.1.1, »Annotationsnamen«.

In der Annotationsdefinition finden Sie eine Annotation mit dem Namen `unitOfMeasure` bzw. mit dem vollqualifizierten Namen `Semantics.unitOf-Measure` sowie eine strukturierte Annotation mit dem vollqualifizierten Namen `Semantics.quantity.unitOfMeasure`.

Die erste Annotation `Semantics.unitOfMeasure` dient der Auszeichnung von CDS-Elementen (`@Scope:[#ELEMENT]`), die eine Mengeneinheit repräsentieren. Gemäß der vorliegenden Spezifikation besitzt sie einen booleschen Typ. Außerdem ist sie mit dem Default-Wert »true« ausgestattet. Die zweite Annotation `Semantics.quantity.unitOfMeasure` stellt für ein Mengenfeld den Bezug zu dessen Mengeneinheit her. Ihre Typisierung erlaubt es, Referenzbezüge auf CDS-Elemente (`ElementRef`) aufzunehmen.

Innerhalb der CDS-Modelle beginnen Annotationsauszeichnungen stets mit dem Sonderzeichen @. Annotationen können dem annotierten Modellbestandteil dabei prinzipiell vorangestellt oder nachgestellt werden. Nachgestellte Annotationen müssen zusätzlich mit dem Sonderzeichen < eingeleitet werden. Der Abschluss einer verwendeten Annotation wird nicht besonders gekennzeichnet.

**Verwendung von Annotationen**

---

**Lesbarkeit verbessern**

Um die Lesbarkeit Ihrer Modelle zu verbessern, sollten Sie entweder ausschließlich vorangestellte oder ausschließlich nachgestellte Annotationen verwenden. Mischformen sollten Sie vermeiden.

[+]

---

In Listing 3.2 finden Sie beispielsweise die beiden zuvor beschriebenen Annotationen als Metadatenanreicherung zweier CDS-View-Felder wieder. Dabei bezieht sich das mit `@Semantics.quantity.unitOfMeasure:'OrderQuantityUnit'` annotierte Mengenfeld `OrderQuantity` auf das Einheitenfeld `OrderQuantityUnit`, das als solches per Annotation `@Semantics.unitOfMeasure:true` ausgezeichnet ist.

**Beispiel von Annotationsverwendungen**

```
define view ZI_SalesOrderItem as select from zsalesorderitem ...
{
  ...
  @Semantics.quantity.unitOfMeasure:'OrderQuantityUnit'
  orderquantity      as OrderQuantity,
  @Semantics.unitOfMeasure:true
```

```
      orderquantityunit as OrderQuantityUnit,
      ...
}
```

**Listing 3.2** Verwendung vorangestellter Annotationen

Listing 3.3 zeigt den entsprechenden CDS-View bei der Nutzung nachgestellter Annotationen.

```
define view ZI_SalesOrderItem
    as select from zsalesorderitem ...
{
    ...
    orderquantity      as OrderQuantity
        @<Semantics.quantity.unitOfMeasure:'OrderQuantityUnit',
    orderquantityunit as OrderQuantityUnit
        @<Semantics.unitOfMeasure:true,
    ...
}
```

**Listing 3.3** Verwendung nachgestellter Annotationen

Im weiteren Verlauf des Buches werden wir immer die Variante mit den vorangestellten Annotationen nutzen.

### 3.1.1  Annotationsnamen

Annotationsnamen sind hierarchisch strukturiert. Ausgehend von einer Domäne, z. B. Semantics, die thematisch verwandte CDS-Annotationen gruppiert und als Wurzelname dient, werden die Annotationsnamen sukzessive über potenziell mehrere strukturierende Hierarchiestufen bzw. Zwischenelemente hinweg aufgebaut.

Annotations-
domänen

Tabelle 3.1 zeigt eine Übersicht über die wichtigsten Annotationsdomänen. Einen Gesamtüberblick finden Sie in der ABAP-Dokumentation unter *https://help.sap.com*.

| Domäne | Erläuterung/Inhalt |
| --- | --- |
| ABAPCatalog | Steuerung der ABAP-Laufzeitumgebung sowie des ABAP Dictionarys |
| AccessControl | Dokumentation und Steuerung der Berechtigungsprüfungen für CDS-Modelle |

**Tabelle 3.1** Ausgesuchte CDS-Annotationsdomänen

| Domäne | Erläuterung/Inhalt |
|---|---|
| Aggregation | Auszeichnung von Elementen, die auch als aggregierende Kennzahlen genutzt werden können |
| Analytics | Definition analytischer Datenmodelle und Anwendungen |
| AnalyticsDetails | Definition der Details einer analytischen Query, wie deren Standardlayout und die anzuwendenden Ausnahme-aggregationen |
| ClientHandling | Steuerung der Mandantenbehandlung |
| Consumption | Hinweise für die Verwender der CDS-Modelle, die insbesondere von Implementierungs-Frameworks ausgewertet werden |
| EndUserText | Definition übersetzbarer Bezeichnertexte |
| Environment | Steuerung der Defaulting-Logik von Parametern mit Systemvariablen |
| Hierarchy | Definition hierarchischer Beziehungen |
| Metadata | Steuerung der Annotationsanreicherungen eines CDS-Views durch Propagation und CDS-Metadaten-erweiterungen |
| ObjectModel | Beschreibung der grundlegenden strukturellen Eigenschaften der Datenmodelle, einschließlich der Auszeichnung ihrer transaktionalen Aspekte |
| OData | Autoexponierung von CDS-Modellen als OData-Services |
| Search | Steuerung der Suchfunktionalität |
| Semantics | Beschreibung der grundlegenden Semantik von Elementen und Parametern |
| UI | semantische Definition einer UI-Anzeigesicht, die unabhängig von der konkreten UI-Implementierungs-technologie ist |
| VDM | Klassifizierung der CDS-Modelle im virtuellen Daten-modell |

**Tabelle 3.1** Ausgesuchte CDS-Annotationsdomänen (Forts.)

Da sich die einzelnen Elemente verzweigen können, entsteht insgesamt ein Annotationsnamensbaum, dessen Blätter als Träger der für die Verwender relevanten Annotationswerte dienen.

Vollqualifizierte
Annotationsnamen

In Listing 3.1 wird exemplarisch der vollqualifizierte Annotationsname Se-mantics.quantity.unitOfMeasure, ausgehend von der Domäne Semantics über das Zwischenelement quantity bis zum abschließenden Blattelement unitOfMeasure, stufenweise aufgebaut. Die einzelnen Bestandteile des Namens werden dabei durch Punkte voneinander abgegrenzt.

Gruppierung von
Annotationen

Teilen sich zwei Annotationen dieselben einleitenden Namensbestandteile, lassen sich diese Annotationen durch den Einsatz geschweifter Klammern {} zusammenführen. Dies gilt abseits der Annotationsdefinition auch für die in den CDS-Modellen verwendeten Annotationen. Listing 3.4 und Listing 3.5 illustrieren beispielhaft die mögliche Verwendung von Klammerausdrücken. Sie zeigen alternative Modellierungsbeispiele, die inhaltlich einen identischen Sachverhalt ausdrücken.

```
...
@ObjectModel.dataCategory: #TEXT
@ObjectModel.representativeKey: 'Product'
define view ZI_ProductText
...
```

**Listing 3.4** Verwendung voneinander getrennter, vollqualifizierter Annotationen

```
...
@ObjectModel: {
    dataCategory: #TEXT,
    representativeKey: 'Product'
}
define view ZI_ProductText
...
```

**Listing 3.5** Verwendung gruppierter Annotationen

Array-artige Anno-tationen und Werte

Array-artige Annotationselemente und -bewertungen werden innerhalb von eckigen Klammern [] erfasst. Diese können auch ineinander verschachtelt werden. Ein Verwendungsbeispiel zeigt Listing 3.6.

```
...
@ObjectModel.alternativeKey: [
    { id : 'ObjectInternalID',
      element : [ 'ObjectInternalID' ] },
    { id : 'ObjectExternalKey',
      element : [ 'ObjectID',
                  'ObjectVersion' ] }
]
```

```
define view Z_ViewWithAlternativeKeys ...
{
   key ObjectUUID,
      ObjectInternalID,
      ObjectID,
      ObjectVersion,
      ...
}
```

**Listing 3.6** Verwendung Array-artiger Annotationen und Annotationswerte

Darin definiert die Annotation `@ObjectModel.alternativeKey` für den CDS-View `Z_ViewWithAlternativeKeys` eine Liste alternativer Schlüssel zum Primärschlüssel `ObjectUUID`. Der erste Eintrag in dieser Liste definiert einen alternativen Schlüssel mit dem Identifikator `ObjectInternalID`, der aus einem gleichnamigen Element besteht. Der zweite Eintrag dieser Liste spezifiziert einen Schlüssel mit dem Identifikator `ObjectExternalKey`, der sich aus den zwei Elementen `ObjectID` und `ObjectVersion` konstituiert.

> **Lesbarkeit verbessern**
>
> Sie sollten aus Gründen der formalen Konsistenz und Verständlichkeit bei der Verwendung Array-artiger Annotationselemente und -bewertungen stets eckige Klammern nutzen. Die CDS-Syntaxprüfungen erzwingen dies nicht immer.

Außerhalb von Array-artigen Kontexten darf dieselbe Annotation nicht mehrfach zur Auszeichnung desselben Modells bzw. desselben Modellbestandteils genutzt werden.

### 3.1.2 Typisierungen

Jede CDS-Annotation besitzt eine skalare, strukturierte oder Array-artige Typisierung.

Listing 3.7 veranschaulicht diese Typisierungsvarianten anhand eines Auszugs aus der Annotationsdefinition der Domäne `ObjectModel`.

*Beispiel für Annotationstypisierungen*

```
annotation ObjectModel {
   ...
   alternativeKey : array of
   {
      id : String(30);
      uniqueness : String(30) enum { UNIQUE;
```

```
                    UNIQUE_IF_NOT_INITIAL; };
            element : array of ElementRef;
        };
        ...
};
```

**Listing 3.7** Auszug aus der Annotationsdefinition der Domäne ObjectModel

Die darin erfasste Definition eines alternativen Schlüssels `ObjectModel.al-ternativeKey` stellt eine Liste einer Struktur mit den drei Elementen `id`, `uniqueness` und `element` dar. Diese Elemente ihrerseits haben entweder einen skalaren Typ (`id` und `uniqueness`) oder sind selbst als Array-artige Listen eines skalaren Typs spezifiziert (`element`).

**Annotationswerte**     Die für die Verwender des CDS-Modells relevanten *Annotationswerte* beruhen stets auf skalaren Typen oder Array-artigen Listen skalarer Typen. Annotationswerte gelten nur dann als zulässig, wenn sie typkonform sind. Zulässige Einzelwerte können, je nach Typisierung, unter anderem String-Werte wie bei der Annotation `ObjectModel.alternativeKey.id` oder auch Referenzen auf CDS-Elemente wie bei der Annotation `ObjectModel.alterna-tiveKey.element` sein.

### 3.1.3   Wertelisten

Wertelisten dienen dazu, den durch die Typisierung technisch vorgegebenen Wertevorrat gezielt einzuschränken. Die in den Wertelisten hinterlegten Konstanten tragen eine semantische Bedeutung. Sie werden z. B. von der ABAP-Laufzeitumgebung oder den Frameworks interpretiert, die die CDS-Modelle ausführen bzw. verwenden.

**Annotationsdefinitionen mit Enumerationswerten**     Innerhalb der Annotationsdefinitionen werden derartige Wertelisten als *Enumerationen* (`enum`) spezifiziert. Ein konkretes Anwendungsbeispiel zeigt Listing 3.8.

```
annotation ObjectModel {
    ...
    dataCategory : String(30) enum { TEXT;
                                     HIERARCHY; };
    ...
}
```

**Listing 3.8** Annotationsdefinition mit Enumerationswerteliste

Darin wird definiert, dass die Annotation `ObjectModel.dataCategory` lediglich einen der beiden Werte »TEXT« oder »HIERARCHY« aufweisen darf.

Soll ein Enumerationswert zur Bewertung einer Annotation in einem CDS-
Modell genutzt werden, kann dieser Wert über das Sonderzeichen # direkt
angesprochen werden. Listing 3.9 verdeutlicht diesen Sachverhalt.

**Enumerationswerte in CDS-Modellen**

**3**

```
...
@ObjectModel.dataCategory:#TEXT
define view ZI_ProductText as select ...
```

**Listing 3.9** Annotation mit Enumerationswert in einer CDS-View-Definition

Die Datenkategorie des CDS-Views `ZI_ProductText` wird als »TEXT« mit Bezug # auf den entsprechenden Enumerationswert der Annotation `Object-
Model.dataCategory` festgelegt.

**[«]**

### Annotationen mit Null-Wert

Unabhängig von der Typisierung und den potenziellen definierten Wertelisten einer Annotation dürfen Sie diese immer mit dem Null-Wert belegen. Eine derartig bewertete Annotation wird so interpretiert, als ob sie im
CDS-Modell gänzlich fehlen würde. Sie unterdrückt in diesem Zusammenhang auch einen für das annotierte Element propagierten Annotationswert.

## 3.1.4   Default-Werte

CDS-Annotationsdefinitionen können einen Default-Wert spezifizieren.
Dieser gilt, wenn die Annotation ohne eine explizite Bewertung verwendet
wird.

**[+]**

### Modellierungsfehler vermeiden

Um Missverständnisse und Fehler zu vermeiden, sollten Sie Annotationswerte immer explizit angeben und sich nicht auf einen implizit gesetzten
Default-Wert verlassen.

Beispielsweise besitzt die Annotation `Semantics.unitOfMeasure` gemäß Listing 3.1 den Default-Wert »true«. Infolgedessen haben die Annotationen in
Listing 3.10 und Listing 3.11 denselben Effekt. In beiden Fällen wird das Feld
`OrderQuantityUnit` als Mengeneinheit ausgezeichnet.

**Annotation mit Default-Wert**

```
...
@Semantics.unitOfMeasure: true
OrderQuantityUnit,
...
```

**Listing 3.10** Verwendung einer Annotation mit expliziter Bewertung

Fehlt der konkrete Annotationswert wie in Listing 3.11, muss sowohl der Modellierer als auch der Konsument die zugrunde liegende Annotations-definition kennen, um die Annotation korrekt anzuwenden bzw. um diese richtig zu interpretieren.

```
...
@Semantics.unitOfMeasure
OrderQuantityUnit,
...
```

**Listing 3.11** Verwendung einer Annotation mit implizierter Übernahme ihres Default-Werts

**[!]**

### Gültigkeit der Default-Werte

Der in der Annotationsdefinition spezifizierte Default-Wert einer Annotation entspricht nicht zwangsläufig dem Wert, der gilt, wenn die Annotation im CDS-Modell gänzlich fehlt. Beispielsweise zeichnet der Default-Wert der Annotation Semantics.unitOfMeasure ein Feld als Mengeneinheit aus. Felder, die diese Annotation aber nicht tragen, werden damit nicht zwangsläufig als Mengeneinheiten betrachtet. Für diese Felder gilt stattdessen sinngemäß der Annotationswert »false«.

### 3.1.5   Geltungsbereiche der Annotationen

Innerhalb der CDS-Modelle können Annotationen grundsätzlich auf der Kopfebene (View, Tabellenfunktion oder View-Erweiterung) oder auf der Ebene ihrer Bestandteile (Parameter oder projizierte Felder und Assoziationen) auftreten.

Annotations-Scope-Angaben

Mit der *Scope-Angabe* legen die Annotationsdefinitionen den Geltungsbereich der einzelnen Annotationen fest. In Listing 3.1 wird beispielsweise der Geltungsbereich der Annotationen Semantics.unitOfMeasure und Semantics.quantity auf die Verwendung als Auszeichnung von CDS-Elementen, d. h. von Feldern und Assoziationen, eingeschränkt. Damit dürfen diese nicht zur Auszeichnung von Parametern oder ganzen CDS-Views genutzt werden. Die nicht explizit mit einer eigenen Scope-Angabe spezifizierte

Annotation `Semantics.quantity.unitOfMeasure` erbt dabei die Scope-Einstellung ihrer übergeordneten Annotation `Semantics.quantity`. Das heißt, sie ist ebenfalls ausschließlich für die Auszeichnung von Elementen verwendbar.

**Geltungsbereich »ELEMENT«**

Die Definition der Geltungsbereiche von Annotationen unterstützt keine dedizierte Eingrenzung auf Felder. Geltungsbereiche für Felder werden stets unter dem Scope `ELEMENT` subsummiert. Damit können Annotationen wie `Semantics.unitOfMeasure` formal auch zur Auszeichnung von Assoziationen verwendet werden. Eine derartige Verwendung wird jedoch nicht von allen Frameworks unterstützt und ist in vielen Fällen auch nicht sinnvoll.

Die Definition der Geltungsbereiche von Annotationen berücksichtigt zahlreiche Fragestellungen, unter anderem:     **Kriterien für Geltungsbereiche**

- Darf die Annotation mehrfach oder maximal einmal in einem CDS-Modell verwendet werden?
- Darf die Annotation in Erweiterungen des CDS-Views genutzt werden?
- Darf bzw. soll die Annotation über den CDS-View-Stack propagiert werden?

Entsprechend den Antworten auf diese Fragen kann der Geltungsbereich einer Annotation z. B. auf die Kopfebene oder aber auch auf die Elementebene eingegrenzt werden. Der in der Annotationsdefinition spezifizierte Geltungsbereich einer Annotation kann dabei einen Kompromiss darstellen, der unterschiedliche Anforderungen gegeneinander abwägt.

## 3.2    Auswirkungen der Annotationen

Die in den CDS-Annotationen hinterlegten Metadaten wirken sich sowohl auf generierte Design-Time-Artefakte als auch auf die Anwendung der modellierten CDS-Logik zur Laufzeit aus. Darüber hinaus können Annotationen bestimmte Eigenschaften der CDS-Modelle dokumentieren. Diese dokumentierten Eigenschaften können sowohl als Auswahlhilfe als auch für Konsistenzprüfungen der CDS-Modelle herangezogen werden.

Ein Beispiel für die aus den CDS-Modellen generierten Sekundärartefakte     **Vom ABAP Dictionary generiertes Artefakt**
repräsentiert der für jeden einzelnen CDS-View erzeugte SQL-View. Der SQL-View wird vom ABAP Dictionary im Rahmen der Aktivierung des CDS-

Views generiert. Sein Name wird dabei durch die CDS-Annotation @AbapCatalog.sqlViewName festgelegt. Die übrigen Implementierungsdetails des SQL-Views leiten sich direkt aus der modellierten CDS-View-Implementierung ab.

Listing 3.12 zeigt exemplarisch den CDS-View Z_ViewWithODataExposure.

```
@AbapCatalog.sqlViewName: 'ZVIEWODATA'
@ObjectModel.usageType:{ serviceQuality : #B,
                         sizeCategory   : #L,
                         dataClass      : #TRANSACTIONAL }
@OData.publish: true
define view Z_ViewWithODataExposure
   as select from zsalesorder
{
   key salesorder as SalesOrder
}
```

**Listing 3.12** CDS-View Z_ViewWithODataExposure

Der in diesem CDS-View-Modell annotierte SQL-View ZVIEWODATA wird über das Create-Statement aus Listing 3.13 angelegt.

```
CREATE VIEW "ZVIEWODATA" AS SELECT
   "ZSALESORDER"."CLIENT" AS "MANDT",
   "ZSALESORDER"."SALESORDER" AS "SALESORDER"
FROM "ZSALESORDER" "ZSALESORDER"
```

**Listing 3.13** Create-Anweisung des SQL-Views ZVIEWODATA

Framework-seitig generiertes Artefakt

Abseits des ABAP Dictionarys nutzen auch Framework-Implementierungen die in den Annotationen hinterlegten Informationen zur Generierung von Design-Time-Artefakten. Ein Beispiel sind die von der ABAP-Infrastruktur erzeugten OData-Services bei der Verwendung der Annotation @OData.publish:true.

Beim CDS-View Z_ViewWithODataExposure aus Listing 3.12 entsteht ein OData-Service Z_VIEWWITHODATAEXPOSURE_CDS mit einem OData Entity Set, dessen Typ Z_ViewWithODataExposureType dem definierenden CDS-View entspricht (siehe Listing 3.14).

```
...
<EntityType Name="Z_ViewWithODataExposureType" ...>
   <Key>
```

```
        <PropertyRef Name="SalesOrder" />
    </Key>
    <Property Name="SalesOrder" .../>
</EntityType>
...
```

**Listing 3.14**  OData-Entity-Set-Typ Z_ViewWithODataExposureType

Des Weiteren werden CDS-Annotationen von der ABAP-Laufzeitumgebung interpretiert und können die Ausführung einer Datenselektion beeinflussen. Zum Beispiel können Parameter von CDS-Modellen mithilfe von CDS-Annotationen mit Laufzeitvariablen wie der Anmeldesprache des Benutzers `@Environment.systemField:#SYSTEM_LANGUAGE` verknüpft werden. Die so annotierten Parameterwerte werden von der Laufzeitumgebung automatisch mit der entsprechenden Anmeldesprache belegt, falls sie im Rahmen einer Datenselektion über die Open-SQL-Schnittstelle von ABAP nicht explizit übergeben werden.

**Beeinflussung der Laufzeitumgebung**

Ein Beispiel für einen so annotierten CDS-View `Z_ViewWithEnvironmentParams` zeigt Listing 3.15.

```
define view Z_ViewWithEnvironmentParams
    with parameters
        @Environment.systemField: #SYSTEM_LANGUAGE
        P_Language : abap.lang
    as select from zproducttext
{
    key product      as Product,
        product_name as ProductName
} where language = $parameters.P_Language
```

**Listing 3.15**  CDS-View Z_ViewWithEnvironmentParams mit Parameter

Listing 3.16 skizziert eine Datenselektion dieses CDS-Views über die Open-SQL-Schnittstelle von ABAP, ohne explizite Versorgung des View-Parameters P_Language.

```
SELECT *
    FROM z_viewwithenvironmentparams
    INTO TABLE @DATA(lt_z_viewwithenvironmentparams).
```

**Listing 3.16**  Datenselektion des CDS-Views Z_ViewWithEnvironmentParams in ABAP

Neben den CDS-Annotationen, die mittel- und unmittelbar Einfluss auf die Laufzeitausführung der Datenselektion nehmen, gibt es CDS-Annotationen, die einen rein dokumentarischen Charakter haben. Diese unterstützen die Auswahl geeigneter CDS-Modelle sowie Analysen und Prüfungen derselben. Beispielsweise können Sie die annotierten Performanceklassifizierungen `@ObjectModel.usageType...` zur Auswahl eines CDS Modells heranziehen, das den Anforderungen Ihrer Anwendung hinsichtlich Datendurchsatz und Verarbeitungseffizienz genügt.

Betrachten wir dazu die CDS-View-Annotationen aus Listing 3.12. Die Servicequalität `@ObjectModel.usageType.serviceQuality` beschreibt, welche Performancecharakteristika ein CDS-Modell aufweist. Der Qualitätswert »B« besagt, dass das CDS-Modell prinzipiell innerhalb der Logik transaktionaler Anwendungen verwendet werden darf. Die angegebene Größenkategorie `@ObjectModel.usageType.sizeCategory` soll die Frage beantworten, wie viele Datensätze im Rahmen einer Selektionsanfrage typischerweise prozessiert werden. Dabei ist nicht entscheidend, wie viele Datensätze das Selektionsergebnis beinhaltet, sondern vielmehr, wie viele Datensätze zu seiner Berechnung herangezogen werden. Die gepflegte Größenkategorie vermittelt einen Anhaltspunkt zur Abschätzung des Ressourcenbedarfs einer Selektionsabfrage auf der SAP-HANA-Datenbank. Der Wert »L« bedeutet, dass eine Verarbeitung von weniger als 10 Millionen Datensätzen erwartet wird.

Die Datenkategorie `@ObjectModel.usageType.dataClass` soll als Indikator für Konsumenten dienen, um geeignete Cache-Strategien für die selektierten Daten festzulegen. Während sich Metadaten in der Regel nur durch Hotfix-Korrekturen oder Upgrades eines Systems verändern und damit gut gepuffert werden können, sind die hier über den Wert »TRANSACTIONAL« ausgezeichneten transaktionalen Daten volatil. Das heißt, diese Daten können über die Zeit großen Änderungen unterliegen. Sie eignen sich damit nur bedingt für eine Pufferung.

## 3.3   Propagationslogik für Elementannotationen

CDS-View-Modelle können schichtenförmig aufeinander aufbauen. Übernimmt ein übergeordneter CDS-View in diesem View-Stack dabei projizierte Felder und Assoziationen des jeweils zugrunde liegenden Modells, werden auch deren Annotationen standardmäßig übertragen.

**Wiederverwendung von Elementannotationen**

Prinzipiell ist es durch diesen Mechanismus möglich, Elementannotationen in zentralen Reuse-CDS-Modellen zu hinterlegen und diese in darauf aufbauenden Views durch einfache Projektionsbildung automatisch zu übernehmen.

### 3.3.1   Grundlagen der Propagationslogik

Durch die Propagationslogik werden Elementannotationen einer Datenquelle automatisch in den darauf aufbauenden CDS-View übernommen. Die lokal im View definierten Annotationen überdecken dabei die aus seinen Datenquellen durch die Propagation geerbten Elementannotationen. Die resultierenden wirksamen Annotationen entsprechen demnach den lokal definierten Annotationen sowie den nicht überlagerten, durchscheinenden Annotationen der zugrunde liegenden Modelle.

*Beschreibung der Propagationslogik*

**Propagationslogik von Elementannotationen**

Die Propagationslogik berücksichtigt ausschließlich Elementannotationen. Annotationen von Parametern sowie Annotationen, die auf der Kopfebene der CDS-Modelle definiert werden, sind von der Propagationslogik ausgeschlossen.

Die Propagationslogik wird durch bestimmte CDS-View-Modellierungen teilweise oder auch vollständig aufgehoben:

*Anwendung unterbinden*

- Wenn ein Feld der Projektionsliste durch eine Cast-Operation verändert wird, erbt dieses Feld keine Elementannotationen seiner Datenquelle, sondern erhält die Elementeigenschaften des neuen Datentyps.

- Wenn eine Elementannotation mit dem Null-Wert belegt ist, überdeckt dieser Wert den entsprechenden Annotationswert der Datenquelle. Der Null-Wert wird als regulärer Wert in die abhängigen CDS-Views propagiert. Die Annotation wird dabei als nicht definiert betrachtet, d. h. so, als ob die Annotation gänzlich fehlen würde.

- Array-artige Annotationen werden stets als eine zusammenhängende Gruppe betrachtet. Eine lokale Definition eines einzelnen Eintrags in einer solchen Gruppe überlagert alle entsprechenden Einträge der Datenquelle.

- Die Propagationslogik kann durch die Kopfannotation `@Metadata.ignorePropagatedAnnotations:true` vollständig blockiert werden.

Um diese Zusammenhänge verdeutlichen zu können, betrachten wir die Datenbanktabelle ZSALESORDERITEM aus Listing 3.17 sowie die darauf aufbauenden Projektions-Views aus Listing 3.18 bis Listing 3.21.

```
...
define table zsalesorderitem {
    ...
    orderquantity     : kwmeng;
    orderquantityunit : vrkme;
    ...
}
```

**Listing 3.17** Auszug aus der Definition der Datenbanktabelle ZSALESORDERITEM

Der CDS-View Z_ViewAWithAnnotations aus Listing 3.18 nutzt die Datenbanktabelle ZSALESORDERITEM als Datenquelle.

```
define view Z_ViewAWithAnnotations
    as select from zsalesorderitem
{
    @Semantics.quantity.unitOfMeasure: 'OrderQuantityUnit'
    orderquantity        as OrderQuantity,
    @Semantics.unitOfMeasure: true
    orderquantityunit    as OrderQuantityUnit
}
```

**Listing 3.18** CDS-View Z_ViewAWithAnnotations

Der CDS-View Z_ViewBWithAnnotations aus Listing 3.19 nutzt den CDS-View Z_ViewAWithAnnotations als Datenquelle.

```
define view Z_ViewBWithAnnotations
    as select from Z_ViewAWithAnnotations
{
    cast( OrderQuantity as meng15 preserving type ) as OrderQuantity,
    @EndUserText.label:'Unit'
    OrderQuantityUnit
}
```

**Listing 3.19** CDS-View Z_ViewBWithAnnotations

Der CDS-View Z_ViewCWithAnnotations aus Listing 3.20 nutzt den CDS-View Z_ViewBWithAnnotations als Datenquelle.

```
define view Z_ViewCWithAnnotations
    as select from Z_ViewBWithAnnotations
{
    @Semantics.unitOfMeasure: null
    OrderQuantityUnit
}
```

**Listing 3.20**  CDS-View Z_ViewCWithAnnotations

Der CDS-View Z_ViewDWithAnnotations aus Listing 3.21 nutzt den CDS-View Z_ViewCWithAnnotations als Datenquelle.

```
@Metadata.ignorePropagatedAnnotations:true
define view Z_ViewDWithAnnotations
    as select from Z_ViewCWithAnnotations
{
    OrderQuantityUnit
}
```

**Listing 3.21**  CDS-View Z_ViewDWithAnnotations

Abbildung 3.1 gibt Ihnen einen Überblick über den resultierenden CDS-View-Stack.

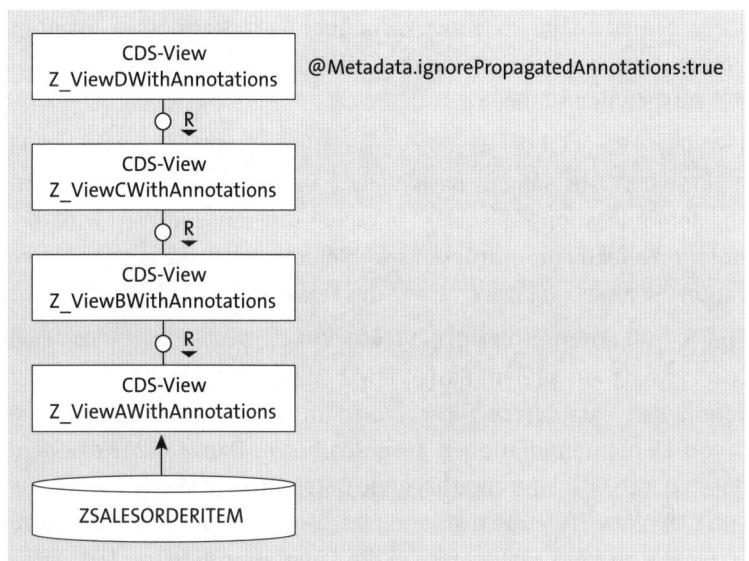

**Abbildung 3.1** Zusammenhang von Datenbanktabelle und CDS-Views aus Listing 3.17 bis Listing 3.21

Der CDS-View `Z_ViewAWithAnnotations` aus Listing 3.18 übernimmt durch Projektionsbildung die beiden Felder `OrderQuantity` und `OrderQuantityUnit` der Datenbanktabelle `ZSALESORDERITEM`. Die den Feldern zugrunde liegenden Datenelemente `KWMENG` bzw. `VRKME` liefern dabei beschreibende, sprachabhängige Texte. Diese Texte fließen in die CDS-Annotation `@EndUser-Text.label` der korrespondierenden CDS-View-Felder als Werte ein. Innerhalb der Definition des CDS-Views `Z_ViewAWithAnnotations` werden die beiden genannten Felder `OrderQuantity` und `OrderQuantityUnit` zusätzlich noch mit jeweils einer `Semantics`-Annotation ausgestattet. Tabelle 3.2 zeigt Ihnen einen Auszug der resultierenden aktiven Annotationen der Felder.

Der CDS-View `Z_ViewBWithAnnotations` aus Listing 3.19 übernimmt die Felder des Views `Z_ViewAWithAnnotations` durch Projektionsbildung. Dabei wird das Feld `OrderQuantity` per Cast-Operation mit dem Datenelement `MENG15` typisiert. Der am Datenelement `MENG15` hinterlegte Text »Quantity« definiert den Wert der Annotation `@EndUserText.label`. Die standardmäßig durch die Propagationslogik geerbte Annotation `@Semantics.quantity.unitOfMeasure:'OrderQuantityUnit'` geht durch den Cast verloren. Die Annotation `@EndUserText.label:'Unit'` übersteuert die entsprechende Annotation des Felds `OrderQuantityUnit` aus dem zugrunde liegenden Basis-View `Z_ViewAWithAnnotations`. Die dort hinterlegte Annotation `@Semantics.unit-OfMeasure:true` wird dadurch jedoch nicht überdeckt. Stattdessen erweitert diese Annotation die Liste der aktiven Annotationen des Felds `OrderQuantityUnit` entsprechend Tabelle 3.2.

Der CDS-View `Z_ViewCWithAnnotations` aus Listing 3.20 übernimmt das Feld `OrderQuantityUnit` aus seinem Basis-View `Z_ViewBWithAnnotations`. Durch Nutzung der Annotation `@Semantics.unitOfMeasure` mit Null-Wert wird diese Annotation effektiv unterdrückt. Es verbleibt lediglich die geerbte aktive Annotation `@EndUserText.label:'Unit'` des Felds `OrderQuantityUnit`.

In Listing 3.21 übernimmt der CDS-View `Z_ViewDWithAnnotations` das Feld `OrderQuantityUnit` aus seinem Basis-View `Z_ViewCWithAnnotations`. Mit der Annotation `@Metadata.ignorePropagatedAnnotations:true` wird die Propagation von Elementannotationen ausgeschlossen. Damit dient das dem Feld `OrderQuantityUnit` zugrunde liegende Datenelement `VRKME`, ähnlich wie zuvor im CDS-View `Z_ViewAWithAnnotations`, als Quelle seines beschreibenden Textes, der als Wert »Sales unit« in die Annotation `@EndUserText.label` einfließt.

| Feld | Annotationsname | Annotationswert des CDS-Views | | | |
|------|-----------------|------------|------------|------------|------------|
| | | Z_ViewA... | Z_ViewB... | Z_ViewC... | Z_ViewD... |
| OrderQuantity | EndUserText.label | »Order Quantity« | »Quantity« | – | – |
| | Semantics. quantity.unitOf-Measure | »Order-Quantity-Unit« | – | – | – |
| OrderQuantity-Unit | EndUserText.label | »Sales unit« | »Unit | »Unit | »Sales unit« |
| | Semantics.unit-OfMeasure | »true« | »true« | (»null«) | – |

**Tabelle 3.2** Auszug aus den aktiven Elementannotationen der CDS-Views aus Listing 3.18 bis Listing 3.21

### 3.3.2   Konsistenzaspekte der Propagationslogik

Die Propagationslogik wird infrastrukturseitig, ohne semantische Prüfungen, rein mechanisch angewandt. Dies kann zu technischen und inhaltlichen Inkonsistenzen sowie unerwünschten Seiteneffekten führen. Davon betroffen sind insbesondere die Annotationen, die nicht isolierte Eigenschaften des Felds selbst beschreiben. Für sie gilt z. B.:

**Überblick**

- Sie stellen die Verknüpfungen zwischen den annotierten Elementen und anderen Elementen her und unterliegen deshalb den Integritätsbedingungen.

- Sie weisen einen starken Bezug zu dem annotierten Modell selbst auf und können außerhalb dieses Kontextes nicht zwangsläufig wiederverwendet werden.

Des Weiteren können Annotationen, die semantisch eine zusammengehörige Gruppe bilden und die nicht in ihrer Gesamtheit durch lokale Redefinitionen überlagert werden, zu Problemen führen. Zwei Beispiele für derartige Inkonsistenzen werden Ihnen im Folgenden erläutert. Den beiden diskutierten CDS-View-Modellen liegt dabei jeweils der CDS-View Z_ViewA-WithAnnotations aus Listing 3.18 zugrunde.

In Listing 3.22 übernimmt der CDS-View Z_ViewEWithAnnotations das Feld OrderQuantity aus dem Basis-View Z_ViewAWithAnnotations in seine Feldliste. Zusätzlich definiert er ein neues Einheitenfeld OrderQuantityUnit, das

**Beispiel für inhaltliche Inkonsistenzen**

namensgleich auch in der Datenquelle vorliegt, von diesem aber gänzlich entkoppelt ist und mit dem konstanten Wert »PC« belegt ist.

Die aus dem Basis-View Z_ViewAWithAnnotations für das Feld OrderQuantity geerbte Annotation @Semantics.quantity.unitOfMeasure:'OrderQuantity-Unit' referenziert ungeprüft das neu eingeführte Feld OrderQuantityUnit des Views Z_ViewEWithAnnotations. Aus technischer Sicht ist dies zwar ein konsistentes Modell. Inhaltlich suggeriert dieses Modell dem Verwender jedoch einen Einheitenbezug, der inhaltlich fehlerhaft ist, falls der Wert des ursprünglich referenzierten Basisfelds OrderQuantityUnit des Views Z_View-AWithAnnotations vom im View Z_ViewEWithAnnotations exponierten Wert »PC« abweicht.

```
define view Z_ViewEWithAnnotations
    as select from Z_ViewAWithAnnotations
{
    OrderQuantity,
    @Semantics.unitOfMeasure: true
    cast( 'PC' as abap.unit(3) ) as OrderQuantityUnit
}
```

**Listing 3.22** Projektions-View Z_ViewEWithAnnotations

Korrektur des inkonsistenten Modells

Um diese Inkonsistenz zu beheben, könnte das im betroffenen CDS-View Z_ViewEWithAnnotations neu eingeführte Feld in PieceUnit umbenannt werden. Zusätzlich sollte der View das Basisfeld OrderQuantityUnit namensgleich in seine Projektionsliste übernehmen. Das entsprechend korrigierte Modell wird in Listing 3.23 als CDS-View Z_ViewFWithAnnotations vorgestellt.

```
define view Z_ViewFWithAnnotations
    as select from Z_ViewAWithAnnotations
{
    OrderQuantity,
    OrderQuantityUnit,
    @Semantics.unitOfMeasure: true
    cast( 'PC' as abap.unit(3) ) as PieceUnit
}
```

**Listing 3.23** Projektions-View Z_ViewFWithAnnotations

Beispiel für technische Inkonsistenzen

Listing 3.24 illustriert einen zweiten exemplarischen Fall, in dem die Propagationslogik zu Inkonsistenzen führt. Im dort definierten CDS-View Z_View-GWithAnnotations werden die beiden aus dem Basis-View Z_ViewAWithAnnotations übernommenen Felder `OrderQuantity` und `OrderQuantityUnit` per Alias in `Quantity` und `QuantityUnit` umbenannt.

```
define view Z_ViewGWithAnnotations
   as select from Z_ViewAWithAnnotations
{

   OrderQuantity       as Quantity,
   OrderQuantityUnit   as QuantityUnit
}
```

**Listing 3.24** Projektions-View Z_ViewGWithAnnotations

Grundsätzlich verhindert das Umbenennen von Feldern nicht, dass die Propagationslogik für Elementannotationen auf die betroffenen Felder angewandt wird. Demzufolge erben die umbenannten Felder die aktiven Annotationen ihrer Bezugsfelder. Das heißt, das Feld `QuantityUnit` besitzt die aktive Annotation `@Semantics.unitOfMeasure:true`, und das Feld `Quantity` besitzt die aktive Annotation `@Semantics.quantity.unitOfMeasure:'`**Order-QuantityUnit**`'`. Da das projizierte Basisfeld `OrderQuantityUnit` jedoch durch den angewandten Aliasnamen `QuantityUnit` verschattet ist, ist die durch die Annotation ausgedrückte Referenzbeziehung fehlerhaft.

Um ein konsistentes Modell zu erhalten, müssen Sie das Feld `OrderQuantity` im CDS-View `Z_ViewGWithAnnotations` mit `@Semantics.quantity.unitOfMeasure:'`**QuantityUnit**`'` annotieren.

**Korrektur des inkonsistenten Modells**

---

**Propagationslogik beachten**

[!]

Als Verwender eines Basis-CDS-Modells obliegt es Ihnen, die aus der Propagationslogik resultierenden Inkonsistenzen zu behandeln. Wenn Sie die von Ihnen verwendeten CDS-Modelle nicht vollständig kontrollieren können, die Annotationen Ihres darauf aufbauenden CDS-Views jedoch stabil halten wollen, sollten sie im Zweifelsfall auf die Propagationslogik verzichten. Annotieren Sie in einem solchen Fall Ihren betreffenden CDS-View mit `@Metadata.ignorePropagatedAnnotations:true`.

---

## 3.4   CDS-Metadatenerweiterungen

CDS-Metadatenerweiterungen sind eigenständig transportierbare Entwicklungsobjekte (Transportobjekte vom Typ `DDLX`). Prinzipiell gestatten CDS-Metadatenerweiterungen es Ihnen, die aktiven Annotationen eines CDS-

Modells anzureichern bzw. bereits vorhandene Annotationen zu übersteuern. Zu einem einzelnen CDS-View kann es dabei potenziell eine Vielzahl
von CDS-Metadatenerweiterungen geben.

**Schichtförmiger Aufbau**   Grundsätzlich sind die CDS-Metadatenerweiterungen schichtförmig organisiert und überlagern sich entsprechend der ihnen zugeordneten Schicht.
Tabelle 3.3 vermittelt Ihnen einen Überblick über die Überlagerungsbezie-
hungen zwischen den Schichten.

| Schicht | Überlagert die Schicht (mitsamt aller darunter liegenden Schichten) |
|---|---|
| »CUSTOMER« | »PARTNER« |
| »PARTNER« | »INDUSTRY« |
| »INDUSTRY« | »LOCALIZATION« |
| »LOCALIZATION« | »CORE« |
| »CORE« | – |

**Tabelle 3.3** Mögliche Schichtzuordnungen von CDS-Metadatenerweiterungen

Zum Beispiel überlagern CDS-Metadatenerweiterungen der Schicht »PART-
NER« alle CDS-Metadatenerweiterungen der Schicht »INDUSTRY«. Dies gilt
einschließlich aller CDS-Metadatenerweiterungen der logisch darunter an-
gesiedelten Schichten »LOCALIZATION« und »CORE«. Innerhalb derselben
Schicht ist die Überlagerungsreihenfolge von CDS-Metadatenerweiterungen nicht festgelegt.

**Lesbarkeit verbessern**

Das Übertragen von Annotationen in CDS-Metadatenerweiterungen kann
dazu beitragen, Ihre CDS-Modelle übersichtlicher zu gestalten. Sie sollten
dabei jedoch darauf achten, unnötige Überlagerungen und undurchsich-
tige Verteilungen der ausgelagerten Annotationen zu vermeiden.

Wenn Sie CDS-Metadatenerweiterungen einsetzen wollen, sollten Sie z. B.
Annotationen derselben Domäne möglichst nicht über mehrere CDS-
Metadatenerweiterungen einer Schicht verteilen. Beispielsweise könnten
Sie alle UI-Annotationen eines CDS-Modells in dieselbe Metadatenerwei-
terung auslagern.

Sie können CDS-Metadatenerweiterungen analog zu den CDS-View-Model-len in der ABAP-in-Eclipse-Umgebung anlegen. Wählen Sie dazu den Menü-pfad **File · New · Other · ABAP · Core Data Services · Metadata Extension**.

Metadatenerweite-rungen anlegen

Die Namen von CDS-Metadatenerweiterungen besitzen einen eigenen Na-mensraum. Das heißt, ihre Namen können prinzipiell mit dem Namen der annotierten CDS-Views übereinstimmen.

Namensraum

3

### Namen von CDS-Metadatenerweiterungen festlegen

Sie sollten den Namen Ihrer CDS-Metadatenerweiterung an den Namen des darüber annotierten Views anpassen, um die Zuordnungsbeziehung bereits im Namen zu verankern. Sie sollten Ihren CDS-Metadatenerweite-rungen jedoch immer ein Kundenpräfix bzw. Kundennamensraum (z. B. »Z« für lokale Entwicklungen) voranstellen, um Namenskollisionen mit ausgelieferten CDS-Metadatenerweiterungen von SAP auszuschließen.

[+]

In der erzeugten Quelltextdatei spezifizieren Sie zunächst über die einlei-tenden Schlüsselbegriffe `annotate view` den CDS-View, dessen Annotatio-nen verändert werden sollen. Sie können nun die Annotationen des spezi-fizierten CDS-Views sowohl auf Kopf- als auch auf Detailebene verändern.

Listing 3.25 zeigt exemplarisch den CDS-View `ZC_SalesOrderItem`, der über eine CDS-Metadatenerweiterung mit Annotationen ausgestattet werden soll. Er trägt daher die Annotation `@Metadata.allowExtensions:true`.

Beispiel einer CDS-Metadatenerwei-terung

```
@Metadata.allowExtensions: true
define view ZC_SalesOrderItem
    as select from ZI_SalesOrderItem
{
        @EndUserText.label: 'Sales Order'
    key SalesOrder,
    key SalesOrderItem,
        Product
}
```

**Listing 3.25** CDS-View ZC_SalesOrderItem

Listing 3.26 zeigt das Beispiel einer CDS-Metadatenerweiterung dieses CDS-Views.

```
@Metadata.layer: #CUSTOMER
annotate view C_SalesOrderItem with
{
```

```
@UI.lineItem: [{importance: #HIGH}]
SalesOrder;
@UI.lineItem: [{importance: #HIGH}]
SalesOrderItem;
}
```

**Listing 3.26** Metadatenerweiterung des Views ZC_SalesOrderItem

In dieser CDS-Metadatenerweiterung werden die beiden Schlüsselfelder SalesOrder und SalesOrderItem des CDS-Views mit der Annotation @UI. lineItem:[{importance:#HIGH}] versehen. Diese Annotation weist die annotierten Felder als besonders wichtig für eine tabellarische Darstellung der View-Daten aus. Das heißt, die entsprechenden Spalten sollten möglichst auch dann dargestellt werden, wenn nur unzureichend Platz für die Anzeige der gesamten Tabelle zur Verfügung steht.

Abseits der durch die CDS-Metadatenerweiterung explizit überlagerten Annotationen bleiben die übrigen Annotationen eines CDS-Views ZC_SalesOrderItem unverändert aktiv. Beispielsweise behält das Feld SalesOrder seine aktive Annotation @EndUserText.label:'Sales Order' bei. Die vorliegende CDS-Metadatenerweiterung ist über die Annotation @Metadata.layer:#CUSTOMER der Kundenschicht zugeordnet.

[»]

### Schichtzuordnung wählen

Insbesondere wenn Sie in Ihrem Kundensystem ausgelieferte CDS-View-Modelle von SAP annotieren möchten, sollten Sie Ihre CDS-Metadatenerweiterungen der Schicht »CUSTOMER« zuordnen. Für entsprechende Partnerentwicklungen ist die Schicht »PARTNER« vorgesehen.

Einschränkungen der Metadatenerweiterungen

CDS-Metadatenerweiterungen dürfen nur solche CDS-Views annotieren, die dafür explizit vorbereitet wurden. Diese CDS-Modelle tragen die Annotation @Metadata.allowExtensions:true (siehe Listing 3.25).

Generell darf in den CDS-Metadatenerweiterungen nur eine Untermenge des insgesamt spezifizierten Annotationsvorrats verwendet werden. Zur Verwendung freigegeben sind dabei stets nur leichtgewichtige Annotationen, deren Nutzung keinerlei Aktivierung abhängiger Objekte erfordert. Als Beispiel sei auf die Annotationen der Domäne UI verwiesen, die steuernde Informationen für die Präsentation und Interaktionsmöglichkeiten umfassen und die als solche in Metadatenerweiterungen genutzt werden dürfen.

> **Erlaubte Annotationen identifizieren**
>
> Falls eine Annotation in CDS-Metadatenerweiterungen nutzbar sein soll, muss dies in der entsprechenden Annotationsdefinition hinterlegt werden. Die unterstützten Annotationen tragen die Annotation `@MetadataExtension.usageAllowed:true`.

## 3.5   Aktive Annotationen

Die aktiven Annotationen eines CDS-Modells werden durch eine schrittweise durchgeführte Superposition der in unterschiedlichen Quellen erfassten Annotationen berechnet:

*Bestimmung der aktiven Annotationen*

1. Zuerst werden die von einem CDS-View durch die Propagationslogik geerbten Elementannotationen ermittelt.

2. Im nächsten Schritt werden die Eigenschaften des Datentyps eines Felds ausgewertet, falls der Datentyp dem Feld im betroffenen CDS-View (explizit per Cast-Operation oder implizit per Select-from-Anweisung auf einer Datenbanktabellenspalte) zugewiesen wurde. Die im ersten Schritt geerbten Annotationen werden durch die dabei ermittelten Eigenschaften überschrieben.

3. Daraufhin werden die lokal im CDS-View-Modell erfassten Annotationen ihrerseits dem bisherigen Resultat überlagert und überschreiben dieses.

4. Zum Abschluss werden die in den CDS-Metadatenerweiterungen des CDS-Views erfassten Annotationen über die bis dato ermittelten Annotationen gelegt. Dies geschieht unter der Berücksichtigung des Schichtenmodells der CDS-Metadatenerweiterungen.

Die daraus resultierenden aktiven Elementannotationen eines CDS-Modells werden dann als propagierte Elementannotationen bei der Berechnung der aktiven Annotationen der abhängigen CDS-Views verwendet. Abbildung 3.2 verdeutlicht schematisch diese Zusammenhänge.

*Bestimmung der aktiven Annotationen*

In Abbildung 3.2 werden die lokal erfassten Annotationen des CDS-Views A durch verschiedene CDS-Metadatenerweiterungen der Schichten »CORE«, »LOCALIZATION« und »PARTNER« überlagert. Das Resultat dieser Überlagerung sind die aktiven Annotationen des CDS-Views A. Die aktiven Elementannotationen des CDS-Views A werden durch die Propagationslogik an den CDS-View B weitergereicht. Sie werden dort zunächst durch die lokal erfassten Annotationen und danach von den CDS-Metadatenerweiterungen der Schichten »CORE«, »INDUSTRY« und »CUSTOMER« überdeckt.

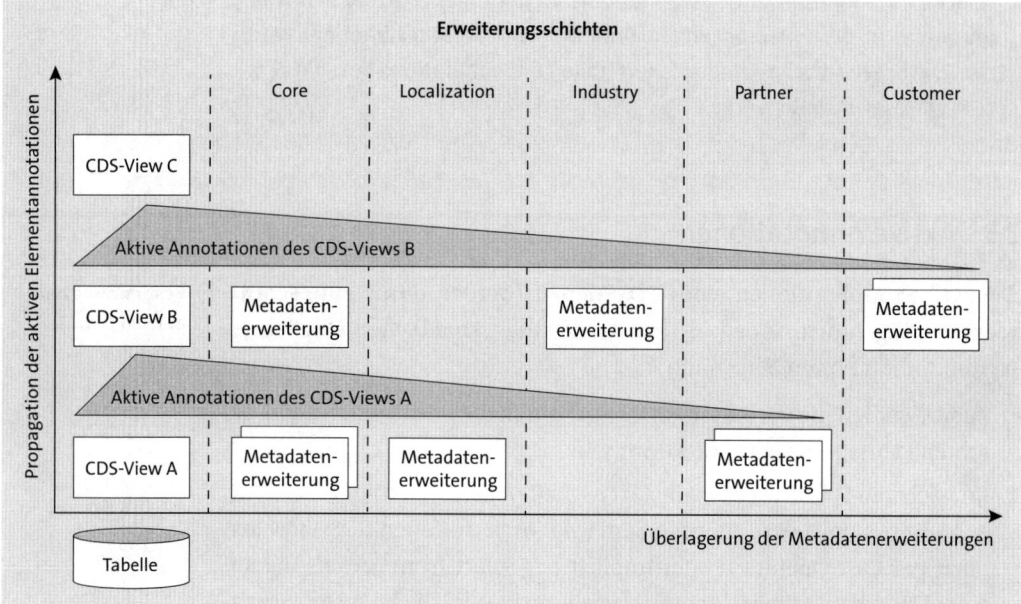

**Abbildung 3.2** Bestimmung der aktiven Annotationen von CDS-Views

Aus den so gebildeten aktiven Annotationen des CDS-Views B werden die Elementannotationen herausgegriffen und an den CDS-View C vererbt, der diese durch seine lokalen Annotationen anreichern bzw. superponieren kann.

# Kapitel 4
# CDS-Zugriffskontrollen

*In diesem Kapitel lernen Sie die grundlegenden Konzepte und die Funktionsweise der CDS-Zugriffskontrollen sowie mögliche Implementierungsmuster anhand von Beispielen kennen.*

Aus Berechtigungssicht sollte ein Endanwender stets nur auf die Funktionen und Daten zugreifen dürfen, die er zur Erfüllung seiner betrieblich vorgesehenen Aufgaben tatsächlich benötigt (Principle of least Privilege). Das heißt, ein Benutzer sollte prinzipiell nur über minimale Berechtigungen verfügen.

Eine systemgestützte Berechtigungssteuerung kann dabei sowohl auf funktionaler Ebene als auch auf der Ebene einzelner Datensätze bzw. auf Teilinformationen einzelner Datensätze aufsetzen. Insbesondere der Zugriff auf sensible sowie personenbezogene Daten erfordert in der Regel neben einem funktionalen Schutz der Anwendung, der im Folgenden als *Startberechtigung* bezeichnet wird, auch eine Kontrolle, die den Zugang zu schützenswerten Datensätzen anhand der darin enthaltenen Werte differenziert (*Instanzberechtigung*).

**Start- und Instanzberechtigungen unterscheiden**

Betrachten Sie dazu folgendes Beispiel: Prinzipiell dürfen die Stammmitarbeiter des Vertriebs Kundenaufträge anlegen und einsehen. Demgegenüber dürfen Mitarbeiter aus dem Personalwesen die entsprechenden Funktionen nicht nutzen. Diese Mitarbeiter erhalten keinen Zugang zu den Anwendungen des Vertriebs, d. h., sie erhalten für diese keine Startberechtigungen.

**Beispiel für Startberechtigungen**

Ist die Vertriebsabteilung entsprechend den einzelnen Verkaufsregionen organisiert, sollen Vertriebsmitarbeiter, die europäische Kunden betreuen, auf deren Auftragsdaten zugreifen dürfen. Demgegenüber dürfen Vertriebsmitarbeiter, die amerikanische Kunden betreuen, nicht auf die entsprechenden Aufträge der europäischen Kunden zugreifen, obwohl sie prinzipiell die gleichen Vertriebsanwendungen nutzen, d. h. über dieselben Startberechtigungen verfügen. Die für diesen Fall erforderlichen Berechtigungseinschränkungen setzen eine datensatzbasierte Steuerung der Zugriffsrechte voraus.

**Beispiel für Instanzberechtigungen**

[»]

**Einsatz der CDS-Zugriffskontrollen**

CDS-Zugriffskontrollen erlauben es Ihnen, die Zugriffsrechte der Benutzer gezielt auf die Datensätze des Selektionsergebnisses eines CDS-Modells einzuschränken.

## 4.1    Grundlagen der CDS-Zugriffskontrollen

CDS-Zugriffskon-
trollen anlegen

CDS-Zugriffskontrollen werden mit der Data Control Language (DCL) als *CDS-Rollen* definiert. Sie werden analog zu den CDS-Datenmodellen in der ABAP-in-Eclipse-Umgebung über einen geführten Dialog angelegt. Diesen erreichen Sie z. B. über den Menüpfad **File · New · Data · ABAP · Core Data Services · Access Control**.

Zugriffsbedingun-
gen modellieren

Prinzipiell können CDS-Rollen dem Anwender einen uneingeschränkten Zugang zum Selektionsergebnis einräumen. In der Regel beinhalten CDS-Rollen jedoch Bedingungen, unter denen einem Benutzer der Zugriff auf die Daten eines geschützten CDS-Modells gewährt wird. Diese *Zugriffsbedingungen* können durch Korrelation der Felder der CDS-Modelle mit dem angemeldeten Benutzer, mit konstanten Literalwerten oder mit den Berechtigungsfeldern von Berechtigungsobjekten formuliert werden. Als Berechtigungsobjekte werden dabei die gleichen Berechtigungsobjekte verwendet, die auch die Grundlage des PFCG-basierten Berechtigungskonzepts bilden.

Beispiel einer CDS-
Zugriffskontrolle

Listing 4.1 zeigt ein Beispiel einer CDS-Zugriffskontrolle.

```
@MappingRole: true
define role ZI_SalesOrder {
    grant select on ZI_SalesOrder
    where ( SalesOrderType ) =
    aspect pfcg_auth ( V_VBAK_AAT,
                       AUART,
                       ACTVT = '03' );
}
```

**Listing 4.1** CDS-Rolle des Kundenauftrags

Die darin erfasste CDS-Rolle ZI_SalesOrder schützt den in Listing 4.2 erfassten CDS-View ZI_SalesOrder.

```
@AccessControl.authorizatonCheck: #CHECK
define view ZI_SalesOrder as select from ...
{
   key SalesOrder,
   SalesOrderType,
   ...
}
```

**Listing 4.2** Zu schützender CDS-View des Kundenauftrags

Die CDS-Rolle ZI_SalesOrder schränkt den Zugriff auf die Selektionsergebnisse des geschützten CDS-Views auf Basis des darin erfassten Auftragstyps ein. Dazu wird der Auftragstyp SalesOrderType mit dem entsprechenden *Berechtigungsfeld* AUART des *Berechtigungsobjekts* V_VBAK_AAT aus Abbildung 4.1 verknüpft. Ein Benutzer erhält nur dann Zugang zu einem Datensatz des Kundenauftrags, wenn die ihm zugewiesene Berechtigung eine Aktivität ACTVT mit dem Wert »03« (*Anzeigeberechtigung*) für den entsprechenden Auftragstyp beinhaltet.

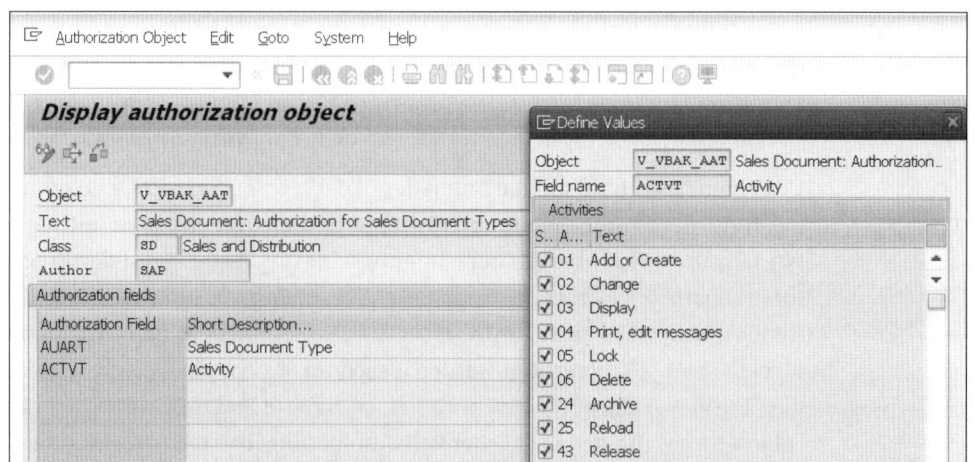

**Abbildung 4.1** Berechtigungsobjekt V_VBAK_AAT mit zulässigen Aktivitätswerten

CDS-Rollen beinhalten häufig eine Vielzahl von Berechtigungsbedingungen, deren Ergebnisse logisch miteinander verknüpft werden. Die Bedingungen können dabei auch unterschiedliche Berechtigungsobjekte einbeziehen. Listing 4.3 zeigt eine derartige komplexere CDS-Rollendefinition für den CDS-View ZI_SalesOrder des Kundenauftrags.

**Rolle mit mehreren Zugriffsbedingungen**

```
@MappingRole: true
define role ZI_SalesOrder {
    grant select on ZI_SalesOrder
    where ( SalesOrderType ) =
    aspect pfcg_auth ( V_VBAK_AAT,
                       AUART,
                       ACTVT = '03' )
    and ( OrganizationDivision,
          SalesOrganization,
          DistributionChannel ) =
    aspect pfcg_auth ( V_VBAK_VKO,
                       SPART,
                       VKORG,
                       VTWEG,
                       ACTVT = '03' );
}
```

**Listing 4.3** CDS-Rolle, die mehrere Bedingungen umfasst

Diese Rollendefinition beinhaltet neben der Zugriffsbedingung aus Listing 4.1 eine weitere Bedingung, die mit der ersten Bedingung per Und-Verknüpfung kombiniert wird. Die zusätzliche Berechtigungsbedingung bezieht das Berechtigungsobjekt V_VBAK_VKO in die Zugriffskontrolle ein.

Um einen Lesezugriff auf die Daten des CDS-Views ZI_SalesOrder zu erhalten, muss der Benutzer demnach nicht nur für den dort erfassten Auftragstyp SalesOrderType über das Berechtigungsobjekt V_VBAK_AAT, sondern auch für die Sparte OrganizationDivision, die Verkaufsorganisation SalesOrganization und den Vertriebsweg DistributionChannel über das Berechtigungsobjekt V_VBAK_VKO berechtigt werden. Beachten Sie, dass in diesem Beispiel die CDS-View-Felder OrganizationDivision, SalesOrganization und DistributionChannel mit den in gleicher Reihenfolge aufgelisteten Berechtigungsfeldern SPART, VKORG und VTWEG implizit verknüpft und durch logische Und-Beziehungen geklammert werden.

## 4.2   Wirkungsweise der CDS-Zugriffskontrollen

Automatische Anwendung

Bei einem Selektionszugriff auf die Daten eines CDS-Modells über die Open-SQL-Schnittstelle von ABAP werden die den CDS-Modellen zugeordneten CDS-Rollen automatisch ausgewertet.

### Definition der CDS-Rollen als Mapping-Rollen

CDS-Rollen werden vom System automatisch allen Benutzern zugeordnet. Dieser Zusammenhang wird durch die Annotation @MappingRole:true ausgedrückt, die jede CDS-Rolle tragen muss.

Dabei wird die Selektionsanfrage von der Laufzeitumgebung bedarfsweise mit weiteren Filterbedingungen angereichert. Diese Filterbedingungen leiten sich aus den in den CDS-Zugriffskontrollen hinterlegten Regeln unter der Berücksichtigung der Rechte des aktuellen Benutzers ab.

### Berechtigungseinschränkungen auswerten

Sie sollten die CDS-Zugriffskontrollen nutzen, um die Ergebnisliste einer Datenselektion berechtigungsabhängig bereits in der Datenbank effizient einzuschränken. Dadurch können Sie auf eine zeitintensive, nachgelagerte Berechtigungsprüfung in ABAP verzichten.

Exemplarisch erlaubt die in Abbildung 4.2 skizzierte Berechtigungsrolle Z_SALES_DISPLAY Lesezugriffe (ACTVT=»Display«) auf Standardkundenaufträge (Auftragsarten des Typs AUART=»TAF«), wenn das Berechtigungsobjekt V_VBAK_AAT genutzt wird.

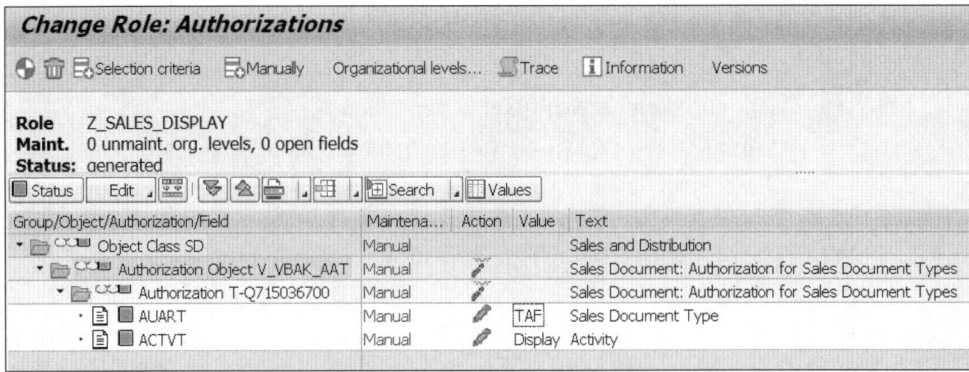

**Abbildung 4.2** Beispiel für eine Berechtigungsrolle

Wird einem Benutzer die Berechtigungsrolle Z_SALES_DISPLAY zugewiesen, führt seine in Listing 4.4 erfasste Selektionsanweisung in ABAP effektiv zu der in Listing 4.5 skizzierten Selektionsabfrage in der Datenbank. Die Datenselektion in ABAP in Listing 4.4 beruht dabei auf dem CDS-View ZI_Sales-Order aus Listing 4.2, der über die gleichnamige CDS-Rolle aus Listing 4.1 geschützt wird.

**Effektive Datenbankanfrage**

```
SELECT *
  FROM ZI_SalesOrder
  INTO TABLE @DATA(lt_zi_salesorder).
```

**Listing 4.4** Datenselektion in ABAP vom CDS-View ZI_SalesOrder

Die in Listing 4.5 dargestellte effektive Datenselektion in der Datenbank berücksichtigt die Benutzerrechte aus Abbildung 4.2.

```
SELECT "ZI_SALESORDER" . *
  FROM "ZISALESORDER" "ZI_SALESORDER"
  WHERE "MANDT"         = '001'
    AND "SALESORDERTYPE" = 'TAF'
```

**Listing 4.5** Effektive Datenselektion in der Datenbank

Dementsprechend wird neben der impliziten Mandantenbehandlung auch die in der CDS-Rolle aus Listing 4.1 hinterlegte Einschränkung auf den zulässigen Auftragstyp (SalesOrderType) »TAF« in die Where-Bedingung injiziert und reduziert damit die Ergebnisliste.

Aus Performancegründen sollten Sie, falls technisch möglich, im CDS-Modell stets einen möglichst kurzen Schlüssel definieren. Fehlende oder zu lange Schlüsselangaben können bei der Verwendung von Pfadausdrücken in CDS-Zugriffskontrollen zu unnötigen, zusätzlichen Filterbedingungen führen, die sich negativ auf die Performance auswirken können.

[!]

### Eindeutigkeit der Schlüssel sicherstellen

Falls Sie einen Schlüssel im geschützten CDS-Modell spezifizieren, muss dieser eindeutig einen Datensatz des Selektionsergebnisses identifizieren. Ansonsten besteht die Gefahr, dass die applizierte Filterlogik der CDS-Zugriffskontrollen Duplikate im Selektionsergebnis erzeugt.

**CDS-Rollen wirken lokal**

Bei einem Selektionszugriff auf CDS-Modelle aus einer ABAP-Implementierung heraus wirken stets nur die modelleigenen CDS-Zugriffskontrollen. Das bedeutet, dass CDS-Rollen, die die zugrunde liegenden Datenquellen eines CDS-Views schützen, bei einem Lesezugriff auf den CDS-View keinen Effekt haben.

**Auswirkungen auf Beispielselektionen**

Anhand von Abbildung 4.3 und Listing 4.6 soll dieser Zusammenhang verdeutlicht werden.

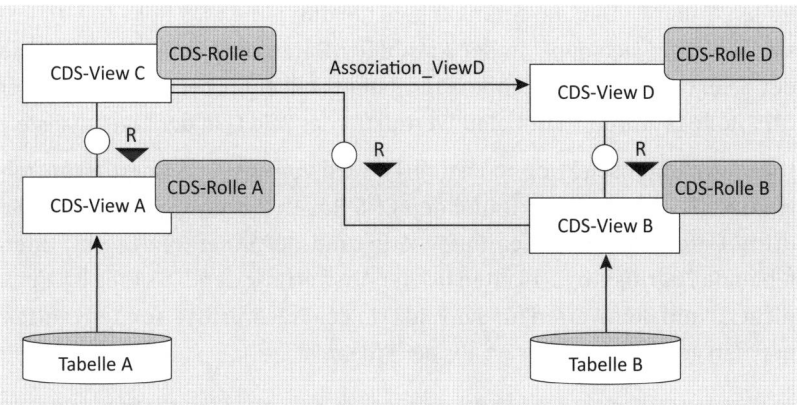

**Abbildung 4.3** Beispiele von CDS-Zugriffskontrollen

```
SELECT *
    FROM ViewA
    INTO TABLE @DATA(lt_view_a).
SELECT *
    FROM ViewC
    INTO TABLE @DATA(lt_view_c).
SELECT ViewC~FeldC,
       \_ViewD-FeldD
    FROM ViewC
    INTO TABLE @DATA(lt_result).
SELECT ViewB~FeldB
    FROM ViewC
    INNER JOIN ViewB
       ON ViewB~FeldC = ViewC~FeldC
    INTO TABLE @DATA(lt_feld_b).
```

**Listing 4.6** ABAP-Selektionsanweisungen auf die CDS-Views aus Abbildung 4.3

Bei der ersten Datenselektion in Listing 4.6 wird die CDS-Rolle A des CDS-Views A berücksichtigt. Bei der zweiten Datenselektion wird die CDS-Rolle C des CDS-Views C berücksichtigt. Die Zugriffskontrollen (CDS-Rollen A und B) der Datenquellen (CDS-Views A und B) haben indes keine Bedeutung. Dies würde auch dann gelten, wenn der CDS-View C nicht selbst durch die CDS-Rolle C geschützt wäre. Bei der dritten Datenselektion wird durch den Pfadausdruck \_ViewD.FieldD neben der primären Datenquelle, dem CDS-View C, auch der assoziierte CDS-View D zu einer sekundären Datenquelle. Damit wirken effektiv die zugehörigen CDS-Zugriffssteuerungen, die CDS-

Rollen C und D. Die Einschränkungen, die durch die CDS-Rolle C definiert sind, spiegeln sich dabei in der Anzahl der Datensätze in der Ergebnisliste der Selektion wider. Fehlende Zugriffsmöglichkeiten bei Auswertung der CDS-Rolle D führen zu initialen Werten für das Feld D in der Ergebnisliste.

Die vierte Datenselektion in Listing 4.6 wird von den CDS-Zugriffskontrollen der CDS-Views C und B und den CDS-Rollen C und B, genauso wie die dritte Datenselektion, beeinflusst. Aufgrund der Inner-Join-Logik führen fehlende Zugriffsmöglichkeiten bei der Auswertung der CDS-Rolle B jedoch nicht zu initialen Werten für das Feld D in der Ergebnisliste, sondern entfernen den gesamten Datensatz aus der Ergebnisliste.

**Berechtigungsschutz definieren und nutzen**

Die CDS-Zugriffskontrollen wirken nur, wenn Sie innerhalb Ihrer Datenselektion das geschützte CDS-Modell als direkte Datenquelle nutzen. Sie müssen daher jedes einzelne CDS-Modell, das einen instanzbezogenen Berechtigungsschutz erfordert, explizit mit einer eigenen CDS-Zugriffskontrolle ausstatten. Wenn Sie anstatt auf den CDS-View unmittelbar auf dessen generierten SQL-View zugreifen, werden die CDS-Zugriffskontrollen des CDS-Views nicht berücksichtigt. Sie sollten den generierten SQL-View unter anderem aus diesem Grunde nicht verwenden!

Berechtigungs-
schutz annotieren
Über die Annotation `@AccessControl.authorizationCheck` der CDS-Modelle können Sie spezifizieren, ob ein Berechtigungsschutz für die Datenselektion erforderlich ist. Fehlt diese Annotation, wird erwartet, dass ein Berechtigungsschutz erforderlich ist. Dies entspricht einer impliziten Auszeichnung des CDS-Modells mit dem Annotationswert »CHECK«. Tabelle 4.1 gibt die zulässigen Werte der Annotation `@AccessControl.authorizationCheck` an.

| Annotationswert | Bedeutung |
|---|---|
| »CHECK« | Entspricht dem Standardwert der Annotation. Das annotierte CDS-Modell soll eine CDS-Zugriffskontrolle aufweisen. |
| »NOT_REQUIRED« | Eine CDS-Zugriffskontrolle ist im Allgemeinen nicht erforderlich. |
| »NOT_ALLOWED« | Eine CDS-Zugriffskontrolle ist nicht erlaubt. Dieser Wert hat im Vergleich zu den anderen rein dokumentarischen Werten auch einen Einfluss auf die Laufzeit. |

**Tabelle 4.1** Zulässige Werte

| Annotationswert | Bedeutung |
|---|---|
| »PRIVILEGED_ONLY« | Eine direkte Datenselektion vom annotierten CDS-Modell ist nur durch einen bevorrechtigten Zugriff möglich, der eine besondere Form der Open-SQL-Selektionsanweisung erfordert (siehe Abschnitt 4.3.7). |

**Tabelle 4.1** Zulässige Werte  (Forts.)

**Berechtigungsschutz dokumentieren**

Sie sollten den erwarteten Berechtigungsschutz über die Annotation @AccessControl.authorizationCheck spezifizieren. In der Regel hat diese Annotation nur dokumentarischen Charakter. Entscheidend für den Berechtigungsschutz des annotierten CDS-Modells ist seine Ausstattung mit einer CDS-Zugriffskontrolle.

Nur der Wert »NOT_ALLOWED« hat Auswirkung auf die Laufzeit. Wird das so annotierte CDS-Modell mit einer CDS-Zugriffskontrolle ausgestattet, wird diese von der Laufzeitumgebung ignoriert.

Prinzipiell können Sie dasselbe CDS-Modell mit mehreren CDS-Rollen ausstatten. Diese CDS-Rollen werden mit einer logischen Oder-Verknüpfung zusammengeführt. Der effektive Berechtigungsschutz ist demnach weniger restriktiv, da für einen Datenzugriff nur die Bedingungen einer dieser einzelnen CDS-Rollen erfüllt sein müssen. Eine zusätzliche CDS-Rolle erweitert demzufolge den Umfang der auswählbaren Datensätze gegenüber einer bereits existierenden CDS-Rolle, beschränkt diesen also nicht.

**Verwendung mehrerer CDS-Rollen**

**Namensgebung**

Um die Transparenz der Modelle zu steigern und Fehleranalysen zu erleichtern, sollten Sie ein CDS-Modell stets nur mit einer einzigen CDS-Rolle schützen. Des Weiteren sollten Sie den gleichen Namen für das geschützte CDS-Modell, die zugeordnete Quelldatei der CDS-Zugriffskontrolle sowie die darin definierte CDS-Rolle wählen.

## 4.3    Implementierungs-Pattern für CDS-Zugriffskontrollen

Vielfach folgt die Implementierung der CDS-Zugriffskontrollen nach wiederkehrenden *Patterns* (Mustern), die im Folgenden erörtert werden. Sie lernen dabei auch einige Besonderheiten der CDS-Zugriffskontrollen in analytischen Query-Services und SQL-basierten Selektionsanweisungen kennen.

### 4.3.1    Implementierung von CDS-Zugriffskontrollen erben

Die DCL-Sprache erlaubt es Ihnen, die Implementierung bestehender CDS-Rollen bei der Definition einer weiteren CDS-Rolle zu übernehmen. Betrachten Sie dazu den in Listing 4.7 definierten CDS-View ZC_SalesOrder, der eine Projektion des CDS-Views ZI_SalesOrder darstellt.

```
@AccessControl.authorizationCheck: #CHECK
define view ZC_SalesOrder
  as select from ZI_SalesOrder
{
  key SalesOrder,
      SalesOrderType
}
```

**Listing 4.7** Projektions-CDS-View des Kundenauftrags

**Implementierung ohne Vererbung**    Die zugehörige CDS-Rolle ZC_SalesOrder ist in Listing 4.8 dargestellt.

```
@MappingRole: true
define role ZC_SalesOrder {
    grant select on ZC_SalesOrder
    where ( SalesOrderType ) =
    aspect pfcg_auth ( V_VBAK_AAT,
                       AUART,
                       ACTVT = '03' );
}
```

**Listing 4.8** CDS-Rolle mit lokaler Implementierung

Ihre Implementierung entspricht der Implementierung der CDS-Rolle ZI_SalesOrder, die den gleichnamigen CDS-View ZI_SalesOrder aus Listing 4.2 schützt.

**Implementierung mit Vererbung**    Anstatt die CDS-Rolle ZC_SalesOrder, wie in Listing 4.8 skizziert, zu implementieren, können Sie die Implementierung der CDS-Rolle ZI_SalesOrder auch wiederverwenden. Zu diesem Zweck beziehen Sie Ihre CDS-Rolle ZC_SalesOrder mit dem Schlüsselwort INHERIT gemäß Listing 4.9 auf die Implementierung der Rolle ZI_SalesOrder.

```
@MappingRole: true
define role ZC_SalesOrder {
    grant select on ZC_SalesOrder
    inherit ZI_SalesOrder;
}
```

**Listing 4.9**  CDS-Rolle, deren Implementierung von einer
anderen CDS-Rolle geerbt wird

Inhaltlich sind die CDS-Rollen in Listing 4.8 und Listing 4.9 identisch.

[+]

**Vererbung gezielt nutzen**

Die Vererbung einer Rollenimplementierung gestattet es Ihnen, die Logik
einer komplexen CDS-Rolle nur einmal zu implementieren, aber mehrfach
zu verwenden. Dabei müssen Sie jedoch die im Folgenden beschriebenen
Seiteneffekte beachten.

Die erfolgreiche Anwendung dieses Vererbungsmechanismus setzt in der
Regel eine enge semantische Beziehung der zu schützenden CDS-Modelle
voraus. Häufig stehen die entsprechenden Modelle in einer Projektionsbe-
ziehung (SELECT FROM) zueinander. Technisch müssen alle in der Implementierung referenzierten Elemente (Felder und Assoziationen) in den zu
schützenden CDS-Modellen mit dem gleichen Namen exponiert werden. In
unserem Beispiel muss die Projektionsliste des CDS-Views ZC_SalesOrder
aus Listing 4.7 das in der CDS-Rolle ZI_SalesOrder referenzierte Feld Sales-
OrderType mit dem gleichen Namen beinhalten. Ansonsten wäre die CDS-
Rolle ZC_SalesOrder aus Listing 4.9 syntaktisch fehlerhaft.

Eigenschaften
der erbenden
CDS-Modelle

[!]

**Seiteneffekte der Vererbung beachten**

Sie sollten die Implementierung einer CDS-Rolle nur dann wiederverwenden, wenn Sie sie an die Änderungen der zugrunde liegenden CDS-Rolle
koppeln wollen. Ansonsten besteht die Gefahr, dass Sie unbemerkt Änderungen der Zugriffskontrolle erben.

Werden bei der Pflege der vererbten CDS-Rollenimplementierung neue
Referenzbezüge hergestellt, z. B. durch die Verwendung eines weiteren
Felds in den Berechtigungsbedingungen, drohen Syntaxfehler in den
erbenden CDS-Rollen, wenn die über sie geschützten CDS-Modelle nicht
die gleichen Elemente exponieren. Sie sollten diese Abhängigkeitsbezie-
hung insbesondere dann beachten, wenn die wiederverwendete CDS-Rol-

len-Implementierung einem anderen Lebenszyklus unterliegt als die von Ihnen angelegte CDS-Rolle. Im Zweifelsfall sollten Sie die Vererbung nicht nutzen.

### 4.3.2   Implementierung von CDS-Zugriffskontrollen mit Pfadausdrücken

Vielfach sollen alle CDS-Modelle einer einzelnen Anwendung über die gleichen Berechtigungssteuerungen verfügen.

**Beispiel: Kundenauftrag** Ein typisches Beispiel ist der Kundenauftrag, der aus einem Kopfdatensatz sowie aus Position und Einteilung besteht. Ein Vertriebsmitarbeiter soll in der Regel das gesamte Dokument und nicht nur Teile des Dokuments betrachten dürfen. Das bedeutet, dass ein Benutzer sowohl die Kopfdaten eines Auftrags als auch die zugehörigen Daten der Positionen und Einteilungen einsehen darf. Dies erfordert die Implementierung einheitlicher Berechtigungsbedingungen für die entsprechenden CDS-Modelle. In diesem Zusammenhang können Sie die die Berechtigung steuernden Felder, die nicht bereits Bestandteil der Feldliste der zu schützenden CDS-Modelle sind, prinzipiell über Pfadnotationen in die CDS-Rollendefinitionen einbringen.

**Schutz der Auftragsposition** Der Berechtigungsschutz für den Kundenauftragskopf ZI_SalesOrder gemäß der CDS-Rolle ZI_SalesOrder kann beispielsweise analog für die Position ZI_SalesOrderItem angewandt werden, indem die Assoziation _SalesOrder vom CDS-View der Position zum Auftragskopf verwendet wird. Listing 4.10 zeigt die entsprechende CDS-Rolle ZI_SalesOrderItem.

```
@MappingRole: true
define role ZI_SalesOrderItem {
    grant select on ZI_SalesOrderItem
    where ( _SalesOrder.SalesOrderType ) =
    aspect pfcg_auth ( V_VBAK_AAT,
                       AUART,
                       ACTVT = '03' );
}
```

**Listing 4.10** CDS-Rolle der Kundenauftragsposition mit Pfadausdruck

Der Vollständigkeit halber ist in Listing 4.11 die Definition des mit der CDS-Rolle geschützten CDS-Views ZI_SalesOrderItem angegeben. Die Datensätze der Auftragsposition werden damit in gleicher Weise geschützt wie der jeweils zugehörige Datensatz des Auftragskopfes.

```
@AccessControl.authorizationCheck: #CHECK
define view ZI_SalesOrderItem
    as select from zsalesorderitem
    association [1..1] to ZI_SalesOrder as _SalesOrder
        on $projection.SalesOrder = _SalesOrder.SalesOrder
{
    key SalesOrder,
    key SalesOrderItem,
    _SalesOrder, ...
}
```

**Listing 4.11** CDS-Views der Kundenauftragsposition mit Assoziation zum Kundenauftragskopf

Genauso kann gemäß Listing 4.12 und Listing 4.13 auch der CDS-View der Kundenauftragseinteilung `ZI_SalesOrderScheduleLine` geschützt werden.

**Schutz der Auftragseinteilung**

```
@MappingRole: true
define role ZI_SalesOrderScheduleLine {
    grant select on ZI_SalesOrderScheduleLine
    where ( _SalesOrder.SalesOrderType ) =
    aspect pfcg_auth ( V_VBAK_AAT,
                       AUART,
                       ACTVT = '03' );
}
```

**Listing 4.12** CDS-Rolle der Kundenauftragseinteilung mit Pfadausdruck

```
@AccessControl.authorizationCheck: #CHECK
define view ZI_SalesOrderScheduleLine
    as select from zsalesordersline
    association [1..1] to ZI_SalesOrder as _SalesOrder
        on $projection.SalesOrder = _SalesOrder.SalesOrder
{
    key SalesOrder,
    key SalesOrderItem,
    key SalesOrderScheduleLine,
    _SalesOrder, ...
}
```

**Listing 4.13** CDS-View der Kundenauftragseinteilung mit Assoziation zum Kundenauftragskopf

**Auswertelogik für Pfadausdrücke**

Die in den Berechtigungsbedingungen der CDS-Rollen genutzten Assoziationen können eine maximale Zielkardinalität größer als 1 aufweisen. Die damit formulierten Bedingungen werden seitens der Infrastruktur dergestalt ausgewertet, dass diese für mindestens einen über den Pfadausdruck erreichten Datensatz erfüllt sein müssen.

**Voraussetzungen für Vererbungslogik**

Beachten Sie, dass die in Abschnitt 4.3.1, »Implementierung von CDS-Zugriffskontrollen erben«, vorgestellte Vererbungslogik der CDS-Rollenimplementierung des Kundenauftrags im vorliegenden Fall nicht angewandt werden kann, da das in die Zugriffsregel eingehende Feld des Auftragstyps SalesOrderType weder in der Projektionsliste des zu schützenden CDS-Views noch in der Position des Kundenauftrags noch in der Projektionsliste seiner Einteilung enthalten ist. Um die Vererbungslogik für die CDS-Rolle des Kundenauftrags anwenden zu können, müssten Sie das Feld SalesOrderType über eine Join-Verknüpfung direkt in die zu schützenden CDS-Views aufnehmen.

**Vererbung der CDS-Rolle**

Da die Implementierungen der CDS-Rollen für die Position und die Einteilung des Kundenauftrags identisch sind, könnte eine dieser Implementierungen für die jeweils andere CDS-Rollendefinition wiederverwendet werden. Beispielsweise könnte die Kundenauftragseinteilung die Implementierung der CDS-Rolle der Kundenauftragsposition erben. Listing 4.14 zeigt die entsprechend angepasste CDS-Rollenimplementierung.

```
@MappingRole: true
define role ZI_SalesOrderScheduleLine {
    grant select on ZI_SalesOrderScheduleLine
    inherit ZI_SalesOrderItem;
}
```

**Listing 4.14** Alternative Implementierung der CDS-Rolle der Kundenauftragseinteilung

**Parameter in Pfadausdrücken verwenden**

Wenn der Ziel-View einer Assoziation über Parameter verfügt, müssen diese Parameter mit Werten versorgt werden, wenn Sie diese Assoziation in Pfadausdrücken nutzen. Zur Illustration dienen die in Listing 4.15 und Listing 4.16 definierten CDS-Views. Listing 4.15 zeigt den CDS-View ZC_SalesOrderWithParameters für den Kundenauftrag mit Parametern.

```
@AccessControl.authorizationCheck: #CHECK
define view ZC_SalesOrderWithParameters
  with parameters
    P_Parameter1A : abap.char(1),
    P_Parameter1B : abap.char(1),
    P_Parameter1C : abap.char(1)
  as select from ZI_SalesOrder
{
  key SalesOrder,
      SalesOrderType
}
```

**Listing 4.15** CDS-View des Kundenauftrags mit Parametern

Listing 4.16 zeigt den CDS-View ZC_SalesOrderItemWithParams für die Kundenauftragsposition mit Parametern.

```
@AccessControl.authorizationCheck: #CHECK
define view ZC_SalesOrderItemWithParams
  with parameters
    P_Parameter2A : abap.char(1),
    P_Parameter2B : abap.char(1)
  as select from ZI_SalesOrderItem
  association [0..1] to ZC_SalesOrderWithParameters as _SalesOrder
    on $projection.SalesOrder = _SalesOrder.SalesOrder
{
  key SalesOrder,
  key SalesOrderItem,
      _SalesOrder
}
```

**Listing 4.16** CDS-View der Kundenauftragsposition mit Parametern

Der CDS-View für die Position soll dabei, wie in den vorangehenden Beispielen, dadurch geschützt werden, dass der Zugriff auf die Datensätze den Benutzern vorbehalten ist, die eine Leseberechtigung für die entsprechende Auftragsart des Kundenauftrags besitzen. Diese Logik wird über die CDS-Rolle ZC_SalesOrderItemWithParams aus Listing 4.17 realisiert.

**Versorgung von Parametern der CDS-Modelle**

```
@MappingRole: true
define role ZC_SalesOrderItemWithParams {
  grant select on ZC_SalesOrderItemWithParams
  where ( _SalesOrder( P_Parameter1A : $parameters.P_Parameter2A,
                       P_Parameter1B : $parameters.P_Parameter2B,
```

```
                              P_Parameter1C : 'X'
                           ).SalesOrderType ) =
          aspect pfcg_auth ( V_VBAK_AAT,
                             AUART,
                             ACTVT = '03' );
}
```

**Listing 4.17** CDS-Rollendefinition, die CDS-Parameter nutzt

In dem Pfadausdruck _SalesOrder(…).SalesOrderType müssen Sie dazu alle drei Parameter P_Parameter1A, P_Parameter1B und P_Parameter1C des CDS-Views des Kundenauftrags aus Listing 4.15 binden. Im Beispiel werden die ersten beiden Parameter P_Parameter1A, P_Parameter1B des Ziel-Views mit geeigneten, d. h. semantisch passenden Parametern P_Parameter2A und P_Parameter2B des CDS-Views der Position verknüpft. Der dritte Parameter P_Parameter1C wird mit der Konstanten »X« belegt.

[»]

**Pfadausdrücke in CDS-Rollen**

Eine explizite Aufnahme berechtigungssteuernder Felder in die zu schützenden CDS-Views über Join-Verknüpfungen erhöht deren statische Komplexität und führt zu Datenredundanzen.

Wenn Sie eine Join-Logik einsetzen, kann dies die Anzahl der Datensätze des Selektionsergebnisses über Ausmultiplikationseffekte ungewollt erhöhen, falls die Kardinalität des eingebundenen Join-Partners größer als 1 ist.

Aus Performancesicht ist es bei CDS-Views, die große Datenmengen verarbeiten und exponieren, häufig vorteilhaft, berechtigungssteuernde Felder direkt in das zu schützende Modell aufzunehmen und nicht über Pfadausdrücke in die CDS-Rollen einzubringen. So gestalten Sie die Auswertung der Berechtigungsregeln effizienter. Eine weitere Performancesteigerung für den Lesezugriff ist zu erwarten, wenn Sie die berechtigungsrelevanten Felder redundant in den zu berechtigenden Entitäten persistieren und damit auf entsprechende Join-Verknüpfungen zur Laufzeit verzichten können.

### 4.3.3 · CDS-Zugriffskontrollen ohne Verwendung von Berechtigungsobjekten implementieren

Sie können in der CDS-Rollendefinition einen unmittelbaren Bezug zum angemeldeten Benutzer herstellen. Dies geschieht durch die Verwendung des Syntaxelements ASPECT USER in den von Ihnen definierten Zugriffsregeln.

Ein Beispiel zeigt Listing 4.18. Darin wird ein Benutzer berechtigt, die von ihm angelegten Kundenaufträge (dokumentiert über das Feld CreatedBy-User) über den CDS-View ZC_SalesOrder zu lesen.

**Rolle mit direktem Bezug zum Benutzer**

```
@MappingRole: true
define role ZC_SalesOrderCreatedByMe {
    grant select on ZC_SalesOrder
    where CreatedByUser = aspect user;
}
```

**Listing 4.18** CDS-Rolle mit direktem Bezug zum Benutzer

Alternativ zu dieser Modellierung können Sie einen dedizierten CDS-View ZC_SalesOrderCreatedByMe entsprechend Listing 4.19 anlegen und darin eine Where-Bedingung formulieren, die die Sitzungsvariable $session.user nutzt.

**Benutzerabhängige Filterung**

```
@AccessControl.authorizationCheck: #NOT_REQUIRED
define view ZC_SalesOrderCreatedByMe
    as select *
    from ZC_SalesOrder
    where CreatedByUser = $session.user
```

**Listing 4.19** CDS-View mit benutzerabhängiger Filterung

Der wesentliche Unterschied zwischen beiden Varianten ist, dass die aus der CDS-Rolle ZC_SalesOrderCreatedByMe resultierenden Einschränkungen nur bei einer direkten Datenselektion über den CDS-View ZC_SalesOrder aus ABAP wirken. Demgegenüber wird die im CDS-View ZC_SalesOrder-CreatedByMe hinterlegte Filterung bei jedem Selektionszugriff über diesen CDS-View angewandt. Sie wirkt insbesondere auch dann, wenn der CDS-View ZC_SalesOrderCreatedByMe als Datenquelle eines anderen CDS-Views verwendet wird.

Sie können bei der Definition von Zugriffsbedingungen, die nicht vom angemeldeten Benutzer abhängen sollen, auch konstante Literalwerte nutzen. Diese eignen sich im Wesentlichen dazu, allen Benutzern den Zugang zu bestimmten Datensätzen zu ermöglichen oder aber den Zugang für alle Benutzer standardmäßig zu sperren. Im letztgenannten Fall bedarf es einer besonderen Form der Selektionsanweisung, um die betroffenen Datensätze noch auslesen zu können. In der Regel werden diese benutzerunabhängigen Zugriffsregeln mit benutzerabhängigen Zugriffsregeln kombiniert. Listing 4.20 zeigt ein Beispiel.

**Zugriffsregeln mit Literalwerten**

```
@MappingRole: true
define role ZI_SalesOrder {
    grant select on ZI_SalesOrder
    where ( SalesOrderType ) =
    aspect pfcg_auth ( V_VBAK_AAT,
                       AUART,
                       ACTVT = '03' )
    or SalesOrderType = '';
}
```

**Listing 4.20** CDS-Rolle mit benutzerabhängigen und
-unabhängigen Regeln

Die CDS-Rolle `ZI_SalesOrder` aus Listing 4.20 gewährt allen Mitarbeitern Zugriff auf die Kundenaufträge, deren Typ `SalesOrderType` einen initialen Wert besitzt. Die Zugriffsrechte auf die übrigen Kundenaufträge werden über die Berechtigungen der einzelnen Benutzer ausgesteuert.

**Verwendung des Operators »?=«**   Zuweilen kann es notwendig sein, in den Berechtigungsregeln anstatt auf Gleichheit eines Feldwerts mit einer Konstanten zusätzlich auch auf dessen Initial- und Null-Wert zu prüfen. Dazu können Sie den Operator `?=` vorteilhaft in Ihrer CDS-Rollendefinition einsetzen.

Listing 4.21 und Listing 4.22 zeigen exemplarisch alternative Modellierungen der CDS-Rolle `ZI_SalesOrderItemForAnyUser`, die beide denselben Laufzeiteffekt haben. In Listing 4.21 werden explizit drei Zugriffsbedingungen über die Pfadausdrücke `_SalesOrder.SalesOrderType=…` erfasst.

```
@MappingRole: true
define role ZI_SalesOrderItemForAnyUser {
    grant select on ZI_SalesOrderItem
    where _SalesOrder.SalesOrderType = ''
      or _SalesOrder.SalesOrderType is null
      or _SalesOrder.SalesOrderType = 'TAF';
}
```

**Listing 4.21** CDS-Rolle ohne den Operator »?=«

Listing 4.22 drückt die gleiche Logik mit einer einzelnen Bedingung über den Operator `?=` aus.

```
@MappingRole: true
define role ZC_SalesOrderItemForAnyUser {
    grant select on ZI_SalesOrderItem
    where _SalesOrder.SalesOrderType ?= 'TAF';
}
```

**Listing 4.22** CDS-Rolle mit dem Operator »?=«

### 4.3.4    CDS-Zugriffskontrollen für analytische Queries implementieren

Analytische Queries, die als CDS-Views mit der Annotation `@Analytics.query:true` definiert sind, werden von der analytischen Infrastruktur nicht als CDS-View ausgeführt. Sie dienen nur zur Definition der Query-Eigenschaften. Die Selektion der Daten erfolgt direkt von den verwendeten Datenquellen, Cube- oder Dimensions-Views, sowie zugeordneten Text- oder Hierarchie-Views. Daher hat eine CDS-Zugriffskontrolle für den CDS-View einer analytischen Query keine Auswirkungen. Stattdessen müssen die Datenquellen der Query geschützt werden. Abbildung 4.4 zeigt ein Beispiel.

**Datenquellen der analytischen Queries schützen**

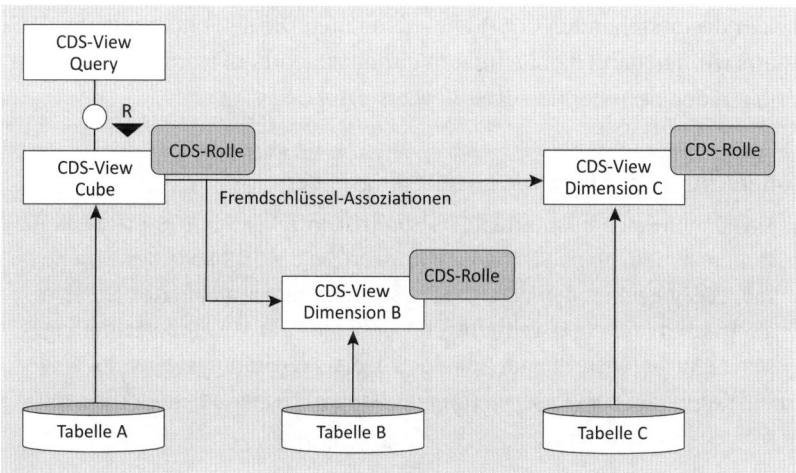

**Abbildung 4.4** Relevante CDS-Rollen für eine analytische Query

Werden die assoziierten Dimensionsfelder als Anzeigeattribute in die Anzeige einer analytischen Query eingebunden, so werden diese Felder stets ohne die Anwendung einer Berechtigungsprüfung gelesen und mit Werten gefüllt. Allerdings werden die zugehörigen CDS-Zugriffskontrollen bei Eingabehilfen angewandt.

**Berechtigungsschutz für Dimensionen**

### 4.3.5   CDS-Zugriffskontrollen auf Feldebene implementieren

CDS-Zugriffskontrollen erlauben eine Steuerung der Zugriffe auf komplette Datensätze eines Selektionsergebnisses. Eine feinere Berechtigungssteuerung auf Feldebene wird von den CDS-Zugriffskontrollen aktuell nicht unterstützt. Ist eine derartige feldweise Steuerung der Berechtigungen für Ihren Anwendungsfall erforderlich, müssen Sie zusätzliche CDS-Views mit dedizierten Projektionslisten definieren und diese dann mit geeigneten CDS-Zugriffskontrollen versehen.

**Felder auswählen**  Die zusätzlichen CDS-Views können Sie dabei so aufbauen, dass sie jeweils nur diejenigen Felder beinhalten, für die eine spezialisierte CDS-Zugriffskontrolle notwendig ist. Die Feldliste des bestehenden CDS-Views wird ausgedünnt. Sie beinhaltet neben den Schlüsselfeldern lediglich die unkritischen Felder. D. h., schon die Definition dieses CDS-Views muss vorhersehen, dass und welche Zugriffsvarianten es geben soll. Die neuen CDS-Views können Sie dann vom bestehenden CDS-View aus assoziieren. Alternativ können Sie für jede einzelne zu differenzierende Benutzergruppe einen eigenen CDS-View definieren, der die Gesamtheit der zugreifbaren Felder des bestehenden CDS-Views beinhaltet. Die neu entstandenen CDS-Views würden dann den Benutzern gezielt zugeordnet werden und den Zugriff auf den bestehenden CDS-View ersetzen.

> **Berechtigungsschutz von Erweiterungsfeldern**
>
> Sie können keine dedizierten CDS-Zugriffskontrollen für CDS-View-Erweiterungen definieren. Stattdessen müssen Sie die CDS-Rolle des erweiterten CDS-Views so definieren, dass sie auch einen adäquaten Berechtigungsschutz für die Erweiterungsfelder bereitstellt. Ist der Berechtigungsschutz nicht ausreichend, sollten Sie die Erweiterungsfelder in einen separaten CDS-View auslagern und diesen mit einer adäquaten eigenen CDS-Rolle ausstatten.

### 4.3.6   Berechtigungsschutz der von SAP ausgelieferten CDS-Modelle verändern

**Lifecycle-stabile Veränderungen**  Sie können die von der SAP ausgelieferten CDS-Rollendefinitionen nicht modifikationsfrei an Ihre Bedürfnisse anpassen.

Allerdings können Sie prinzipiell durch die Definition einer weiteren CDS-Rolle den bestehenden Berechtigungsschutz eines CDS-Modells von SAP verändern.

Eine Ausnahme bilden lediglich die CDS-Modelle, die die Annotation `@AccessControl.authorizationCheck:#NOT_ALLOWED` tragen. Diese Annotation verhindert die effektive Anwendung der CDS-Zugriffskontrollen zur Laufzeit. Eine weitere CDS-Rolle wird demzufolge keine Auswirkung zeigen.

Bezüglich der Auswirkungen der neuen CDS-Rollen sind zwei Fälle voneinander abzugrenzen:

**Auswirkungen zusätzlicher CDS-Rollen**

- Wenn Sie eine CDS-Rolle für ein bislang ungeschütztes CDS-Modell anlegen, unterliegen die direkten Selektionsergebnisse fortan einem Berechtigungsschutz, der die Ergebnisliste einschränken kann.

- Wenn Sie eine CDS-Rolle für ein bereits durch eine andere CDS-Rolle geschütztes Modell anlegen, wird der effektive Berechtigungsschutz durch die Oder-Verknüpfung der CDS-Rollen herabgesetzt.

Mit einer Vollzugriffsregel, d. h. einer CDS-Rolle ohne Bedingung, können Sie dabei den Berechtigungsschutz einer bestehenden CDS-Zugriffskontrolle gänzlich außer Kraft setzen. Die in Listing 4.23 erfasste Rolle `ZI_SalesOrderUnrestricted` führt z. B. dazu, dass alle Daten des CDS-Views `ZI_SalesOrder` ohne eine effektive Einflussnahme der CDS-Zugriffskontrollen vollständig ausgelesen werden dürfen.

```
@MappingRole: true
define role ZI_SalesOrderUnrestricted {
    grant select on ZI_SalesOrder;
}
```

**Listing 4.23** Vollzugriffsregel für den Kundenauftrag

**[!]**

**Berechtigungsschutz nur konsistent verändern**

Sie sollten den bestehenden Berechtigungsschutz von ausgelieferten SAP-Modellen nur dann durch das Hinzufügen von eigenen CDS-Zugriffskontrollen verändern, wenn Sie die Auswirkungen Ihrer Änderung überblicken können. Ansonsten können daraus schwerwiegende funktionale Probleme und Dateninkonsistenzen resultieren. Beispielsweise könnte die interne Validierungslogik einer Anwendung davon ausgehen, dass sie uneingeschränkt auf alle Daten eines ungeschützten CDS-Views von SAP zugreifen kann. Wenn Sie eine Zugriffskontrolle für diesen CDS-View definieren, könnte die Logik, je nach Berechtigung des angemeldeten Benutzers, nur auf Teile der Daten zugreifen und damit falsche Rückschlüsse ziehen.

In Zweifelsfällen sollten Sie eigene CDS-Modelle auf Basis der betroffenen, von SAP ausgelieferten CDS-Modelle definieren, die Sie mit geeigneten CDS-Zugriffskontrollen ausrüsten, um unerwünschte Seiteneffekte zu vermeiden.

### 4.3.7  Standarddatenselektion blockieren

Ist ein direkter Selektionszugriff auf ein CDS-Modell nicht erforderlich, können Sie dieses Modell durch eine entsprechend modellierte CDS-Rolle vor den Lesezugriffen der Benutzer schützen. Praktische Anwendungsfälle sind analytische Queries und Extension-Include-Views. Eine direkte Datenselektion von diesen CDS-Views in ABAP ist nicht vorgesehen.

**Nicht erfüllbare Berechtigungs-bedingungen**

Um die Datenselektion zu blockieren, können Sie in die CDS-Rollendefinition eine Bedingung einbringen, die niemals erfüllt werden kann. Listing 4.24 zeigt ein Beispiel einer solchen CDS-Rolle ZC_SalesOrderPrivilegedOnly.

```
@MappingRole: true
define role ZC_SalesOrderPrivilegedOnly {
    grant select on ZC_SalesOrderPrivilegedOnly
    where  SalesOrder is null
       and SalesOrder is not null;
}
```

**Listing 4.24** CDS-Rolle, deren Bedingung niemals erfüllbar ist

Die darin erfasste Berechtigungsbedingung <Feld> is null and <Feld> is not null kann niemals zutreffen. So wird durch diese CDS-Rolle eine Standarddatenselektion vom geschützten CDS-View ZC_SalesOrderPrivilegedOnly unterbunden. Um diesen Sachverhalt für alle Verwender zu dokumentieren, sollten Sie das geschützte CDS-Modell, entsprechend Listing 4.25, annotieren.

```
@AccessControl.authorizationCheck: #PRIVILEGED_ONLY
define view ZC_SalesOrderPrivilegedOnly ...
```

**Listing 4.25** CDS-View, dessen Berechtigungsschutz keine direkte Datenselektion ermöglicht

**Privilegierte Daten-selektion in ABAP**

Um dennoch Daten über den so geschützten CDS-View lesen zu können, bedarf es einer besonderen, bevorrechtigten Datenselektion. Um diese zu definieren, müssen Sie Ihre Selektionsanweisung in ABAP mit den Schlüsselworten WITH PRIVILEGED ACCESS anreichern. Listing 4.26 zeigt eine derartig erweiterte Selektionsanweisung im CDS-View ZC_SalesOrderPrivilegedOnly.

```
SELECT *
    FROM zc_salesorderprivilegedonly
    WITH PRIVILEGED ACCESS
    INTO TABLE @DATA(lt_zc_salesorderprivilegedonly).
```

**Listing 4.26** Privilegierte Datenselektion in ABAP

> [«]
>
> **Privilegierte Datenselektion**
>
> Mithilfe eines privilegierten Selektionszugriffs können Sie sämtliche CDS-Zugriffskontrollen in Ihrer ABAP-Implementierung umgehen. Ein privilegierter Selektionszugriff kann unter anderem notwendig sein, wenn das zugegriffene CDS-Modell durch eine reguläre DCL-Rolle geschützt ist, Ihre Anwendungslogik aber nicht von den Berechtigungen des aktuellen Benutzers abhängen soll.
>
> Um eine vollständige Privilegierung zu erzielen, müssen Sie jede einzelne (eventuell per Join verknüpfte) Datenquelle in Ihrer Selektionsanweisung mit den Schlüsselworten WITH PRIVILEGED ACCESS erweitern.
>
> Sie können keine Pfadausdrücke in Ihrer Selektionsanweisung privilegieren. Falls Sie auf die entsprechenden assoziierten Feldinhalte uneingeschränkt zugreifen wollen, müssen Sie die Pfadausdrücke durch privilegierte Join-Verknüpfungen ersetzen.

### 4.3.8    CDS-Zugriffskontrollen von Benutzereingaben entkoppeln

Bei der Definition der Berechtigungsbedingungen innerhalb Ihrer CDS-Rollen müssen Sie darauf achten, dass der Berechtigungsschutz nicht durch die Interaktionen eines Benutzers aufgehoben werden kann.

Beispielsweise kann die Verwendung von Parametern oder daraus abgeleiteten Feldwerten in den Berechtigungsregeln ein Sicherheitsrisiko darstellen. Betrachten Sie dazu das CDS-View-Modell ZC_SalesOrderWithUserInput aus Listing 4.27.

**Parameter in Zugriffsregeln**

```
@AccessControl.authorizationCheck: #CHECK
define view ZC_SalesOrderWithUserInput
    with parameters
        P_UserInput : abap.char(4)
    as select from ZI_SalesOrder
{
    key SalesOrder,
        $parameters.P_UserInput as UserInput
}
```

**Listing 4.27** CDS-View für den Kundenauftrag mit inkludiertem Parameterwert

Dieses soll durch die CDS-Rolle ZC_SalesOrderWithUserInput aus Listing 4.28 geschützt werden.

```
@MappingRole: true
define role ZC_SalesOrderWithUserInput {
    grant select on ZC_SalesOrderWithUserInput
    where ( UserInput ) =
    aspect pfcg_auth ( V_VBAK_AAT,
                       AUART,
                       ACTVT = '03' );
}
```

**Listing 4.28** CDS-Rolle für den Kundenauftrags-CDS-View
mit inkludiertem Parameterwert

Besitzt der Benutzer eine Leseberechtigung für Kundenaufträge vom Typ
FAT, und ist er in der Lage, eine Selektionsanfrage gemäß Listing 4.29 zu formulieren, kann er über diese uneingeschränkt auf alle Kundenaufträge zugreifen.

```
SELECT *
    FROM zc_salesorderwithuserinput( p_userinput = 'FAT' )
    INTO TABLE @DATA(lt_sales_order_with_user_input).
```

**Listing 4.29** Selektionszugriff auf den Kundenauftrags-CDS-View
mit Benutzereingabe

Dieses stark simplifizierte Beispiel soll Sie sensibilisieren, Ihre CDS-Rollendefinitionen kritisch zu hinterfragen.

[!]

**Eingangsdaten prüfen**

Greifen Sie bei der Formulierung der Berechtigungsbedingungen stets nur
auf vertrauenswürdige Datenquellen bzw. auf ausreichend validierte
Daten zu.

## 4.4    CDS-Zugriffskontrollen testen

Integrationstests

Sie sollten die Funktionalität Ihrer CDS-Zugriffskontrollen im Kontext der
Services testen, die die geschützten CDS-Modelle exponieren. Diese Integ-
rationstests sollten beispielsweise Ihre analytischen Anwendungen und
OData-Services umfassen. Dabei sollten idealerweise alle für die Verwender
Ihrer Services nutzbaren Funktionen und Selektionsmöglichkeiten abge-
deckt werden. Die Berechtigungsprüfungen sollten insbesondere folgende
Fragestellungen beantworten:

- Darf ein Benutzer mit den ihm zugewiesenen Rechten tatsächlich alle Datensätze wie geplant selektieren?

- Darf ein Benutzer mehr Datensätze selektieren, als es die ihm zugedachte Berechtigung erlaubt?

Um Regressionen leichter identifizieren zu können, sollten Ihre Tests vorzugsweise automatisiert werden. Dabei können Sie von der Testautomatisierung für CDS-Modelle profitieren (siehe Kapitel 12, »Testautomatisierung«). Ist eine Testautomatisierung nicht möglich, müssen Sie Ihre Tests manuell durchführen.

**Testautomatisierung**

Manuelle Tests der CDS-Zugriffskontrollen auf der Ebene der einzelnen, geschützten CDS-Modelle können Sie mit Transaktion SACMSEL ausführen. Diese Transaktion ermöglicht es Ihnen, eine Datenselektion von einem CDS-Modell durchzuführen und dabei die Auswirkungen der Berechtigungen des Benutzers auf das Selektionsergebnis zu analysieren.

**CDS-Zugriffskontrolle manuell testen**

> **Berechtigungen zum Ausführen der Tests**
> Beachten Sie, dass der Benutzer für den Zugriff auf einen CDS-View in Transaktion SACMSEL die Berechtigung für das Berechtigungsobjekt S_TABU_NAM für den generierten SQL-View mit der Aktivität »03« besitzen muss.

Abbildung 4.5 zeigt das Einstiegsbild von Transaktion SACMSEL. Darin legen Sie zunächst das zu testende CDS-Modell fest.

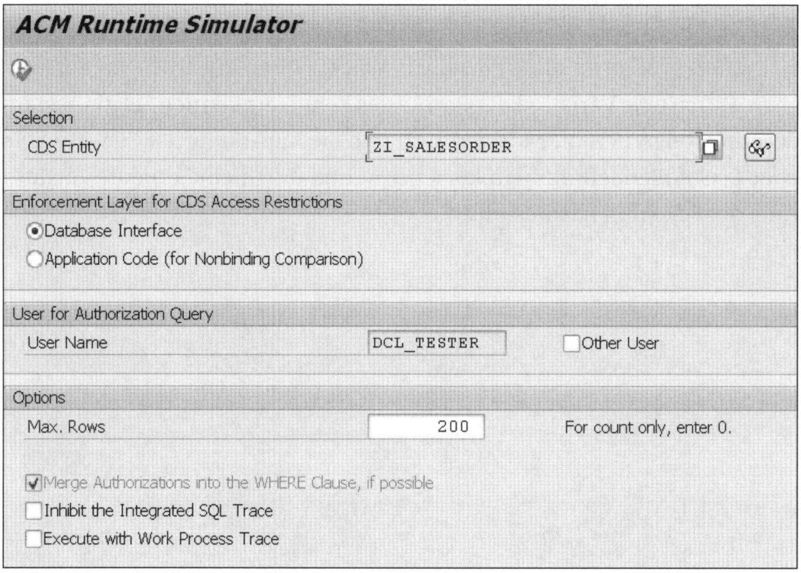

**Abbildung 4.5** Einstiegsbild der Testumgebung für CDS-Zugriffskontrollen

Nach dem Ausführen des Reports über ⌈F8⌉ öffnet sich ein Übersichtsbild, das in Abbildung 4.6 dargestellt ist.

Darin finden sich folgende Informationen:

- die relevanten CDS-Rollen (**Matching Access Controls**)
- die relevanten, dem Benutzer zugewiesenen Berechtigungen (**Authorizations of User for PFCG-Aspects**)
- die effektiv ausgeführte Selektionsanweisung in der Datenbank (**SQL-Trace**)
- das Selektionsergebnis (**Result**)

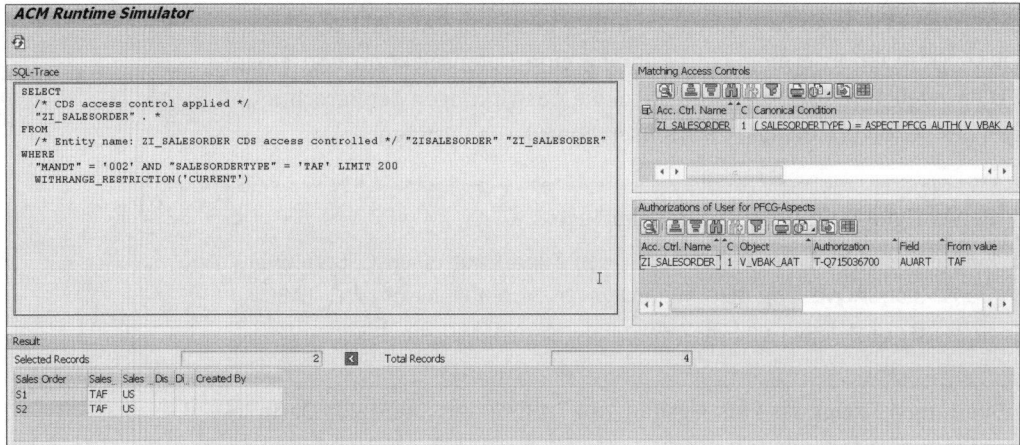

**Abbildung 4.6** Ergebnis der Simulation einer Datenselektion

Sie sollten prüfen, ob diese einzelnen Aspekte Ihren Erwartungen entsprechen. Durch eine Variation der Rechte des Benutzers können Sie die Testabdeckung steigern. Fehler können Sie durch die Anpassung der CDS-Modelle oder CDS-Rollendefinitionen korrigieren und durch eine erneute Ausführung der Selektion nachtesten.

# Kapitel 5

# Native SAP-HANA-Funktionen in CDS

*CDS-Views nutzen die Fähigkeiten von SAP HANA über SQL. Damit bleibt der direkte Zugriff auf einige fortgeschrittene Fähigkeiten von SAP HANA verschlossen. Tabellenfunktionen in CDS erlauben die Ausführung von SAP HANA SQLScript und können in CDS-Views eingebunden werden. Sie ermöglichen dadurch die Verwendung nativer SAP-HANA-Funktionen bei der Definition Ihrer CDS-Modelle.*

Die Datenbank SAP HANA ist nicht nur ein relationales Datenbanksystem, das über die *Structured Query Language* (SQL) genutzt werden kann, sondern bietet auch Werkzeuge und Funktionsbibliotheken für eine große Zahl von Bereichen, z. B. Prognosen (Predictive Analytics), Finanzmathematik, Data-Mining, Volltextsuche und Graphenverarbeitung. Nutzen lassen sich diese Fähigkeiten mit der SAP-HANA-eigenen Sprache *SQLScript*, die SQL und imperative Sprachelemente kombiniert.

Durch die Technik der *ABAP Managed Database Procedures* (AMDP) ist es möglich, aus ABAP heraus SAP HANA SQLScript auszuführen – mit Eingabeparametern und der Rückgabe eines Resultats. Diese Technik wird für *CDS-Tabellenfunktionen* (engl. *Table Function*) genutzt. Technisch wird dabei eine *SAP-HANA-Tabellenfunktion* erzeugt und ausgeführt. Eine CDS-Tabellenfunktion kann als Datenquelle für einen CDS-View dienen. Dadurch ist es möglich, native Fähigkeiten von SAP HANA in CDS zu verwenden.

Im ersten Abschnitt dieses Kapitels erläutern wir an einem einfachen Beispiel, wie eine CDS-Tabellenfunktion komplett implementiert wird, und was Sie dabei beachten müssen. Wir zeigen, wie eine CDS-Tabellenfunktion am besten mit anderen CDS-Views kombiniert werden kann. Im zweiten Abschnitt erläutern wir weitere Anwendungsbeispiele von CDS-Tabellenfunktionen. Der dritte Teil gibt schließlich Hinweise und Empfehlungen aus der Praxis.

**Aufbau des Kapitels**

## 5.1  Implementierung einer CDS-Tabellenfunktion

In diesem Beispiel werden wir eine Tabellenfunktion definieren, die, ähnlich dem View I_Country, eine Liste von Staaten repräsentiert. Dazu implementieren wir drei Entwicklungsobjekte in ABAP und generieren eine HANA-Tabellenfunktion (siehe Abbildung 5.1).

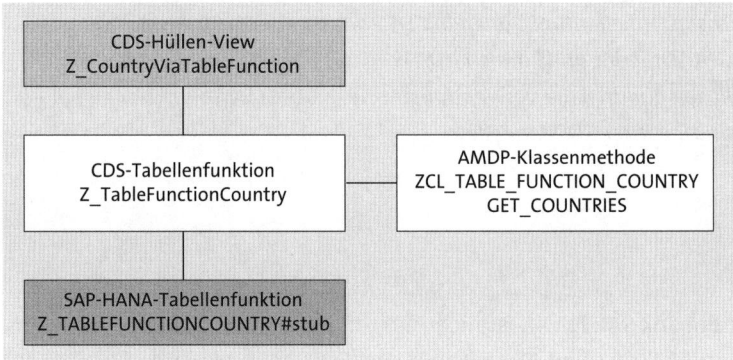

**Abbildung 5.1** Objekte zu einer CDS-Tabellenfunktion

Deklaration der Tabellenfunktion

Wir beginnen mit der CDS-Tabellenfunktion. Die ersten Schritte bei der Implementierung erfolgen analog zur Implementierung eines CDS-Views.

1. Legen Sie eine neue CDS-Datendefinition an, und vergeben Sie einen Namen und eine Beschreibung, z. B. Z_TableFunctionCountry und »Lesen von Staaten über eine Tabellenfunktion«.

2. Geben Sie im Editor der Datendefinition die Deklaration der Tabellenfunktion aus Listing 5.1 ein.

```
@ClientHandling.type:      #CLIENT_DEPENDENT
@ClientHandling.algorithm: #SESSION_VARIABLE
define table function Z_TableFunctionCountry
  with parameters
    @Environment.systemField: #CLIENT
    P_SAPClient : vdm_v_sap_client
  returns
{ mandt                    : vdm_v_sap_client;
  Country                  : land1_gp;
  CountryCurrency          : waers_005;
  IndexBasedCurrency       : curin;
  HardCurrency             : curha;
  TaxCalculationProcedure  : kalsm_d;
  CountryThreeLetterISOCode : intca3;
  CountryThreeDigitISOCode  : intcn3;
```

```
    }
  implemented by method
    zcl_table_function_country=>get_countries
```

**Listing 5.1** Deklaration einer CDS-Tabellenfunktion

3. Aktivieren Sie die Tabellenfunktion.

Damit haben Sie die Schnittstelle der Tabellenfunktion deklariert und einige Festlegungen vorgenommen, die für die Einbindung in CDS wichtig sind. Beachten Sie folgende Erläuterungen:

**Mandant**

- `@ClientHandling.type: #CLIENT_DEPENDENT`

  `@ClientHandling.algorithm: #SESSION_VARIABLE`

  Diese beiden Annotationen sind notwendig, damit die Tabellenfunktion auch CDS-Views als Datenquelle nutzen kann, die die Session-Variable `CDS_CLIENT` in SAP HANA für die Mandantenbehandlung verwenden. Die meisten CDS-Views in SAP S/4HANA nutzen diese Methode. In CDS wird die Tabellenfunktion durch die Annotationen als mandantenabhängige Datenquelle behandelt.

- `Z_TableFunctionCountry`

  Der Name der Tabellenfunktion wird zur besseren Lesbarkeit in Camel-Case-Schreibweise angegeben. Es soll der gleiche Name wie aus der Datendefinition gewählt werden. Beide Namen haben eine maximale Länge von 30 Zeichen.

- `P_SAPClient`

  Jede mandantenabhängige Tabellenfunktion braucht einen Eingabeparameter für den Mandanten. Die Annotation stellt sicher, dass beim Test der Tabellenfunktion der aktuelle Mandant als Parameter mitgegeben wird. Wenn die Tabellenfunktion als Datenquelle in einem CDS-View verwendet wird, muss der Parameter explizit oder durch einen Parameter des Views gesetzt werden.

  Weitere Parameter sind möglich und in SQLScript verwendbar.

- `mandt`

  Das Feld für den Mandanten muss explizit in der Liste der Rückgabefelder angegeben werden und den technischen ABAP-Dictionary-Typ `CLNT` haben.

- `Country : land1_gp;`

  In CDS-Views werden Felder nur selten explizit typisiert, da sie den ABAP-Datentyp aus ihrer Datenquelle behalten. Bei Tabellenfunktionen ist dies anders: Sie müssen allen Feldern der Rückgabestruktur explizit einen ABAP-Datentyp zuordnen.

- implemented by method

  In der letzten Zeile ist eine Klassenmethode einer ABAP-Klasse angegeben. Diese muss zum Zeitpunkt der Aktivierung der CDS-Tabellenfunktion noch nicht existieren. Später wird in ihr die Implementierung der Tabellenfunktion in SQLScript erstellt. Die Aktivierung der Tabellenfunktion, wobei es sich eigentlich nur um eine Deklaration ihrer Schnittstelle handelt, ist trotzdem möglich.

- In einer CDS-Tabellenfunktion können Sie weder Assoziationen definieren noch die Felder annotieren. Um dies zu ermöglichen, sollten Sie jede CDS-Tabellenfunktion in einen CDS-View mit gleicher Rückgabestruktur verschalen und ausschließlich diese CDS-View-Hülle verwenden. Ein Beispiel ist in Listing 5.4 angegeben und erläutert.

**Implementierung der Tabellenfunktion**

In den nächsten Schritten implementieren Sie die AMDP-Methode.

1. Legen Sie die ABAP Klasse `ZCL_TABLE_FUNCTION_COUNTRY` und die Klassenmethode `get_countries` an, wie in Listing 5.2 angegeben.

```
CLASS ZCL_TABLE_FUNCTION_COUNTRY DEFINITION
  PUBLIC
  FINAL
  CREATE PUBLIC .
PUBLIC SECTION.
    INTERFACES if_amdp_marker_hdb.
    CLASS-METHODS get_countries
        FOR TABLE FUNCTION  Z_TableFunctionCountry.
PROTECTED SECTION.
PRIVATE SECTION.
ENDCLASS.

CLASS ZCL_TABLE_FUNCTION_COUNTRY IMPLEMENTATION.
  METHOD get_countries
      BY DATABASE FUNCTION FOR HDB
          LANGUAGE SQLSCRIPT
          OPTIONS READ-ONLY
          USING IFICountry.
    RETURN
      SELECT
        :P_SAPClient as mandt,
        Country,
        CountryCurrency,
        IndexBasedCurrency,
        HardCurrency,
```

```
        TaxCalculationProcedure,
        CountryThreeLetterISOCode,
        CountryThreeDigitISOCode
      FROM
        IFICountry
      WHERE
        mandt = :P_SAPClient;
  ENDMETHOD.
ENDCLASS.
```

**Listing 5.2** AMDP-Klasse und Klassenmethode mit SQLScript

2. Aktivieren Sie die Klasse.

Damit haben Sie den Programmcode für die SAP-HANA-Tabellenfunktion in SQLScript hinterlegt:

**AMDP-Klasse**

- Die Klasse hat das Interface `if_amdp_marker_hdb`, was sie als AMDP-Implementierung kennzeichnet.

- BY DATABASE FUNCTION FOR HDB LANGUAGE SQLSCRIPT
  CDS-Tabellenfunktionen werden immer durch eine SAP-HANA-Tabellenfunktion in der Sprache SQLScript implementiert. Es gibt auch AMDP-Prozeduren, die von einer Datenbankprozedur implementiert werden. Diese können entweder aus ABAP oder aus einer AMDP-Tabellenfunktion aufgerufen werden, sind also auch in CDS indirekt nutzbar.

- OPTIONS READ-ONLY
  Eine Tabellenfunktion kann Daten nur lesen, aber sie nicht verändern. Die Verwendung einer ändernden Operation in der Implementierung führt zu einem Fehler.

- USING IFICountry
  Die Implementierung verwendet das Datenbankobjekt IFICountry. Dabei handelt es sich um den SQL-View des CDS-Views I_Country, also um ein vom ABAP Dictionary erzeugtes und verwaltetes Datenbankobjekt. Alle Objekte, die aus ABAP stammen, müssen hier genannt werden, wenn sie im SQLScript der Tabellenfunktion verwendet werden sollen. Dazu zählen auch Tabellen oder AMDP-Prozeduren.

  Bei einem Upgrade, insbesondere wenn dieses auf eine minimale Systemausfallzeit optimiert ist, müssen die in Tabellenfunktionen verwendeten ABAP-Objekte besonders behandelt werden, um die Konsistenz sicher zu stellen.

  Andere Datenbankobjekte, auch aus anderen Datenbankschemata, können Sie verwenden, ohne sie hier zu deklarieren.

- Nach dem Schlüsselwort RETURN folgt der Programmcode in SQLScript.

- SELECT
  Im Beispiel handelt es sich um eine einfache SQL-Abfrage. Das Mandantenfeld wird aus dem Mandantenparameter gefüllt und die Selektion auf ihn eingeschränkt.

- IFICountry
  Die SAP-HANA-Tabellenfunktion wird im Schema des ABAP-Systems angelegt, also können Sie aus SQLScript direkt auf alle Objekte in diesem Schema zugreifen. Sie können auch ein anderes Schema als Präfix in gewohnter SAP-HANA-SQLScript-Syntax voranstellen, wenn Sie dessen Objekte nutzen wollen. Es werden auch logische Schemata unterstützt, für Fälle, in denen sich das physikalische Schema ändern kann.

Nun ist Ihre CDS-Tabellenfunktion bereit und kann über den Data Preview in Eclipse getestet werden. Die Ausgabe sollte die gleiche sein wie beim CDS-View I_Country.

**Platzhalter für die SAP-HANA-Funktion**
Sie können auch im **Catalog** des SAP HANA Studios unter dem Schema des ABAP-Systems nach der gerade angelegten SAP-HANA-Tabellenfunktion suchen. Unter **Functions** finden Sie eine Funktion Z_TABLEFUNCTIONCOUNTRY# stub. Die zugehörige Catalog Object Definition enthält im **Create Statement** den SQL-Code der Funktion. Dieser ist in Listing 5.3 angegeben.

```
CREATE FUNCTION "Z_TABLEFUNCTIONCOUNTRY#stub" (
    "P_SAPCLIENT" NVARCHAR (000003)
  )
  RETURNS TABLE (
    "MANDT" NVARCHAR (000003),
    "COUNTRY" NVARCHAR (000003),
    "COUNTRYCURRENCY" NVARCHAR (000005),
    "INDEXBASEDCURRENCY" NVARCHAR (000005),
    "HARDCURRENCY" NVARCHAR (000005),
    "TAXCALCULATIONPROCEDURE" NVARCHAR (000006),
    "COUNTRYTHREELETTERISOCODE" NVARCHAR (000003),
    "COUNTRYTHREEDIGITISOCODE" NVARCHAR (000003)
  )
  LANGUAGE SQLSCRIPT SQL SECURITY INVOKER AS BEGIN
    RETURN SELECT
      '000'  as "MANDT",
      ''     as "COUNTRY",
      ''     as "COUNTRYCURRENCY",
      ''     as "INDEXBASEDCURRENCY",
      ''     as "HARDCURRENCY",
```

```
      ''      as "TAXCALCULATIONPROCEDURE",
      ''      as "COUNTRYTHREELETTERISOCODE",
      '000'  as "COUNTRYTHREEDIGITISOCODE"
   FROM "ABAP#DUMMY#header_only" ();
END;
```

**Listing 5.3** Platzhalter für die SAP-HANA-Tabellenfunktion

Sie erkennen die Schnittstelle Ihrer Tabellenfunktion. Dies ist aber nur ein Platzhalter. Der richtige SQLScript-Code wird beim ersten Aufruf aus ABAP nach SAP HANA übertragen, ausgeführt und steht danach für die folgenden Aufrufe zur Verfügung.

Wenn Sie eine Tabellenfunktion oder den SQL-View eines CDS-Views, der eine Tabellenfunktion als Datenquelle nutzt, zu Testzwecken direkt in SAP HANA ausführen wollen, müssen Sie die Tabellenfunktion vorher einmal über ABAP gestartet haben, damit die richtige SQLScript-Implementierung geladen wird. Achten Sie ebenso darauf, das richtige Schema zu wählen und den richtigen Mandanten in der Session-Variable zu setzen. Dann können Sie die Tabellenfunktion in der SAP HANA SQL Console ausführen, z. B. mit folgendem Coding:

**Test in der SAP HANA SQL Console**

```
set  'CDS_CLIENT' = '001';
select * from Z_TableFunctionCountry('001');
```

Beachten Sie aber, dass für CDS-Tabellenfunktionen und CDS-Views nur die Ausführung aus ABAP heraus von SAP sichergestellt wird. Eine native Ausführung der generierten SAP-HANA-Tabellenfunktion oder des generierten SQL-Views wird nicht gewährleistet.

Für die typische Verwendung in CDS fehlen der CDS-Tabellenfunktion noch zwei wichtige Dinge: Assoziationen und Feldannotationen. Direkt in der Tabellenfunktion können Sie diese nicht definieren. Legen Sie daher den CDS-View Z_CountryViaTableFunction, wie in Listing 5.4, als *Hüllen-View* an, und aktivieren Sie ihn.

**CDS-View als Hülle**

```
@EndUserText.label: 'Country (via Table Function)'
@Analytics.dataCategory: #DIMENSION
@AbapCatalog.sqlViewName: 'Z_COUNTRYTF'
@ObjectModel.representativeKey: 'Country'
@ClientHandling.algorithm: #SESSION_VARIABLE

define view Z_CountryViaTableFunction
  as select from Z_TableFunctionCountry
                ( P_SAPClient : $session.client )
```

```
association [0..*] to I_CountryText as _Text
    on $projection.Country = _Text.Country
association [0..1] to I_Currency     as _CountryCurrency
    on $projection.CountryCurrency =
                             _CountryCurrency.Currency
{
  key Country,
      @ObjectModel.foreignKey.association: '_CountryCurrency'
      CountryCurrency,
      IndexBasedCurrency,
      HardCurrency,
      TaxCalculationProcedure,
      CountryThreeLetterISOCode,
      CountryThreeDigitISOCode,
      _Text,
      _CountryCurrency
}
```

**Listing 5.4** Hüllen-View für eine Tabellenfunktion

Achten Sie bei der Definition des Hüllen-Views darauf, dem Parameter für den Mandanten den Session Client zuzuweisen:

```
select from Z_TableFunctionCountry
               ( P_SAPClient : $session.client )
```

Nun ist Ihre CDS-Tabellenfunktion bereit und kann, eingebunden in den Hüllen-View, wie jeder andere CDS-View verwendet werden.

## 5.2   Anwendungsfälle

Die einfachsten Beispiele von CDS-Tabellenfunktionen bestehen aus einer SQL-Abfrage, nutzen in dieser Abfrage aber Funktionen, die nur in SAP HANA SQL verfügbar sind, z. B.:

- Komfortable Funktionen für die Verarbeitung von Zeichenketten (Strings), etwa für reguläre Ausdrücke (REPLACE_REGEXPR usw.) oder die Verkettung von Zeichenketten von unterschiedlichen Datenzeilen (STRING_AGG)
- Funktionen für den Fabrikkalender (ADD_WORKDAYS, WORKDAYS_BETWEEN)
- Volltextsuche mit vielen Optionen (CONTAINS)
- Hierarchiefunktionen

Komplexere CDS-Tabellenfunktionen verwenden den imperativen Programmierstil von SQLScript mit klassischen Kontrollstrukturen, um den Ablauf der Verarbeitung explizit zu steuern. Dabei sind auch rekursive Aufrufe möglich, die für komplexere Datenstrukturen notwendig sein können. Besonders nützlich sind die AMDP-Technik und die CDS-Tabellenfunktionen, wenn spezielle Fähigkeiten von SAP HANA mit den Anwendungsdaten in ABAP kombiniert werden.

**SQLScript**

Ein Beispiel stellen Prognosen oder Vorhersagen (Predictive Analytics) dar, z. B. Umsatz- oder Liquiditätsprognosen oder Vorhersagen des Kontraktverbrauchs im Einkauf. Dabei werden mit nativen SAP-HANA-Werkzeugen kundenindividuelle Analyseverfahren definiert und parametrisiert. Als Schnittstelle zur ABAP-Welt dient eine Prozedur in SAP HANA: die Vorhersageprozedur. Sie wird mit konkreten Anwendungsdaten als Input aufgerufen und liefert das Vorhersageergebnis zurück. Eine CDS-Tabellenfunktion kann die gewünschten Eingabedaten selektieren, die Vorhersageprozedur damit aufrufen, das Ergebnis mit den Anwendungsdaten kombinieren und als Resultat zurückgeben.

**Predictive Analytics**

## 5.3   Hierauf müssen Sie achten

Viele Hinweise zum Einsatz von CDS-Tabellenfunktionen haben wir bei der Vorstellung des Beispiels in Abschnitt 5.1, »Implementierung einer CDS-Tabellenfunktion«, gegeben. Jetzt folgen noch einige allgemeine Themen.

Die wesentlichen Funktionen der SAP-HANA-Datenbank sind mit SQLScript zugänglich, sie sind also in CDS-Tabellenfunktionen verwendbar. Es gibt funktionale Limitierungen durch ihre Einschränkung auf Leseoperationen: Daten und Datenbankobjekte müssen schon vorhanden sein, um sie zu nutzen. Wenn Sie neue Datenbankobjekte benötigen, können Sie diese mit der ABAP-Entwicklungsumgebung oder als native SAP-HANA-Objekte direkt in SAP HANA anlegen. Bei nativen SAP-HANA-Objekten müssen Sie selbst den Transport in Ihr Produktivsystem sicherstellen. Vor Release 7.52 gab es die Einschränkung, dass in der Kette der Datenquellen einer CDS-Tabellenfunktion keine weitere CDS-Tabellenfunktion vorkommen durfte. Diese Limitierung besteht nun nicht mehr.

**Nur Lesezugriffe**

Eine von SAP ausgelieferte CDS-Tabellenfunktion kann nicht durch eine CDS-View-Erweiterung um kundeneigene Felder erweitert werden. Mit der in Abschnitt 11.2.3 vorgestellten Technik der indirekten CDS-View-Erweiterung ist es aber möglich, den Hüllen-View der Tabellenfunktion zu erweitern.

**Kundenfelder**

**Mehr Tests**   Die AMDP-Technik liegt im Schnittbereich zweier mächtiger Technologien, ABAP und SAP HANA, was einige Besonderheiten mit sich bringt. Entwickler sollten Kenntnisse in beiden Technologien haben. Die Typsysteme sind unterschiedlich, und SAP HANA führt manche Berechnungen anders als ABAP aus – rechnet oder rundet mit einer anderen Genauigkeit. Dadurch kann es zu Abweichungen der Ergebnisse kommen. Planen Sie deshalb ausreichend Zeit für Tests ein. Denken Sie auch an den erhöhten Implementierungsaufwand für die ABAP-Klassenmethode und einen Hüllen-View sowie die explizite Angabe von Datentypen, die Neudefinition von Assoziationen und Feldannotationen und für die explizite Behandlung des Mandanten. Sie werden feststellen, dass sich dieser Mehraufwand für eine CDS-Tabellenfunktion in den relevanten Fällen lohnt.

In diesem Buch können wir leider nicht alle Details von CDS-Tabellenfunktionen adressieren und konzentrieren uns deshalb auf ein Beispiel, das die grundlegenden und praxisrelevanten Aspekte zeigt. In der SAP-Dokumentation zu CDS-Tabellenfunktionen finden Sie weitere ausführlichere Informationen.

# Kapitel 6
# CDS-Modelle für Anwendungsdaten

*Core Data Services erlauben die Modellierung semantischer Eigenschaften von Anwendungsdaten, die weit über die Möglichkeiten herkömmlicher Datenbank-Views hinausgehen. Zusammen mit einer modernen technischen Infrastruktur erleichtert dies die Entwicklung neuer Applikationen.*

In den bisherigen Kapiteln haben Sie gesehen, wie Sie CDS-Views definieren und in ABAP-Programmen verwenden. Damit können Sie SQL-Mengenoperationen und komplexe Berechnungen direkt in SAP HANA ausführen und profitieren von den SAP-HANA-Fähigkeiten zur Verarbeitung großer Datenmengen. Zudem können Sie Ihre Anfragen mithilfe der Pfadnotation und Assoziationen bequem formulieren. Mit diesem Vorgehen bewegen Sie sich aber immer noch im Rahmen des klassischen Programmiermodells für Anwendungen, bei dem sehr viele Details durch individuelle Programmierung immer wieder neu implementiert werden müssen.

Neue Infrastrukturkomponenten im SAP NetWeaver Application Server (AS ABAP) und semantische Metadaten an CDS-Views ermöglichen dagegen ein neues Programmiermodell. In diesem wird die individuelle Programmierung auf ein Minimum reduziert. Stattdessen werden fehlerträchtige, wiederkehrende Programmteile durch die Infrastruktur ausgeführt. Die Steuerung übernehmen dabei betriebswirtschaftlich motivierte semantische Annotationen der CDS-Views.

Der erste Abschnitt dieses Kapitels gibt einen kurzen Überblick der *Anwendungsarchitektur* und des *Programmiermodells* in SAP S/4HANA. Die weiteren Abschnitte stellen verschiedene *Metainformationen* für Anwendungsdaten vor, die von der neuen *Anwendungsinfrastruktur* ausgewertet werden. Sie behandeln folgende wichtige Aspekte:

**Aufbau des Kapitels**

- Feldbezeichner
- Feldeigenschaften wie Mengen und Beträge, Aggregationsverhalten, Systemzeiten, Texte in natürlicher Sprache
- Fremdschlüsselbeziehungen
- Textbeziehungen

- Kompositionsbeziehungen
- zeitabhängige Daten
- hierarchische Daten

Die später folgenden Kapitel zu transaktionalen und analytischen Anwendungen oder Suchfunktionen erläutern weitere, mächtige Metadaten für CDS-Views und deren Verarbeitung durch die Infrastruktur.

## 6.1   Anwendungsarchitektur in SAP S/4HANA

Die Kernaufgabe einer betriebswirtschaftlichen Anwendung ist es, Daten zu lesen, aufzubereiten, einem Benutzer zu zeigen und neue Eingaben oder Datenänderungen des Benutzers entgegenzunehmen, diese zu prüfen, zu prozessieren, und schließlich zu persistieren.

SAP-Fiori-Benutzer-schnittstellen

In modernen Benutzerschnittstellen wie SAP Fiori, die sich ganz an den Bedürfnissen der Benutzer orientieren, spielt der erste Teil der Benutzerinteraktion eine wichtige Rolle: Viele verschiedene Informationen sind für die Aufgabe des Benutzers relevant und sollen ihm als Entscheidungshilfe direkt zur Verfügung stehen. Die Aufbereitung der gewünschten Daten und ihre Anzeige erzeugen beträchtlichen Entwicklungsaufwand und erfordern Kenntnisse in verschiedenen Anwendungsbereichen.

Für den zweiten Teil der Benutzerinteraktion, das Prüfen und Prozessieren, können hingegen meist bewährte Programmteile wiederverwendet werden.

Lesezugriffe

Erfahrungen zeigen, dass es sich bei über 90 % der Datenzugriffe um Lesezugriffe handelt. Schreibzugriffe gibt es viel seltener. Um den Entwicklungsaufwand und die Programmkomplexität und damit den Wartungsaufwand zu reduzieren, wurde das Programmiermodell für SAP S/4HANA auf Lesezugriffe optimiert: Es werden CDS-Views verwendet, die in wiederverwendbarer Weise Rohdaten aufbereiten und mit semantischen Metadaten versehen. Diese Metadaten werden von Infrastrukturkomponenten ausgewertet, wodurch der Umfang von individueller Programmierung stark verringert wird.

Programmier-modelle im Vergleich

Den Unterschied der Programmiermodelle sehen Sie beim Vergleich der klassischen SAP-Fiori-Architektur in Abbildung 6.1 mit der neuen, für Lesezugriffe optimierten Architektur in Abbildung 6.2.

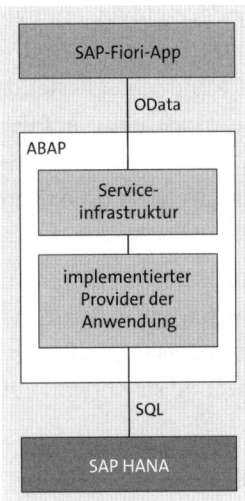

**Abbildung 6.1** Klassische SAP-Fiori-Architektur

In der stark vereinfachten Darstellung der beiden Programmiermodelle sehen Sie die gemeinsame Grundstruktur: SAP-Fiori-Apps verwenden OData-Services, die vom AS ABAP bereitgestellt werden, der wiederum über SQL auf die Daten zugreift. Die technische Bereitstellung des OData-Service übernimmt in beiden Modellen die Serviceinfrastruktur.

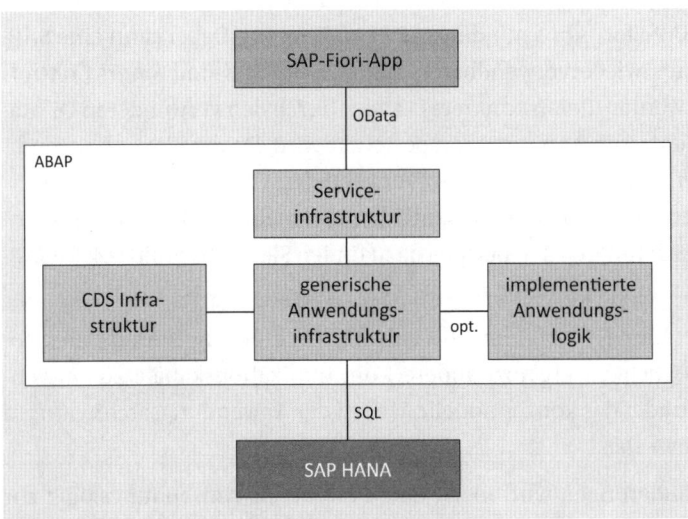

**Abbildung 6.2** Neue Architektur für Lesezugriffe

Unterschiede gibt es bei der Implementierung des Service-Providers des OData-Service und bei der Definition des OData-Service selbst. Im klas-

**OData-Service-Provider**

sischen Modell werden der OData-Service und sein Service-Provider individuell implementiert. Im neuen Modell werden CDS-Views für einen Service ausgewählt; diese legen die Struktur des OData-Service und seiner Bestandteile fest. Zudem stellt eine generische Anwendungsinfrastruktur auf der Basis der CDS-Views einen Service-Provider bereit. Die Definition von CDS-Views ist also der wesentliche Schritt bei der Entwicklung eines neuen OData-Service.

Da die Struktur des OData-Service der Struktur der CDS-Views entspricht, kann eine Leseanfrage an den OData-Service in SQL-Anfragen an diese CDS-Views übersetzt werden. Das Ergebnis der SQL-Select-Anweisungen wird in entsprechende Entity Sets des OData-Service übersetzt und als Antwort auf die Leseanfrage zurückgegeben.

Sonderfälle, bei denen z. B. für die Implementierung einzelner Felder eine spezielle Logik notwendig ist, können optional in bereitgestellten Exits ausprogrammiert werden.

Metadaten

*Metadaten* der CDS-Views steuern, wie der OData-Service zu den CDS-Views gebildet wird, aber auch, wie eine OData-Anfrage in eine SQL-Anfrage umgesetzt wird. Manche CDS-Metadaten werden in entsprechende Metadaten des OData-Service übersetzt und stehen den Verwendern des Service zur Verfügung.

SAP Fiori Elements

Hierdurch ergibt sich weiteres Potenzial für die Vereinfachung der Entwicklung von SAP-Fiori-Apps mit den *SAP Fiori Elements*. Dabei kann eine SAP-Fiori-App aus wiederverwendbaren *Smart Templates* und *Smart Controls* aufgebaut werden, deren konkretes Layout durch den verwendeten OData-Service und dessen Annotationen gesteuert wird. Da die hierzu notwendigen *UI-Annotationen* schon in den verwendeten CDS-Views definiert werden können, lassen sich die wesentlichen Teile einer SAP-Fiori-App komplett in CDS definieren. Ein Beispiel dazu finden Sie in Abschnitt 9.4.4, »SAP-Fiori-Anwendung definieren«.

Neue Architektur

In der Darstellung in Abbildung 6.3 haben wir Schreibzugriffe auf Daten sowie die Möglichkeit ergänzt, andere Kommunikationskanäle zu verwenden. Dies rundet das konzeptionelle Modell der Anwendungsarchitektur in SAP S/4HANA ab.

Für Datenänderungen wird meist eine bestehende Anwendungslogik zur Prüfung, Prozessierung und für das Datenbank-Update angeschlossen. Die Entwicklungsarbeit in diesem Programmiermodell liegt zu einem großen Teil in der Definition von CDS-Views mit geeigneten Metadaten – also genau das zentrale Thema dieses Buches.

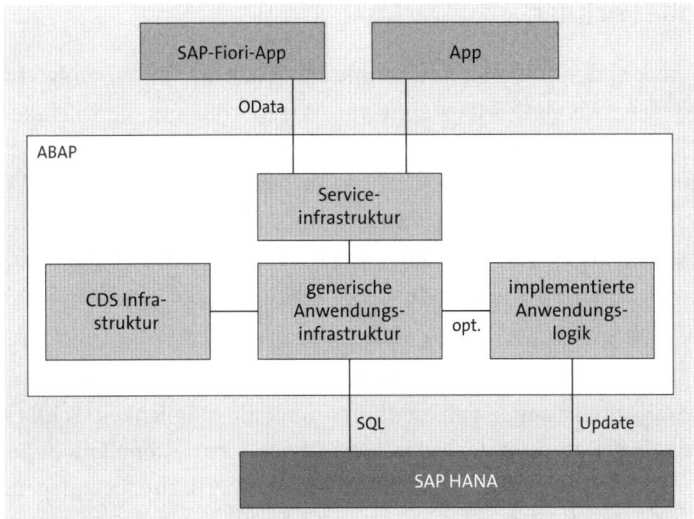

**Abbildung 6.3** Neue Architektur im Überblick

Den Hauptteil der generischen Anwendungsinfrastruktur bildet die *ABAP-Anwendungsinfrastruktur*, eine mit SAP NetWeaver 7.5 neu eingeführte Komponente des AS ABAP. Ergänzt wird diese Komponente für analytische Anwendungen durch die *Analytic Engine*, eine SAP-Business-Warehouse-Komponente (BW), die auch in SAP S/4HANA verfügbar ist. Die *Serviceinfrastruktur* besteht im Wesentlichen aus *SAP Gateway*, enthält aber auch Komponenten für andere Kommunikationsprotokolle, z. B. für analytische Anwendungen.

*Infrastrukturkomponenten*

Die CDS-basierte Anwendungsarchitektur von SAP S/4HANA bietet folgende Vorteile:

*Vorteile der neuen Architektur*

- Geschwindigkeit bei der Selektion und Aufbereitung großer Datenmengen für die Benutzeroberfläche, da CDS-Views diese Schritte direkt in SAP HANA ausführen.
- Vereinfachte Entwicklung und hohe Konsistenz der angebotenen OData-Services durch die modellgetriebene Entwicklung, die auf einem einheitlichen Datenmodell, dem virtuellen Datenmodell, basiert (siehe Kapitel 7, »Das virtuelle Datenmodell in SAP S/4HANA«).
- Flexibilität durch die Nutzung implementierter ABAP-Logik bei Bedarf.

Dazu kommen generelle Vorteile der ABAP-Plattform, wie die integrierte Entwicklungs- und Transportumgebung, sowie allgemeine Anwendungsservices, wie die Benutzerverwaltung und integrierte Berechtigungsprüfungen.

## 6.2   Feldbezeichner

In diesem und in den folgenden Abschnitten stellen wir Ihnen einige in CDS-Modellen verwendete Metadaten vor. Wir starten mit den Feldbezeichnern. Jedes Datenfeld in einer Tabelle oder in einem CDS-View benötigt nicht nur einen Feldnamen, sondern auch eine Beschreibung in der Sprache des Endbenutzers, einen *Feldbezeichner*, engl. *Label*. Feldnamen in CDS-Views sollen zwar auch verständlich sein, sind aber nur in einer Sprache formuliert: in Englisch. Feldbezeichner sollen hingegen in viele Sprachen übersetzt werden.

Herkunft von Feldbezeichnern
Feldbezeichner sind eine wichtige semantische Information zu einem Datenfeld. In SAP-Applikationen gab es schon immer die Möglichkeit, Feldbezeichner aus dem Datentyp des Felds, sie also aus dem Datenelement zu übernehmen oder sie individuell für eine Benutzeroberfläche festzulegen. Auch im SAP S/4HANA-Programmiermodell können Feldbezeichner aus Datenelementen stammen oder direkt im UI festgelegt werden. Zudem ist es möglich, einen Feldbezeichner durch eine Feldannotation in einem CDS-View zu definieren: `@EndUserText.label: '<Feldbezeichner>'`. Ein annotierter Feldbezeichner kann wie andere Kurztexte übersetzt werden.

Der Feldbezeichner aus dem Datenelement garantiert identische Feldbezeichner an allen Verwendungsstellen des Datenfelds. Dies erspart eine mehrfache Übersetzung und sorgt für eine konsistente Terminologie auf allen Benutzeroberflächen und Apps, in denen das Datenfeld verwendet wird.

Manchmal muss eine Benutzeroberfläche einen eigenen individuellen Feldbezeichner verwenden. Dieser hat immer Vorrang vor Feldbezeichnern aus dem Datenelement oder einer Annotation. Die Logik, wann das Datenelement und wann eine Annotation genutzt wird, ist komplexer und wird in Abschnitt 6.2.1, »Ermittlung eines Feldbezeichners«, vorgestellt. Der darauf folgende Abschnitt 6.2.2, »Welche Feldbezeichnerlänge?«, behandelt Textvarianten mit unterschiedlichen Längen für einen Feldbezeichner.

### 6.2.1   Ermittlung eines Feldbezeichners

In einem CDS-View kann der Feldbezeichner durch ein Datenelement oder eine Annotation festgelegt werden.

Datenelement oder Annotation?
In einfachen Fällen hat eine Annotation Vorrang vor einem Datenelement. Die Situation ist komplexer, wenn das Datenelement durch einen Cast geändert wird oder eine Annotationspropagation stattfindet. Im Folgenden

wird ein Stack von Views aufgebaut, um diese Regeln zu demonstrieren (siehe Tabelle 6.1).

| View | Annotation | Cast auf | Datenelement | Feldbezeichner |
|------|------------|----------|--------------|----------------|
| V5 | – | | D2 | »C« |
| V4 | – | D2 | D2 | »C« |
| V3 | (propagiert) | – | D1 | »B« |
| V2 | @EndUserText. label: 'B' | – | D1 | »B« |
| V1 | – | – | D1 | »A« |

**Tabelle 6.1** Ermittlung eines Feldbezeichners

1. Ausgangspunkt ist ein View V1 mit einem Feld mit einem Datenelement D1. Das Datenelement legt den Feldbezeichner »A« fest.

2. Nun wird ein View V2 definiert, der von V1 selektiert. Auch in V2 hat das Feld F das Datenelement D1. Gibt es im View V2 aber auch eine Annotation @EndUserText.label: 'B' am Feld, erhält der Feldbezeichner den neuen Wert »B«, denn diese Annotation hat Vorrang vor dem Datenelement.

3. Ein View V3, der von V2 selektiert, hat weiterhin den Feldbezeichner »B«, da die Annotation propagiert wird.

4. In einem weiteren View V4, der von V3 selektiert, erfolgt nun ein Cast des Datentyps des Felds auf ein Datenelement D2. Dann erhält das Feld den Bezeichner »C« aus dem Datenelement D2. Denn der Cast hat Vorrang vor einer *propagierten Annotation* @EndUserText.label.

   Eine explizite Annotation im View V4 hätte dagegen Vorrang vor dem Datenelement.

5. Im View V5, der von View V4 selektiert, bleibt es beim Feldbezeichner des Datenelements.

Die technische Realisierung dieser Logik behandelt den Feldbezeichner des Datenelements wie eine propagierte @EndUserText.label Annotation. Daher zeigt die Entwicklungsumgebung bei allen diesen Views eine aktive Annotation @EndUserText.label mit den jeweiligen Feldbezeichnern an. Sie können dies mit der Funktion **Active Annotations** aus dem Kontextmenü des CDS-Views in den Eclipse-basierten ABAP Development Tools überprüfen.

### 6.2.2   Welche Feldbezeichnerlänge?

Textvarianten eines
Feldbezeichners
Ein Datenelement kann viele Situationen abdecken, da es Feldbezeichner in drei Längen sowie einen Feldbezeichner für eine Spaltenüberschrift und einen Text mit einer Kurzbeschreibung anbietet.

In einem CDS-View können nur zwei Bezeichnertexte durch Annotationen definiert werden:

- der Feldbezeichner (Label) durch `@EndUserText.label`
- eine Kurzbeschreibung (QuickInfo) durch `@EndUserText.quickInfo`

Welche dieser Textvarianten in einer Benutzeroberfläche genutzt werden können, hängt von der UI-Technologie und vom Kommunikationskanal zum UI ab. Die meisten SAP-Fiori-Apps nutzen OData zur Kommunikation. Im OData-Standard gibt es drei Varianten von Feldbezeichnern: `label`, `quickInfo` und `heading`. Die beiden ersten Feldbezeichner entsprechen direkt den CDS-Annotationen. Dies ist kein Zufall; eine Reihe von CDS-Annotationen wurde passend zu den OData-Annotationen eingeführt. Die `heading`-Variante steht allerdings nicht zur Verfügung.

Die Auswahl der Feldbezeichner eines Datenelements ist komplexer. Es gibt einfache Zuordnungen zwischen der Kurzbeschreibung des Datenelements und der `quickInfo`, sowie zwischen der Spaltenüberschrift und dem `heading`. Schwierig ist hingegen die Wahl des kurzen, mittleren, oder langen Textes für das `label`. Abbildung 6.4 zeigt das Beispiel eines typischen Datenelements.

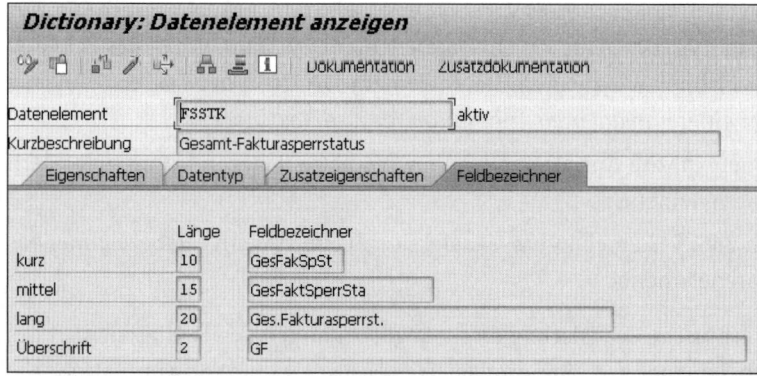

**Abbildung 6.4** Feldbezeichnertexte eines Datenelements

Feldbezeichner aus
Datenelementen
In früheren Releases hatte die SAP-Gateway-Komponente in dieser Situation standardmäßig den *mittleren Text* des Datenelements als Feldbezeichner (Label) im OData-Service ausgewählt, auch wenn dessen Länge eingeschränkt war. Das führt in vielen Fällen zu kryptischen Abkürzungen.

Andererseits sollen die Feldbezeichner auch nicht zu lang sein. Daher wurde für SAP S/4HANA die Logik angepasst und selektiert nun den längsten Feldbezeichner, aber maximal einen Feldbezeichner der Länge »20«. Damit kann die Mehrzahl der Fälle behandelt werden. In einigen Anwendungsfällen sind Bezeichner der Länge »20« aber immer noch zu kurz, um die Semantik des Felds klar auszudrücken. Eine Alternative bieten CDS-Annotationen, bei denen deutlich längere Bezeichnertexte möglich sind.

Es ist aber auch möglich, ein Datenelement ohne kurzen und mittleren Text zu definieren, wie im Beispiel von Abbildung 6.5. Dann wird der einzige verbliebene Text als Feldbezeichner verwendet. Bei dieser Vorgehensweise stehen 40 Zeichen zur Festlegung des Feldbezeichners zur Verfügung. Ein solcher langer Bezeichner ist oft bei berechneten Kennzahlen notwendig, um deren vollständige Bedeutung auszudrücken.

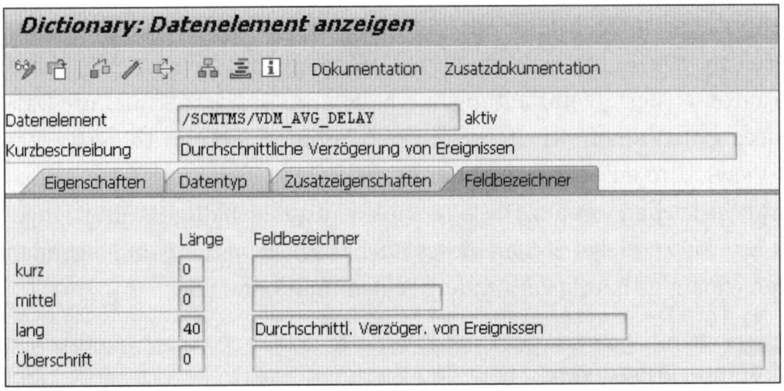

**Abbildung 6.5** Datenelement mit einem langen Feldbezeichner

Alle drei Feldbezeichnervarianten werden durch die Anwendungsinfrastruktur in den Metadaten des OData-Service zur Verfügung gestellt. Analytische Anwendungen unterstützen in der Praxis nur einen einzigen Feldbezeichner. Dieser wird wie der `label`-Text von OData ermittelt und entweder aus der Annotation `@EndUserText.label` genommen, oder mit der oben skizzierten Logik aus den kurzen/mittleren/langen Texten des Datenelements gewählt.

**Feldbezeichner in OData und in Analysen**

Auch für Parameter eines CDS-Views gibt es Bezeichnertexte. Diese können analog den Feldbezeichnern aus einem Datenelement des Parameters genommen oder durch die `@EndUserText`-Annotationen definiert werden. Eine Propagationslogik für Annotationen von Parametern gibt es allerdings nicht.

**Bezeichner für Parameter**

Neben diesen Bezeichnern können Sie in Annotationen von CDS-Views weitere sprachabhängige Texte definieren, z. B. einen Bezeichner für den

CDS-View selbst oder bei den UI-Annotationen, die das Layout einer SAP-Fiori-Elements-App steuern. Für diese Texte gibt es jedoch keine alternative Herkunft aus Datenelementen, sodass sie ausschließlich aus den View-Annotationen stammen.

## 6.3   Semantik von Feldern

Für ein Datenfeld ist für gewöhnlich der technische Datentyp bekannt. Diese Information reicht aber bei Weitem nicht aus, um die betriebswirtschaftliche Semantik des Felds auszudrücken und semantikabhängige Funktionen auszuführen. Auch die Felddokumentation liefert keine automatisiert verwertbaren Informationen.

**Formalisierte Semantik**

Daher führte schon das ABAP Data Dictionary (ABAP DDIC) zusätzlich zum Datentyp eine formalisierte Beschreibung einiger semantischer Aspekte des Felds ein, z. B. für Währungs- und Mengenfelder. Diese ermöglichen eine automatisierte Verarbeitung durch die ABAP-Infrastruktur. Core Data Services gehen einen Schritt weiter. Mit Annotationen an Feldern eines CDS-Views können beliebige semantische Aspekte des Datenfelds formalisiert beschrieben werden. Diese Technik wird auf vielfältige Weisen eingesetzt, wie Sie an vielen Stellen dieses Buches sehen werden. Im Folgenden stellen wir einige häufig verwendete Feldannotationen vor.

**Parameter annotieren**

Ganz analog zu Feldern können auch Parameter von CDS-Views annotiert werden. Ein Beispiel haben Sie schon in Kapitel 3, »CDS-Annotationen«, gesehen, und weitere Beispiele werden Sie in Kapitel 8, »Modellierung analytischer Anwendungen«, kennenlernen.

### 6.3.1   Mengen und Beträge

**Einheit und Währung**

Zu einem Mengenfeld gehört ein Einheitenfeld, und zu einem Betragsfeld gehört ein Währungsfeld. Im ABAP DDIC können diese semantischen Eigenschaften und Beziehungen für Tabellen und Strukturen formal abgelegt werden. Für CDS-Views ist dies durch CDS-Annotationen möglich:

- Ein *Einheitenfeld* wird durch `@Semantics.unitOfMeasure:` `true` charakterisiert.

- Bei der Kennzeichnung eines *Mengenfelds* wird gleichzeitig das zugehörige Einheitenfeld angegeben:

    `@Semantics.quantity.unitOfMeasure: '<Einheitenfeld>'`

- Ein *Währungsfeld* wird durch `@Semantics.currencyCode:`
  `true` charakterisiert.

- Und bei *Betragsfeldern* wird wiederum das zugehörige Währungsfeld angegeben:

  `@Semantics.amount.currencyCode: '<Währungsfeld>'`

Durch die Angabe des Referenzfelds beim Mengen- bzw. Betragsfeld können sich mehrere Felder auf das gleiche Einheiten- bzw. Währungsfeld beziehen.

Listing 6.1 zeigt einige Beispiele hierfür aus dem SAP-Standard-View `I_` `SalesOrderItem`.

**Beispiele**

```
@Semantics.unitOfMeasure: true
OrderQuantityUnit,
@Semantics.quantity.unitOfMeasure: 'OrderQuantityUnit'
OrderQuantity,
@Semantics.amount.currencyCode: 'TransactionCurrency'
NetAmount,
@Semantics.currencyCode: true
TransactionCurrency,
```

**Listing 6.1** Menge und Einheit, Betrag und Währung

Die CDS-Annotationen für Mengen, Einheiten, Beträge und Währungen werden durch die Anwendungsinfrastruktur in analoge Annotationen in den Metadaten des OData-Service umgewandelt und stehen Verwendern des OData-Service zur Verfügung. Auch analytische Anwendungen können diese CDS-Annotationen nutzen.

**OData-Metadaten**

### 6.3.2 Aggregationsverhalten

In SQL-Anfragen kann für Datenfelder eine *Aggregation* angefordert werden:

- für zahlenartige Felder eine *Summation* oder eine *Durchschnittsbildung*
- für sortierbare Felder eine *Maximum-* oder *Minimumbildung*
- für beliebige Felder das *Zählen* von unterschiedlichen Werten

Meist gibt es für ein Datenfeld in einem CDS-View eine bevorzugte Art der Aggregation. Die Nettobeträge von Kundenauftragspositionen werden z. B. für gewöhnlich summiert, die Nettopreise aber nicht. Für die Nettopreise ist manchmal eine Minimum- oder Maximumbildung interessant, aber meist dienen sie nur als zusätzliche Information. Durch eine CDS-Annotation ist es möglich, bei einem Feld eine *Standardaggregation* zu hinter-

**Standard-aggregation**

legen, die zu seiner Semantik passt. Dies ermöglicht es der Infrastruktur, aggregierte Daten anzufordern. Dabei werden Felder entsprechend der annotierten Standardaggregation behandelt.

**Aggregierende Selektion**

Wenn, z. B. das Feld `NetAmount` im View der Kundenauftragspositionen für die Standardaggregation »Summation« annotiert ist, liefert eine aggregierende Selektion der Sparte und des Nettobetrags als Ergebnis eine Liste der Sparten, jeweils mit der Summe der Nettobeträge aller Positionen mit dieser Sparte. Ein solches Resultat stellt schon eine einfache Analyse der betriebswirtschaftlichen Daten dar.

**Zwei Annotationsversionen**

Aufgrund einer Änderung an der Systematik von CDS-Annotationen gibt es zwei verschiedene Möglichkeiten, um eine Standardaggregation zu definieren: die ältere Version `@DefaultAggregation` und die neuere Version `@Aggregation.default`. Mögliche Typen für die Standardaggregation sind in Tabelle 6.2 angegeben.

| Aggregationstyp | Beschreibung |
|---|---|
| #AVG | Durchschnittsbildung: Summe über alle Werte, geteilt durch die Anzahl der Werte |
| #COUNT_DISTINCT | Anzahl unterschiedlicher Werte |
| #FORMULA | Sonderform für analytische Queries (siehe Kapitel 8, »Modellierung analytischer Anwendungen«) |
| #MAX | Maximum aller Werte |
| #MIN | Minimum aller Werte |
| #NONE | Das Feld soll nicht aggregiert werden. |
| #SUM | Summe aller Werte |

**Tabelle 6.2** Unterstützte Aggregationstypen

Listing 6.2 zeigt einige Beispiele dieser Annotation aus dem SAP-Standard-View `I_SalesOrderItem`.

```
@DefaultAggregation: #SUM
OrderQuantity,
@DefaultAggregation: #SUM
NetAmount,
@DefaultAggregation: #NONE
NetPriceAmount,
```

**Listing 6.2** Standardaggregation

Felder, für die keine Standardaggregation annotiert ist, werden nicht aggregiert. Das entspricht dem Verhalten der Standardaggregation #NONE. Die Annotation am Nettopreis NetPriceAmount im View I_SalesOrderItem der Kundenauftragspositionen (siehe Listing 6.2) ist daher nicht notwendig. Die Entwickler haben das Feld dennoch annotiert um zu betonen, dass hier keine Aggregation stattfinden soll.

Keine Aggregation

Die Annotation einer Standardaggregation (außer #NONE) hat einen großen Einfluss auf die Verwender des Views. Bei analytischen Views führt dies zur Interpretation des annotierten Felds als *analytische Kennzahl*. Mehr Details dazu finden Sie in Kapitel 8, »Modellierung analytischer Anwendungen«.

Kennzahlen und Aggregation

In den Metadaten eines OData-Service zum CDS-View wird ein annotiertes Feld als Kennzahl (Measure) markiert. Eine Leseanfrage an diesen OData-Service (genauer: an die Entity, die dem CDS-View entspricht) wird als aggregierende Selektion ausgeführt. Die Art der Aggregation richtet sich nach der annotierten Standardaggregation. Für die Ausführung der Anfrage erzeugt die Anwendungsinfrastruktur eine SQL-Anfrage mit der Standardaggregation für die annotierten Felder. Die Berechnung der Aggregation erfolgt schließlich mit SAP HANA. Mit diesem Mechanismus können einfache Analysen mit OData-Services ausgeführt werden.

### 6.3.3    Systemzeiten

Meist speichern Datenbanktabellen zusammen mit den Anwendungsdaten auch Informationen, wann ein Datensatz angelegt oder das letzte Mal geändert wurde. Dies ist eine wichtige semantische Information. Zum Beispiel kann der Zeitpunkt der letzten Änderung bei der Datenreplikation oder bei optimistischen Sperrverfahren genutzt werden. Voraussetzung ist natürlich, dass diese Information beim Anlegen und jeder Änderung zuverlässig bestimmt wird. Durch CDS-Annotationen können die Felder als Systemzeiten gekennzeichnet werden (siehe Tabelle 6.3).

Zeitpunkt der Anlage und letzten Änderung

| Annotation | Semantik des Felds |
|---|---|
| @Semantics.systemDateTime.createdAt | Zeitpunkt der Datenanlage (ABAP-Typ TIMESTAMP) |
| @Semantics.systemDateTime.lastChangedAt | Zeitpunkt der letzten Datenänderung (ABAP-Typ TIMESTAMP) |
| @Semantics.systemDate.createdAt | Datum der Datenanlage (ABAP-Typ DATS) |

**Tabelle 6.3** CDS-Annotationen für Systemzeiten

| Annotation | Semantik des Felds |
| --- | --- |
| `@Semantics.systemDate.`<br>`lastChangedAt` | Datum der letzten Datenänderung<br>(ABAP-Typ DATS) |
| `@Semantics.systemTime.createdAt` | Uhrzeit der Datenanlage (ABAP-Typ<br>TIMS); nur sinnvoll in Kombination mit<br>einem Anlagedatum |
| `@Semantics.systemTime.`<br>`lastChangedAt` | Uhrzeit der letzten Datenänderung<br>(ABAP-Typ TIMS); nur sinnvoll in Kom-<br>bination mit einem Änderungsdatum |

**Tabelle 6.3** CDS-Annotationen für Systemzeiten (Forts.)

**Systemzeiten in CDS-Views**

Felder mit Systemzeiten gibt es natürlich nicht nur in Tabellen, sondern auch in CDS-Views. Bei Views, die Daten aus mehreren Tabellen zusammenführen, ist genau zu prüfen, welche Felder als Systemzeiten annotiert werden:

- Nur ein einziger Anlagezeitpunkt ist sinnvoll; er sollte sich auf die Hauptentität des Views beziehen.
- Der Zeitpunkt der letzten Änderung muss mögliche Änderungen an *allen* Datenfeldern des CDS-Views berücksichtigen, unabhängig von ihrer Herkunft.

Listing 6.3 zeigt Beispiele von Systemzeiten aus dem SAP-Standard-View `I_SalesOrder`.

```
@Semantics.systemDate.createdAt: true
CreationDate,
@Semantics.systemTime.createdAt: true
CreationTime,
@Semantics.systemDate.lastChangedAt: true
LastChangeDate,
@Semantics.systemDateTime.lastChangedAt: true
LastChangeDateTime,
```

**Listing 6.3** Systemzeiten

### 6.3.4   Texte und Sprachen

**Texte in natürlicher Sprache**

Felder, die einen Text in natürlicher Sprache und keinen Code oder sonstige technische Information enthalten, möchte man besonders auszeichnen. Diese Felder sollen bevorzugt einem menschlichen Benutzer angezeigt werden; sie spielen für die technische Prozessierung aber kaum eine Rolle. Für diesen Zweck steht die CDS-Annotation `@Semantics.text` zur Verfügung.

Texte in natürlicher Sprache sind meist in einer bestimmten Sprache abgefasst; es gibt nur wenige Ausnahmen, wie z. B. Namen von Menschen oder Organisationen. Wenn diese Sprache in einem anderen Feld des Views angegeben ist, annotiert man dieses Feld mit `@Semantics.language`. Eine explizite Verbindung zwischen den Feldern, wie bei Mengen oder Beträgen, ist allerdings nicht vorgesehen. Für gewöhnlich verwenden alle Textfelder eines Views die gleiche Sprache.

Listing 6.4 zeigt Beispiele hierfür aus dem SAP-Standard-View `I_Country-Text`. Bei dem View handelt es sich um einen sprachabhängigen Text-View, den Sie in Abschnitt 6.5, »Textbeziehungen«, genauer kennenlernen werden.

```
@Semantics.language
key spras as Language,
@Semantics.text: true
cast(landx50 as fis_landx50 preserving type ) as CountryName,
```

**Listing 6.4** Annotationen für Text und Sprache

### 6.3.5   Informationen zum Geschäftsjahr

CDS-Annotationen können auch eine anwendungsspezifische Semantik ausdrücken. Ein Beispiel dafür sind Informationen zum *Geschäftsjahr* des Rechnungswesens und dessen Perioden. Ein Geschäftsjahr kann vom Kalenderjahr abweichen und flexibel definierte Perioden enthalten. Bei Analysen von Daten des Rechnungswesens erlaubt die Kennzeichnung von Geschäftsjahresinformationen eine dazu passende Aufbereitung der Daten. Die Annotationen hierfür sind in Tabelle 6.4 angegeben.

**Geschäftsjahr**

| Annotation | Semantik des Felds |
|---|---|
| `@Semantics.fiscal.yearVariant` | Geschäftsjahresvariante; legt die Eigenschaften des Geschäftsjahres fest. |
| `@Semantics.fiscal.period` | Geschäftsperiode |
| `@Semantics.fiscal.year` | Geschäftsjahr |
| `@Semantics.fiscal.yearPeriod` | Geschäftsjahresperiode; die Kombination aus Geschäftsjahr und Periode |

**Tabelle 6.4** Informationen zum Geschäftsjahr

Listing 6.5 zeigt Beispiele aus dem SAP-Standard-View `I_JournalEntryItem`.

```
@Semantics.fiscal.year: true
ryear as LedgerFiscalYear,
@Semantics.fiscal.period: true
poper as FiscalPeriod,
@Semantics.fiscal.yearVariant: true
periv as FiscalYearVariant,
@Semantics.fiscal.yearPeriod: true
fiscyearper as FiscalYearPeriod,
```

**Listing 6.5** Informationen zum Geschäftsjahr

## 6.4   Fremdschlüsselbeziehungen

Das Konzept von *Fremdschlüsseln* kennen Sie wahrscheinlich aus dem ABAP DDIC. Im Grunde hat es zum Ziel, die möglichen Werte für ein Datenfeld einer »Fremdschlüsseltabelle« auf die in der »Prüftabelle« vorhandenen Werte eines zugeordneten Schlüsselfelds der Prüftabelle einzuschränken. Das klingt kompliziert, wird anhand eines Beispiels aber schnell klar (siehe Abbildung 6.6).

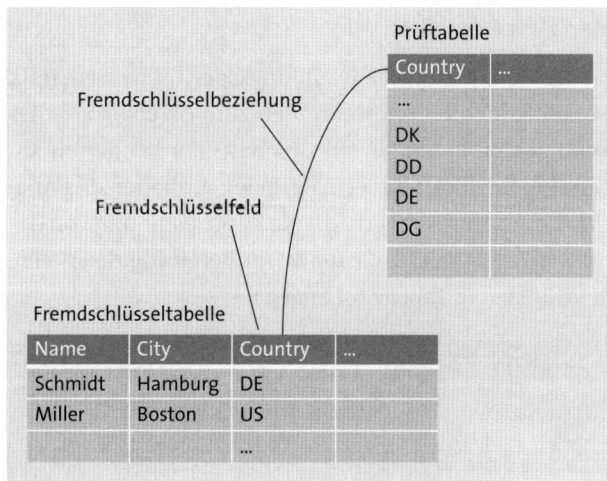

**Abbildung 6.6** Fremdschlüssel im ABAP DDIC

In einer Adresse gibt es ein Feld Country für einen Staat. Als mögliche Werte für den Staat sollen nur Staaten aus der Staatentabelle zugelassen werden. Also ist die Tabelle der Adresse die Fremdschlüsseltabelle; diese hat ein Fremdschlüsselfeld für den Staat. Die Tabelle der Staaten ist die Prüftabelle mit dem Staat als Schlüsselfeld. Diese Beziehung zwischen den Tabellen und den jeweiligen Feldern kann als Fremdschlüssel im ABAP DDIC hinterlegt werden.

Auch zwischen CDS-Views kann es eine Fremdschlüsselbeziehung geben. Mit einer Assoziation kann die Beziehung zwischen dem *Fremdschlüssel-View* und dem *Werte-* oder *Entitäten-View* elegant definiert werden. In CDS sprechen wir ungern von einem »Prüf-View«, da die reine Fremdschlüsselbeziehung keine Prüfung festlegt, sondern nur eine Aussage über die semantische Beziehung der persistierten Daten macht. Der Werte- oder Entitäten-View stellt die möglichen Feldwerte zur Verfügung, oder genauer: Er repräsentiert die Liste der Entitäten, auf die das *Fremdschlüsselfeld* verweisen kann (siehe Abbildung 6.7).

**Fremdschlüssel in CDS**

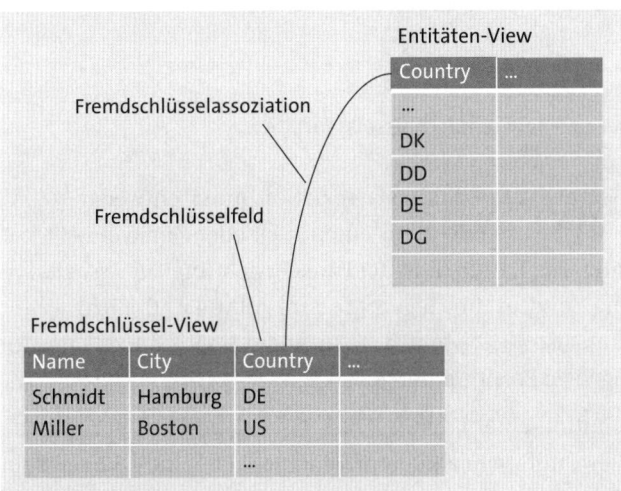

**Abbildung 6.7** Fremdschlüssel in CDS

Listing 6.6 zeigt ein Beispiel für eine solche Assoziationsdefinition von View I_ProfitCenter zu View I_Country.

```
define view I_Country as select from t005
{ key cast(land1 as land1_gp preserving type ) as Country,
  …
```

```
define view I_ProfitCenter  as select distinct from cepc
association[0..1] to I_Country as _Country
  on $projection.Country = _Country.Country
{ …
  land1 as          Country,
  …
```

**Listing 6.6** Assoziation für eine Fremdschlüsselbeziehung

Fremdschlüssel-
annotation

Damit ist aber noch keine Fremdschlüsselbeziehung definiert. Man könnte die Assoziation auch definieren, wenn das Feld Country im View I_Profit-Center beliebige Werte enthalten würde. Durch die Annotation @Object-Model.foreignKey.association lässt sich aber bestätigen, dass es sich um eine Fremdschlüsselbeziehung handelt. Diese Annotation wird am Fremd-schlüsselfeld hinterlegt (siehe Listing 6.7). Die Assoziation wird dann *Fremdschlüsselassoziation* für dieses Feld genannt.

```
define view I_ProfitCenter  as select distinct from cepc
association[0..1] to I_Country as _Country
  on $projection.Country = _Country.Country
{ …
    @ObjectModel.foreignKey.association: '_Country'
    land1 as          Country,
    …
```

**Listing 6.7** Annotieren einer Fremdschlüsselassoziation

Kardinalität

Die Kardinalität einer Fremdschlüsselassoziation muss entweder [0..1] oder [1..1] sein; es gibt also höchstens einen Staat oder genau einen Staat für ein Profit-Center. Die Kardinalität der Umkehrrichtung der Assoziation wird bei Core Data Services, im Gegensatz zum ABAP DDIC, nicht weiter eingeschränkt, kann also [0..*] sein, d. h., zu einem Staat kann es kein ein-ziges oder beliebig viele Profit-Center geben.

Mehrere
Schlüsselfelder

Diese Art der Definition einer Fremdschlüsselassoziation klappt natürlich auch für Werte-Views mit mehr als einem Schlüsselfeld. Listing 6.8 zeigt ein entsprechendes Beispiel für Regionen (Bundesstaaten, Bundesländer usw.).

```
define view I_Region  as select from t005s
  association [1..1] to I_Country as _Country
    on  $projection.Country = _Country.Country
{
  @ObjectModel.foreignKey.association: '_Country'
  key t005s.land1 as Country,
  key t005s.bland as Region,

    …
}

define view I_ProfitCenter  as select distinct from cepc
association[0..1] to I_Country as _Country
  on $projection.Country = _Country.Country
association[0..1] to I_Region as _Region
  on      $projection.Country = _Region.Country
```

```
    and   $projection.Region  = _Region.Region
{ …
  @ObjectModel.foreignKey.association: '_Country'
  land1 as          Country,
  @ObjectModel.foreignKey.association: '_Region'
  regio as          Region,
  …
}
```

**Listing 6.8**  Fremdschlüsselassoziation mit zwei Schlüsselfeldern

In Abbildung 6.8 sehen Sie, wie die drei Views aus den Listings durch Fremdschlüsselassoziationen miteinander verknüpft sind.

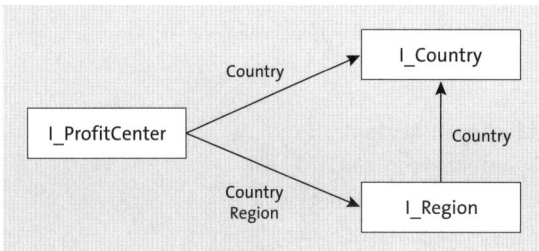

**Abbildung 6.8**  Fremdschlüsselassoziationen

Für CDS wurde das Fremdschlüsselkonzept des ABAP DDIC um einen nützlichen Aspekt erweitert: die Auszeichnung eines *repräsentierenden Schlüsselfelds*. Die Motivation hierfür liefert das letzte Beispiel. In Listing 6.8 ist sowohl durch die Semantik als auch die Namensgebung klar, dass die Assoziation _Country die Fremdschlüsselassoziation zum Feld Country ist, und nicht die Assoziation _Region.

Technisch gesehen, könnten Sie beim Feld Country auch die Assoziation _Region als Fremdschlüsselassoziation eintragen. Dies bringt allerdings folgende Nachteile mit sich:

**Fremdschlüssel als Modellelement**

- Als Wertemenge stehen nicht mehr alle Länder zur Verfügung, sondern nur die Länder, für die Regionen erfasst sind.

- Es ist für einen Verwender des Fremdschlüssel-Views nicht möglich, über die Fremdschlüsselassoziation weitere Informationen zu dem Staat im Feld Country anzufragen.

Diese zweite Möglichkeit ist aber eine essenzielle Eigenschaft eines Datenmodells: Durch das Verfolgen von Assoziationen erschließen sich weitere Detailinformationen zu dem Ausgangspunkt, dem Fremdschlüsselfeld. Fremdschlüsselassoziationen in CDS sollen genau diesem Zweck dienen und weitere Daten der Entität beschaffen, die durch das Fremdschlüsselfeld repräsentiert wird.

**Repräsentierendes Schlüsselfeld**  Die Kennzeichnung eines repräsentierenden Schlüsselfelds des Entitäten-Views verhindert, dass eine falsche Assoziation als Fremdschlüsselassoziation gekennzeichnet wird. Denn die Fremdschlüsselassoziation muss immer das Fremdschlüsselfeld mit dem repräsentierenden Schlüsselfeld des Entitäten-Views verbinden, also die beiden Felder in der On-Bedingung der Assoziationsdefinition gleichsetzen. Die hierzu verwendete Annotation @ObjectModel.representativeKey zeigt Listing 6.9 für die Views I_Country und I_Region.

```
@ObjectModel.representativeKey: 'Country'
define view I_Country as select from t005
{ key cast(land1 as land1_gp preserving type ) as Country,
  …
```

```
@ObjectModel.representativeKey: 'Region'
define view I_Region  as select from t005s
  association [1..1] to I_Country as _Country
    on  $projection.Country = _Country.Country
{
  @ObjectModel.foreignKey.association: '_Country'
  key t005s.land1 as Country,
  key t005s.bland as Region,
  …

}
```

**Listing 6.9**  Repräsentierendes Schlüsselfeld

Das repräsentierende Schlüsselfeld eines Entitäten-Views ist der Teil des Schlüssels, der semantisch eine Entität (Zeile) des Views repräsentiert. Im View der Regionen ist dies das Schlüsselfeld Region, nicht das Schlüsselfeld Country.

**Konsistenzbedingung**  In einer Fremdschlüsselassoziation wird das repräsentierende Schlüsselfeld immer durch eine Gleichheitsbeziehung mit dem Fremdschlüsselfeld verknüpft (siehe Listing 6.8 und Listing 6.9). Diese Konsistenzbedingung stellt sicher, dass nur passende Assoziationen für einen Fremdschlüssel verwendet werden.

**Modellierungsmuster**  Nicht jeder CDS-View braucht ein repräsentierendes Schlüsselfeld. Aber Views mit einem repräsentierenden Schlüsselfeld stellen eigenständige Entitäten dar, die über Fremdschlüssel angebunden werden können und dadurch ein Datenmodell semantisch anreichern. Aus diesem Grund bilden Fremdschlüsselbeziehungen in CDS ein elementares *Modellierungsmuster*.

Fremdschlüsselassoziationen werden an vielen Stellen verwendet:

- Sie sind die Standardquelle für Wertehilfen, wenn keine explizite Werte-hilfe definiert ist (siehe Abschnitt 10.1, »Wertehilfen modellieren«).

- Sie definieren Dimensionen im analytischen Modell (siehe Abschnitt 8.2.4, »Analytische Dimensions-Views«).

- Sie zeichnen den View aus, der Detailinformationen zu einem Datenfeld liefert.

- Sie können auch für automatisierte Eingabeprüfungen in transaktiona-len Anwendungen genutzt werden.

## 6.5   Textbeziehungen

Viele Datenfelder enthalten einen Verweis auf eine betriebswirtschaftliche Entität in einer codierten Form, z. B. als Ländercode oder als ID eines Kun-den. Eine natürlich sprachliche textuelle Beschreibung dazu ist an einer zentralen Stelle abgelegt und wird für die Datenverarbeitung meist nicht benötigt. Ein menschlicher Benutzer will diese Beschreibung natürlich se-hen. Im Datenmodell muss also eine Verbindung des codierten Felds zum Textfeld geschaffen werden, eine *Textbeziehung*, die die Infrastruktur auto-matisiert nutzen kann. Darüber hinaus können textuelle Beschreibungen in mehreren Sprachen vorliegen; aus diesen sollte die Anmeldesprache des Benutzers ausgewählt oder eine passende Ersatzsprache genutzt werden.

In CDS werden zwei Varianten von Textbeziehungen unterstützt: inner-halb eines Views oder zwischen zwei Views. Für beide Varianten werden Annotationen genutzt: `@ObjectModel.text.element` oder `@ObjectModel.text.association`.

Ein Beispiel für die erste Variante finden Sie im SAP-Standard-View `I_Bank` für Banken. Ein relevanter Ausschnitt ist in Listing 6.10 zu sehen.

**Textbeziehung innerhalb eines Views**

```
define view I_Bank as select from
  bnka
{ …
  @ObjectModel.foreignKey.association: '_Country'
  key banks as BankCountry,
  @ObjectModel.text.element: [ 'BankName' ]
  key bankl as BankInternalID,
      @Semantics.text: true
```

```
        banka as BankName,
   ...
}
```

**Listing 6.10**  Textbeziehung innerhalb eines Views

In diesem Beispiel ist `BankInternalID` eine codierte Darstellung einer Bank und `BankName` ein Textfeld mit dem Namen der Bank; beachten Sie auch die Feldannotation `@Semantics.text` aus Abschnitt 6.3.4, »Texte und Sprachen«. Die Annotation `@ObjectModel.text.element` am Feld mit der codierten Darstellung verweist auf eine Liste von Feldern, die einen beschreibenden Text enthalten; im konkreten Beispiel ist dies nur ein einziges Feld. Bei mehreren Textfeldern in der Liste würde die Infrastruktur das erste Textfeld auswählen. Beachten Sie, dass mit dieser Variante keine sprachabhängigen Beschreibungen möglich sind.

**Textbeziehungen zwischen Views**

Ein Beispiel für die zweite Variante bildet der View aller Staaten, `I_Country`, und der View `I_CountryText` mit den zugehörigen Bezeichnungen in verschiedenen Sprachen. Listing 6.11 zeigt die relevanten Teile.

```
define view I_Country as select from t005
  association [0..*] to I_CountryText as _Text
    on $projection.Country = _Text.Country
{ @ObjectModel.text.association: '_Text'
  key cast(land1 as land1_gp preserving type ) as Country,
  ...
}

@ObjectModel.dataCategory: #TEXT
@ObjectModel.representativeKey: 'Country'
define view I_CountryText as select from t005t
{ key land1 as Country,
  @Semantics.language: true
  key spras as Language,
  @Semantics.text: true
  cast(landx50 as fis_landx50 preserving type )
    as CountryName,
  ...
}
```

**Listing 6.11**  Textbeziehung zu einem Text-View

**Textassoziation**

Das codierte Feld `Country` liegt im View `I_Country` vor, seine textliche Beschreibung `CountryName` ist sprachabhängig und im View `I_CountryText` abgelegt. Die Verbindung zwischen den Views wird durch die Assoziation _Text hergestellt. Die Annotation `@ObjectModel.text.association: '_Text'` kennzeichnet die Assoziation als *Textassoziation* für das Feld `Country`: die Beschreibung zu diesem Feld ist im assoziierten View zu finden.

Im assoziierten View `I_CountryText` ist das Feld `CountryName` als Textfeld annotiert und wird daher als Beschreibung verwendet. Bei mehreren Textfeldern im View würde die Infrastruktur das erste Textfeld wählen.

Views, die im Wesentlichen nur textliche Beschreibungen enthalten, können im Datenmodell durch die View-Annotation `@ObjectModel.dataCategory: #TEXT` als *Text-Views* gekennzeichnet werden. **Text-Views**

Um zu verdeutlichen, wofür der Text-View einen Text bereitstellt, wird eines seiner Schlüsselfelder durch die Annotation `@ObjectModel.representativeKey` als *repräsentierendes Schlüsselfeld* charakterisiert. Dies präzisiert die Semantik des Views, wenn er mehrere Schlüsselfelder hat.

Textassoziationen binden immer das im Ausgangs-View annotierte Feld mit dem repräsentierenden Schlüsselfeld des Text-Views. Ein Text-View ist meist sprachabhängig. Das für die Sprache der Texte relevante Feld muss ein Schlüsselfeld und mit `@Semantics.language: true` annotiert sein. Wenn die Infrastruktur automatisiert einen Text verwendet, filtert sie auf die Anmeldesprache des Benutzers.

Der View `I_ProfitCenter` aus dem letzten Abschnitt (siehe Listing 6.7), besitzt keine Textassoziation für sein Feld `Country`. Dennoch kann die Infrastruktur automatisiert ein Textfeld dazu ermitteln. Hierzu folgt sie erst der Fremdschlüsselassoziation zum View `I_Country`. Dessen repräsentierendes Schlüsselfeld `Country` hat eine Textassoziation, über die ein Text zu finden ist (siehe Abbildung 6.9). **Fremdschlüsselassoziation nutzen**

**Abbildung 6.9** Fremdschlüssel- und Textassoziation

## 6.6   Kompositionsbeziehungen

Viele zusammengehörige betriebswirtschaftliche Daten sind in einer normalisierten Form in mehreren Tabellen abgelegt, z. B. die Kopfdaten und die Positionsdaten eines Kundenauftrags oder einer Bestellung. Während CDS-Views für analytische Zwecke solche Daten in einem einzigen View kombinieren, reflektieren CDS-Views für transaktionale Anwendungen eine entsprechende Verteilung der Daten über mehrere Views. Im Datenmodell möchte man daher ausdrücken, welche Views zusammengehören und ein gemeinsames betriebswirtschaftliches Objekt bilden.

*Vater-Kind-Beziehung*

Hierfür werden Kompositionsbeziehungen eingeführt, die zusammengehörige Views in eine hierarchische Vater-Kind-Beziehung bringen. Ein View kann höchstens einen übergeordneten *Vater-View* haben, aber beliebig viele untergeordnete *Kind-Views*. Wie in der Modellierung üblich, impliziert eine Kompositionsbeziehung auch eine existenzielle Abhängigkeit. Das heißt, dass es zu einer Datenzeile eines Views genau eine zugehörige Datenzeile des Vater-Views gibt, aber beliebig viele zugehörige Datenzeilen in den Kind-Views.

*Wurzel-View*

Außerdem wird für jede Gruppe zusammengehöriger Views ein View als Wurzel ausgezeichnet, der *Wurzel-View*; dieser hat keinen übergeordneten Vater-View. Zum Beispiel ist beim Kundenauftrag der View mit den Daten des Auftragskopfs der Wurzel-View.

*Objekt*

Die Gruppe zusammengehöriger Views wird oft *Objekt, Geschäftsobjekt* oder *Business-Objekt* genannt. Sie wird durch ihren Wurzel-View identifiziert.

*Kompositionsassoziation*

Kompositionsbeziehungen werden, wie üblich, bei Beziehungen zwischen CDS-Views als Assoziationen definiert. Die Annotation `@ObjectModel.association.type` weist den Assoziationen einen Typ zu, der sie als *Kompositionsassoziationen* kennzeichnet. Dabei werden drei Typen von Kompositionsassoziationen unterschieden:

- `#TO_COMPOSITION_PARENT` bedeutet, dass die Assoziation zum Vater-View zeigt.
- `#TO_COMPOSITION_CHILD` bedeutet, dass die Assoziation zu einem Kind-View zeigt.
- `#TO_COMPOSITION_ROOT` bedeutet, dass die Assoziation zum Wurzel-View des Objekts zeigt

Eine Assoziation kann gleichzeitig die Typen `#TO_COMPOSITION_PARENT` und `#TO_COMPOSITION_ROOT` haben. Der Wurzel-View wird durch die Annotation `@ObjectModel.compositionRoot: true` ausgezeichnet.

*Kundenauftrag als Beispiel*

Ein Kundenauftrag, bestehend aus den CDS-Views `I_SalesOrder` für den Auftragskopf, `I_SalesOrderItem` für die Positionen und `I_SalesOrderScheduleLine` für die Einteilungen, hat die in Abbildung 6.10 gezeigten Kompositionsassoziationen.

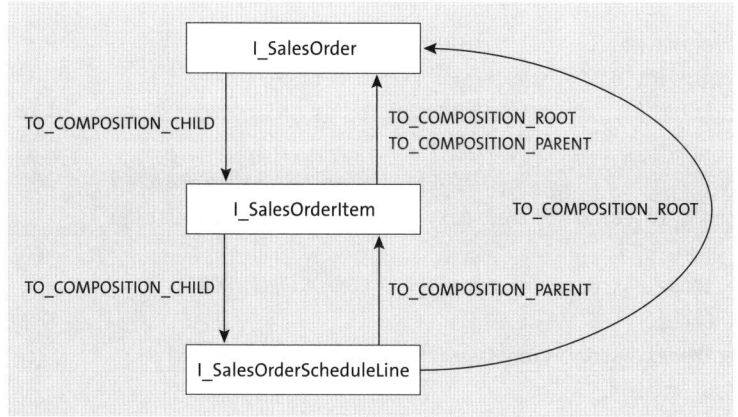

**Abbildung 6.10** Kompositionsassoziationen

Die relevanten Teile der View-Definitionen sind in Listing 6.12 angegeben.

```
@ObjectModel.compositionRoot: true
define view I_SalesOrder …
  association [0..*] to I_SalesOrderItem as _Item
    on $projection.SalesOrder = _Item.SalesOrder
{ …
  @ObjectModel.association.type: [#TO_COMPOSITION_CHILD]
  _Item,

  …

}


define view I_SalesOrderItem …
  association [1..1] to I_SalesOrder as _SalesOrder
    on $projection.SalesOrder = _SalesOrder.SalesOrder
  association [0..*] to I_SalesOrderScheduleLine
    as _ScheduleLine
    on    $projection.SalesOrder = _ScheduleLine.SalesOrder
      and $projection.SalesOrderItem =
                            _ScheduleLine.SalesOrderItem
{ …
  @ObjectModel.association.type:
    [#TO_COMPOSITION_PARENT, #TO_COMPOSITION_ROOT]
  _SalesOrder,
  @ObjectModel.association.type: [#TO_COMPOSITION_CHILD]
  _ScheduleLine,

  …

}
```

```
define view I_SalesOrderScheduleLine …
  association [1..1] to I_SalesOrder as _SalesOrder
    on $projection.SalesOrder = _SalesOrder.SalesOrder
  association [1..1] to I_SalesOrderItem as _SalesOrderItem
    on    $projection.SalesOrderItem =
                              _SalesOrderItem.SalesOrderItem
      and $projection.SalesOrder = _SalesOrderItem.SalesOrder
{ …
  @ObjectModel.association.type: [#TO_COMPOSITION_ROOT]
  _SalesOrder,
  @ObjectModel.association.type: [#TO_COMPOSITION_PARENT]
  _SalesOrderItem,
  …
}
```

**Listing 6.12** Views mit Kompositionsbeziehung

In Abschnitt 9.3, »Transaktionale Objektmodelle«, werden Sie genauer sehen, wie Kompositionen verwendet werden.

## 6.7   Zeitabhängige Daten

*Zeitabhängige Daten* in betriebswirtschaftlichen Anwendungen sind meist Attribute von Stammdatenobjekten, deren Werte sich zeitlich ändern, gewöhnlich an einem bestimmten Kalendertag. Typische Beispiele sind das Gehalt eines Mitarbeiters oder der Mehrwertsteuersatz eines Landes.

Betriebswirtschaftliche Zeitabhängigkeit

Dabei handelt es sich um eine *betriebswirtschaftliche* geplante Zeitabhängigkeit, nicht um eine Versionierung der Daten mit Angabe des Änderungszeitpunkts. Diese Art der Versionierung wird Systemzeitabhängigkeit genannt und meist für die Änderungsverfolgung oder Revisionszwecke genutzt. Eine betriebswirtschaftliche Zeitabhängigkeit wird fast immer durch Datumsangaben beschrieben, hat also die Granularität von Tagen. Zeitabhängige Daten werden meist in separaten Tabellen abgelegt, die ein zusätzliches Schlüsselfeld für die Zeitdimension haben.

Modellierungsmuster

Mit CDS-Views können die typischen betriebswirtschaftlich zeitabhängigen Daten wie folgt in ein gemeinsames Modellierungsmuster gebracht werden:

- Ein *betriebswirtschaftlich zeitabhängiger View* hat zwei Datumsfelder für den Gültigkeitszeitraum der zeitabhängigen Attribute.

  Diese Datumsfelder sind annotiert mit `@Semantics.businessDate.from: true` bzw. `@Semantics.businessDate.to: true`.

- Der Gültigkeitszeitraum umfasst das `from`-Datum und das `to`-Datum.

- Mindestens eines der Datumsfelder ist Teil des Schlüssels des Views. Der Rest des Schlüssels wird *Entitätenschlüssel* genannt.

- Bei gleichem Entitätenschlüssel dürfen sich die Gültigkeitszeiträume nicht überlappen.

- Wenn Sie alle Gültigkeitszeiträume zu einem Entitätenschlüssel auf der Zeitachse auftragen, kann es beliebig große Lücken zwischen benachbarten Zeiträumen geben.

Beide Datumsfelder sollten in der Datenbank gespeichert werden, um effiziente Zugriffe zu ermöglichen.

[!]

**Nur zeitabhängige Views annotieren**

Achten Sie bei der Verwendung der Annotationen `@Semantics.business-Date.from` und `@Semantics.businessDate.to` darauf, dass der View tatsächlich alle genannten Eigenschaften eines betriebswirtschaftlich zeitabhängigen Views besitzt.

Die Infrastruktur erkennt an den Annotationen und dem Schlüssel des Views einen betriebswirtschaftlich zeitabhängigen CDS-View und kann bei der Verarbeitung der Daten einen geeigneten Stichtag als Filter verwenden.

In Listing 6.13 sehen Sie, wie der View `I_CostCenter` als betriebswirtschaftlich zeitabhängiger View gekennzeichnet ist.

**Beispiel**

```
define view I_CostCenter as select …
{ key kokrs  as ControllingArea,
  key kostl  as CostCenter,
  @Semantics.businessDate.to: true
  key datbi  as ValidityEndDate,
  @Semantics.businessDate.from: true
  datab      as ValidityStartDate,
  …
}
```

**Listing 6.13** Betriebswirtschaftlich zeitabhängiger View

## 6.8   Hierarchien

Viele betriebswirtschaftliche Daten sind hierarchisch strukturiert. Es gibt Hierarchien von Organisationseinheiten, eine Berichtshierarchie von Mitarbeitern, Hierarchien von Finanzkonten in der Bilanz, Hierarchien von Produkten und Produkttypen und viele mehr. Hierarchische Strukturen erleichtern dem Benutzer den Überblick und die Bearbeitung größerer Mengen von Datenobjekten. In analytischen Anwendungen können Kennzahlen für einen besseren Überblick auf Hierarchieknoten aggregiert werden.

**Hierarchien in CDS**   Für CDS ist es möglich, die hierarchischen Beziehungen zwischen Datenobjekten zu formalisieren und mithilfe von Annotationen und entsprechenden Views zu modellieren. Dabei werden zwei Grundtypen von Hierarchien unterschieden: *Stufenhierarchien* und *Vater-Kind-Hierarchien*.

### 6.8.1   Stufenhierarchien und Vater-Kind-Hierarchien

**Stufenhierarchien**   Bei Stufenhierarchien gibt es zu jeder Hierarchiestufe ein eigenes Datenfeld. Stufenhierarchien werden durch die (zusammengesetzte) Annotation `@Hierarchy.leveled` beschrieben. Ein einfaches Beispiel ist die zweistufige Hierarchie von Ländern und Regionen, die durch den View `I_Region` mit den Schlüsselfeldern `Country` und `Region` für die Stufen dargestellt wird.

Unter den betriebswirtschaftlichen Daten findet man sehr viele ähnliche Stufenhierarchien. Trotzdem sind deren Views meist nicht als Stufenhierarchie annotiert. Der Grund liegt darin, dass durch die Verfügbarkeit expliziter Felder für jede Hierarchiestufe Standardanfragen in SQL verwendet werden können, um typische Hierarchieabfragen auszuführen. Zum Beispiel können Sie durch eine einfache SQL-Abfrage alle Regionen eines Staates bestimmen, Sie brauchen nur den Staat als Filter zu verwenden. Spezielle Hierarchiefunktionen werden nicht benötigt. Daher werden wir uns im Folgenden auf den zweiten Typ von Hierarchien konzentrieren.

**Vater-Kind-Hierarchien**   Vater-Kind-Hierarchien haben einen wichtigen Vorteil gegenüber Stufenhierarchien: Die Zahl von Hierarchiestufen ist unabhängig von den Feldern des Views und theoretisch unbegrenzt. Abbildung 6.11 zeigt ein Beispiel.

Diese Eigenschaft erfordert jedoch eine rekursive Verarbeitung der Hierarchie, was durch Standardabfragen in SQL nicht möglich ist. Für die Nutzung der Hierarchie ist eine zusätzliche Unterstützung durch die Infrastruktur notwendig. Im aktuellen Release 7.52 wird hierfür die *Analytic Engine* genutzt (siehe Abschnitt 6.1, »Anwendungsarchitektur in SAP S/4HANA«).

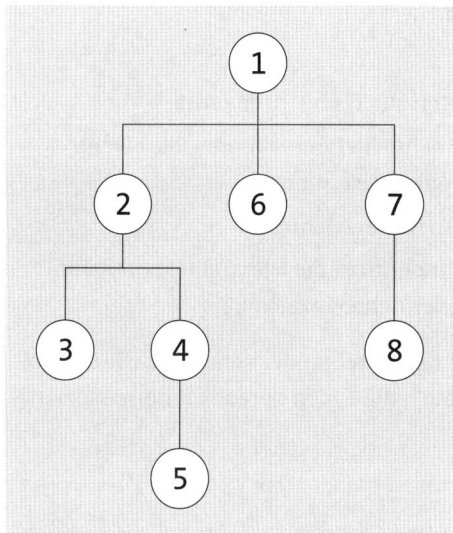

**Abbildung 6.11** Vater-Kind-Hierarchie

Viele wichtige Hierarchien sind Vater-Kind-Hierarchien. Im Folgenden stellen wir ihre Modellierung genauer vor.

Ausgangspunkt für die Hierarchiebildung sind die Instanzen einer betriebswirtschaftlichen *Grundentität*, z. B. Mitarbeiter oder Kostenstellen, die hierarchisch strukturiert werden sollen. Dazu werden *Hierarchieknoten* verwendet, die entweder ebenfalls zu dieser Grundentität gehören, z. B. bei der Berichtshierarchie für Mitarbeiter, oder ausschließlich die Semantik eines strukturierenden Hierarchieknotens haben.

**Grundentität und Hierarchieknoten**

Diese Hierarchieknoten sind durch eine Beziehung zum Vater strukturiert: Jedem Knoten ist maximal ein Vaterknoten zugeordnet. Knoten ohne Vater heißen *Wurzelknoten*. Durch die Vater-Beziehung entsteht eine Vater-Kind-Hierarchie auf den Hierarchieknoten. Die hierarchische Struktur auf der Grundentität entsteht durch die Zuordnung von Hierarchieknoten zu (höchstens) einer Instanz der Grundentität. Die Instanz der Grundentität erhält dadurch ihre Position in der Hierarchie.

Durch die Unterscheidung zwischen der Grundentität und den Hierarchieknoten ist es möglich, verschiedene hierarchische Strukturen für die gleiche Grundentität zu definieren, indem jeweils andere Teilmengen der Hierarchieknoten genutzt werden. Diese können Sie für verschiedene Zwecke parallel verwenden. Diese verschiedenen Hierarchien werden durch ein *Hierarchieverzeichnis* verwaltet.

**CDS-Views für Hierarchien**

In CDS werden folgende Views für Hierarchien verwendet:

- ein View für die Grundentität
- ein View für die Hierarchieknoten zu dieser Grundentität
- optional ein oder mehrere Views für Hierarchieknoten, die eigene betriebswirtschaftliche Entitäten repräsentieren
- optional ein View für das Hierarchieverzeichnis
- optional Text-Views für die Grundentität, die Hierarchieknoten, für weitere Entitäten und für das Hierarchieverzeichnis

Diese Views sind durch Assoziationen miteinander verknüpft, wie in Abbildung 6.12 dargestellt. Dabei sind auch die Typen der relevanten Assoziationen vermerkt.

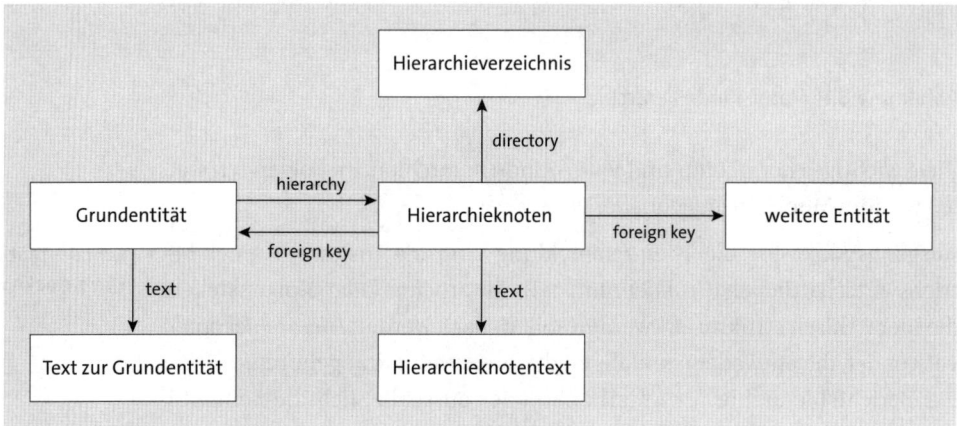

**Abbildung 6.12** CDS-Views für Hierarchien

Im einfachsten Fall repräsentiert der gleiche View die Grundentität und die Hierarchieknoten, z. B. bei der Berichtshierarchie für Mitarbeiter, und es gibt keine weiteren Views. Die Beziehung von der Grundentität zu ihrem Hierarchieknoten-View wird durch eine Assoziation realisiert. Sie wird durch die Annotation @ObjectModel.hierarchy.association am repräsentierenden Schlüsselfeld der Grundentität festgelegt.

**Hierarchiestruktur**

Die zentrale Stelle für die Definition der Hierarchiestruktur ist der View der Hierarchieknoten. Wenn er nicht mit dem View der Grundentität zusammenfällt, wird er durch die Annotation @ObjectModel.dataCategory: #HIER-ARCHY als *Hierarchieknoten-View* gekennzeichnet. Die strukturierte View-Annotation @Hierarchy.parentChild legt die Struktur der Hierarchie fest; Details enthält Tabelle 6.5.

| Annotation | Bedeutung |
|---|---|
| `@Hierarchy.parentChild.name` | Angabe eines technischen Namens für die Hierarchie. Dieser wird benötigt, wenn kein Hierarchieverzeichnis genutzt wird. |
| `@Hierarchy.parentChild.label` | Bezeichnung für die Hierarchie (optional) |
| `@Hierarchy.parentChild.recurseBy` | Beziehung zum Vaterknoten wird durch eine Assoziation des Views auf sich selbst definiert; wird alternativ zu den Annotationen `recurse` verwendet. |
| `@Hierarchy.parentChild.recurse.parent` `@Hierarchy.parentChild.recurse.child` | Beziehung zum Vaterknoten wird durch die Aufzählung korrespondierender Felder definiert; wird alternativ zur Annotation `recurseBy` verwendet. |
| `@Hierarchy.parentChild.siblingsOrder.by` | Feld zur Festlegung der Geschwisterreihenfolge. |
| `@Hierarchy.parentChild.siblingsOrder.direction` | Sortierrichtung für die Reihenfolge, 'ASC' oder 'DESC', Default 'ASC' |
| `@Hierarchy.parentChild.directory` | Assoziation zum Hierarchieverzeichnis (optional) |

**Tabelle 6.5** Annotationen zur Definition der Hierarchiestruktur

Die wichtigste Information ist die Beziehung zu einem Vaterknoten. Hierfür ist die Verwendung einer Assoziation bei `@Hierarchy.parentChild.recurseBy` am elegantesten. Sie muss die Kardinalität `[0..1]` haben und die Schlüsselfelder des Ziels binden. Alternativ werden bei der Annotation `@Hierarchy.parentChild.recurse.child` die Schlüsselfelder des Views aufgezählt und bei der Annotation `@Hierarchy.parentChild.recurse.parent` die Felder des Views, die den Vaterknoten identifizieren und den Schlüsselfeldern entsprechen.

**Beziehung zum Vaterknoten**

### 6.8.2  Beispiel einer Vater-Kind-Hierarchie

Als Beispiel soll die Kostenstellenhierarchie dienen. Listing 6.14 zeigt den relevanten Teil der Grundentität `I_CostCenter`. Beachten Sie die Assoziation `_CostCenterHierarchyNode` zum Knoten-View.

**Kostenstellenhierarchie**

```
@ObjectModel.representativeKey: 'CostCenter'
define view I_CostCenter as select …
association[0..*] to I_CostCenterText  as _Text
  on $projection.ControllingArea    = _Text.ControllingArea
  and $projection.CostCenter        = _Text.CostCenter
  and $projection.ValidityEndDate   = _Text.ValidityEndDate
association[0..*] to I_CostCenterHierarchyNode
  as _CostCenterHierarchyNode
  on $projection.ControllingArea    = … .ControllingArea
  and $projection.CostCenter        = … .CostCenter
{ key kokrs  as ControllingArea,
  @ObjectModel.text.association: '_Text'
  @ObjectModel.hierarchy.association:
    '_CostCenterHierarchyNode'
  key CostCenter,
  @Semantics.businessDate.to: true
  key ValidityEndDate,
  @Semantics.businessDate.from: true
  ValidityStartDate,

  …
}
```

**Listing 6.14** Grundentität »Kostenstelle« mit Hierarchiebezug

**Beispiel: Knoten-View** Den zugehörigen Knoten-View I_CostCenterHierarchyNode zeigt Listing 6.15. Beachten Sie, dass gleiche Schlüsselfelder des Kind- und Vaterknotens bei der Definition der Vater-Beziehung durch recurse weggelassen werden können.

```
@ObjectModel.dataCategory: #HIERARCHY
@Hierarchy.parentChild:
{ recurse:          {  parent: 'ParentNode',
                       child:  'HierarchyNode'   },
  siblingsOrder:    {  by: 'SequenceNumber',
                       direction: 'ASC'   },
  directory:        '_Hierarchy'
}
define view I_CostCenterHierarchyNode …
  association [0..*] to I_CostCenterHierarchyNodeT as _Text
  on  $projection.CostCenterHierarchy = ….CostCenterHierarchy
  and $projection.HierarchyNode       = ….HierarchyNode
  and $projection.ControllingArea     = ….ControllingArea
  and $projection.CostCenter          = ''
  association [0..*] to I_CostCenter as _CostCenter
```

```
  on  $projection.CostCenter           = ….CostCenter
  and $projection.ControllingArea       = ….ControllingArea
  association [1..1] to I_CostCenterHierarchy as _Hierarchy
  on  $projection.CostCenterHierarchy = ….CostCenterHierarchy
  and $projection.ControllingArea       = ….ControllingArea
  and $projection.ValidityEndDate       = ….ValidityEndDate
  association [0..1] to I_ControllingArea as _ControllingArea
  on  $projection.ControllingArea       = ….ControllingArea
{
  @ObjectModel.foreignKey.association: '_ControllingArea'
  key ControllingArea,
  @ObjectModel.foreignKey.association: '_Hierarchy'
  key CostCenterHierarchy,
  @ObjectModel.text.association: '_Text'
  key HierarchyNode,
  key ValidityEndDate,
      ParentNode,
      ValidityStartDate,
      @ObjectModel.foreignKey.association: '_CostCenter'
      CostCenter,
      SequenceNumber,
      _Text,
      _CostCenter,
      _Hierarchy,
      _ControllingArea
      …
}
```

**Listing 6.15**  Hierarchieknoten-View der Kostenstellenhierarchie

Das zugehörige Hierarchieverzeichnis, der View I_CostCenterHierarchy, ist in Listing 6.16 angegeben.

**Beispiel: Hierarchieverzeichnis**

```
define view I_CostCenterHierarchy …
{ key ControllingArea,
  key CostCenterHierarchy,
      @Semantics.businessDate.to: true
  key ValidityEndDate,
      @Semantics.businessDate.from: true
      ValidityStartDate,
      …
}
```

**Listing 6.16**  Hierarchieverzeichnis für Kostenstellenhierarchien

205

Abbildung 6.13 gibt einen Überblick über die Views des Beispiels.

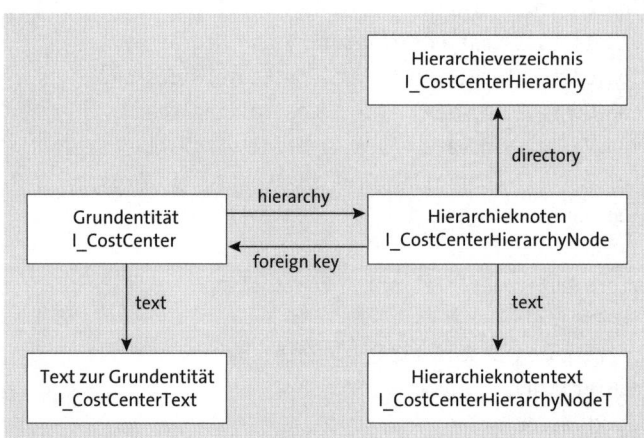

**Abbildung 6.13** Hierarchiebeispiel mit Assoziationstypen

### 6.8.3   Bestimmung einer Hierarchie

Auswertung der Hierarchiedefinition

Aus den View-Definitionen kann die Infrastruktur (oder ein Entwickler) ablesen, wie die Hierarchie gebildet wird. Bei der Kostenstellenhierarchie geschieht dies folgendermaßen:

1. In der Hierarchieannotation des Knoten-Views ist eine Assoziation auf ein Hierarchieverzeichnis angegeben; also besitzt die Hierarchie ein solches. Daher muss der Verwender einen Eintrag aus dem Verzeichnis auswählen, eine bestimmte Kostenstellenhierarchie.

   Das Hierarchieverzeichnis ist zeitabhängig (siehe Abschnitt 6.7, »Zeitabhängige Daten«); die Auswahl eines Eintrags erfolgt daher mit einem Stichtag.

2. Nun werden alle Hierarchieknoten zu der ausgewählten Kostenstellenhierarchie gelesen. Dazu werden die Felder ControllingArea, CostCenterHierarchy und ValidityEndDate mit den Werten der ausgewählten Kostenstellenhierarchie gefiltert, denn auf diesen Feldern ist die Assoziation zum Hierarchieverzeichnis definiert.

3. Die hierdurch selektierten Knoten haben identische Werte auf den Schlüsselfeldern ControllingArea, CostCenterHierarchy und ValidityEndDate. Damit ist das Schlüsselfeld HierarchyNode der effektive Schlüssel dieser Knoten.

   Wie in der Hierarchieannotation angegeben, verweist das Datenfeld ParentNode auf den Vaterknoten, der nun durch HierarchyNode eindeutig identifiziert ist. Dadurch werden die Knoten in eine hierarchische Struktur gebracht. Die Infrastruktur baut hierfür eine optimierte Hierarchierepräsentation auf, die bei Anfragen effizient verarbeitet werden kann.

4. Im nächsten Schritt müssen die einzelnen Kostenstellen, die Instanzen der Grundentität, den Hierarchieknoten zugeordnet werden. Diese zentrale Zuordnung erfolgt zurzeit durch eine komplexe Logik. Dabei wird jedem einzelnen Knoten ein *Knotentyp* zugewiesen. Mithilfe des Knotentyps können auch gemischte Hierarchien dargestellt werden, bei denen verschiedene Entitäten (z. B. Kostenstellen, Profit-Center, Buchungskreise) als Knoten vorkommen.

Jeder mögliche Knotentyp wird durch eine Assoziation des Knoten-Views repräsentiert. Für jeden Knoten der Hierarchie wird sukzessive geprüft, bei welcher Assoziation die On-Bedingung der Assoziationsdefinition gültig ist. Wird eine gültige Assoziationsbedingung identifiziert, legt diese den Typ der Hierarchieknoteninstanz fest, und es werden keine weiteren Assoziationen mehr geprüft.

Im Knoten-View der Kostenstellen enthält die Definition der Textassoziation eine zusätzliche Bedingung $projection.CostCenter = ''. Daher erhalten die Knoten mit einer initialen Kostenstelle den Typ _Text. Alle Knoten mit einem Wert für die Kostenstelle erhalten den Typ der als Nächstes geprüften Assoziation, _CostCenter.

Die Assoziation zum Hierarchieverzeichnis wird bei dieser Logik ausgeschlossen, und die Assoziation zum Kostenrechnungskreis spielt hier keine Rolle mehr, da sie am Ende steht. Wenn sie direkt als erste Assoziation definiert worden wäre, hätten alle Knoten den Typ _ControllingArea bekommen. Alle Knoten würden im folgenden Schritt den gleichen Text, die Bezeichnung des Kostenrechnungskreises, erhalten, und die Hierarchiefunktionen würden nicht, wie erwartet, funktionieren. Dies ist eine typische Fehlerquelle bei Hierarchiedefinitionen.

5. Nun erhalten alle Knoten einen Text. Der Knotenschlüssel allein ist meist nicht sehr aussagekräftig. Dieser Text wird abhängig vom Knotentyp vergeben und über die zum Typ gehörige Assoziation ermittelt. Für den Typ _Text ist dies klar. Bei den anderen Knotentypen wird erwartet, dass es sich um Fremdschlüsselassoziationen handelt. Dann kann der Text der zugehörigen Entität genommen werden; im Falle der Kostenstelle also der zugehörige Kostenstellentext.

Nun ist die Hierarchie für die Infrastruktur ausreichend beschrieben. Diese kann die Hierarchie entsprechend in einer Benutzeroberfläche darstellen, Teilbäume auf- oder zuklappen, oder für analytische Anwendungen Summen über Teilbäume berechnen.

**Hierarchie-
infrastruktur**

Im aktuellen Release 7.52 kann nur die Analytic Engine als Teil der ABAP-Infrastruktur eine durch CDS-Annotationen definierte Hierarchie verarbeiten. Dies wird von vielen analytischen Anwendungen intensiv genutzt. Die Verwendung von Hierarchien in transaktionalen Anwendungen wird aktuell noch nicht vollständig unterstützt.

### 6.8.4   Testen einer Hierarchie

**Analytische
Testumgebung**

Zum Testen der Hierarchiedefinition können Sie am einfachsten die Testumgebung für analytische Views verwenden, Transaktion RSRTS_ODP_DIS im SAP GUI. Ihre Verwendung wird in Abschnitt 8.2.2, »Testumgebung für analytische Views«, ausführlich erläutert; daher folgt hier nur eine kurze Anleitung:

1. Stellen Sie sicher, dass die Grundentität der Hierarchie durch die Annotation `@Analytics.dataCategory: #DIMENSION` als analytischer Dimensions-View gekennzeichnet ist.

2. Starten Sie nun Transaktion RSRTS_ODP_DIS, und geben Sie als **ODP-Name** den SQL-View-Namen der Grundentität ein, z. B. »IFICOSTCENTER« für die Kostenstelle. Führen Sie die Transaktion aus.

**Analytisches Modell**

3. Sie sehen nun das analytische Modell des Views I_CostCenter in Abbildung 6.14. Im unteren rechten Eck, neben der Zeile zum Kostenstellenfeld, können Sie ein baumartiges grünes Icon erkennen. Dies zeigt an, dass es eine Hierarchiedefinition zu diesem Feld gibt. Da dieses Feld das repräsentierende Schlüsselfeld ist, bezieht sich die Information auf den View selbst – er besitzt eine Hierarchie.

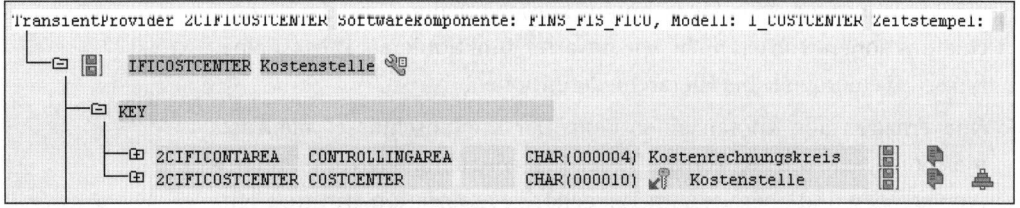

**Abbildung 6.14** Analytisches Modell des Views I_CostCenter

4. Starten Sie nun einen analytischen Test des Views über die Funktion **Standard-Query**.

5. Im nächsten Bild wird eine multidimensionale Analyse dargestellt. Gruppieren Sie in den Zeilen nach der Kostenstelle, und öffnen Sie dann die Registerkarte **Eigenschaften** zur Kostenstelle im Kontextmenü dieses Felds. Sie sehen den Eigenschaftendialog aus Abbildung 6.15.

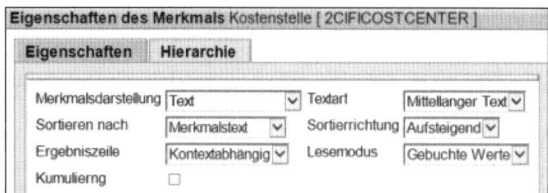

**Abbildung 6.15** Analytische Eigenschaften des Felds »Kostenstelle«

6. Wenn Sie auf die Registerkarte **Hierarchie** wechseln, können Sie einen Eintrag aus dem Hierarchieverzeichnis wählen (siehe Abbildung 6.16). Im Beispiel gibt es mehrere Versionen der Standardhierarchie für Kostenstellen im Kostenrechnungskreis 0001 mit unterschiedlichen Gültigkeitszeiträumen.

*Hierarchie auswählen*

Beachten Sie, dass diese Registerkarte nur angezeigt wird, wenn auch Einträge im Hierarchieverzeichnis vorhanden sind.

**Abbildung 6.16** Hierarchieverzeichnis

7. Übernehmen Sie den gewählten Eintrag, wird die Liste der Kostenstellen hierarchisch dargestellt (siehe Abbildung 6.17).

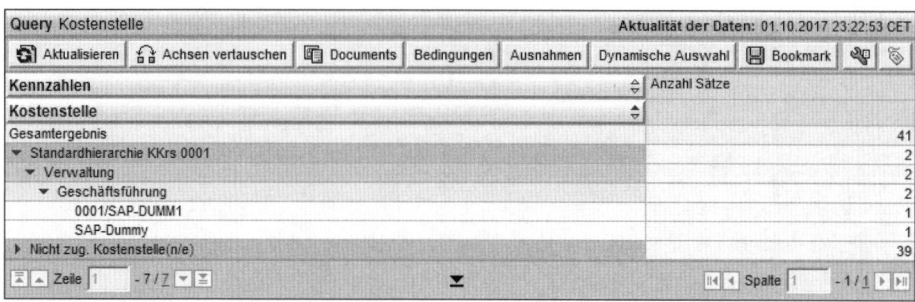

**Abbildung 6.17** Kostenstellenhierarchie

Beachten Sie, dass die analytische Infrastruktur einen künstlichen Wurzelknoten mit der Bezeichnung **Nicht zug. Kostenstelle(n/e)** neben der Hierarchie anzeigt. Dieser hat alle Instanzen der Grundentität als Kinder, die keinem Knoten der gewählten Hierarchie zugeordnet sind. Dadurch werden auch bei einer Hierarchiedarstellung alle selektierten Daten angezeigt.

**Ausblick**   Am Beispiel der Hierarchieannotation haben Sie gesehen, dass durch relativ einfache Annotationen an Ihren CDS-Views ein komplexer Sachverhalt dargestellt und von der Infrastruktur verarbeitet werden kann. In den folgenden Kapiteln, insbesondere in Kapitel 8 und Kapitel 9 zur Modellierung analytischer und transaktionaler Anwendungen, werden Sie mehr Möglichkeiten kennenlernen, um Anwendungen mit CDS-Views, ihren Assoziationen und Annotationen zu definieren.

# Kapitel 7
# Das virtuelle Datenmodell in SAP S/4HANA

*Mit SAP S/4HANA liefert SAP ein virtuelles Datenmodell (VDM) für betriebswirtschaftliche Daten aus, das durch CDS-Views realisiert wird. Es eröffnet Ihnen einen leicht verständlichen Zugang zu den Daten des SAP-S/4HANA-Systems.*

In den zahlreichen Datenbanktabellen eines betriebswirtschaftlichen Softwaresystems sind wertvolle Unternehmensdaten abgelegt. Durch die komplexe Struktur und Namensgebung dieser Tabellen erschließt sich ihre Bedeutung nur technischen Experten. Das *virtuelle Datenmodell* (VDM) in SAP S/4HANA stellt diese Daten mit ihrer betriebswirtschaftlichen Semantik in einer verständlichen und direkt nutzbaren Form zur Verfügung. Es besteht aus CDS-Views, die nach gemeinsamen Standards und Richtlinien entwickelt werden. Dieses Datenmodell bildet die Grundlage für alle Datenmodelle von Anwendungsdaten in einem SAP-S/4HANA-System: analytische Modelle, transaktionale Modelle und Modelle von Programmierschnittstellen (APIs).

In diesem Kapitel erläutern wir genauer, worum es sich beim virtuellen Datenmodell handelt und wie es aufgebaut ist. Als Beispiel stellen wir einen kleinen Teil des VDM aus dem Umfeld des Kundenauftrags vor. Im ersten Abschnitt erläutern wir die Motivation für das VDM, ordnen es in der Gesamtarchitektur von SAP S/4HANA ein und skizzieren seine Nutzung in der SAP-Standardentwicklung. Der zweite Abschnitt behandelt die verschiedenen Kategorien von Views im VDM mit ihren Beziehungen untereinander. Dies veranschaulichen wir durch Beispiele. Der dritte Abschnitt beschreibt die Namensregeln des VDM für CDS-Views und ihre Felder. Im vierten Abschnitt betrachten wir einen typischen *VDM-View*, einen CDS-View des VDM, und erläutern seine speziellen Eigenschaften. Zum Abschluss geben wir im fünften Abschnitt Hinweise, wie Sie geeignete CDS-Views des VDM in einem SAP-S/4HANA-System finden können.

**Aufbau des Kapitels**

## 7.1    Warum ein virtuelles Datenmodell?

Das VDM von SAP S/4HANA besteht aus CDS-Views, die von verschiedenen Teams in der Anwendungsentwicklung bei SAP nach zentralen Richtlinien und Standards entwickelt werden. CDS-Views bilden die Technologie, mit der ein Modell der Anwendungsdaten, das VDM, realisiert wird.

Die CDS-Views des VDM, die VDM-Views, spielen eine zentrale Rolle in der Architektur von SAP S/4HANA, denn sie dienen als Datenquelle und Datenmodell von SAP-Fiori-Apps in SAP S/4HANA; dies zeigt Abbildung 7.1. Alle Neuentwicklungen basieren auf dem VDM.

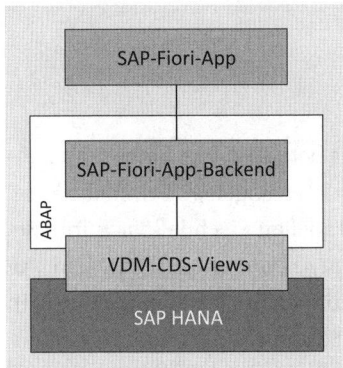

**Abbildung 7.1** Architektur mit VDM-CDS-Views

**Ziele des VDM**    VDM-Views bilden das zentrale Datenmodell für Anwendungsdaten. Dieses wird von transaktionalen und analytischen SAP-Fiori-Apps sowie von Programmierschnittstellen (APIs) genutzt. Die Definition eigenständiger Modelle für diese Anwendungen oder APIs ist nicht notwendig. Das gemeinsame Datenmodell trägt zur Konsistenz der verschiedenen Apps bei. Aber die Richtlinien für das VDM haben noch weitere Ziele: intuitive Verständlichkeit der Datenstrukturen aus betriebswirtschaftlicher Sicht, Homogenität des Gesamtmodells sowie Vermeidung von Redundanzen und Doppelentwicklungen.

Vielleicht kennen Sie solche Ziele aus anderen Modellierungsinitiativen. Beim virtuellen Datenmodell kommen zwei weitere wichtige Ziele hinzu: die *effiziente Ausführbarkeit des Modells* und die *Praxistauglichkeit*. Diese werden durch die direkte Ausführung der CDS-Views in SAP HANA und die Verwendung der VDM-Views bei der Entwicklung neuer SAP-Fiori-Apps durch SAP sichergestellt.

**VDM nutzen**    SAP liefert alle CDS-Views des VDM mit SAP S/4HANA an die Kunden aus. Bei einem On-Premise-Betriebsmodell hat ein Kunde daher Zugriff auf alle

VDM-Views und kann sie zur Definition eigener CDS-Views oder in eigenen Apps nutzen. Er kann sich aber nicht bei jedem VDM-View darauf verlassen, dass SAP keine inkompatiblen Änderungen daran vornimmt. Erst nachdem ein VDM-View durch die SAP-interne Verwendung einen entsprechenden Reifegrad erreicht hat, wird er für die Verwendung durch Kunden formal freigegeben. Ab diesem Zeitpunkt achtet SAP darauf, keine inkompatiblen Änderungen mehr durchzuführen. Bei einem Cloud-Betriebsmodell sind nur freigegebene CDS-Views für kundenspezifische Erweiterungen nutzbar.

Bei der Entwicklung von VDM-Views stehen die folgenden Aspekte im Vordergrund:

**VDM-Prinzipien**

- VDM-Views sind *betriebswirtschaftlich verständlich* und werden um zusätzliche *Semantik* ergänzt, z. B. um die Beziehungen zu anderen VDM-Views.

- Ein Teil der VDM-Views sind für die *Wiederverwendung* durch andere Entwicklungsteams und, nach erfolgter Freigabe, für Partner und Kunden vorgesehen.

- Das virtuelle Datenmodell ist das *führende Modell* für SAP S/4HANA; andere Datenmodelle werden daraus abgeleitet, z. B. Modelle von OData-Services oder analytische Modelle.

- VDM-Views werden direkt von der Datenbank *SAP HANA* ausgeführt und profitieren von deren vielfältigen Möglichkeiten und Geschwindigkeit.

- VDM-Views werden bei der Entwicklung von allen *SAP-Standard-Apps* in SAP S/4HANA genutzt.

- VDM-Views basieren auf CDS und nutzen die robuste *ABAP-Infrastruktur*.

Das VDM ist noch nicht komplett fertiggestellt, und deckt noch nicht alle Anwendungsbereiche und deren Daten ab. Aber es wächst kontinuierlich mit jeder Implementierung einer neuen App. In den nächsten Abschnitten werden Sie mehr Details des VDM kennenlernen.

## 7.2    Struktur des virtuellen Datenmodells

**Schichten des VDM**

Das virtuelle Datenmodell ist keine amorphe Ansammlung von CDS-Views, sondern es hat eine klare innere Struktur. Es ist in *Schichten* aufgebaut, deren Views jeweils eine eigene Aufgabe haben. Abbildung 7.2 zeigt die Schichtenstruktur mit einigen Beispielen.

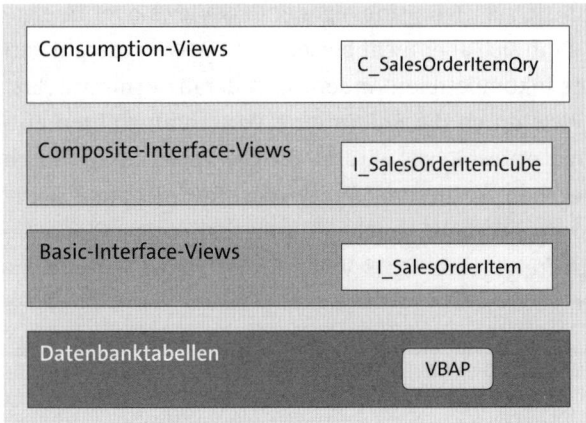

**Abbildung 7.2** Schichten des VDM

### 7.2.1   Basic-Interface-Views

Basic-Interface-Views

Direkt auf den Datenbanktabellen sitzt die Schicht der *Basic-Interface-Views*. Ein solcher View wird durch die Annotation @VDM.viewType: #BASIC gekennzeichnet. Nur Views aus dieser Schicht greifen direkt auf Datenbanktabellen zu. Basic-Interface-Views sind für die *Wiederverwendung* (engl. reuse) gedacht; alle weiteren VDM-Views basieren auf den Basic-Interface-Views.

Modell-transformation

Basic-Interface-Views verstecken die kryptischen technischen Namen und Eigenschaften der Tabellen und transformieren die Tabellenstruktur in betriebswirtschaftliche Entitäten. Dabei können sie mehrere Tabellen kombinieren, um ein zersplittertes Persistenzmodell zusammenzuführen. Eine technisch motivierte oder ungeschickte, schwer verständliche Modellierung der Datenbankpersistenz kann dadurch teilweise kompensiert werden. Allerdings darf sich das Modell der Basic-Interface-Views nicht allzu weit vom Tabellenmodell entfernen, um weiterhin einen effizienten Zugriff auf die Daten sicherzustellen.

Feldnamen, View-Namen und Feldbezeichner

Eine wesentliche Modelltransformation ist die *Namensgebung* der Tabellenfelder. Diese ist unter Laufzeitaspekten unkritisch, verbessert aber entscheidend die Verständlichkeit des Modells der Basic-Interface-Views und aller darauf aufbauenden Entwicklungsartefakte. Diese Namensersetzung wird einmalig und ausschließlich von den Basic-Interface-Views durchgeführt. Auch die Namen der Basic-Interface-Views selbst werden nach betriebswirtschaftlichen Begriffen vergeben, passend zu den neuen Namen der Felder. Die Regeln, nach denen die neuen Namen gebildet werden, erläutern wir in Abschnitt 7.3, »Namensgebung im virtuellen Datenmodell«.

Wenn sich durch eine Modelltransformation im Basic-Interface-View die Bedeutung eines Felds ändert, wird nicht nur der Feldname angepasst, sondern auch der Datentyp des Felds, genauer: das Datenelement aus dem ABAP Data Dictionary (ABAP DDIC). Hierzu wird ein Cast durchgeführt. Das Datenelement wird an Views weitervererbt, die auf dem Basic-Interface-View aufbauen. Sein Feldbezeichner steht somit allen Verwendern des VDM zur Verfügung und sichert konsistente Bezeichnungen in allen Benutzeroberflächen und übersetzten Sprachen. Genauere Informationen zu Feldbezeichnern finden Sie in Abschnitt 6.2, »Feldbezeichner«.

An den Feldern der Basic-Interface-Views sind zusätzliche *semantische Eigenschaften* als Feldannotationen hinterlegt, die von Konsumenten oder der Infrastruktur ausgewertet werden können. Tabelle 7.1 zeigt einige Beispiele dafür. Detaillierte Erläuterungen hierzu finden Sie in Abschnitt 6.3, »Semantik von Feldern«.

**Semantische Annotationen**

| Annotation | Verwendung |
|---|---|
| @Semantics.amount.currencyCode | Betragsfeld mit Bezug zum Währungsfeld |
| @Semantics.currencyCode | Währungsfeld |
| @Semantics.quantity.unitOfMeasure | Mengenfeld mit Bezug zum Einheitenfeld |
| @Semantics.unitOfMeasure | Einheitenfeld |
| @Semantics.businessDate | betriebswirtschaftliche Gültigkeitszeiten |
| @Semantics.systemDate, systemTime, systemDateTime | technische Systemzeiten |
| @Semantics.fiscal | Informationen zum Fiskaljahr |
| @Semantics.text | Text in natürlicher Sprache |
| @Semantics.language | Code für eine Sprache |

**Tabelle 7.1** Annotationen zur Semantik eines Felds

In gewisser Weise bilden die Basic-Interface-Views den Ersatz für die Datenbanktabellen. Ähnlich wie diese, soll die Schicht der Basic-Interface-Views

**Redundanzfreiheit**

*redundanzfrei* sein, um die Konsistenz des gesamten VDM sicherzustellen. Es darf z. B. nur einen Basic-Interface-View geben, der einen Kunden repräsentiert. Diese Redundanzfreiheit ist aber semantisch, nicht technisch zu verstehen. Manche Tabellen enthalten Daten verschiedener betriebswirtschaftlicher Entitäten, die durch jeweils eigene Basic-Interface-Views repräsentiert werden, z. B. Kundenauftrag und Verkaufskontrakt. Solche Generalisierungs-/Spezialisierungssituationen können durch spezifische Basic-Interface-Views leicht verständlich repräsentiert werden, z. B. durch die Views `I_SalesOrder` und `I_SalesContract`. In Abschnitt 7.4.2, »Aufbau des Views«, wird das Beispiel des Kundenauftrags genauer erläutert.

**Beziehungen zwischen Views**  Betriebswirtschaftliche Daten leben von ihren Beziehungen untereinander. Ein Kundenauftrag bezieht sich auf seine Kunden, aber auch auf seine Auftragspositionen und darüber auf seine Materialien. Es gibt Tausende solcher Beziehungen zwischen den Daten. CDS-Views bieten die Möglichkeit, diese Beziehungen durch Assoziationen zu modellieren und über Annotationen genauer zu spezifizieren. Im VDM werden die in Tabelle 7.2 genannten Beziehungen schon bei den Basic-Interface-Views modelliert.

| Beziehungstyp | Annotation | Verwendung |
|---|---|---|
| Kompositionen und Aggregationen | `@ObjectModel.association.type` | Definition von Business-Objekten aus zusammengehörigen Views |
| Textassoziation zu einem Feld | `@ObjectModel.text.association` | Beziehung zu einem View mit sprachabhängigen Texten |
| Fremdschlüsselassoziation zu einem Feld | `@ObjectModel.foreignKey.association` | Beziehung zum Entitäten-View eines Felds, der dessen Werte und damit auch dessen Semantik angibt |

**Tabelle 7.2** Typen von Assoziationen

Details zur Verwendung dieser Typen von Assoziationen finden Sie in Abschnitt 6.4, »Fremdschlüsselbeziehungen«, Abschnitt 6.5, »Textbeziehungen«, und Abschnitt 6.6, »Kompositionsbeziehungen«. Abbildung 7.3 zeigt Beispiele für verschiedene Typen von Beziehungen zwischen Daten bzw. Assoziationen.

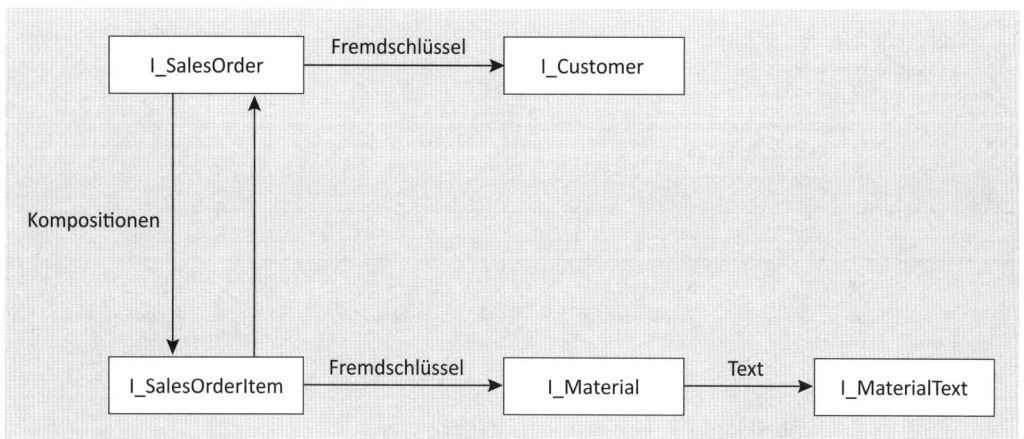

**Abbildung 7.3** Beispiele für Typen von Beziehungen

## 7.2.2    Composite-Interface-Views

*Composite-Interface-Views* werden aus Basic-Interface-Views und anderen Composite-Interface-Views aufgebaut. Sie bilden neue betriebswirtschaftliche Darstellungen oder nützliche Kombinationen von Daten aus mehreren Datenquellen. Sie werden durch die Annotation @VDM.ViewType: #COMPO-SITE gekennzeichnet. Analytische Cube-Views, die in Abschnitt 8.2.3 genauer beschrieben werden, sind meist Composite-Interface-Views.

Composite-Interface-Views

Auch die CDS-Views der transaktionalen Objektmodelle aus Abschnitt 9.3, »Transaktionale Objektmodelle«, gehören zur Schicht der Composite-Interface-Views, werden aber durch die Annotation @VDM.ViewType: #TRANSACTIONAL charakterisiert, um ihre transaktionale Verwendung explizit herauszustellen.

Transaktionale Objekt-Modelle

Composite-Interface-Views sind für die Wiederverwendung gedacht. Sie bilden aber keine undurchlässige Schicht, die alle Basic-Interface-Views verbirgt: Beide Kategorien von Views können gleichermaßen wiederverwendet werden. Zusammen bilden sie die *Interface-Views* des VDM, also die nutzbare Schnittstelle des transformierten Datenmodells.

Interface-Views

Per Namenskonvention tragen alle VDM-Interface-Views ein Präfix »I_« vor ihrem Namen. Abbildung 7.4 zeigt einige Beispiele von Interface-Views. Die waagrecht ein- und ausgehenden Pfeile repräsentieren Assoziationen, und die senkrechten Pfeile kennzeichnen eine Datenselektion.

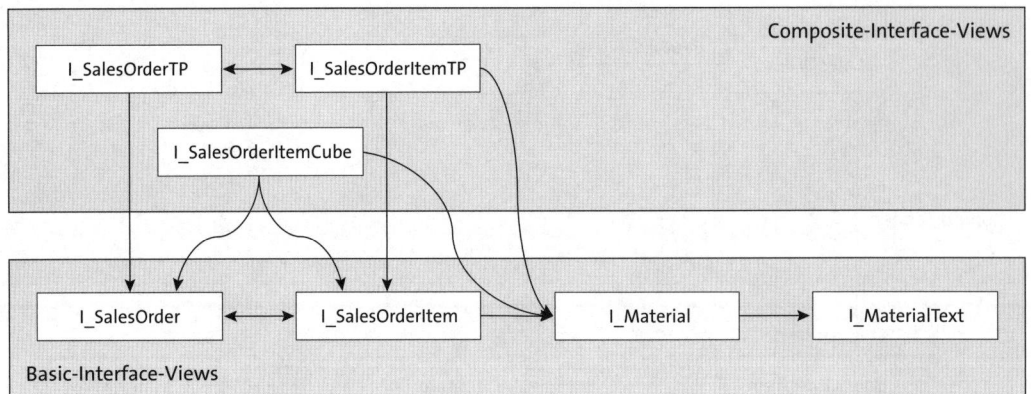

**Abbildung 7.4** Beispiele von Interface-Views

### 7.2.3   Consumption-Views

Consumption-Views
*Consumption-Views* bilden die oberste Schicht von VDM-Views, die auf den Interface-Views aufbaut. Sie tragen die Annotation @VDM.ViewType: #CONSUMPTION und haben das Präfix »C_« vor ihrem Namen. Consumption-Views werden in transaktionalen Servicemodellen verwendet, siehe Abschnitt 9.4, »Transaktionale Servicemodelle«. Sie werden dann *transaktionale Consumption-Views* genannt. Auch bei analytischen Queries handelt es sich um Consumption-Views (siehe Abschnitt 8.3, »Analytische Queries«). Andere Consumption-Views bilden die Grundlage für die Definition von OData-Services für SAP-Fiori-Apps.

Kompatibilität
Consumption-Views orientieren sich an den individuellen Konsumenten der Daten des VDM, also an konkreten transaktionalen oder analytischen Apps. Sie sind nicht für die allgemeine Wiederverwendung gedacht, sondern stellen genau die Daten und Informationen zur Verfügung, die von der App gebraucht werden. Bei einer Änderung der App werden ihre Consumption-Views angepasst, meist ohne auf Kompatibilität zu achten. Für analytische Queries ist allerdings eine Mehrfachverwendung zur Definition verschiedener Varianten, Reports oder Key Performance Indicators (KPIs) möglich. Für diese Zwecke ist auch eine formale Freigabe der Views möglich, die eine entsprechende Kompatibilitätszusage bedeutet.

Steuerung der App
In Consumption-Views finden sie spezielle Annotationen, die die Eigenschaften der zugehörigen Apps steuern, einschließlich deren Aussehen und Verhaltensweisen. Für analytische Consumption-Views ist dies in Abschnitt 8.3, »Analytische Queries«, beschrieben, für transaktionale Consumption-Views in Abschnitt 9.4.4, »SAP-Fiori-Anwendung definieren«.

In der obersten Schicht der VDM-Views gibt es einen weiteren Typ von Views, die *Remote-API-Views*, die ebenfalls auf Interface-Views aufbauen. Diese haben allerdings nicht den `@VDM.ViewType: #CONSUMPTION`. Zurzeit (SAP-S/4HANA-Release 1709) sind sie nur durch ihre Namenskonvention, Präfix »A_«, erkennbar. In einem späteren Release sollen sie eine spezielle Kennzeichnung erhalten. Remote-API-Views werden zur Definition von Application Programming Interfaces (APIs) verwendet, z. B. OData-Services oder Webservices, die für den Zugriff aus anderen Systemen eingesetzt werden. Sie sollen die besonderen Kompatibilitätsanforderungen solcher APIs unterstützen.

**Remote-API-Views**

Konzeptionell sind sie mit Consumption-Views vergleichbar: Sie sind speziell für ein API gedacht, sollen nicht wiederverwendet werden und reflektieren das Datenmodell des VDM in ihren Feldnamen und dem Schnitt ihrer Entitäten. Sie können auch auf CDS-Views transaktionaler Objektmodelle aufsetzen und erlauben dann auch ändernde Operationen. Abbildung 7.5 zeigt einige Beispiele von Consumption- und Remote-API-Views.

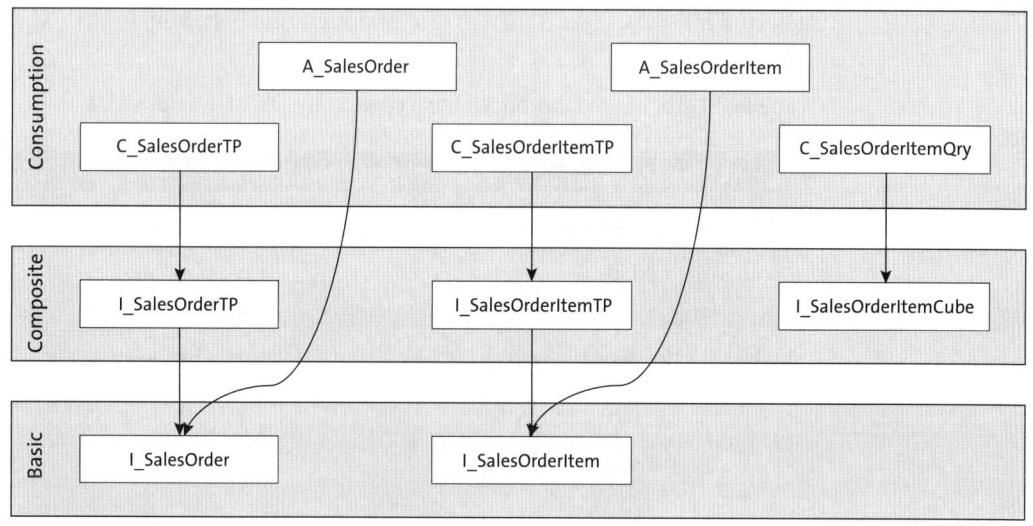

**Abbildung 7.5** Beispiele für Consumption- und Remote-API-Views

### 7.2.4    Weitere Typen von Views

Im virtuellen Datenmodell gibt es drei weitere Typen von Views.

Die *privaten VDM-Views*, gekennzeichnet durch die Annotation `@VDM.private: true` und das Präfix »P_«, sind Hilfs-Views für die Definition der regulären VDM-Views. Sie dürfen anderweitig nicht verwendet werden und

**Privater VDM-View**

können sich jederzeit ändern. Private VDM-Views kann es in allen Schichten geben.

**Extension-Include-View**

Die *Extension-Include-Views*, erkennbar an der Annotation `@VDM.viewType:` `#EXTENSION` und dem Präfix »E_«, bilden die unterste View-Schicht für Kundenerweiterungsfelder an Standardtabellen von SAP. Es wird empfohlen, Kundenerweiterungsfelder in VDM-Views über eine spezielle Assoziation zu diesen Extension-Include-Views einzubinden. Details hierzu erläutert Abschnitt 11.2.3, »Indirekte CDS-View-Erweiterungen«. Alle Extension-Include-Views liegen in der Schicht der Basic-Views. Sie dienen nur dazu, Erweiterungsfelder über eine Assoziation einzubinden und dürfen nicht für andere Zwecke verwendet werden.

**VDM-View-Erweiterung**

Schließlich gibt es einige wenige *VDM-View-Erweiterungen*. Dabei handelt es sich um CDS-View-Erweiterungen, die Sie in Kapitel 11, »Erweiterungen von CDS-Views«, kennenlernen werden, die auch zum VDM gehören. Durch diese werden VDM-Views aus einer tiefer liegenden Softwarekomponente erweitert, z. B. im Rahmen einer Industrielösung. Diese View-Erweiterungen sind mit `@VDM.viewExtension: true` annotiert und haben ein Präfix »X_« im Namen.

Tabelle 7.3 gibt einen Überblick aller Typen von CDS-Views des VDM.

| Typ | Namenskonvention | Kennzeichnung |
|---|---|---|
| Basic-Interface-View | I_* | `@VDM.viewType: #BASIC` |
| Composite-Interface-View | I_* | `@VDM.viewType:` `#COMPOSITE` |
| transaktionaler Objekt-View | I_*TP | `@VDM.viewType:` `#TRANSACTIONAL` |
| Consumption-View | C_* | `@VDM.viewType:` `#CONSUMPTION` |
| transaktionaler Consumption-View | C_*TP | `@VDM.viewType:` `#CONSUMPTION` `@ObjectModel.transact` `ionalProcessing-` `Delegated:true` |
| Remote-API-View | A_* | aktuell nicht vorhanden |
| privater VDM-View | P_* | `@VDM.private: true` |

**Tabelle 7.3** Typen von VDM-Views

| Typ | Namenskonvention | Kennzeichnung |
|---|---|---|
| Extension-Include-View | E_* | @VDM.viewType: #EXTENSION |
| VDM-View-Erweiterung | X_* | @VDM.viewExtension: true |

**Tabelle 7.3** Typen von VDM-Views (Forts.)

## 7.3 Namensgebung im virtuellen Datenmodell

Das virtuelle Datenmodell bildet die Grundlage für alle Datenmodelle von Anwendungsdaten in einem SAP-S/4HANA-System: analytische Modelle, transaktionale Modelle und Modelle von APIs. In allen diesen Modellen werden die Namen verwendet, die im VDM vergeben wurden. Dadurch wird Einheitlichkeit erzielt. Die Verständlichkeit der Namen in CDS-Views ist essenziell für die Verständlichkeit der Namen in anderen Entwicklungsartefakten.

Für die eigentlichen Namen, die programmtechnisch relevant sind, werden englische Bezeichnungen genutzt. Zudem gibt es meist noch eine Beschreibung, die in verschiedene Sprachen übersetzt wird. Bei der Namensgebung im VDM spielen die Namen von Feldern eine große Rolle, da View-Namen, Namen von Assoziationen oder Parametern auf Feldnamen basieren.

### 7.3.1 Feldnamen

Feldnamen werden global im SAP-S/4HANA-System vergeben; es gibt keine Trennung nach Namensräumen. Dies entspricht der Realität, in der es einen Sachverhalt, ein »Ding«, auch nur einmal gibt, und das daher auch im Modell nur einmal vorhanden sein soll: Ansonsten entstehen Redundanzen, und die Konsistenz des Gesamtmodells ist nicht mehr gewährleistet. In manchen Fällen kann es dennoch Namenskollisionen geben, wenn verwandte betriebswirtschaftliche Konzepte in zwei Anwendungsbereichen separat implementiert werden. Dann müssen Sie jeweils unterschiedliche Namen vergeben. Dazu stellen Sie dem Grundbegriff jeweils andere Begriffe zur genauen Qualifizierung voran, sogenannte *Qualifiers*.

Generell steht bei der Namensgebung die betriebswirtschaftliche Semantik im Vordergrund. Es gelten die üblichen Namensregeln:

- präzise und eindeutig

- nicht zu generisch; dennoch möglichst kurz

- nenne die gleichen Dinge gleich

- nenne unterschiedliche Dinge unterschiedlich

**Technische Rahmenbedingungen**

Zur Verbesserung der Lesbarkeit der Namen wird eine *Camel-Case-Notation* verwendet. Die CDS-Technologie und auch OData unterstützen eine solche Groß-/Kleinschreibung. Für die Ausführung in CDS und ABAP ist die Groß-/Kleinschreibung nicht signifikant, Order, order und ORDER sind syntaktisch dasselbe. ABAP-intern werden die Namen der CDS-Views und Felder in Großschreibung konvertiert.

Feldnamen sind auf eine Länge von 30 Zeichen beschränkt. Daher besteht bei komplexeren Sachverhalten die Notwendigkeit von Abkürzungen. Diese Abkürzungen sind standardisiert; zu jeder Abkürzung gibt es genau einen ausgeschriebenen Begriff, z. B. bedeutet »Qty« immer »Quantity«.

**Representation Term**

Die Vergabe von Feldnamen richtet sich nach dem Typ des Datenfelds, oder genauer nach dessen *Representation Term*. Die Vorgehensweise bei der Namensfindung wird nun für verschiedene Representation Terms vorgestellt.

**Identifier**

Ein *Identifier-Feld* dient zur eindeutigen Identifikation einer Instanz einer bestimmten Entität. Zum Beispiel identifiziert eine Kundenauftragsnummer einen Kundenauftrag. Als Feldname wählen Sie die Bezeichnung für eine Instanz dieser Entität, also z. B. SalesOrder. Optional können Sie ein Suffix »ID« am Namen verwenden, um den Representation Term zu betonen. Dieses Suffix wird aber meist weggelassen.

Wenn es neben der üblichen ID noch einen *Universally Unique Identifier* (UUID) gibt, sollten Sie den Feldnamen mit dem Suffix »UUID« dafür verwenden, z. B. BusinessPartnerUUID. Auch andere alternative Identifiers können durch ein Suffix benannt werden, z. B. WBSElementInternalID oder PersonExternalID. Manchmal gibt es Felder zur gleichen Entität in unterschiedlichen Rollen. Dann werden zusätzliche Qualifiers verwendet, z. B. SenderCostCenter und ReceiverCostCenter.

**Codes und Indikatoren**

Ein *Code* ist ein Wert einer festen Werteliste, die nur durch eine Änderung der Systemkonfiguration geändert wird, z. B. ein Code für Sprachen (Language) oder Währungen (Currency). Auch bei diesen Feldnamen kann des Suffix »Code« weggelassen werden. Semantische Feinheiten werden durch Qualifiers ausgedrückt, z. B. CompanyCurrency oder CountryISOCode. *Indikatoren* repräsentieren boolesche Werte. Ihr Name ist eine *Aussage*, die mit dem

Wahrheitswert des Felds korrespondiert, z. B. `OrderIsReleased` oder `NotificationHasLongText`.

Der Name eines *Betragsfelds* kann einen Bezug zur Währung enthalten, z. B. `NetAmountInDisplayCurrency`. Da der Währungsbezug auch durch Annotationen ausgedrückt wird, muss der Bezug nicht zwangsläufig angegeben sein, z. B. `TaxAmount`. Bei *Mengenfeldern* ist dies ähnlich, z. B. `OrderQuantity` oder `MinDeliveryQtyInBaseUnit`.

**Beträge und Mengen**

Für *Zähler*, also die Angabe der Anzahl von Dingen, wird ein Präfix `NumberOf` verwendet, z. B. `NumberOfRecipients`. Bei zeitlichen *Dauern* kann es ein zugehöriges Einheitenfeld geben, z. B. bei `ProcessDuration`. Ist dies nicht der Fall, sollte die Einheit in den Feldnamen aufgenommen werden, z. B. `TripDurationInDays`.

Bei *Zeitpunkten* ist der Term `DateTime` Teil des Feldnamens, z. B. `CreationDateTime`. Bei Datumsangaben wird `Date` und bei Uhrzeiten `Time` angefügt.

**Weitere Typen**

Bei Feldnamen für Raten oder Verhältnisse sind die Begriffe »Percentage« und »Fraction« verboten, stattdessen werden z. B. folgende Kombinationen verwendet: `ConditionRateInPercent`, `UtilizationPercent`, `ExchangeRate` und `ProbabilityRatio`.

---

**Namensraum für Feldnamen**

Verwenden Sie bei Erweiterungen von SAP-Standard-Views Feldnamen, denen Sie Ihren eigenen Namensraum voranstellen, z. B. die Präfixe »ZZ« oder »YY«.

---

### 7.3.2   Namen von VDM-Views

Für einen CDS-View können drei Namen vergeben werden. Der eigentliche View-Name ist der *CDS-View-Name*, der nach dem `define view` angegeben wird. Dies ist im VDM der relevante View-Name, für den eine Camel-Case-Notation möglich ist. Der *Name der Datendefinition*, auch DDLS-Name genannt, den Sie beim Anlegen eines neuen CDS-Views als Erstes angeben müssen, wird immer in Großschreibung umgewandelt. Im VDM wird der CDS-View-Name auch als Datendefinitionsname verwendet. Die Wahl des *SQL-View-Namens* durch die Annotation `@AbapCatalog.sqlViewName` bleibt dem View-Entwickler überlassen, da dieser Name im Modell meist nicht sichtbar ist. Bei analytischen Anwendungen spielt er allerdings eine Rolle, siehe Abschnitt 1.2.2, »CDS-View anlegen«.

**Drei Namen eines Views**

**Präfixe und Suffixe**  Im VDM haben die CDS-View-Namen entsprechend ihres Typs die in Tabelle 7.3 angegebenen Präfixe bzw. Suffixe. Einige weitere Suffixe sind gebräuchlich:

- `<ViewName>Text`: ein View mit sprachabhängigen Texten, siehe Kapitel 6, »CDS-Modelle für Anwendungsdaten«, z. B. `I_TaxCodeText`

- `<ViewName>Cube`: ein analytischer Cube-View, siehe Kapitel 8, »Modellierung analytischer Anwendungen«, z. B. `I_SalesOrderItemCube`

- `<ViewName>Query`: eine analytische Query, (abgekürzt Qry), siehe Kapitel 8, »Modellierung analytischer Anwendungen«, z. B. `C_GoodsMovementQuery`

- `<ViewName>ValueHelp`: der View wird als Wertehilfe verwendet, abgekürzt »VH«, z. B. `C_CustomerMaterialValueHelp`

- `<ViewName>ObjPg`: ein View für eine Überblicksseite zu einem Objekt in SAP Fiori, z. B. `C_InboundDeliveryObjPg`

**Namenskern**  Der Kern des VDM-View-Namens, der durch Präfixe und Suffixe ergänzt wird, besteht aus einem semantischen Bezeichner für das Resultat des Views, genauer dem betriebswirtschaftlichen Namen einer Resultatzeile des Views. Daher ist ein View-Name in der Regel ein Begriff im Singular und nur in Ausnahmefällen im Plural. Oft hat eine solche Resultatzeile einen Schlüssel. Dann ergibt sich der Kern des View-Namens direkt aus dem Feldnamen dieses Identifiers oder Codes.

**Länder, Industrien, Produkte**  Manche VDM-Views sind spezifisch für einzelne Länder, Industrien oder SAP-Produkte. Ihr semantischer Name kann jedoch zu Namenskollisionen mit Entitäten des SAP-S/4HANA-Kernprodukts führen. In einem solchen Fall können diese Views mit einem entsprechenden Präfix versehen werden:

- für Länder mit dem ISO-Ländercode (zwei Buchstaben),
  z. B. `I_BR_BusinessPlace` oder `I_TW_TaxCode`

- für Industrien mit einem Industriecode (drei Buchstaben),
  z. B. `I_PRA_TaxRevenueProcessCode`

- für SAP-Produkte mit einem Produktcode (drei Buchstaben),
  z. B. `I_PPM_Tasktype`

Kombinationen dieser Präfixe sind möglich. In seltenen Fällen können diese Präfixe auch für Feldnamen genutzt werden. Aktuell sind die in Tabelle 7.4 angegebenen SAP-Produkte durch ein eigenes Präfix gekennzeichnet.

| Präfix | SAP-Produkt |
|--------|-------------|
| EHS | Environment, Health and Safety |
| IBP | Integrated Business Planning |
| MDG | Master Data Governance |
| MKT | Marketing |
| PPM | Project & Portfolio Management |
| EWM | SAP Extended Warehouse Management |

**Tabelle 7.4** SAP-Produkte mit eigenem Präfix im VDM

**[«]**

**Namensraum für View-Namen**

Verwenden Sie für eigene CDS-Views einen View-Namen, der mit »Z« oder »Y« beginnt oder Ihren reservierten Namensraum /<namespace>/ als Präfix hat.

### 7.3.3   Parameternamen

Der Name eines Parameters eines VDM-Views besteht aus einem Präfix »P_« und einem betriebswirtschaftlichen semantischen Namen. Dieser wird genau wie die Feldnamen gebildet und ist oft tatsächlich ein Feldname.

### 7.3.4   Assoziationsnamen

Eine Assoziation eines VDM-Views zeigt wiederum auf einen VDM-View. Meist wird vom Ziel-View der erste Buchstabe weggelassen und der Rest als Assoziationsname genutzt, z. B. zeigt die Assoziation _Customer auf den View I_Customer. Sie können den Assoziationsnamen aber auch abkürzen, solange er im Kontext verständlich bleibt. Zum Beispiel kann die Assoziation vom View I_SalesOrder zu I_SalesOrderItem auch _Item heißen. Die Assoziation von einem Entitäten-View auf seinen Text-View heißt in der Regel nur _Text.

Assoziationsnamen

Wenn es mehrere Assoziationen zu dem gleichen Ziel-View gibt, müssen die Assoziationen um einen Qualifier ergänzt werden, z. B. _SenderCostCenter und _ReceiverCostCenter.

## 7.4   Der Basic-Interface-View für den Kundenauftrag

In diesem Abschnitt soll ein konkreter VDM-View genauer erläutert werden, und zwar der Basic-Interface-View I_SalesOrder für die Kopfdaten eines Kundenauftrags.

### 7.4.1   View-Annotationen

In diesem Abschnitt erläutern wir die Annotationen des Views selbst. Listing 7.1 zeigt den Beginn der View-Definition mit diesen Annotationen.

```
@ClientHandling.algorithm: #SESSION_VARIABLE
@ObjectModel.compositionRoot: true
@ObjectModel.representativeKey: 'SalesOrder'
@ObjectModel.usageType.dataClass: #TRANSACTIONAL
@ObjectModel.usageType.serviceQuality: #B
@ObjectModel.usageType.sizeCategory: #L
@EndUserText.label: 'Sales Order'
@Analytics:{dataCategory:#DIMENSION,
            dataExtraction.enabled:true }
@VDM.viewType: #BASIC
@AccessControl.authorizationCheck: #CHECK
@AbapCatalog.sqlViewName: 'ISDSALESORDER'
define view I_SalesOrder
  as select from I_SalesDocument as SalesDocument
```

**Listing 7.1** View-Annotationen des SAP-Views I_SalesOrder

Mandanten-
behandlung
Durch die Annotation @ClientHandling.algorithm: #SESSION_VARIABLE wird der Algorithmus für die Mandantenbehandlung festgelegt. Bei VDM-Views hat man sich für die Nutzung einer Session-Variable in SAP HANA mit dem Namen CDS_CLIENT entschieden. Bei der Generierung des SQL-Views eines CDS-Views wird bei der Nutzung mandantenabhängiger Tabellen die Mandantenspalte der Tabelle gleich dieser Session-Variable gesetzt.

Von der ABAP-Datenbankschnittstelle wird die Session-Variable auf den Wert des aktuellen Mandanten bzw. angefragten Mandanten gesetzt. Dadurch liefert ein VDM-View genau die Daten eines Mandanten.

[»]

**Ausführung des SQL-Views in SAP HANA**

Das Ausführen des SQL-Views eines CDS-Views direkt in SAP HANA wird von SAP nicht unterstützt und liefert bei undefinierter Session-Variable auch keine Ergebnisse. Zu Testzwecken können Sie die Session-Variable

CDS_CLIENT manuell in der SAP HANA SQL Console setzen, z. B. auf den Mandanten »001«: set 'CDS_CLIENT' = '001';

Die Annotation @ObjectModel.compositionRoot: true zeigt an, dass der View I_SalesOrder die Wurzel eines Baums von Kompositionsassoziationen ist. Ein solcher Baum hat genau eine Wurzel. In diesem Fall definiert der Baum das Business-Objekt Kundenauftrag. Weitere Informationen hierzu finden Sie in Abschnitt 6.6, »Kompositionsbeziehungen«.

**Kompositionsbaum**

Die Annotation @ObjectModel.representativeKey: 'SalesOrder' kennzeichnet das Feld SalesOrder, die Kundenauftragsnummer, als repräsentierenden Schlüssel des Views. (Details hierzu finden Sie in Abschnitt 6.4, »Fremdschlüsselbeziehungen«.)

**Repräsentierender Schlüssel**

Um das Laufzeitverhalten eines VDM-Views und seine Auswirkung auf die Systemlast einschätzen zu können, wird jeder View nach drei Kriterien kategorisiert.

**Laufzeitverhalten**

@ObjectModel.usageType.dataClass: #TRANSACTIONAL

@ObjectModel.usageType.serviceQuality: #B

@ObjectModel.usageType.sizeCategory: #L

Das erste Kriterium, dataClass, teilt Views nach der Art ihrer Daten ein: transaktionale Daten, Stammdaten, Organisationsdaten, Customizing, Metadaten und gemischte Daten.

Das zweite Kriterium, serviceQuality, ist eine Charakterisierung des Laufzeitverhaltens des Views, die sich aus mehreren Komponenten ergibt und z. B. auch die Antwortzeit bei der Selektion einer einzigen Zeile berücksichtigt. Mögliche Werte sind »A«, »B«, »C«, »D« und »X«. An Kategorie »A« werden die höchsten Ansprüche gestellt, sodass diese Views universell einsetzbar sind. Aber auch Views der Kategorie »C« können noch in transaktionalen Szenarien eingesetzt werden, während die Kategorie »D« eher für analytische Zwecke geeignet ist. Views in Kategorie »X« sind nur für spezielle Szenarien gedacht.

Das dritte Kriterium, sizeCategory, reicht von »S« bis »XXL« und beschreibt das erwartete Datenvolumen in einem Produktivsystem.

Die Annotation @EndUserText.label: 'Sales Order' definiert eine Beschreibung für den View, die in alle Sprachen übersetzt wird. Für gewöhnlich ist dies der semantische Name mit »aufgelöster« Camel-Case-Notation des CDS-Views. Diese Beschreibung wird in einigen Apps angezeigt, in denen freigegebene CDS-Views gesucht und für Kundenerweiterungen genutzt

**Übersetzter Name**

werden können, z. B. auch im View-Browser, den Sie in Abschnitt 7.5.1, »View-Browser«, kennenlernen werden.

**Analytische Eigenschaften**  Die Annotation `@Analytics.dataCategory: #DIMENSION` kennzeichnet den View als analytischen Dimensions-View. Details dazu finden Sie in Kapitel 8, »Modellierung analytischer Anwendungen«.

Die Annotation `@Analytics.dataExtraction.enabled: true` bezieht sich auf die analytische Datenextraktion, die nicht Thema dieses Buches ist.

**VDM-View-Typ**  Die Annotation `@VDM.viewType: #BASIC` kennzeichnet den View als Basic-Interface-View. Die Annotation `@AccessControl.authorizationCheck: #CHECK` kennzeichnet, dass dieser View eine Zugriffskontrolle benötigt. Details hierzu finden Sie in Abschnitt 4.2, »Wirkungsweise der CDS-Zugriffskontrollen«. Die Annotation `@AbapCatalog.sqlViewName: 'ISDSALESORDER'` legt den SQL-View-Namen des CDS-Views fest.

### 7.4.2   Aufbau des Views

Die Daten für den Kundenauftragskopf entsprechen nicht eins zu eins einer Datenbanktabelle. Der Aufbau des Views `I_SalesOrder` ist komplizierter und in Abbildung 7.6 dargestellt.

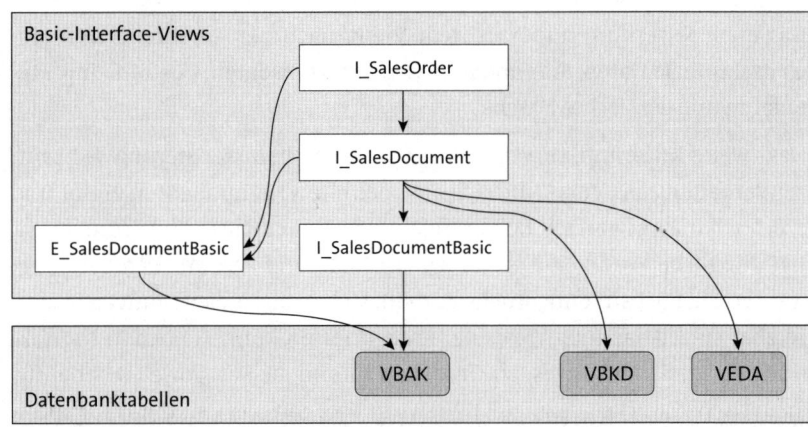

**Abbildung 7.6** Aufbau des Views I_SalesOrder

Den Aufbau des Views können Sie in Eclipse anzeigen. Wählen Sie dazu im Kontextmenu des View-Editors **Open With • Dependency Analyzer**. Diese Darstellung berücksichtigt nur Selektionsbeziehungen; potenzielle Selektionen über Assoziationen können Sie in dieser Sicht nicht mitauswählen.

**Generalisierung**  Ein Kundenauftrag ist nur eine von mehreren Spezialisierungen eines Vertriebsbelegs. Daher wird der Basic-Interface-View `I_SalesOrder` nicht direkt in den Datenbanktabellen definiert, sondern als Projektion mit einem Filter auf dem View `I_SalesDocument`. Dieser repräsentiert einen Vertriebsbeleg, also die Generalisierung von Kundenauftrag, Kundenkontrakt usw. Der Filter des Views `I_SalesOrder` selektiert genau die Kundenaufträge aus den Vertriebsbelegen.

Die Daten des Vertriebsbelegkopfes stammen aus drei verschiedenen Tabellen: `VBAK`, `VBKD` und `VEDA`. Von diesen Tabellen wird nur die Haupttabelle `VBAK` direkt über einen eigenen View `I_SalesDocumentBasic` exponiert. Eigentlich sind alle Daten dieses Views auch im View `I_SalesDocument` enthalten. Dennoch hat man ihn eingeführt, da er viele Verwendungszwecke abdeckt und die statische Komplexität darauf aufbauender CDS-Views gering hält.

**Kombination von Tabellen**

Die auch im View `I_SalesDocumentItem` verwendeten Tabellen `VBKD` und `VEDA` werden dagegen im VDM versteckt, was die Struktur des Modells vereinfacht.

Sie werden sich nun fragen, wo die Redundanzfreiheit in der Schicht der Basic-Interface-Views geblieben ist. Immerhin basieren die drei Views `I_SalesOrder`, `I_SalesDocument` und `I_SalesDocumentBasic` aufeinander bzw. auf der Tabelle `VBAK`. Hier liegen zwei unterschiedliche Sachverhalte vor.

**Redundanzfreiheit**

- Zum einen gibt es eine Spezialisierungs-/Generalisierungsbeziehung zwischen `I_SalesOrder` und `I_SalesDocument`. Beide Views werden als eigenständige Entitäten gebraucht und besitzen unterschiedliche Semantiken. Also können sie nebeneinander existieren.

- Der View `I_SalesDocumentBasic` bildet eine vereinfachte Version von `I_SalesDocument` und führt tatsächlich eine Redundanz ein. Diese wurde akzeptiert, da die vereinfachte Version klar als Einschränkung erkennbar ist und zur Verbesserung der Performance an anderer Stelle gebraucht wird.

Für Kundenerweiterungsfelder der Tabelle `VBAK` ist der Extension-Include-View `E_SalesDocumentBasic` vorgesehen. Die Assoziation `_Extension` vom Kundenauftrags-View zum Extension-Include-View, siehe Listing 7.2, ermöglicht den Zugriff auf diese Erweiterungsfelder. In Kapitel 11, »Erweiterungen von CDS-Views«, werden Sie dies genauer kennenlernen.

**Extension-Include-View**

### 7.4.3    Spezialisierung

Bei der Spezialisierung des Vertriebsbelegs-Views zum Kundenauftrags-View kann das Modell des Vertriebsbelegs weitestgehend übernommen

**Spezialisierung**

werden. Listing 7.2 zeigt einen Teil der View-Definition des Kundenauftrags I_SalesOrder.

```
define view I_SalesOrder
  as select from I_SalesDocument as SalesDocument
  association [0..*] to I_SalesOrderItem as _Item
    on $projection.SalesOrder = _Item.SalesOrder
  association [0..1] to I_SalesOrderType as _SalesOrderType
    on $projection.SalesOrderType =
    _SalesOrderType.SalesOrderType
  association [0..1] to E_SalesDocumentBasic as _Extension
    on SalesDocument.SalesDocument = _Extension.SalesDocument
{ key cast(SalesDocument as vdm_sales_order preserving type)
      as SalesOrder,
    @ObjectModel.foreignKey.association: '_SalesOrderType'
    SalesDocumentType              as SalesOrderType,
    ...
    CreatedByUser,
    LastChangedByUser,
    @Semantics.systemDate.createdAt: true
    CreationDate,
    @Semantics.systemTime.createdAt: true
    CreationTime,
    @Semantics.systemDate.lastChangedAt: true
    LastChangeDate,
    @Semantics.systemDateTime.lastChangedAt: true
    LastChangeDateTime,
    ...
    @ObjectModel.association.type: [#TO_COMPOSITION_CHILD]
    _Item,
    _Partner,
    _SalesOrderType,
    _CreatedByUser,
    ...
}
where SalesDocument.SDDocumentCategory = 'C'
```

**Listing 7.2**  View I_SalesOrder als Spezialisierung von I_SalesDocument

Nur die relevanten Felder werden ausgewählt. Die meisten Feldnamen bedürfen keiner Spezialisierung und können erhalten bleiben. Der Name des Schlüsselfelds wird von SalesDocument auf SalesOrder geändert. Dabei wird auch das zugehörige Datenelement geändert, um die Feldbezeichner anzupassen. Das CDS-Sprachelement cast … preserving type stellt sicher, dass der technische Datentyp gleich bleibt.

Typisch für einen View mit vielen Feldern ist die große Zahl von Assoziationen, die auch als Fremdschlüsselassoziationen verwendet werden. Die meisten Assoziationen brauchen bei der Spezialisierung nicht neu definiert zu werden.

### 7.4.4   Feldannotationen

Listing 7.2 zeigt auch einige Feldannotationen des Views I_SalesOrder. Es werden viele Annotationen wiederholt, obwohl sie eigentlich bereits durch die *Annotationspropagation* zur Verfügung stehen. In Eclipse können Sie die effektiven semantischen Daten (Annotationen) überprüfen. Wählen Sie dazu im Kontextmenu des View-Editors **Open With • Active Annotations**, und vergrößern Sie das neue Fenster. Sie erhalten einen Überblick der View- und Elementannotationen (siehe Abbildung 7.7).

*Annotationspropagation*

**Active Annotations for Entity I_SalesOrder**

▾ **Selection**

Variant:

**Annotation Values**

type filter text

| Annotated Elements | Annotation Value | Translated Text | Origin Data Sou... | Origin Data Element |
|---|---|---|---|---|
| ⌄ @ Entity annotations | | | | |
| ⌄  @AbapCatalog | | | | |
|      sqlViewName | 'ISDSALESORDER' | | | |
| ⌄  @ClientHandling | | | | |
|      algorithm | #SESSION_VARIABLE | | | |
| ⌄  @ObjectModel | | | | |
|      compositionRoot | true | | | |
|      representativeKey | 'SalesOrder' | | | |
|   ⌄  usageType | | | | |
|        dataClass | #TRANSACTIONAL | | | |
|        serviceQuality | #B | | | |
|        sizeCategory | #L | | | |
| ⌄  @EndUserText | | | | |
|      label | 'Sales Order' | | | |
| ⌄  @Analytics | | | | |
|      dataCategory | #DIMENSION | | | |
|   ⌄  dataExtraction | | | | |
|        enabled | true | | | |
| ⌄  @VDM | | | | |
|      viewType | #BASIC | | | |
| ⌄  @AccessControl | | | | |
|      authorizationCheck | #CHECK | | | |
| ⌄ ▦ SalesOrder | | | | |
| ⌄  @EndUserText | | | | |
|      quickInfo | | Kundenauftrag | I_SalesOrder | VDM_SALES_ORDER |
|      label | | Kundenauftrag | I_SalesOrder | VDM_SALES_ORDER |
|      heading | | KundAuftr. | I_SalesOrder | VDM_SALES_ORDER |
| ⌄ ▦ SalesOrderType | | | | |
| ⌄  @ObjectModel | | | | |
|   ⌄  foreignKey | | | | |
|        association | '_SalesOrderType' | | I_SalesOrder | |
| ⌄  @EndUserText | | | | |
|      quickInfo | | Verkaufsbelegart | VBAK | AUART |
|      label | | Verkaufsbelegart | VBAK | AUART |
|      heading | | VArt | VBAK | AUART |

**Abbildung 7.7** Effektive Annotationen des Views I_SalesOrder

View-Annotationen werden nicht vererbt; daher ist der Bereich **Entity An-notations** mit den View-Annotationen meist weniger interessant. Bei der Darstellung der Feldannotationen fallen Ihnen wahrscheinlich die vielen `@EndUserText`-Annotationen auf. Das liegt daran, dass die Annotationspropagation die Feldbezeichner aus den Datenelementen der Felder in implizite `@EndUserText`-Annotationen übersetzt. Vererbte Annotationen können die Ursache für ein unerklärliches Verhalten des Views sein. Die Anzeige der effektiven Annotationen hilft in solchen Situationen.

**Feldannotationen**  Wenn Sie sich den kompletten View `I_SalesOrder` in Ihrem System ansehen, nicht nur den Ausschnitt in Listing 7.2, werden Sie feststellen, dass es nur wenige verschiedene Feldannotationen gibt. Sie kennen diese schon aus Kapitel 6, »CDS-Modelle für Anwendungsdaten«:

- viele `@ObjectModel.foreignKey`-Annotationen

- einige `@Semantics.systemDate`-, `systemTime`- und `systemDateTime`-Annotationen für den Anlage- und den letzten Änderungszeitpunkt

- eine `@DefaultAggregation`-Annotation, um den Gesamtnettobetrag als Kennzahl auszuzeichnen

- zu diesem Betrag gehörige `@Semantics.amount.currencyCode`- und `@Semantics.currencyCode`-Annotationen

Außerdem gibt es eine `@ObjectModel.association.type`-Annotation an der Assoziation `_Item`, um diese als Kompositionsassoziation auszuzeichnen.

## 7.5   Tipps zum Finden von VDM-Views

In einem SAP-S/4HANA-System gibt es eine große Zahl von CDS-Views. Es ist daher manchmal nicht leicht, einen VDM-View mit einer bestimmten betriebswirtschaftlichen Semantik und besonderen technischen Eigenschaften zu finden, oder sich einen Überblick über die vorhandenen Views zu verschaffen.

### 7.5.1   View-Browser

**View-Browser**  Am bequemsten ist die Suche nach VDM-Views mit der SAP-Fiori-App »View-Browser«, die Sie mit der in Abbildung 7.8 gezeigten Kachel starten.

Nach dem Start der App können Sie auf Typen von VDM-Views einschränken. In Abbildung 7.9 sind nur Composite-Views ausgewählt; eine gleichzeitige Suche nach Stichworten ist möglich.

**Abbildung 7.8** SAP-Fiori-App zum Suchen von CDS-Views

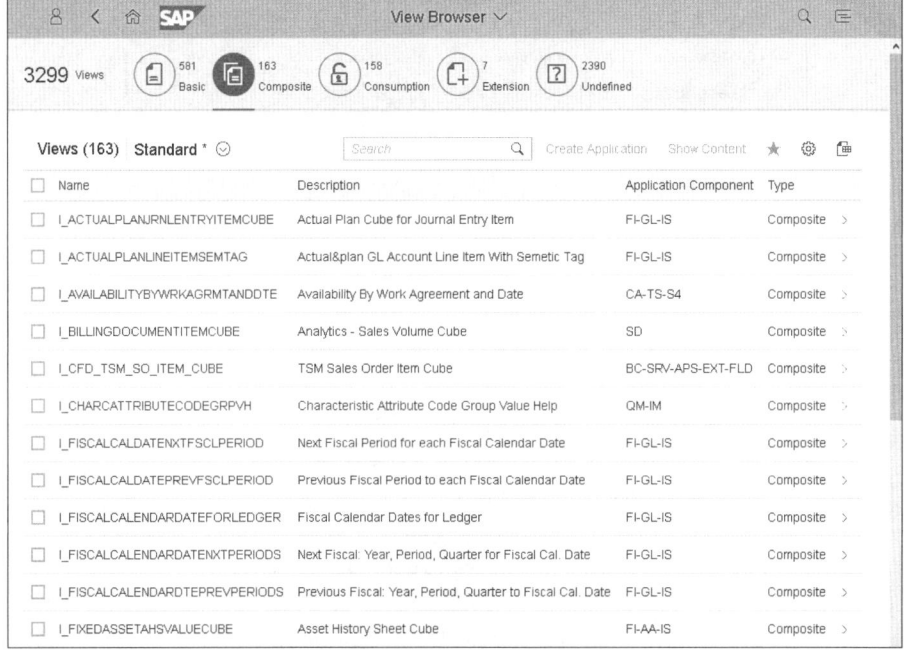

**Abbildung 7.9** Composite-VDM-Views im View-Browser

Sie können auch nach einem deutschen Begriff suchen, da die übersetzte Beschreibung in die Suche einbezogen wird (siehe Abbildung 7.10).

**Abbildung 7.10** Suche nach einem deutschen Begriff

Aus der Trefferliste können Sie in eine Detaildarstellung des Views navigieren (siehe Abbildung 7.11).

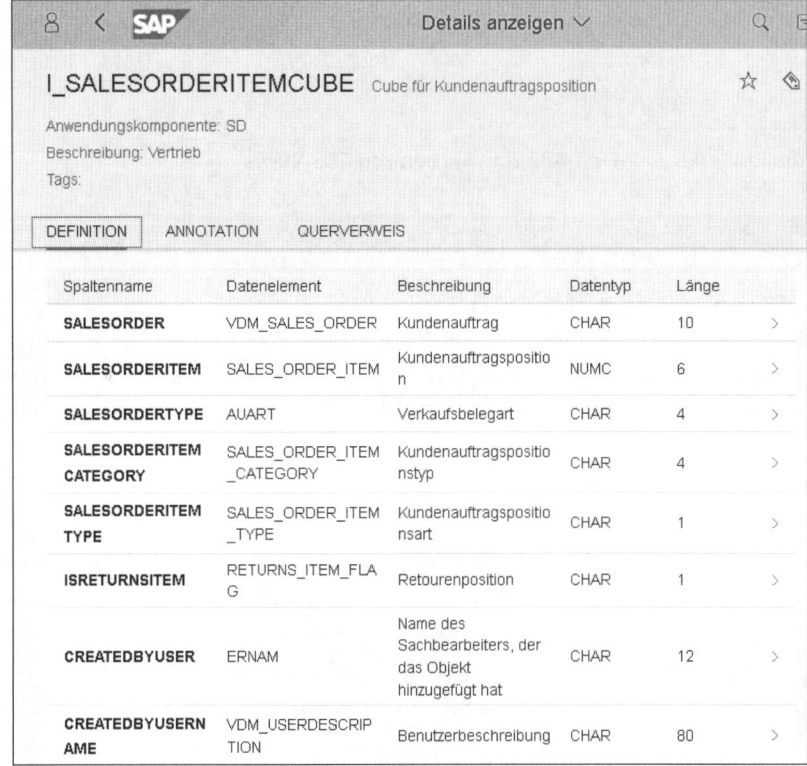

**Abbildung 7.11** Detaildarstellung eines gefundenen Views

Der View-Browser ist eine komfortable Suchmethode, hat aber eine wichtige Einschränkung: Nur freigegebene CDS-Views werden vom View-Browser gefunden und angezeigt.

### 7.5.2   Suche in Eclipse

Suche in Eclipse

Zugang zu allen CDS-Views haben Sie in den Eclipse-basierten *ABAP Development Tools* (ADT). Deren Standarddialog zum Öffnen von Entwicklungsobjekten bietet auch Suchmöglichkeiten. Kombiniert mit den Namenskonventionen des VDM eröffnet Ihnen dies einige Möglichkeiten.

Starten Sie den Öffnen-Dialog über **Navigate • Open ABAP Development Object** oder das entsprechende Icon [icon].

Öffnen-Dialog

Sie können nun, wie in Abbildung 7.12 gezeigt, einen Suchtext eingeben. Es werden alle Entwicklungsobjekte gefunden, mit dem Suchtext am Anfang des Namens. Treffer kann es bei verschiedenen Typen von Objekten geben. Im Beispiel sehen Sie eine Mischung von Datendefinitionen, Entitäten und Zugriffskontrollen.

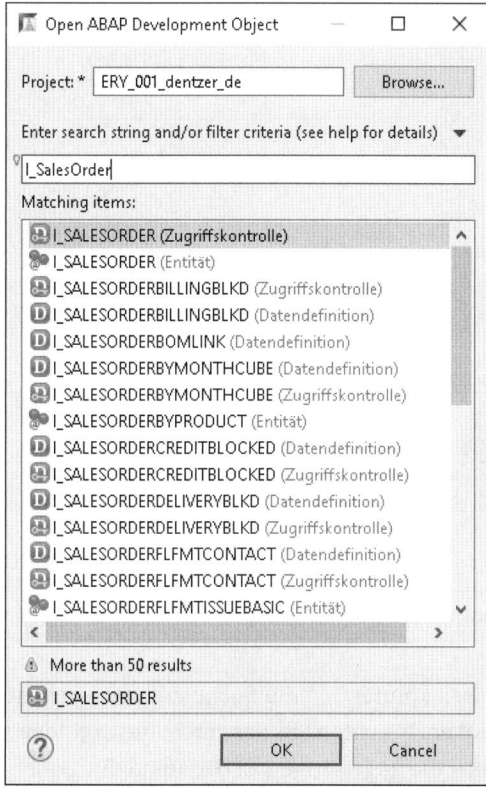

**Abbildung 7.12** Einfache Suche im Öffnen-Dialog

Durch Angabe eines »type« bei der Suche können Sie die Treffer auf den gewünschten Typ einschränken. Folgende Typen sind für CDS-Views relevant:

**Typeinschränkung**

- DDLS: eine CDS-Datendefinition
- STOB: ein CDS-View, auch Entität genannt
- DCLS: eine Zugriffskontrolle

Den Namen der CDS-Datendefinition geben Sie beim Anlegen eines CDS-Views als Erstes an; er wird immer in Großbuchstaben umgewandelt. Der Name des CDS-Views bleibt dagegen in der Camel-Case-Schreibweise erhalten. Abgesehen von der Groß-/Kleinschreibung sind die beiden Namen bei VDM-Views gleich. In Abbildung 7.13 sehen Sie eine Suche mit Typeinschränkung.

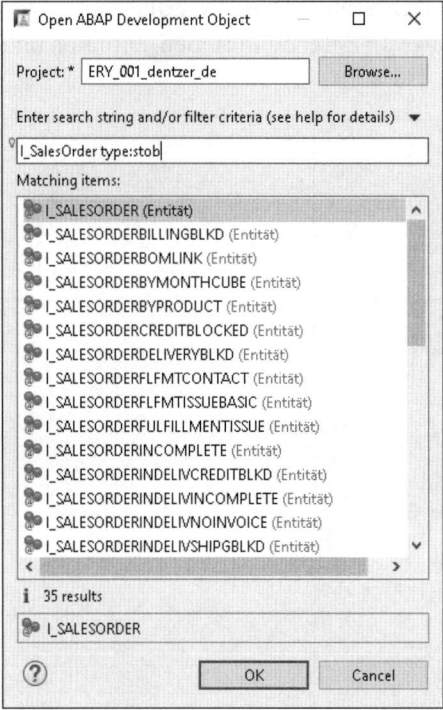

**Abbildung 7.13** Suche mit Einschränkung auf CDS-Views

Suche freige-
gebener Views

Durch einen Zusatz `api:released` können Sie die Suche auf freigegebene Entwicklungsobjekte einschränken. Beachten Sie, dass nicht die CDS-Views selbst freigegeben sind sondern die zugehörigen CDS-Datendefinitionen, wie Sie es in Abbildung 7.14 sehen können.

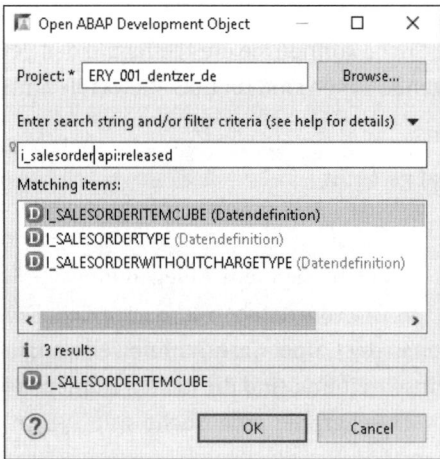

**Abbildung 7.14** Einschränkung auf freigegebene Objekte

Und schließlich stehen Ihnen die Ersetzungszeichen (Wildcards) »*« und »?« zur Verfügung, sowie ein Symbol »<« für das Ende des Namens. Damit können Sie z. B. Query-Views finden, die der VDM-Namenskonvention entsprechen (siehe Abbildung 7.15).

**Wildcards**

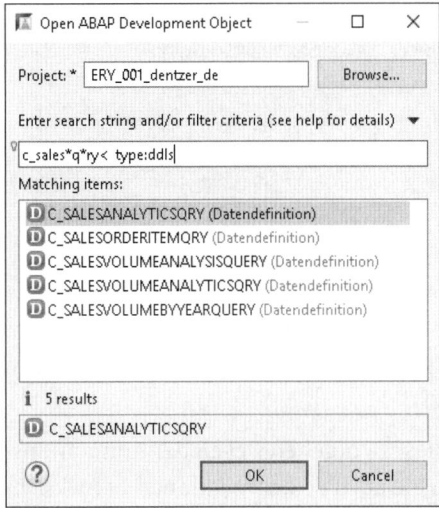

**Abbildung 7.15** Suche mit Wildcards und Namensendezeichen

Damit sind die Möglichkeiten des Öffnen-Dialogs erschöpft. Leider können Sie keine Bedingungen an Annotationen in den Views formulieren, die im VDM eine große Rolle zur Charakterisierung von Views spielen. Es gibt aber eine andere Möglichkeit.

### 7.5.3   Suche von Views mit bestimmten Annotationen

Der im Folgenden beschriebene Weg zur Suche von CDS-Views mit bestimmten View-Annotationen wird von SAP nicht unterstützt. Er ist in der Praxis aber recht nützlich.

**Tabelle DDHEADANNO**

1. Starten Sie den Data Browser (Transaktion SE16) für die Tabelle DDHEADANNO. Abbildung 7.16 zeigt das Selektionsbild.

2. Geben Sie im Feld **STRUCOBJN** eine Selektion für die Views an, die Sie interessieren, z. B. ein Suchmuster »I_*«.

3. Geben Sie im Feld **NAME** die Annotation ein, ohne führendes »@«, aber als vollständigen Pfad, durch ».« getrennt, z. B. »OBJECTMODEL.USAGETYPE.SERVICEQUALITY«.

4. Geben Sie im Feld **VALUE** den Wert der Annotation an, z. B. »#A«.

5. Starten Sie die Selektion.

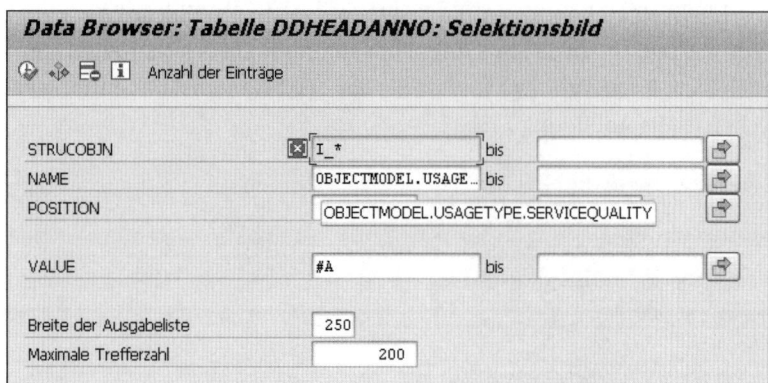

**Abbildung 7.16** Selektion von Views mit bestimmten Annotationen

Als Resultat erhalten Sie alle VDM-Interface-Views (aufgrund der VDM-Namenskonvention) mit der Kategorie »A« beim Laufzeitverhalten (siehe Abschnitt 7.4.1, »View-Annotationen«).

Annotations-API  Für Annotationen an Feldern ist dieses Vorgehen wegen der Annotationspropagation nicht geeignet. Wenn Sie auch Feldannotationen berücksichtigen wollen oder nur unterstützte Methoden nutzen, können Sie auch das Annotations-API verwenden, also die Methoden der ABAP-Klasse CL_DD_DDL_ANNOTATION_SERVICE.

### 7.5.4  ABAP-Verwendungsnachweis

ABAP-Verwendungsnachweis  Eine weitere Möglichkeit zur Suche nach VDM-Views bietet der *ABAP-Verwendungsnachweis*. Sie können diesen z. B. für eine Tabelle ausführen. CDS-Views finden Sie, wenn Sie im Dialog des Verwendungsnachweises die Verwendung in **DDL Sourcen** auswählen, (siehe Abbildung 7.17). In der Resultatliste erkennen Sie VDM-Views an deren Namenskonvention.

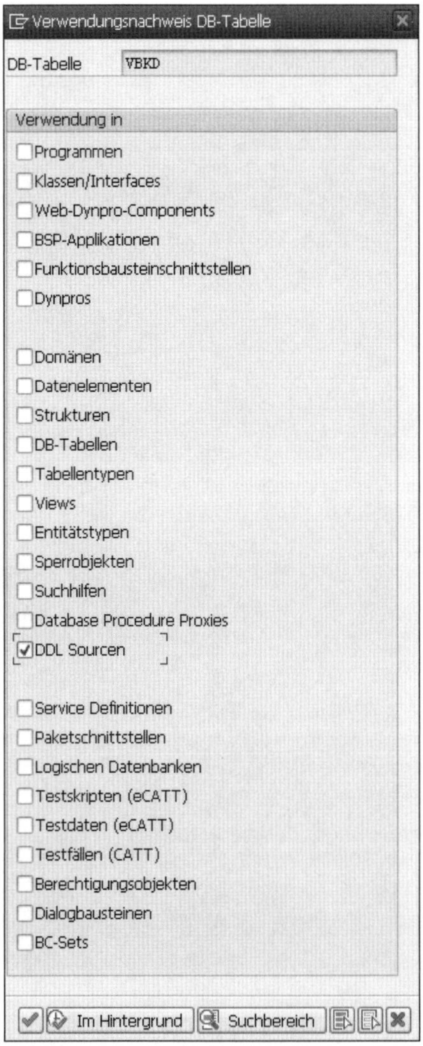

**Abbildung 7.17**  Verwendung in CDS-Views

# Kapitel 8
# Modellierung analytischer Anwendungen

*CDS-Views erschließen die umfangreichen Datenbestände moderner betriebswirtschaftlicher Anwendungen. Das analytische CDS-Modell ermöglicht Datenanalysen direkt in Ihrem SAP-S/4HANA-System. Ihre eigenen Analysen können Sie leicht ergänzen.*

8

Mit ABAP Core Data Services können Sie komplexe analytische Auswertungen und Berechnungen definieren und in multidimensionalen Analysen nutzen. In diesem Kapitel vermitteln wir Ihnen das notwendige Wissen und ein tieferes Verständnis der Modellierung analytischer Anwendungen. Wir bauen auf den Grundlagen der Vorkapitel auf und erläutern im Detail, wodurch die analytischen Eigenschaften von CDS-Views festgelegt werden.

Der erste Abschnitt ist eine kurze Einführung zu *Analysen* in SAP S/4HANA. **Aufbau**
Der zweite Abschnitt behandelt *analytische Views*. Zu Beginn stellen wir die Definition eines einfachen analytischen Views in CDS vor und demonstrieren seine Verwendung in der analytischen Testumgebung. Danach führen wir Schritt für Schritt die wesentlichen Typen analytischer Views ein, *Cube-Views* und *Dimensions-Views*, und erläutern diese mit Beispielen. Abschließend betrachten wir einige Besonderheiten des von diesen Views definierten analytischen Gesamtmodells. Der dritte Abschnitt stellt *analytische Queries* vor und zeigt, wie Sie damit komplexere Analysen in CDS realisieren und an die Bedürfnisse Ihrer Endbenutzer anpassen. Im vierten Abschnitt geben wir einen kurzen Überblick über die aktuelle *analytische Infrastruktur* in SAP S/4HANA. Diese Kenntnis ist nützlich, um die Ausführung analytischer Anwendungen besser zu verstehen, insbesondere bei großen Datenmengen.

Am Ende des Kapitels haben Sie das CDS-basierte Fundament analytischer Anwendungen in SAP S/4HANA im Detail kennengelernt und können eigene analytische CDS-Views und Queries mit leistungsfähigen Funktionen implementieren.

## 8.1   Analysen in SAP S/4HANA

Einem Benutzer von SAP S/4HANA stehen eine Vielzahl analytischer Auswertungen zur Verfügung. Diese sind in seine SAP-Fiori-Benutzeroberfläche eingebunden. Schon auf seinem Einstiegsbild kann er die wichtigsten Key Performance Indicators (KPIs) auf speziellen Kacheln kontrollieren,
wie in Abbildung 8.1 gezeigt. Über einen Klick auf diese Kacheln gelangt er
zu detaillierten Analysen.

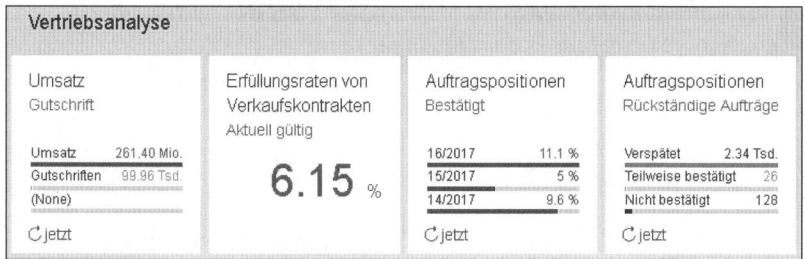

**Abbildung 8.1** Analytische Kacheln im SAP Fiori Launchpad

**Eingebaute Analyse**   Hierfür ist kein separates Data Warehouse notwendig; die im System vorhandenen Daten werden direkt ausgewertet. Dadurch erhält der Benutzer
aktuelle Informationen als solide Grundlage für die Erledigung seiner Aufgaben und für betriebswirtschaftliche Entscheidungen.

**Kundeneigene Analysen**   Neben Standardanalysen, die von SAP vordefiniert und ausgeliefert werden, gibt es diverse Möglichkeiten, um weitere Analysen zu erstellen, die an
die individuellen Bedürfnisse eines Kunden angepasst sind. Um dies zu erleichtern, liefert SAP nicht nur fertige analytische Anwendungen aus, sondern auch vorbereitete analytische CDS-Views, die für die Erstellung kun-
denspezifischer Analysen genutzt werden können.

**Key User**   Anwendungsexperten (Key User) des Kunden werden hierbei durch spezielle SAP-Fiori-Apps unterstützt. Sie können z. B. mit der App »Benutzerde-
finierte analytische Abfragen« eigene Queries definieren, diese in den Apps
»KPI anlegen« oder »Reports anlegen« verwenden, neue Tiles mit ihren
KPIs und Reports anlegen und sie weiteren Benutzern zur Verfügung stellen. Informationen hierzu finden Sie unter *https://help.sap.com* in der SAP-
Standarddokumentation für die SAP S/4HANA Cloud, z. B. bei Version 1708
im Bereich **Allgemeine Funktionen für den Key-User/Erweiterbarkeit** bzw.
unter **Analysefunktionen**.

**Technische Hintergründe**   In diesem Kapitel konzentrieren wir uns aber auf die Hintergründe, das
analytische Modell, auf dem diese Key User Tools beruhen. Unsere Ziel-
gruppe sind technische Experten. Wir zeigen, wie Sie eigene analytische

Views oder komplexere Analysen definieren, indem sie in der Eclipse-basierten ABAP-Entwicklungsumgebung neue CDS-Views erstellen. Hierbei können Sie die von SAP ausgelieferten CDS-View-Modelle wiederverwenden. Die neu erstellten Views stehen wiederum den Key Users zur Verfügung.

## 8.2   Analytische Views

Wir beginnen unsere Einführung in die CDS-Modellierung analytischer Views mit einem einfachen analytischen Cube-View. Nach der Definition und einer kurzen Erläuterung werden wir ihn in der analytischen Testumgebung ausführen und demonstrieren. Dies vermittelt Ihnen ein Grundverständnis der Funktionsweise analytischer Views. Danach studieren wir die Eigenschaften analytischer Cubes und Dimensions-Views im Detail und mit weiteren Beispielen. Am Ende des Abschnitts betrachten wir das analytische Modell in seiner Gesamtheit und beschreiben seine Konsistenzbedingungen.

### 8.2.1   Erster analytischer Cube-View

Einen analytischen View können Sie am einfachsten definieren, indem Sie die von SAP ausgelieferten CDS-Views des virtuellen Datenmodells (VDM) verwenden. Diese sind mehrheitlich für die Verwendung in Analysen vorbereitet.

Legen Sie dazu, wie in Kapitel 1,»Schritt für Schritt zu Ihren ersten CDS-Views«, beschrieben, in Eclipse einen neuen CDS-View mit dem DDLS-Namen ZB_SALESORDERITEMCUBE01 und dem Quelltext aus Listing 8.1 an.

**Beispiel-View**

```
@AbapCatalog.sqlViewName: 'ZB_SOIC01'
@EndUserText.label: 'Analytischer Cube 01 für Kundenauftragspositionen'
@Analytics.dataCategory: #CUBE
define view ZB_SalesOrderItemCube01
  as select from I_SalesOrderItem
{
  SalesOrder,
  _SalesOrder,
  SalesOrderItem,
  CreationDate,
  _SalesOrder.SalesOrganization,
  _SalesOrder._SalesOrganization,
  _SalesOrder.SoldToParty,
```

```
    _SalesOrder._SoldToParty,
    _SalesOrder._SoldToParty.Country as SoldToCountry,
    Material,
    _Material,
    @Aggregation.default: #SUM
    OrderQuantity,
    OrderQuantityUnit,
    _OrderQuantityUnit,
    @Aggregation.default: #SUM
    NetAmount,
    TransactionCurrency,
    _TransactionCurrency
}
```

**Listing 8.1** Analytischer Cube-View ZB_SalesOrderItemCube01

Annotationen

Der Beispiel-View `ZB_SalesOrderItemCube01` selektiert Felder und Assoziationen vom CDS-View `I_SalesOrderItem` und von weiteren Views über Assoziationspfade. Gegenüber den CDS-Views, die Sie bisher kennengelernt haben, hat er zwei neue Annotationen:

- `@Analytics.dataCategory: #CUBE`
  Diese View-Annotation kennzeichnet den CDS-View als *analytischen Cube-View*. Dadurch wird er im analytischen Modell berücksichtigt und kann als zentrale Datenquelle in einer Analyse dienen. Ein Cube-View wird für gewöhnlich in vielen verschiedenen Analysen verwendet.

- `@Aggregation.default: #SUM`
  Diese Feldannotation charakterisiert ein Betrags- oder Mengenfeld als *analytische Kennzahl* (engl. Measure) mit dem *Standardaggregationsverhalten* »Summation«. In einer Analyse werden solche Kennzahlen summiert, wenn nicht eine andere Art von Aggregation (z. B. Maximumbildung) in der Analyse angegeben wird.

Analytische Konsistenzprüfungen

Nach dem Aktivieren des neuen CDS-Views führt die Eclipse-Entwicklungsumgebung bei analytischen Views zusätzliche Konsistenzprüfungen des analytischen Modells durch. Meldungen aus der analytischen Konsistenzprüfung tragen den Zusatz **[Analyse]**. Analytische Fehler verhindern nicht die Aktivierung des CDS-Views und seine Ausführung in ABAP SQL, aber seine Verwendung in Analysen.

Wenn auch einige Sekunden nach dem Aktivieren keine Fehler angezeigt werden (die Durchführung der analytischen Prüfungen benötigt etwas Zeit), ist der neue View für die analytische Verwendung bereit.

## 8.2.2   Testumgebung für analytische Views

Ein analytischer View kann wie jeder CDS-View mit dem Data Preview in Eclipse ausgeführt werden. Dabei werden seine analytischen Eigenschaften zwar ignoriert, aber dennoch ist ein erster Test eines analytischen Views in Eclipse mit der Funktion **Data Preview** sinnvoll, um sicherzustellen, dass er die richtigen Daten selektiert.

Zur Überprüfung des analytischen Modells und zum Test des Views mit einer multidimensionalen Analyse steht die SAP-GUI-Transaktion Transient-Provider-Vorschau als Testumgebung zur Verfügung (Transaktionscode RSRTS_ODP_DIS).

**Transaktion RSRTS_ODP_DIS**

8

1. Nach dem Start von Transaktion RSRTS_ODP_DIS wählen Sie im Feld **ODP-Kontext** die Option **Core Data Services ABAP** und geben als **ODP-Name** den SQL-View-Namen des CDS-Views ein, also »ZB_SOICO1« für Ihren ersten Cube-View (siehe Abbildung 8.2).

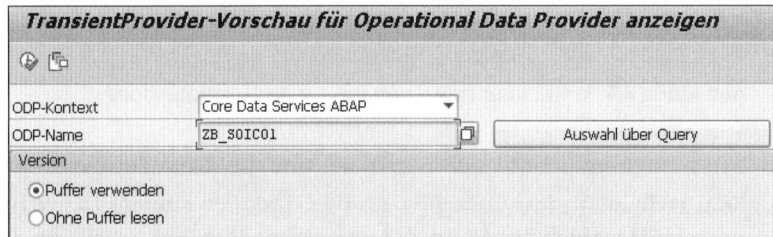

**Abbildung 8.2**  Start der Testumgebung für analytische Views

2. Klicken Sie zum Ausführen der Transaktion auf F8 .

3. Auf dem nächsten Bild wird Ihnen das aus den CDS-Definitionen abgeleitete analytische Modell angezeigt. Diese Darstellung ist sehr technisch und für den ersten Test nicht relevant. Später werden wir näher auf die gezeigten Informationen eingehen (siehe Abschnitt 8.2.5, »Analytisches Modell in der Testumgebung«), denn sie liefern wichtige Informationen für den Fall, dass der analytische View nicht so wie gewünscht funktioniert.

4. Im Moment wollen wir auf diesem Bild nur den Cube-View testen und wählen dazu die Funktion **Standard-Query** zum Start einer Testanalyse (siehe Abbildung 8.3).

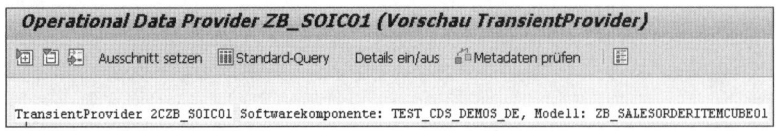

**Abbildung 8.3**  Start der Testanalyse

5. Dies startet eine multidimensionale Analyse basierend auf dem analytischen Cube. Diese Analyse sehen Sie in Abbildung 8.4. Im rechten Hauptbereich sind zunächst nur die aggregierten beiden Kennzahlen in den Spalten zu sehen. Diese sind gemäß dem annotierten Standardaggregationsverhalten in der Definition des CDS-Views über alle vorhandenen Kundenauftragspositionen summiert.

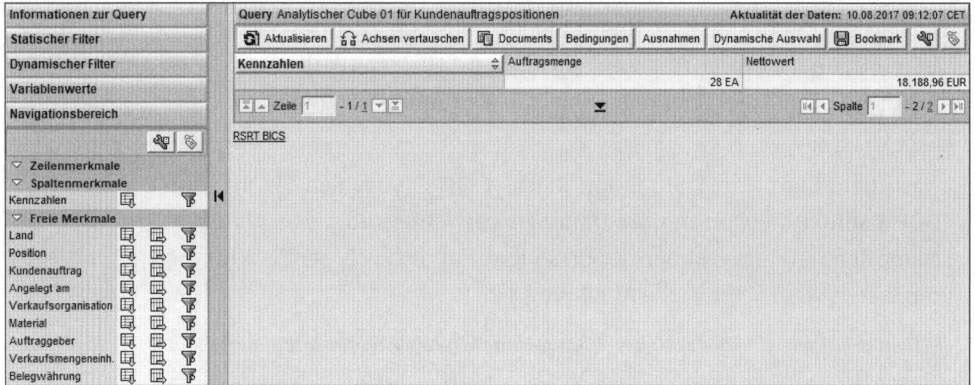

**Abbildung 8.4** Multidimensionale Analyse in der Testumgebung

6. Links unten im Bereich **Freie Merkmale** sind die Felder des Views zu sehen, nach denen die Kennzahlen gruppiert werden können. In der Testumgebung werden diese Felder *Merkmale* genannt; im Umfeld von SAP S/4HANA und CDS nennen wir sie *Dimension*.

7. Wenn Sie neben dem freien Merkmal **Material** auf das Icon 🗐 klicken, werden die summierten Auftragsmengen und Nettowerte nach dem Materialfeld in den Kundenauftragspositionen gruppiert oder »aufgerissen«. Dabei werden die einzelnen Materialien in den Zeilen angezeigt (siehe Abbildung 8.5).

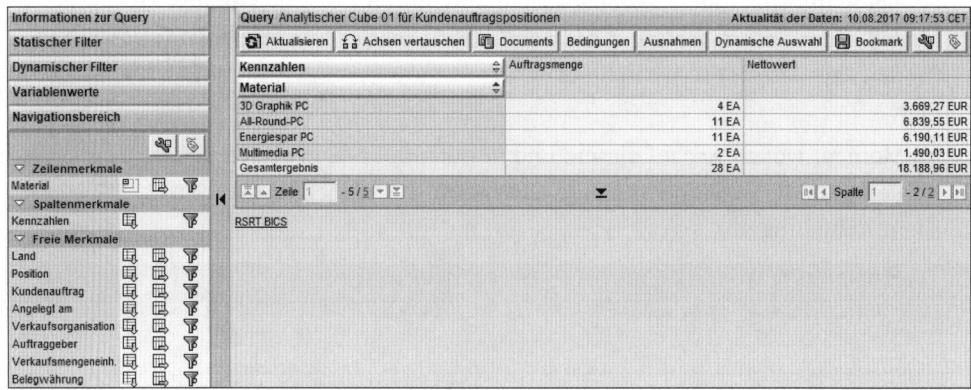

**Abbildung 8.5** Gruppierung nach »Material«

8. Analog können Sie das freie Merkmal **Verkaufsorganisation** durch Anklicken des zweiten Icons 🖽 als Gruppierung in die Spalten übernehmen (siehe Abbildung 8.6).

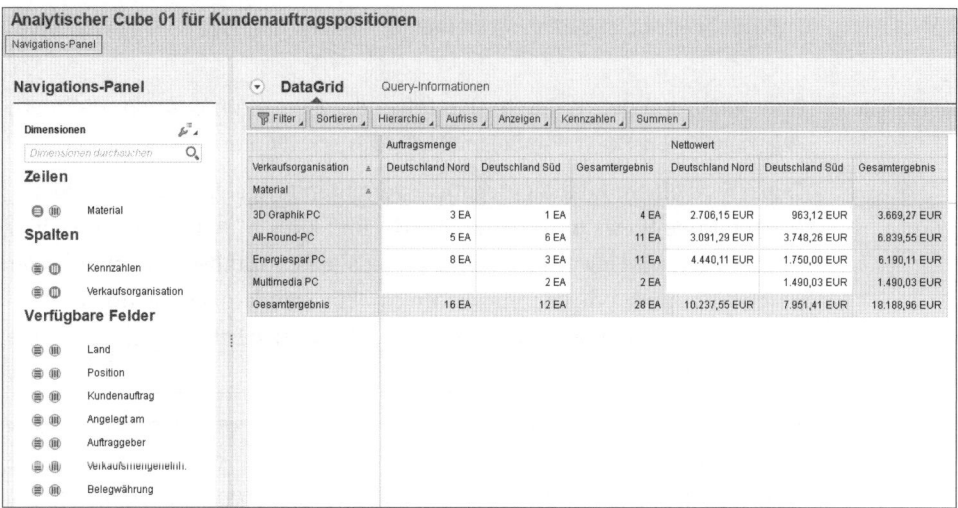

**Abbildung 8.6** Gruppierung nach »Material« und »Verkaufsorganisation«

Eine analytische SAP-Fiori-Anwendung für die multidimensionale Analyse mit diesem analytischen Cube würde die gleichen Werte zeigen, nur mit einer anderen graphischen Aufbereitung und vereinfachter Bedienung (siehe Abbildung 8.7). Zur Demonstration der analytischen Funktionen beschränken wir uns jedoch auf die Testumgebung im SAP GUI, da diese direkt zur Verfügung steht.

| Verkaufsorganisation | Auftragsmenge | | | Nettowert | | |
| --- | --- | --- | --- | --- | --- | --- |
| Material | Deutschland Nord | Deutschland Süd | Gesamtergebnis | Deutschland Nord | Deutschland Süd | Gesamtergebnis |
| 3D Graphik PC | 3 EA | 1 EA | 4 EA | 2.706,15 EUR | 963,12 EUR | 3.669,27 EUR |
| All-Round-PC | 5 EA | 6 EA | 11 EA | 3.091,29 EUR | 3.748,26 EUR | 6.839,55 EUR |
| Energiespar PC | 8 EA | 3 EA | 11 EA | 4.440,11 EUR | 1.750,00 EUR | 6.190,11 EUR |
| Multimedia PC | | 2 EA | 2 EA | | 1.490,03 EUR | 1.490,03 EUR |
| Gesamtergebnis | 16 EA | 12 EA | 28 EA | 10.237,55 EUR | 7.951,41 EUR | 18.188,96 EUR |

**Abbildung 8.7** SAP-Fiori-Aufbereitung der Analyse

Mit diesem Beispiel haben Sie das Grundverhalten einer Analyse kennengelernt:

- Die Kennzahlen werden nach einem definierten Verhalten aggregiert.
- Die aggregierten Werte können dabei nach frei wählbaren Dimensionen unterteilt und gruppiert werden.

In den folgenden Abschnitten erläutern wir systematisch die Typen und Eigenschaften von analytischen Views und deren Modellierung in CDS.

### 8.2.3    Analytische Cube-Views

Cube-View

Ein *analytischer Cube-View* ist ein CDS-View der *analytischen Datenkategorie* CUBE. Diese wird durch die folgende View-Annotation: @Analytics.dataCategory: #CUBE festgelegt. Ein Beispiel für einen Cube-View ist der CDS-View ZB_SalesOrderItemCube01 aus Listing 8.1.

Ein Cube-View dient in einer Analyse als zentrale Datenquelle. Er liefert die Zahlen, die aggregiert werden. Daher muss mindestens ein Feld eines Cube-Views ein numerisches Feld sein, gewöhnlich ein Betrag oder eine Menge, die als Kennzahl ausgezeichnet sind.

**Namen von Cube-Views**

Verwenden Sie leicht verständliche Namen für Cube-Views. Diese können sich aus der Hauptdatenquelle des Cube-Views ergeben, z. B. aus Kundenauftragspositionen, oder aus der betriebswirtschaftlichen Bedeutung seiner Kennzahlen, wenn diese im Cube durch die Kombination mehrerer Datenquellen erst berechnet werden.

Kennzahl und Aggregationsverhalten

Eine *Kennzahl* wird durch die folgende *Elementannotation* definiert: @Aggregation.default. Ein Beispiel ist @Aggregation.default: #SUM.

Dabei wird ein Standardaggregationsverhalten festgelegt. Aktuell in analytischen Cube-Views unterstützte Werte sind #SUM, #MIN und #MAX. Bei einer Aggregation wird jeweils die Summe über alle Kennzahlwerte gebildet, oder deren Minimum oder deren Maximum. Ein Standardaggregationsverhalten #NONE ist auch möglich und bedeutet, dass es sich bei dem Feld um keine Kennzahl handelt.

**Obsolete Annotation**

An manchen Stellen finden Sie noch die Annotation @DefaultAggregation. Diese hat die gleiche Semantik wie @Aggregation.default, soll aber nicht mehr verwendet werden.

Die anderen Felder eines Cube Views, die nicht als Kennzahlen annotiert wurden, sind in der Regel *Dimensionsfelder* oder kurz *Dimensionen*. Ausnahmen sind numerische Felder, die keine Kennzahlen sind, und gewisse Spezialfelder.

Dimensionen können auf zweierlei Art genutzt werden:

- Ein Benutzer kann Filterwerte für Dimensionsfelder eingeben und damit das Resultat einer Analyse einschränken.

- Ein Benutzer kann die Resultatzeilen der Analyse nach den Werten der Dimensionsfelder gruppieren. Dabei werden Zwischenaggregate für diese Gruppen gemäß dem festgelegten Aggregationsverhalten gebildet.

Da die Dimensionen betriebswirtschaftliche Entitäten repräsentieren, erlaubt diese Technik die flexible multidimensionale Analyse der Unternehmensdaten. Hierdurch erklärt sich auch der Begriff *Cube*, das englische Wort für Würfel, womit an die Multidimensionalität der Daten erinnert werden soll. Allerdings sind die drei Dimensionen eines echten Würfels bei Weitem nicht ausreichend: Analytische Cube-Views in SAP S/4HANA können Hunderte von Dimensionen haben.

**Dimensionsfelder**

**8**

[+]

---

**Dimensionen nutzen**

Viele Dimensionsfelder in einem Cube-View erhöhen die Flexibilität möglicher Analysen – es gibt mehr Filter- und Gruppierungsmöglichkeiten. Ergänzen Sie daher Ihre Cube-Views um sinnvolle weitere Dimensionsfelder. Diese können Sie einfach per Pfadnotation über eine Assoziation hinzufügen oder durch einen SQL-Join ergänzen; achten Sie dabei aber auf die Kardinalität der Assoziation bzw. des Joins.

---

Dimensionen sind für einen analytischen Cube auch in anderer Hinsicht wichtig. Sie steuern wesentliche Informationen zu einer Analyse bei. Wenn Sie sich die Analyse aus Abbildung 8.6 anschauen, sehen Sie Informationen, die der Cube-View selbst gar nicht enthält: Die Texte der Materialien und Verkaufsorganisationen gehören nicht zum Resultat einer SQL-Select-Anweisung von diesem View; die Testumgebung bietet eine Wertehilfe beim Setzen eines Filters auf den Dimensionsfeldern, und es können weitere zusätzliche Informationen zu einem Dimensionsfeld über die Funktion **Eigenschaften** des Kontextmenüs auf dem Dimensionsfeld eingeblendet werden.

**Kontext eines Cubes**

Alle diese Informationen stammen aus dem Kontext des Cubes, der durch seine Dimensionen gebildet wird. Technisch wird der Kontext durch die Dimensions-Views realisiert, die im nächsten Abschnitt vorgestellt werden, und durch Annotationen am Cube-View selbst. Erst alle diese Aspekte gemeinsam bilden das analytische Gesamtmodell.

**Abschalten der Annotationspropagation** Bei Ihrem Beispiel-View `ZB_SalesOrderItemCube01` ist der Kontext vollständig vorhanden: Die notwendigen Annotationen werden von der verwendeten Datenquelle `I_SalesOrderItem` propagiert. Um den Unterschied zu sehen, können Sie die *Annotationspropagation* durch folgende View-Annotation abschalten: `@Metadata.ignorePropagatedAnnotations`. Im Quelltext des Views sieht das aus, wie in Listing 8.2 gezeigt:

```
...
@Metadata.ignorePropagatedAnnotations: true
define view ZB_SalesOrderItemCube02
...
```

**Listing 8.2** Abschalten der Annotationspropagation

In Abbildung 8.8 sehen Sie die Beispielanalyse ohne ererbtes Dimensionsmodell.

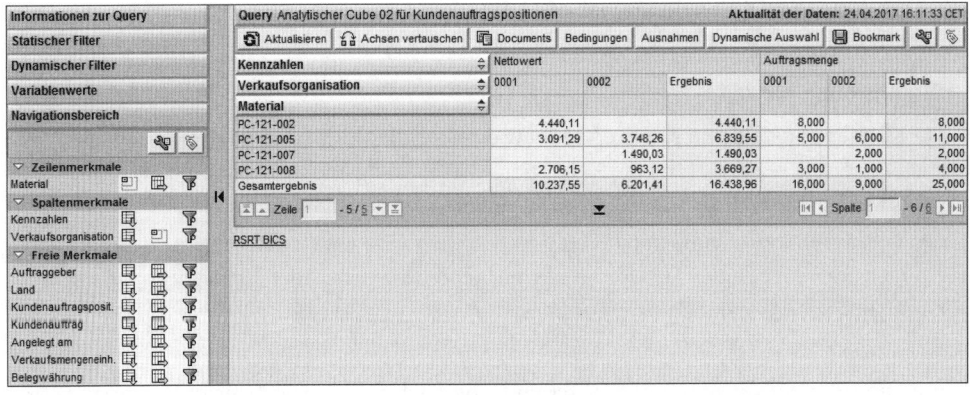

**Abbildung 8.8** Analyse ohne Dimensionsmodell

Texte für Verkaufsorganisationen oder Materialien stehen nicht mehr zur Verfügung. Also werden deren Schlüssel und Code bzw. ID zur Identifikation angezeigt.

**Aktive Annotationen** Welche Annotationen haben Sie jetzt effektiv entfernt? Der Pfad **Open With • Active Annotations** im Kontextmenü des CDS-Views `ZB_SalesOrderItem-Cube01` hilft Ihnen bei dieser Frage weiter. Sie finden die beiden Fremdschlüsselannotationen für die Assoziationen `_SalesOrganization` und `_Material`. Diese sind Teil der View-Definition (siehe Listing 8.1) und haben die CDS-Views `I_SalesOrganization` bzw. `I_Material` als Ziel; das sind zwei analytische Dimensions-Views. Ohne die Information, dass es sich hier um

Fremdschlüsselassoziationen handelt, ist die Semantik des analytischen Modells stark eingeschränkt. Außerdem fehlt nun die annotierte Information über die zugehörige Währung der Betragskennzahl und die zugehörige Einheit der Menge. Daher werden diese nicht mehr direkt bei den Kennzahlen angezeigt.

Nach einer ausführlichen Erklärung der Dimensions-Views im nächsten Abschnitt werden wir noch einmal auf Cube-Views zurückkommen und den vollständigen Beispiel-View mit allen relevanten analytischen Annotationen erläutern.

### 8.2.4   Analytische Dimensions-Views

Ein *analytischer Dimensions-View* ist ein CDS-View der analytischen Datenkategorie `DIMENSION`. Diese wird durch folgende View-Annotation festgelegt: `@Analytics.dataCategory: #DIMENSION`.

**Dimensions-View**

Neben der analytischen Datenkategorie benötigt ein Dimensions-View:

- eine korrekte Definition eines eindeutigen Schlüssels des Views durch das Schlüsselwort `key`
- eine Auszeichnung des repräsentierenden Schlüsselfelds durch die View-Annotation `@ObjectModel.representativeKey`

Ein Dimensions-View liefert in einem analytischen Szenario weitere Informationen zu einem Dimensionsfeld eines analytischen Views. Er repräsentiert also die Referenzdaten des Cubes, in der Regel Stammdaten oder Konfigurationsdaten.

Der Dimensions-View wird durch eine *Fremdschlüsselassoziation* mit dem Dimensionsfeld in einem Cube-View verknüpft, wie in Abbildung 8.9 dargestellt.

**Fremdschlüssel-assoziation**

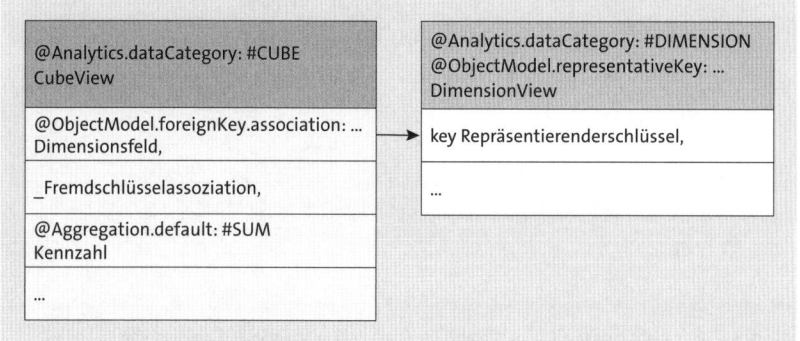

**Abbildung 8.9** Cube-View und Dimensions-View

Konkret leistet ein Dimensions-View in einem analytischen Szenario Folgendes:

- Im Dimensionsfeld eines Cube-Views steht in der Regel ein Code oder eine ID. In einer Analyse kann, stattdessen oder zusätzlich dazu, ein zugehöriger Text oder ein anderes Attribut über den Dimensions-View zur Anzeige gebracht werden.

- Bei der Definition eines Filters für ein Dimensionsfeld liefert der Dimensions-View eine Auswahl möglicher Filterwerte.

- Abhängigkeiten zwischen Dimensionsfeldern können in den dazugehörigen Dimensions-Views erkannt und bei der Gruppierung berücksichtigt werden.

Später werden diese Funktionen anhand von Beispielen erläutert.

**Dimensions-View als Datenquelle**
Darüber hinaus kann ein Dimensions-View auch anstelle eines Cube-Views als zentrale Datenquelle einer Analyse dienen. Dabei wird die Analyse der Kennzahlen eines Cubes durch eine Analyse der Anzahl von Datensätzen des Dimensions-Views ersetzt. Eine Analyse von Kennzahlen des Dimensions-Views ist ebenfalls möglich, wenn der View solche besitzt.

**Beispiel eines Dimensions-Views**
Ein typisches Beispiel eines einfachen Dimensions-Views ist der VDM-View I_SalesOrganization. Eine vereinfachte Version, ZB_SalesOrganization, dieses Views, reduziert auf die notwendigen analytischen Teile, ist in Listing 8.3 dargestellt.

```
@AbapCatalog.sqlViewName: 'ZB_SALESORG'
@EndUserText.label:       'Verkaufsorganisation'
@Analytics.dataCategory:  #DIMENSION
@ObjectModel.representativeKey: 'SalesOrganization'
define view ZB_SalesOrganization
  as select from tvko
  association [0..*] to ZB_SalesOrganizationText
    as _Text on  $projection.SalesOrganization
               = _Text.SalesOrganization
{
     @ObjectModel.text.association: '_Text'
  key vkorg as SalesOrganization,
      waers as SalesOrganizationCurrency,
      _Text
}
```

**Listing 8.3** Vereinfachter Dimensions-View der Verkaufsorganisation

Der View ist mit der Datenkategorie DIMENSION annotiert. Das Feld Sales-
Organization identifiziert eindeutig eine Zeile. Es kann also direkt als
Schlüssel und als repräsentierender Schlüssel definiert werden. In Analysen
können zu einem Dimensionsfeld alle weiteren Attribute des Dimensions-
Views und das Textfeld aus dem zugehörigen Text-View angezeigt werden.
Die Annotation @ObjectModel.text am repräsentierenden Schlüsselfeld
identifiziert die Assoziation zum zugehörigen Text-View, im Beispiel zum
View ZB_SalesOrganizationText.

Dieser Text-View (siehe Listing 8.4) stellt den sprachabhängigen Text einer      **Beispiel eines**
Verkaufsorganisation dar. Es handelt sich um eine vereinfachte Version des       **Text-Views**
VDM-Views I_SalesOrganizationText.

```
@AbapCatalog.sqlViewName:    'ZB_SALESORGTEXT'
@EndUserText.label:          'Verkaufsorganisationstext'
@ObjectModel.dataCategory: #TEXT
@ObjectModel.representativeKey: 'SalesOrganization'
define view ZB_SalesOrganizationText
  as select from tvkot
  association [0..1] to ZB_SalesOrganization
    as _SalesOrganization
              on $projection.SalesOrganization =
                 _SalesOrganization.SalesOrganization
  association [0..1] to I_Language
    as _Language on $projection.Language =
                 _Language.Language
{
    @ObjectModel.foreignKey.association:
       '_SalesOrganization'
  key vkorg as SalesOrganization, _SalesOrganization,
    @ObjectModel.foreignKey.association: '_Language'
    @Semantics.language: true
  key spras as Language, _Language,
    @Semantics.text: true
    vtext as SalesOrganizationName
}
```

**Listing 8.4** Vereinfachter Text-View zur Verkaufsorganisation

Ein Text-View wird durch die folgende View-Annotation definiert: @Object-
Model.dataCategory: #TEXT.

Das erste Feld des Text-Views, das mit der Semantik Text annotiert ist, wird als Standardtext für eine Verkaufsorganisation verwendet. Im Beispiel ist dies das Feld SalesOrganizationName.

**Text-Views in analytischen Szenarien**

Text-Views werden durch eine *Textassoziation* des repräsentierenden Schlüssels des Dimensions-Views angebunden. In analytischen Szenarien benötigt ein Text-View folgende Modellinformationen:

- die Definition eines eindeutigen Schlüssels durch das Schlüsselwort key
- eine Auszeichnung des repräsentierenden Schlüsselfelds durch die View-Annotation @ObjectModel.representativeKey
- ein Schlüsselfeld für die Sprache des Textes, charakterisiert durch die Feldannotation @Semantics.language: true
- ein Textfeld, gekennzeichnet durch die Feldannotation @Semantics.text: true

**Fremdschlüssel- und Textassoziationen**

Der Zusammenhang zwischen Cube-View, Dimensions-View und Text-View wird in Abbildung 8.10 dargestellt.

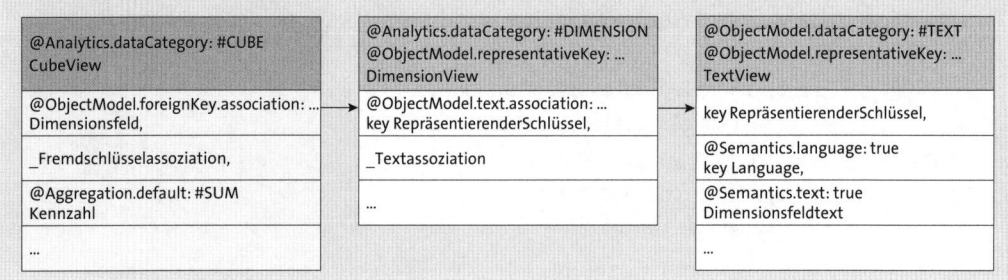

**Abbildung 8.10** Cube-View, Dimensions-View und Text-View

Die Fremdschlüsselassoziation muss alle Schlüsselfelder des Dimensions-Views in der On-Bedingung binden, insbesondere das Fremdschlüsselfeld aus dem Cube mit dem repräsentierenden Schlüsselfeld des Dimensions-Views. Eine Ausnahme bilden die Datumsfelder im Schlüssel eines zeitabhängigen Dimensions-Views, denn diese müssen nicht gebunden werden. Die Textassoziation bindet in der On-Bedingung alle Schlüsselfelder des Dimensions-Views mit den entsprechenden Schlüsselfeldern des Text-Views, und insbesondere die repräsentierenden Schlüsselfelder des Dimensions-Views und Text-Views miteinander. Hier bilden wieder die Datumsfelder im Schlüssel bei zeitabhängigen Views und der Sprachschlüssel im Text-View eine Ausnahme.

Ein umfangreicheres Beispiel eines Dimensions-Views ist der VDM-View I_Customer, der die Stammdaten eines Kunden repräsentiert. Eine vereinfachte Version dieses Views ist in Listing 8.5 angegeben.

**Komplexeres Beispiel eines Dimensions-Views**

```
@AbapCatalog.sqlViewName: 'ZB_CUST'
@EndUserText.label: 'Kunde'
@Analytics.dataCategory: #DIMENSION
@ObjectModel.representativeKey: 'Customer'
define view ZB_Customer as select from kna1
{
    @ObjectModel.text.element: ['CustomerName']
  key cast( kunnr as kunnr preserving type ) as Customer,
    @Semantics.text:true
    cast( concat_with_space(name1, name2, 1)
        as md_customer_name )           as CustomerName,
  …
}
```

**Listing 8.5** Vereinfachter Dimensions-View zu einem Kunden

> **Namen der Dimensions-Views**
>
> Dimensionsfelder und Dimensions-Views repräsentieren für gewöhnlich betriebswirtschaftliche Entitäten. Verwenden Sie daher für eigene Dimensions-Views den Namen der Entität (im Singular) als View- oder Feldnamen zur leichten Wiedererkennung.

Für den Dimensions-View der Entität Kunde wird kein separater Text-View benötigt, da ein Kunde einen sprachunabhängigen Namen besitzt. Stattdessen legt die Annotation @ObjectModel.text.element am repräsentierenden Schlüsselfeld ein Textfeld des Views fest, das als Name des Kunden angezeigt werden soll. Im Beispiel ist dies das Feld CustomerName, das eigens im View durch die Textverkettung gebildet wird. Dem entstehenden Feld wird durch eine Cast-Funktion ein geeignetes Datenelement als Typ zugewiesen. Dieses legt neben dem technischen Datentyp auch einen Feldbezeichner für die Benutzeroberflächen fest.

Starten Sie nun wieder die Testumgebung (Transaktion RSRTS_ODP_DIS) für den View ZB_SalesOrderItemCube01 (Eingabe des SQL-View-Namens ZB_SOIC01) wie in Abschnitt 8.2.2, »Testumgebung für analytische Views«, und gruppieren Sie die multidimensionale Analyse nach der Dimension (Merkmal) **Auftraggeber**. Dieses Feld wird standardmäßig mit seinem Text, dem

**Anzeige von Attributen in der Analyse**

Kundennamen, aus dem Dimensions-View dargestellt (siehe Abbildung 8.11).

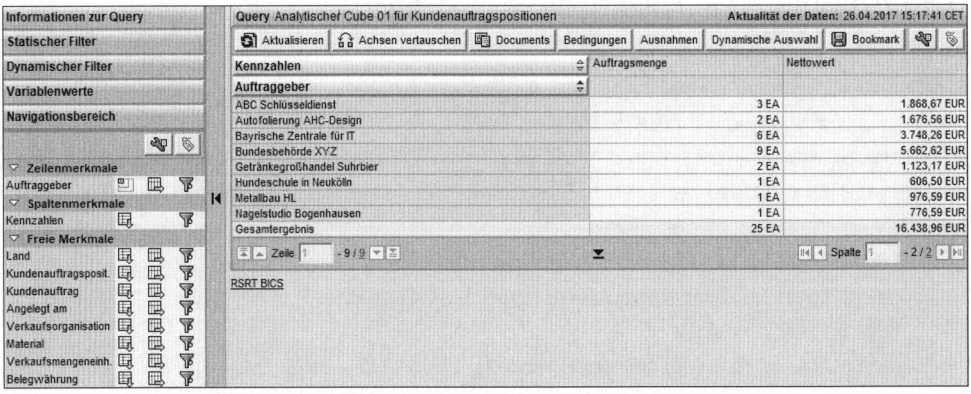

**Abbildung 8.11** Analyse mit Anzeige des Kundennamens

Sie können diese Darstellung ändern und weitere Attribute für die Anzeige auswählen, indem Sie im Kontextmenü des Felds die Funktion **Eigenschaften** wählen. Im Fenster **Eigenschaften** (siehe Abbildung 8.12), können Sie verschiedene Darstellungsarten für ein Dimensionsfeld wählen: Es können nur der Schlüssel, nur der Text oder beides angezeigt werden. Außerdem können Sie sich weitere Attribute aus dem Dimensions-View anzeigen lassen.

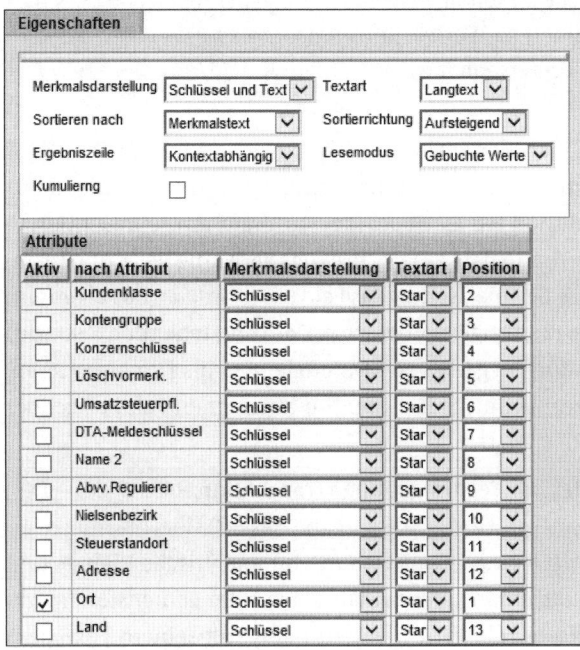

**Abbildung 8.12** Auswahl der Darstellung eines Dimensionsfelds

Wählen Sie für die **Merkmalsdarstellung** »Schlüssel und Text« aus, und setzen Sie einen Haken vor das Attribut **Ort**. Abbildung 8.13 zeigt das Ergebnis Ihrer Einstellungen.

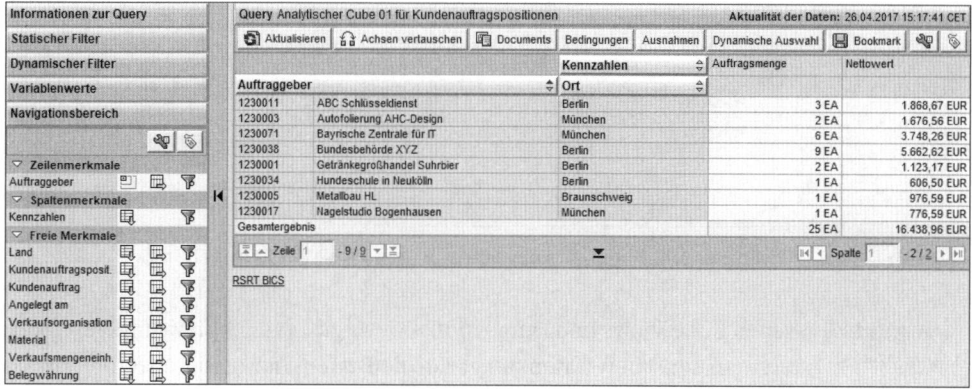

**Abbildung 8.13**  Analyse mit der Anzeige von Schlüssel, Text und Ort

Bei der Eingabe eines Filters, z. B. auf dem Dimensionsfeld **Material**, wird der Wertevorrat des zugehörigen Dimensions-Views zur Auswahl angeboten. Zur Eingabe eines Filters (siehe Abbildung 8.14) gelangen Sie über das Icon 🔽 rechts neben dem Dimensionsfeld. Der Filter kann als Einzelwerte oder durch Wertebereiche eingegeben werden; dabei sind auch Ausschließungen von Werten möglich.

**Wertehilfe für Filter**

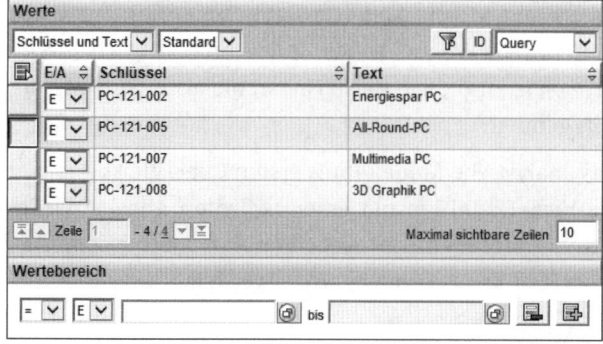

**Abbildung 8.14**  Eingabe eines Filters in der Testumgebung

In einer SAP-Fiori-Benutzeroberfläche ist die Auswahl eines Filterwerts schöner gestaltet, wie in Abbildung 8.15 zu sehen ist. Die Liste zeigt die gleichen Werte aus dem Dimensions-View.

Sie haben nun einige Anwendungsmöglichkeiten von Dimensions-Views kennengelernt. Auch im nächsten Abschnitt zum analytischen Gesamtmodell werden Dimensions-Views eine wichtige Rolle spielen.

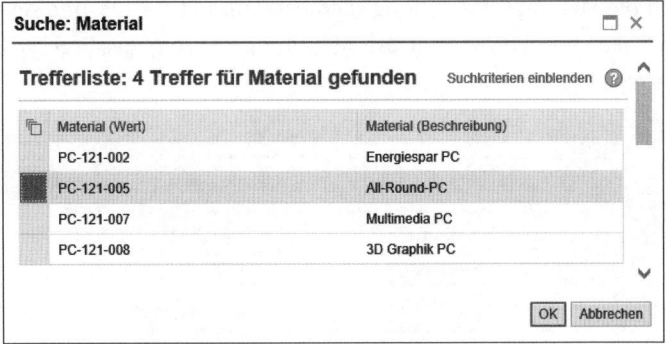

**Abbildung 8.15** Eingabe eines Filters in einer SAP-Fiori-Umgebung

Analytische
Fakten-Views

Neben Cube-Views und Dimensions-Views gibt es CDS-Views mit einer weiteren analytischen Datenkategorie, die *Fakten-Views*. Diese werden durch
die View-Annotation `@Analytics.dataCategory: #FACT` gekennzeichnet. Fakten-Views liefern meist transaktionale Daten – und keine Stammdaten –
und sind eine Datenquelle für Cube-Views; sie selbst sind aber nicht Teil des
analytischen Datenmodells, auf dem Analysen aufbauen.

### 8.2.5   Analytisches Modell in der Testumgebung

Analytische Cube-Views und Dimensions-Views bilden die Grundstruktur
des analytischen Modells. Text-Views ergänzen diese Grundstruktur um
weitere Informationen und Möglichkeiten. Ist ein Dimensions-View die
Grundentität eines Hierarchie-Views, die Sie in Abschnitt 6.8, »Hierarchi-
en«, kennengelernt haben, wird auch diese Hierarchie als Ergänzung des
analytischen Modells genutzt.

Beispiel für einen
Cube-View

Schauen Sie sich das analytische Modell Ihres ersten Cube-Views genauer
an. Die vollständige View-Definition mit einer expliziten Angabe der im
ersten Beispiel-View `ZB_SalesOrderItemCube01` ererbten Annotationen ist
als View `ZB_SalesOrderItemCube03` in Listing 8.6 dargestellt.

```
@AbapCatalog.sqlViewName: 'ZB_SOICO3'
@EndUserText.label: 'Analytischer Cube 03'
@Analytics.dataCategory: #CUBE
@Metadata.ignorePropagatedAnnotations: true
define view ZB_SalesOrderItemCube03
  as select from I_SalesOrderItem
{
  @ObjectModel.foreignKey.association: '_SalesOrder'
  SalesOrder,
  _SalesOrder,
```

```
SalesOrderItem,
CreationDate,
@ObjectModel.foreignKey.association: '_SalesOrganization'
_SalesOrder.SalesOrganization,
_SalesOrder._SalesOrganization,
@ObjectModel.foreignKey.association: '_SoldToParty'
_SalesOrder.SoldToParty,
_SalesOrder._SoldToParty,
_SalesOrder._SoldToParty.Country as SoldToCountry,
@ObjectModel.foreignKey.association: '_Material'
Material,
_Material,
@Aggregation.default: #SUM
@Semantics.quantity.unitOfMeasure: 'OrderQuantityUnit'
OrderQuantity,
@ObjectModel.foreignKey.association: '_OrderQuantityUnit'
@Semantics.unitOfMeasure: true
OrderQuantityUnit,
_OrderQuantityUnit,
@Aggregation.default: #SUM
@Semantics.amount.currencyCode: 'TransactionCurrency'
NetAmount,
@ObjectModel.foreignKey.association:'_TransactionCurrency'
@Semantics.currencyCode: true
TransactionCurrency,
_TransactionCurrency
}
```

**Listing 8.6** Vollständiges Beispiel für einen analytischen Cube-View

Sie können in Listing 8.6 deutlich die annotierten Fremdschlüsselassoziationen erkennen. Starten Sie nun erneut die Testumgebung, Transaktion RSRTS_ODP_DIS, und geben Sie den SQL-View-Namen ZB_SOIC03 aus Abschnitt 8.2.2, »Testumgebung für analytische Views«, ein. Nach dem Ausführen ( F8 ) wird das analytische Modell, einschließlich den Informationen zu den Dimensions-Views, in einer Baumdarstellung angezeigt (siehe Abbildung 8.16).

**Modell in der Testumgebung**

Hier werden die Felder des Views anhand ihrer analytischen Bedeutung kategorisiert. Kennzahlen werden im Bereich **Kennzahlen** gezeigt, mit einem Verweis auf ihre Währung bzw. Einheit. Dimensionsfelder finden Sie unter **KEY**, **DATA** und **UNIT**. Da der View keinen Schlüssel definiert hat, stehen keine Felder unter **KEY**. Einheiten und Währungen werden erkannt und unter

UNIT angezeigt, da sie speziell behandelt werden. Felder im Bereich **nicht enthalten** können in Analysen nicht verwendet werden, z. B. numerische Felder, die nicht als Kennzahlen ausgezeichnet wurden.

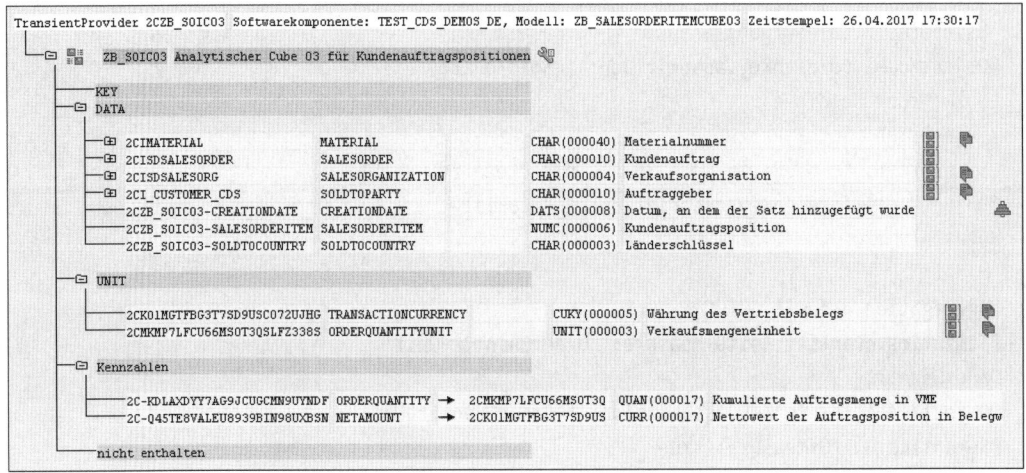

**Abbildung 8.16**  Anzeige des analytischen Modells in der Testumgebung

Feldinformationen

Die gelben Zeilen enthalten Informationen zu den Feldern des Views. Um welches Feld es sich handelt, erkennen Sie an der zweiten Spalte mit dem Feldnamen oder an der fünften Spalte mit dem Feldbezeichner. Interessant sind die grünen Icons am Ende der gelben Zeilen. An ihnen erkennen Sie schnell, welche Modellelemente bei diesem Feld vorhanden sind:

- Das Icon ▨ kennzeichnet Felder mit einer Fremdschlüsselassoziation zu einem Dimensions-View.
- Das Icon ▧ kennzeichnet die Existenz eines zugehörigen Textfelds.
- Das Icon ▤ zeigt an, dass zu diesem Dimensionsfeld eine Hierarchie existiert.

Bei Dimensionsfeldern mit einem Dimensions-View können Sie den Baum weiter aufklappen. Im Aufriss werden die Felder der Dimensions-Views angezeigt. Die Verbindung zu den Dimensions-Views über die annotierten Fremdschlüsselassoziationen wurde also erkannt.

Metadaten prüfen

Eine nützliche Funktion der Testumgebung ist das Prüfen der Metadaten, also des analytischen Modells, mit der Funktion **Metadaten prüfen**. Sie finden diese Funktion in der Button-Leiste. Sie führt Konsistenzprüfungen durch und zeigt die Ergebnisse an.

## 8.2.6   Konsistenz des analytischen Modells

Ein einzelnes analytisches Modell besteht aus einer zentralen Datenquelle, meist einem Cube-View, und den Dimensions-Views zu den Dimensionsfeldern der Datenquelle. Sie bilden damit ein *Sternschema* von CDS-Views, nicht von Tabellen, wie es bei Data-Warehouse-Anwendungen üblich ist.

Welche Views als Dimensions-Views zu einem Feld genutzt werden, kann über die Definition der Fremdschlüsselassoziation flexibel gesteuert werden. Zum Beispiel kann ein anderer Dimensions-View notwendig sein, um bestimmte Felder mitanzuzeigen oder auch (aus Datenschutzgründen) zu entfernen.

Allerdings können Dimensions-Views nicht beliebig ausgetauscht werden, da sie auch Beziehungen untereinander haben, deren Konsistenz für das analytische Modell notwendig ist. Relevant wird die Konsistenzfrage, wenn ein Dimensions-View mehr als ein Schlüsselfeld hat. Um dies besser zu verstehen, betrachten wir als Beispiel den VDM-View I_Country zu Staaten (siehe Listing 8.7) und den VDM-View I_Region zu Regionen (siehe Listing 8.8).

```
@Analytics.dataCategory: #DIMENSION
@ObjectModel.representativeKey: 'Country'
define view I_Country as select from t005
{
  key Country,
    …
}
```

**Listing 8.7** Auszug aus dem VDM-View I_Country

```
@Analytics.dataCategory: #DIMENSION
@ObjectModel.representativeKey: 'Region'
define view I_Region as select from t005s
{
      @ObjectModel.foreignKey.association: '_Country'
  key Country,
  key Region,
    _Country
}
```

**Listing 8.8** Auszug aus dem VDM-View I_Region

Eine Region wird durch die Angabe des Schlüsselfelds Region nicht eindeutig festgelegt; es wird immer auch die Angabe des Staates benötigt, in dem die Region liegt, also die Angabe des Schlüsselfelds Country. Der View

**Sternschema**

**8**

**Modellkonsistenz**

**Dimension mit mehreren Schlüsselfeldern**

I_Region hat also eine Fremdschlüsselbeziehung zum View I_Country, ausgedrückt durch die Fremdschlüsselassoziation _Country.

Ein Cube-View mit einer Region als Dimensionsfeld braucht immer auch ein Dimensionsfeld Country mit dem Staat, um die Region eindeutig zu identifizieren. Die Fremdschlüsselassoziation vom Cube-View zum Dimensions-View I_Region basiert also auch auf dem Feld Country, wie in Listing 8.9 zu sehen.

```
@Analytics.dataCategory: #CUBE
define view ZB_RegionDemoCube as select from …
association [0..1] to I_Country as _Country
  on    $projection.Country = _Country.Country
association [0..1] to I_Region as _Region
  on    $projection.Region  = _Region.Region
    and $projection.Country = _Region.Country
{
  Country, _Country,
  Region,  _Region,
  …
}
```

**Listing 8.9**  Beispiel-Cube mit den Dimensionen »Land« und »Region«

Die Views werden durch ihre Fremdschlüsselassoziationen verbunden, wie in Abbildung 8.17 gezeigt.

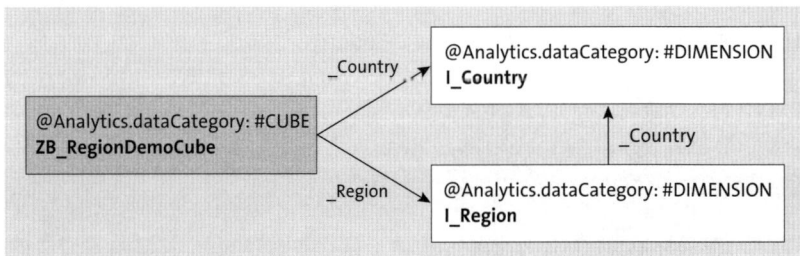

**Abbildung 8.17**  Assoziationen zwischen Cube, Region und Staat

**Konsistenz-bedingung**  Bei Dimensions-Views mit mehreren Schlüsselfeldern müssen die Fremdschlüsselassoziationen auf den übergeordneten Schlüsselfeldern im Dimensions-View bzw. den diesen entsprechenden übergeordneten Dimensionsfeldern im Cube-View auf den gleichen Dimensions-View zeigen. Im Beispiel bedeutet dies, dass die beiden Fremdschlüsselassoziationen _Country (des Cube-Views und des Dimensions-Views für die Regionen) auf den gleichen Dimensions-View I_Country zeigen müssen.

Es ist nicht erlaubt, im Cube die Fremdschlüsselassoziation _Country zu einem anderen View ZB_Country zu definieren, ohne auch das Ziel der Assoziation _Region auf einen neuen View ZB_Region zu ändern, dessen Fremdschlüsselassoziation wiederum auf ZB_Country zeigt.

[«]

**Ersetzen von Dimensions-Views**

Wenn Sie einen Dimensions-View, z. B. den Standard-View I_Country, durch einen anderen ersetzen wollen, müssen Sie nicht nur den Cube-View anpassen, sondern auch alle anderen von diesem Cube genutzten Dimensions-Views mit einem Schlüsselfeld, das eine Fremdschlüsselassoziation auf den Dimensions-View hat, z. B. I_Region.

8

Dimensionen mit mehreren Schlüsselfeldern werden bei der multidimensionalen Analyse besonders behandelt. Wählt der Benutzer z. B. eine Gruppierung nach Regionen aus, erkennt die analytische Infrastruktur, dass eine Region nur innerhalb eines Staates eindeutig identifiziert ist, und aktiviert automatisch auch eine Gruppierung nach dem Staat. Dadurch werden die Analyseresultate betriebswirtschaftlich korrekt aggregiert. Ohne die Kenntnis der Modelle der Dimensions-Views könnte die analytische Infrastruktur hier nicht unterstützen, und die Analyse würde sinnlose Ergebnisse liefern.

*Gruppierung bei mehreren Schlüsselfeldern*

## 8.3   Analytische Queries

Auf dem analytischen Modell, das durch Cube- und Dimensions-Views definiert wird, können diverse analytische Auswertungen und Berechnungen als *analytische Queries* definiert und ausgeführt werden, um den vielfältigen Bedürfnissen der Endbenutzer Rechnung zu tragen. Während das analytische Modell eher stabil bleibt und mehrfach wiederverwendet wird, kann es viele spezifische Queries zur Detailsteuerung des analytischen Zugriffs geben, um verschiedene Anforderungen zu erfüllen.

In einer Query können Sie initiale Einstellungen für eine Auswertung festlegen, wie wir sie in Abschnitt 8.2.2, »Testumgebung für analytische Views«, gesehen haben:

*Query-Einstellungen*

- das initiale Layout der Darstellung: die angezeigten Zeilen und Spalten, die Anzeige von Texten, Zwischensummen und Sortierung

- die initiale Auswahl von Daten: Standardwerte für Filter und Variablen, basierend auf dem aktuellen Kontext wie z. B. dem Tagesdatum

Im Dialog kann ein Benutzer diese Standardwerte und Einstellungen bei Bedarf ändern. In der Query können Sie aber auch Kennzahlen berechnen, die im analytischen Modell selbst nicht vorhanden sind. Dadurch haben Sie viele Möglichkeiten, um die Auswertung entsprechend den betriebswirtschaftlichen Anforderungen zu gestalten: Sie können Formeln verwenden, eingeschränkte Kennzahlen definieren oder Ausnahmeaggregationen festlegen.

### 8.3.1   Definition einer analytischen Query

Eine *analytische Query* wird als CDS-View formuliert. Dieser View selektiert Daten von einem analytischen Cube- oder Dimensions-View und wird durch die folgende View-Annotation als Query charakterisiert: @Analytics. query: true.

Erste analytische Query

Eine einfache analytische Query, basierend auf Ihrem ersten analytischen Cube-View, ist in Listing 8.10 dargestellt.

```
@AbapCatalog.sqlViewName: 'ZB_SOIQ01'
@EndUserText.label: 'Query 01 für Kundenauftragspositionen'
@Analytics.query: true
define view ZB_SalesOrderItemQuery01
  as select from ZB_SalesOrderItemCube01
{
  Material,
  SoldToParty,
  SoldToCountry,
  OrderQuantity,
  NetAmount
}
```

**Listing 8.10** Einfache analytische Query

Es ist möglich, durch eine gewöhnliche SQL-Select-Anweisung Daten von einer Query zu lesen. Dabei werden die besonderen analytischen Aspekte aber ignoriert, und der SQL-Zugriff liefert nur die Grunddaten als Ergebnis. Die analytischen Funktionen der Query und des zugrunde liegenden analytischen Modells müssen durch eine analytische Infrastruktur, siehe Abschnitt 8.4, »Analytische Infrastruktur«, ausgeführt werden.

Testumgebung für analytische Queries

Die vollen analytischen Fähigkeiten Ihrer Query können Sie im *Querymonitor* testen (Transaktionscode RSRT).

1.  Melden Sie sich mit dem SAP GUI an, und starten Sie Transaktion RSRT.

2. Geben Sie im Feld **Query** die Zeichen »2C« ein, direkt gefolgt vom SQL-View-Namen des CDS-Views, also »2CZB_SOIQ01« für Ihre erste analytische Query, wie in Abbildung 8.18 gezeigt.

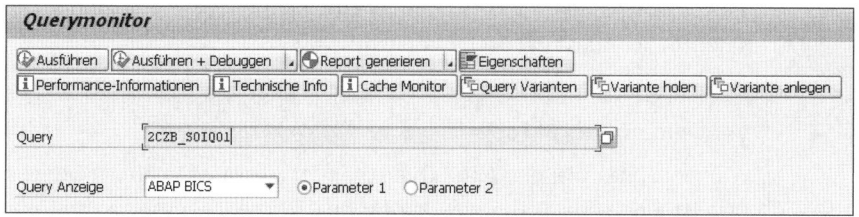

**Abbildung 8.18** Start der Testumgebung für analytische Queries

3. Klicken Sie auf die ⏎-Taste. Das System ergänzt dann diesen systeminternen Query-Namen 2CZB_SOIQ01 um den systeminternen Cube-Namen 2CZB_SOIC01. Dieser wird ebenso aus dem SQL-View-Namen des Cubes mit den vorangestellten Zeichen 2C gebildet (siehe Abbildung 8.19).

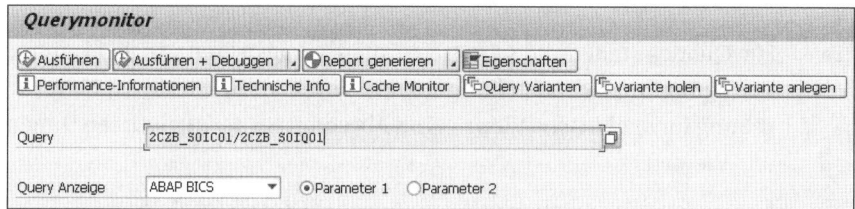

**Abbildung 8.19** Anzeige von Cube-Name/Query-Name

4. Belassen Sie alle weiteren Felder bei ihren Standardwerten, insbesondere das Feld **Query Anzeige** bei **ABAP BICS**.

5. Klicken Sie nun auf den Button **Ausführen**.

6. Dies startet die durch die Query definierte multidimensionale Analyse (siehe Abbildung 8.20).

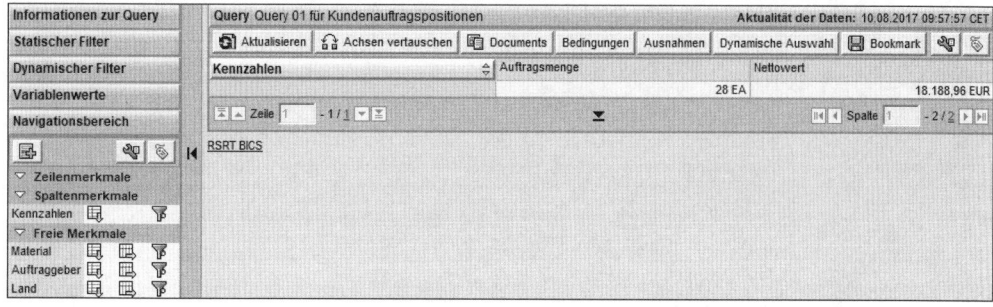

**Abbildung 8.20** Analytische Query in der Testumgebung

Diese ist fast identisch mit der Testanalyse Ihres ersten Cubes aus Abschnitt 8.2.2, »Testumgebung für analytische Views«, da hierfür die gleiche Technologie genutzt wird und die Query ja auf diesem Cube basiert. Die Query bietet allerdings eine kleinere Zahl von Dimensionsfeldern an und ist dadurch übersichtlicher.

[»]

**Verwendung von BI Tools**

Wir verwenden hier den ABAP-Querymonitor zum Ausführen der Queries. Dies ist eine reine Testumgebung für analytische Queries, die nicht von den Endbenutzern verwendet werden soll.

Sie können Ihre in CDS definierten analytischen Queries auch in einer regulären Business-Intelligence-Benutzeroberfläche (BI-Oberfläche) testen, z. B. in *SAP Analysis for Microsoft Office*. Verwenden Sie dabei den gleichen Query-Namen wie in der Testumgebung, also 2C, gefolgt vom SQL-View-Namen des CDS-Views.

Anpassen der Darstellung

Für Queries stehen die schon bei Cubes vorgestellten Möglichkeiten zur Verfügung, um die Darstellung anzupassen (siehe Abschnitt 8.2.2, »Testumgebung für analytische Views«, und Abschnitt 8.2.4, »Analytische Dimensions-Views«):

- Anzeige von Texten oder Attributen von Dimensionsfeldern
- Gruppieren nach Dimensionsfeldern in Zeilen oder Spalten
- Filtern nach Dimensionsfeldern

Machen Sie sich mit diesen Möglichkeiten in der Testumgebung vertraut.

### 8.3.2   Initiales Layout einer Query

In einem Query-View können Sie die initiale Darstellung nach dem Start einer Analyse festlegen. Die folgende Query aus Listing 8.11 demonstriert einige Möglichkeiten, um das initiale Layout zu gestalten.

```
@AbapCatalog.sqlViewName: 'ZB_SOIQ02'
@EndUserText.label: 'Query 02 für Kundenauftragspositionen'
@Analytics.query: true
define view ZB_SalesOrderItemQuery02
  as select from ZB_SalesOrderItemCube01
{ @AnalyticsDetails.query.axis: #ROWS
  @AnalyticsDetails.query.totals: #SHOW
  @AnalyticsDetails.query.display: #KEY_TEXT
  Material,
```

```
@AnalyticsDetails.query.axis: #COLUMNS
_SalesOrganization._Text.SalesOrganizationName,
@AnalyticsDetails.query.totals: #SHOW
SoldToParty,
@AnalyticsDetails.query.sortDirection: #ASC
_SoldToParty.CustomerName,
_SoldToParty.CityName,
@EndUserText.label: 'Land des Auftraggebers'
SoldToCountry,
@AnalyticsDetails.query.hidden: true
OrderQuantity,
NetAmount
}
```

**Listing 8.11** Initiales Layout einer Query festlegen

Nach dem Ausführen hat die Query das in Abbildung 8.21 dargestellte initiale Layout.

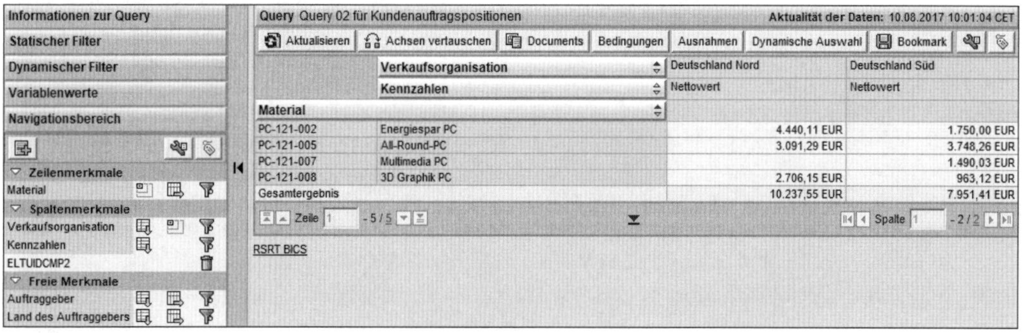

**Abbildung 8.21** In einer Query-Definition festgelegtes Layout

Die Zeilen werden nach dem Dimensionsfeld Material gruppiert, Materialwerte werden mit ID und Materialtext angezeigt, und über alle Materialzeilen wird eine Summe gebildet. Die Spalten werden nach dem Dimensionsfeld SalesOrganization gruppiert; zu sehen ist aber nur der Text zur Verkaufsorganisation. Als Feldbezeichner zum Dimensionsfeld SoldToCountry wird der Text »Land des Auftraggebers« verwendet. Die Kennzahl OrderQuantity wird nicht angezeigt.

Wenn Sie jetzt nach dem Auftraggeber statt dem Material gruppieren, sieht das Layout wie in Abbildung 8.22 gezeigt aus. Zum Dimensionsfeld SoldToParty werden nun die dazugehörige ID, der Name und die Stadt des Auftraggebers aufgelistet. Dabei erfolgt eine aufsteigende Sortierung nach dem Namen. Außerdem wird eine Summe berechnet.

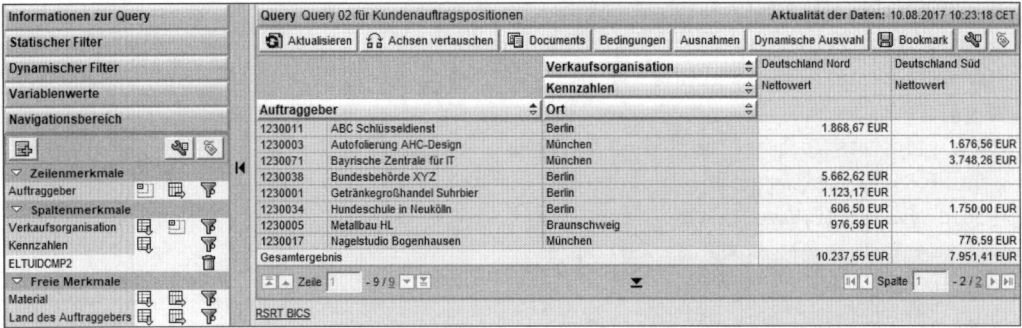

**Abbildung 8.22** Layoutvariante

Layout-
annotationen

In Tabelle 8.1 sind die gebräuchlichsten Annotationen erläutert, mit denen das Layout einer Query gesteuert werden kann.

| Annotation | Layout |
|---|---|
| @AnalyticsDetails.query.axis: #ROWS bzw. #COLUMNS | Verteilung von Kennzahlen und Dimensionen auf Zeilen oder Spalten (Kennzahlen müssen immer alle gemeinsam den Zeilen oder Spalten zugeordnet werden) |
| @AnalyticsDetails.query.totals: #SHOW | Anzeige von Zwischensummen bei Dimensionen |
| @AnalyticsDetails.query.display: #KEY bzw. #TEXT bzw. #KEY_TEXT bzw. #TEXT_KEY | Anzeige von ID und/oder Text |
| @AnalyticsDetails.query.sortDirection: #ASC bzw. #DESC | Sortierung |
| @EndUserText.label: '<text>' | Feldbezeichner festlegen |
| @AnalyticsDetails.query.hidden: true | Kennzahl initial ausblenden; kann vom Benutzer wieder eingeblendet werden. |

**Tabelle 8.1** Annotationen zur Festlegung des Layouts in Queries

Der Text zu einem Dimensionsfeld kann auch durch die Angabe des Assoziationspfads zum Text-View und der Auswahl eines Textfelds zur Anzeige gebracht werden. Bei sprachabhängigen Text-Views wird der Eclipse-Editor eine Warnung anzeigen, dass die Kardinalität des Ergebnisses beeinflusst werden könnte. Diese Warnung können Sie ignorieren, da die analytische Infrastruktur beim Lesen von Texten immer einen Filter auf die Anmeldesprache verwendet.

Über die Fremdschlüsselassoziation können Sie sich beliebige Spalten eines Dimensions-Views einblenden lassen. Nach diesen *Anzeigeattributen* können Sie allerdings nicht gruppieren, keinen Filter dafür definieren und auch keine weiteren Informationen oder Texte dazu lesen. Wenn Sie z. B. das Land des Auftraggebers über die Pfadnotation _SoldToParty.Country in der Query anzeigen, können Sie danach weder gruppieren noch filtern. Die analytische Infrastruktur bietet diese »höherwertigen« Funktionen nur für Dimensionsfelder des Cubes an. Genauso ist es nicht möglich, über folgende Pfadnotation den Text der Verkaufsorganisation anzeigen zu lassen:

*Dimensionsfelder und Anzeigeattribute*

_SalesOrder._SalesOrganization._Text.SalesOrganizationName.

Bei der Ausführung der Query als CDS-View, z. B. im Eclipse Data Preview, wird der Text hingegen korrekt angezeigt. Um diese Funktionen zu ermöglichen, haben wir die Felder SoldToCountry und SalesOrganization schon als Dimensionsfelder in den Cube aufgenommen.

> **Dimensionsfelder nutzen**
>
> Alle Felder, nach denen Sie in einer analytischen Query gruppieren oder filtern möchten oder zu denen Sie Texte und weitere Attribute anzeigen möchten, müssen schon als Dimensionsfelder in der zugrunde liegenden Datenquelle, in einem analytischen Cube- oder Dimensions-View, vorhanden sein.

### 8.3.3   Filter, Selektionsoptionen, Parameter

Im nächsten Beispiel zeigen wir, wie Sie *Variablen* für die Ausführung einer analytischen Query definieren und mit Standardwerten vorbelegen können. Ein Endbenutzer kann über Variablen die Ergebnismenge der Query einschränken oder Parameter für die Verarbeitung bereitstellen. Ein Parameter ist z. B. ein Stichtag für die Analyse oder eine Anzeigewährung, in die alle Beträge umgerechnet werden sollen.

*Variablen*

In der folgenden analytischen SAP-Fiori-App stehen die Variablen in einem separaten Bereich **Auswahl** zur Verfügung; ihre Werte können bei Bedarf angepasst und gesichert werden (siehe Abbildung 8.23).

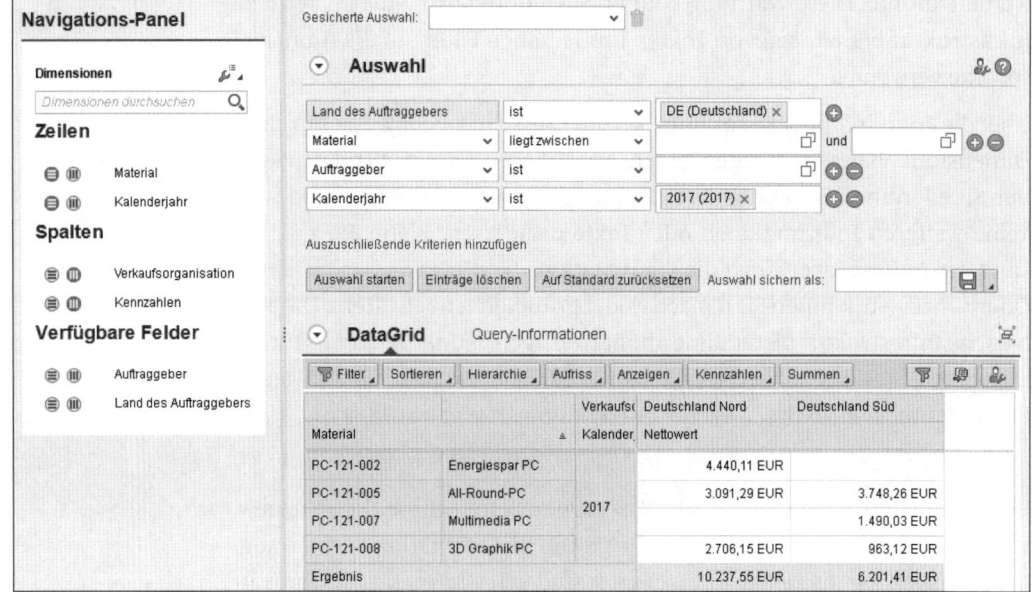

**Abbildung 8.23**  Auswahl der Variablen im SAP-Fiori-Design

Tage, Wochen, Jahre

In diesem Beispiel zu den Variablen erweitern Sie Ihren Cube-View um das Jahr und den Wochentag des Anlagedatums, CreationDate, wie in Listing 8.12 gezeigt. Der SAP-Standard-View I_CalendarDate ist sehr nützlich, wenn Sie Datumsangaben in Wochen oder Wochentage, Monate, Jahre usw. umrechnen müssen.

```
@AbapCatalog.sqlViewName: 'ZB_SOICO4'
@EndUserText.label: 'Analytischer Cube 04 für Kundenauftragspositionen'
@Analytics.dataCategory: #CUBE
define view ZB_SalesOrderItemCube04
  as select from I_SalesOrderItem
  association [0..1] to I_CalendarDate as _CreationDate
    on $projection.CreationDate = _CreationDate.CalendarDate
{ SalesOrder,
  _SalesOrder,
  SalesOrderItem,
  CreationDate,
  _CreationDate.CalendarYear  as CreationYear,
  _CreationDate._CalendarYear  as _CalendarYear,
  _CreationDate.WeekDay        as CreationWeekDay,
  _CreationDate._WeekDay       as _WeekDay,
  _SalesOrder.SalesOrganization,
  _SalesOrder._SalesOrganization,
```

```
_SalesOrder.SoldToParty,
_SalesOrder._SoldToParty,
_SalesOrder._SoldToParty.Country as SoldToCountry,
Material,
_Material,
@Aggregation.default: #SUM
OrderQuantity,
OrderQuantityUnit,
_OrderQuantityUnit,
@Aggregation.default: #SUM
NetAmount,
TransactionCurrency,
_TransactionCurrency
}
```

**Listing 8.12** Analytischer Cube-View, ergänzt um Datumsinformationen

Nun kopieren Sie Ihre analytische Query, selektieren darin von Ihrem neu- **Query mit Variablen**
en Cube-View, und ergänzen, wie in Listing 8.13 angegeben, die Parameter
P_Today und P_Country, das Feld CreationYear, eine Where-Bedingung, und
vor allem die neuen Annotationen.

```
@AbapCatalog.sqlViewName: 'ZB_SOIQ03'
@EndUserText.label: 'Query 03 für Kundenauftragspositionen'
@Analytics.query: true
define view ZB_SalesOrderItemQuery03
  with parameters
    @Consumption.hidden: true
    @Environment.systemField: #SYSTEM_DATE
    P_Today: abap.dats,
    @EndUserText.label: 'Land des Auftraggebers'
    @Consumption.valueHelpDefinition.entity:
      { name: 'I_Country', element: 'Country' }
    @Consumption.defaultValue: 'DE'
    P_Country: land1_gp
  as select from ZB_SalesOrderItemCube04
{ @AnalyticsDetails.query.axis: #ROWS
  @AnalyticsDetails.query.totals: #SHOW
  @AnalyticsDetails.query.display: #KEY_TEXT
  @Consumption.filter:
    { selectionType: #RANGE, multipleSelections: true }
  Material,
  @AnalyticsDetails.query.axis: #COLUMNS
  _SalesOrganization._Text.SalesOrganizationName,
```

```
@AnalyticsDetails.query.totals: #SHOW
@Consumption.filter:
  { selectionType: #SINGLE, multipleSelections: true }
SoldToParty,
@AnalyticsDetails.query.sortDirection: #ASC
_SoldToParty.CustomerName,
_SoldToParty.CityName,
@EndUserText.label: 'Land des Auftraggebers'
SoldToCountry,
@AnalyticsDetails.query.axis: #ROWS
@Consumption.filter:
  { selectionType: #INTERVAL, multipleSelections: false }
@Consumption.derivation: {
  lookupEntity: 'I_CalendarDate',
  resultElement: 'CalendarYear',
  binding: [ { targetElement: 'CalendarDate',
              type: #PARAMETER, value: 'P_Today' } ]
}
CreationYear,
@AnalyticsDetails.query.hidden: true
OrderQuantity,
NetAmount
}
where SoldToCountry = $parameters.P_Country
```

**Listing 8.13**  Analytische Query mit Variablen

Variableneingabe     Wenn Sie die neue Query in der Testumgebung ausführen, bietet das System zuerst einen Dialog zu den Variablenwerten an (siehe Abbildung 8.24).

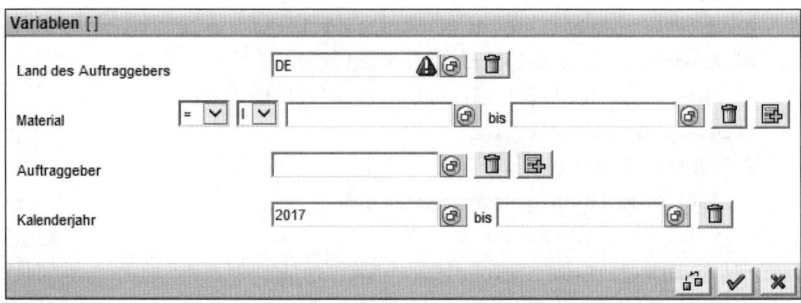

**Abbildung 8.24**  Variablenabfrage in der Testumgebung

Das erste Feld, **Land des Auftraggebers** ist ein Muss-Feld, das schon mit dem Standardwert **DE** vorbelegt ist. Auch für das Feld **Kalenderjahr** wird das aktuelle Jahr als Standardwert vorgeschlagen. Sie können diese Werte ändern, und für Material und Auftraggeber Filter angeben. Wenn Sie die Standardwerte belassen und die Auswertung durch einen Klick auf [✓] starten, erhalten Sie die Ausgabe aus Abbildung 8.25.

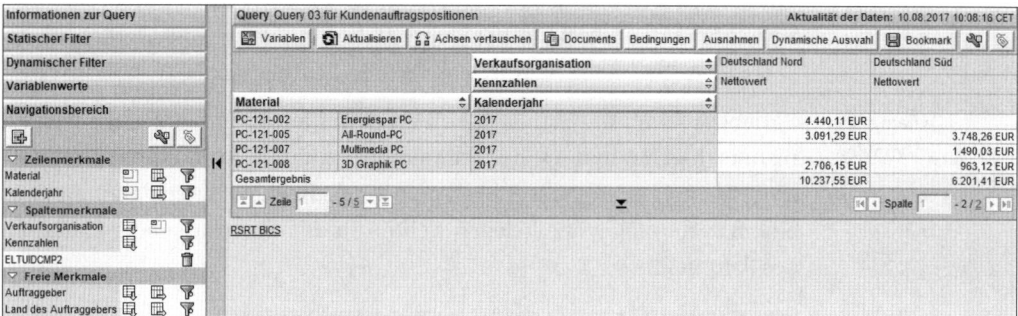

**Abbildung 8.25** Analyseergebnis mit gesetzten Variablen

Welche Variablen gezeigt und wie sie vorbelegt werden, wird durch Annotationen gesteuert:

*Variablen anzeigen und vorbelegen*

- Der View-Parameter P_Today wird als Variable behandelt, aber wegen seiner Annotation @Consumption.hidden: true nicht angezeigt.

- Die Annotation @Environment.systemField: #SYSTEM_DATE veranlasst die analytische Infrastruktur, diesem Parameter das aktuelle Tagesdatum als Wert zuzuweisen.

- Der View-Parameter P_Country kann als Variable eingegeben werden, sein Feldbezeichner »Land des Auftraggebers« wird durch die Annotation @EndUserText.label gesetzt.

- Die Wertehilfe für P_Country wird durch die Annotation @Consumption.valueHelpDefinition.entity festgelegt: Werte für den Parameter kommen aus dem Feld Country des CDS-Views I_Country.

- Die Annotation @Consumption.defaultValue legt einen Standardwert für P_Country fest.

- Die @Consumption.filter-Annotation am Feld Material veranlasst die Infrastruktur, einen Filter für dieses Feld als Variable anzubieten. Dieser Filter erlaubt mehrere Wertebereiche zur Selektion und eine Inklusions-/Exklusionslogik, entsprechend der ABAP-Semantik RANGE.

- Die gleiche Annotation mit anderen Parametern am Feld SoldToParty erlaubt nur die Angabe von (mehreren) Einzelwerten.

- Und für das Feld CreationYear ist nur die Angabe eines einzelnen Intervalls zulässig.

**Feldvariablen und Parametervariablen**

Filterwerte zu *Feldvariablen*, z. B. Material oder SoldToParty, werden in die Where-Bedingung der SQL-Selektion übersetzt, mit der die Daten der Analyse beschafft werden. Werte für *Parametervariablen*, z. B. P_Country, werden gemäß der CDS-Syntax verarbeitet und können an eine Datenquelle mit Parametern übergeben werden, um deren Verhalten zu steuern. Alternativ können sie direkt in der Query-Definition verwendet werden, in ZB_SalesOrderItemQuery03 z. B. in einer Where-Bedingung.

**Dynamische Variablen**

Variablen können dynamisch vorbelegt werden. Einen einfachen Mechanismus hierfür gibt es bei Parametern mit der Annotation @Environment.systemField. Tabelle 8.2 zeigt die Möglichkeiten, einen Parameter mit einem Systemfeld vorzubelegen. Achten Sie auf einen passenden Datentyp des Parameters.

| Annotationswert | Parameterwert |
| --- | --- |
| #CLIENT | aktueller Mandant: SY-MANDT |
| #SYSTEM_LANGUAGE | Anmeldesprache: SY-LANGU |
| #USER | Benutzer: SY-UNAME |
| #SYSTEM_DATE | Systemdatum: SY-DATUM |
| #SYSTEM_TIME | Systemzeit: SY-UZEIT |

**Tabelle 8.2** Systemvariablen zur Parametervorbelegung

**Derivation**

Einen komplexeren Mechanismus zur Ermittlung von Variablen, die *Derivation*, bietet die Annotation @Consumption.derivation. Sie kann bei Parametern und Feldvariablen verwendet werden und wird in Listing 8.13 für die Vorbelegung der Variable für CreationYear genutzt.

[»]

**Unterstützung von Derivationen**

Derivationen werden nicht nur von der analytischen Infrastruktur unterstützt. Auch die ABAP-Anwendungsinfrastruktur wertet diese Annotation aus.

Eine Derivation verwendet einen oder mehrere Eingabewerte, in Listing 8.13 den Parameter P_Today, die als Parameter oder Filter für ein Feld (im Beispiel CalendarDate) eines Hilfs-Views (im Beispiel I_CalendarDate) dienen. Mit einer SQL-Select-Anweisung auf den Hilfs-View mit diesen Parametern oder Filtern werden die möglichen Werte des Resultatsfelds (im Beispiel `CalendarYear`) ermittelt und für die dynamische Variable verwendet. Tabelle 8.3 gibt einen Überblick der Komponenten einer Derivation.

| Komponente | Annotation @Consumption.derivation | Beispiel aus Listing 8.13 |
|---|---|---|
| Quelle des Eingabewerts | `binding.type`, `binding.value` | `#PARAMETER, P_Today` |
| Hilfs-View | `lookupEntity` | `I_CalendarDate` |
| gefiltertes Feld oder Parameter im Hilfs-View | `binding.targetElement` oder `binding.target-Parameter` | `CalendarDate` |
| Resultatsfeld im Hilfs-View | `resultElement` (optional `resultElementHigh`) | `CalendarYear` |

**Tabelle 8.3**  Komponenten einer Derivation

Oft brauchen Sie für eine Derivation einen Systemwert als Ausgangspunkt. Das ist der einzige Grund für den Parameter `P_Today` der Beispiel-Query, der ansonsten vor dem Benutzer verborgen ist.

Eine Derivation kann auch für Variablen mit Benutzereingaben definiert werden, um diese in andere Variablen zu überführen, die als Filter besser geeignet sind, aber dem Benutzer nicht gezeigt werden sollen und daher versteckt werden.

### 8.3.4   Berechnung von Kennzahlen

Core Data Services bieten diverse Möglichkeiten, um neue Kennzahlen zu definieren. Bei der Definition eines Cube-Views können Sie dazu SQL-Techniken verwenden, wie z. B. Joins, Unions oder Filter, aber auch Aggregatbildung sowie arithmetische und logische Operationen. Für die Berechnung neuer Kennzahlen in analytischen Queries stehen die Mengenoperationen Join und Union nicht zur Verfügung, und arithmetische Operationen haben ein anderes Verhalten: Sie wirken nicht separat auf jede Zeile der Datenquelle, sondern auf die bei der Ausführung der Query gebildeten Aggregate. Diesen Unterschied wollen wir an Beispielen demonstrieren.

Zuerst erweitern Sie den Cube-View `ZB_SalesOrderItemCube04` um eine Berechnung. Definieren Sie dafür einen Cube-View `ZB_SalesOrderItemCube05`, indem Sie nach der Assoziation `_TransactionCurrency` zwei berechnete Felder mit ihren Annotationen, und eine Where-Bedingung ergänzen, wie in Listing 8.14 gezeigt.

Berechnung im Cube-View

```
define view ZB_SalesOrderItemCube05
...
  _TransactionCurrency,
  @Aggregation.default: #MIN
  division( NetAmount, OrderQuantity, 2 )
    as AmountPerUnitMin,
  @Aggregation.default: #MAX
  division( NetAmount, OrderQuantity, 2 )
    as AmountPerUnitMax
}
where OrderQuantity > 0
```

**Listing 8.14** Berechnung im analytischen Cube-View

Die berechneten Felder stellen beide den Einzelpreis in einer konkreten Auftragsposition dar. Im Cube haben Sie beide den gleichen Wert. Ein Aggregationsverhalten »Summe« ist betriebswirtschaftlich sinnlos für Einzelpreise. Die Bestimmung eines minimalen oder maximalen Einzelpreises einer Menge von Auftragspositionen ist dagegen interessant. Daher ist das Aggregationsverhalten »Minimum« bzw. »Maximum« annotiert, was die berechneten Felder voneinander unterscheidet.

**Berechnete Felder anzeigen**

Definieren Sie nun eine Query, um die berechneten Felder anzuzeigen (siehe Listing 8.15).

```
@AbapCatalog.sqlViewName: 'ZB_SOIQ04'
@EndUserText.label:
'Query 04 für Kundenauftragspositionen'
@Analytics.query: true
define view ZB_SalesOrderItemQuery04
  as select from ZB_SalesOrderItemCube05
{
  @AnalyticsDetails.query.axis: #ROWS
  @AnalyticsDetails.query.totals: #SHOW
  @AnalyticsDetails.query.display: #KEY_TEXT
  Material,
  _SalesOrganization._Text.SalesOrganizationName,
  @AnalyticsDetails.query.totals: #SHOW
  SoldToParty,
  @AnalyticsDetails.query.sortDirection: #ASC
  _SoldToParty.CustomerName,
  OrderQuantity,
  OrderQuantityUnit,
```

```
NetAmount,
TransactionCurrency,
@EndUserText.label: 'Minimaler Betrag pro Einheit'
AmountPerUnitMin,
@EndUserText.label: 'Maximaler Betrag pro Einheit'
AmountPerUnitMax
}
```

**Listing 8.15** Anzeige der im Cube berechneten Felder

Führen Sie die Query aus; Sie erhalten das Ergebnis aus Abbildung 8.26.          **Ergebnis**

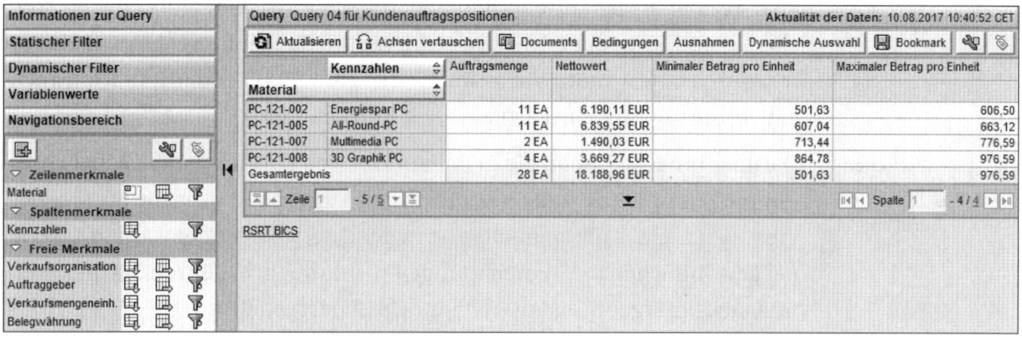

**Abbildung 8.26** Berechnete Felder des Cubes

Wie erwartet, wird eine Spanne ausgegeben, in der sich die Einzelpreise bewegen. Wenn Sie die Verkaufsorganisation in die Zeilenmerkmale übernehmen, können Sie diese Spannen miteinander vergleichen. Beachten Sie, dass die berechneten Einzelpreise nur sinnvoll miteinander verglichen werden können, wenn die Währungen und Einheiten übereinstimmen. Für die gezeigten Beispieldaten reicht die einfache Berechnungslogik aber aus.

Wenn Sie die entsprechende Berechnung in der Query definieren (Net-Amount geteilt durch OrderQuantity) wird die Division für die Zahlen durchgeführt, die in der multidimensionalen Analyse angezeigt werden, also für die aggregierten Werte. Definieren Sie eine Beispiel-Query hierfür, indem Sie die Query ZB_SalesOrderItemQuery04 um ein neues Feld und seine Annotationen, siehe Listing 8.16, zu einer neuen Query ZB_SalesOrderItemQuery05 ergänzen.          **Berechnung in der Query**

```
define view ZB_SalesOrderItemQuery05
...
   AmountPerUnitMax,
   @EndUserText.label: 'Durchschnittlicher Betrag pro Einheit'
```

```
@AnalyticsDetails.query.formula:
  'NetAmount / OrderQuantity'
0 as AverageAmountPerUnit
}
```

**Listing 8.16** Berechnung in einem Query-View

**Formel für Berechnung**

Wie Sie sehen, wird die Berechnungsvorschrift in der Query durch eine Annotation `@AnalyticsDetails.query.formula` angegeben und zur Definition des Felds `AverageAmountPerUnit` im CDS-View ein konstanter Wert »0« genutzt. Diese Notation macht deutlich, dass die Berechnung nach speziellen analytischen Regeln erfolgt und andere Ergebnisse liefert als eine entsprechende Formel in der CDS-Standardnotation. Daher empfehlen wir, die Formel durch eine Annotation anstatt durch eine CDS-Standardnotation anzugeben, die für einfache Formeln auch möglich wäre.

**Zwischenergebnisse der Berechnung**

Darüber hinaus können Sie in der annotierten Formel weitere Möglichkeiten nutzen und z. B. in der Formel Felder verwenden (Angabe als `$projection.<Feldname>`), die ebenfalls erst in der Query berechnet werden. Dies ist bei gewöhnlichen CDS-Berechnungen nicht möglich. Führen Sie die Query nun aus. Ihr Ergebnis ist in Abbildung 8.27 dargestellt.

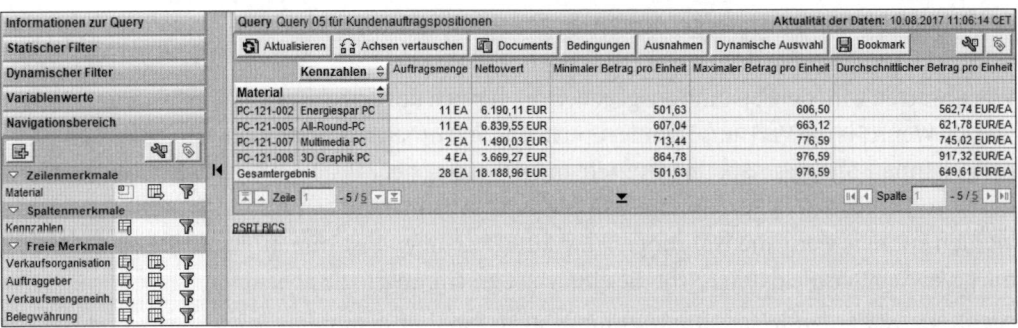

**Abbildung 8.27** Berechnete Felder aus Cube und Query

Sie sehen, wie der durchschnittliche Betrag in der Spanne der Beträge pro Einheit liegt. Er ergibt sich immer als Quotient der Spalten **Nettowert** und **Auftragsmenge**. Die gleiche Formel wird auch auf die Zwischensummen angewendet. Probieren Sie Gruppierungen nach verschiedenen Dimensionen, und machen Sie sich mit dem Verhalten vertraut.

Eine weitere Besonderheit ist die Anzeige von **Währung/Einheit** bei der Durchschnittsspalte. Die analytische Infrastruktur erkennt bei der Berechnung dieser Spalte, dass die dividierten Zahlen eine Währung bzw. Einheit besitzen und zeigt diese mit an.

### 8.3.5   Eingeschränkte Kennzahlen

Eine Variante von Berechnungen in analytischen Queries sind *eingeschränkte Kennzahlen*. Sie erhalten ein Beispiel, indem Sie in der Query ZB_SalesOrderItemQuery05 die drei berechneten Kennzahlen aus Abschnitt 8.3.4, »Berechnung von Kennzahlen«, durch die vier neuen Berechnungen aus Listing 8.17 ersetzen, und vom Cube ZB_SalesOrderItemCube04 selektieren.

```
define view ZB_SalesOrderItemQuery06
  as select from ZB_SalesOrderItemCube04
{ …
  TransactionCurrency,
  @EndUserText.label: 'MO-MI Menge'
  case when CreationWeekDay <= '3' then OrderQuantity
       else 0
  end as MondayToWednesdayQuantity,
  @EndUserText.label: 'DO-SO Menge'
  case when CreationWeekDay >= '4' then OrderQuantity
       else 0
  end as ThursdayToSundayQuantity,
  @EndUserText.label: 'MO-MI Wert'
  case when CreationWeekDay <= '3' then NetAmount
       else 0
  end as MondayToWednesdayAmount,
  @EndUserText.label: 'DO-SO Wert'
  case when CreationWeekDay >= '4' then NetAmount
       else 0
  end as ThursdayToSundayAmount
}
```

**Listing 8.17** Eingeschränkte Kennzahlen

Eingeschränkte Kennzahlen ergeben sich durch eine CDS-Case-Funktion aus einer Kennzahl des Cubes. Dabei ist nur eine einzige When-Option erlaubt, und der Else-Fall ist immer »0«. In der Definition der When-Bedingung sind keine Kennzahlen erlaubt. Die Kennzahl wird dadurch auf die Zeilen der Datenquelle eingeschränkt, die die angegebene Bedingung erfüllen. In der Query ZB_SalesOrderItemQuery06 werden die Verkaufsmengen und Nettoumsätze auf die Wochentage Montag bis Mittwoch bzw. Donnerstag bis Sonntag eingeschränkt. Die Wochentagnummer wird vom zugehörigen Cube-View zur Verfügung gestellt. Die Ausgabe sehen Sie in Abbildung 8.28.

*Eingeschränkte Kennzahlen*

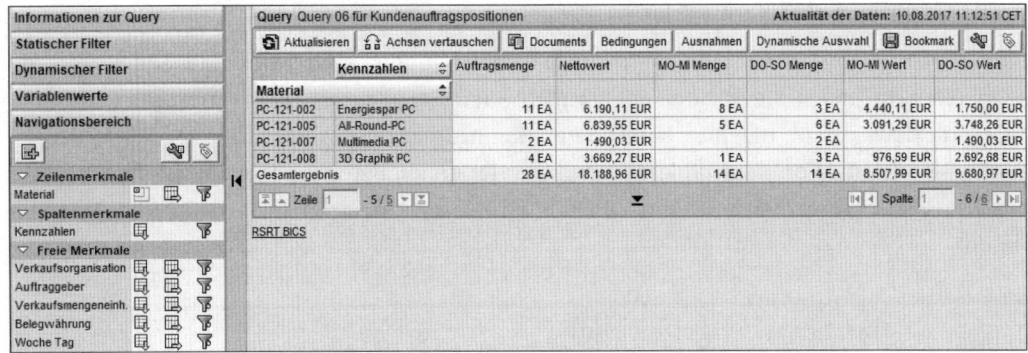

| Informationen zur Query | Query Query 06 für Kundenauftragspositionen | | | | | Aktualität der Daten: 10.08.2017 11:12:51 CET | | |
|---|---|---|---|---|---|---|---|---|
| Statischer Filter | Aktualisieren   Achsen vertauschen   Documents   Bedingungen   Ausnahmen   Dynamische Auswahl   Bookmark | | | | | | | |
| Dynamischer Filter | Kennzahlen | Auftragsmenge | Nettowert | MO-MI Menge | DO-SO Menge | MO-MI Wert | DO-SO Wert | |
| Variablenwerte | Material | | | | | | | |
| Navigationsbereich | PC-121-002 Energiespar PC | 11 EA | 6.190,11 EUR | 8 EA | 3 EA | 4.440,11 EUR | 1.750,00 EUR | |
|  | PC-121-005 All-Round-PC | 11 EA | 6.839,55 EUR | 5 EA | 6 EA | 3.091,29 EUR | 3.748,26 EUR | |
|  | PC-121-007 Multimedia PC | 2 EA | 1.490,03 EUR | | 2 EA | | 1.490,03 EUR | |
| ▽ Zeilenmerkmale | PC-121-008 3D Graphik PC | 4 EA | 3.669,27 EUR | 1 EA | 3 EA | 976,59 EUR | 2.692,68 EUR | |
| Material | Gesamtergebnis | 28 EA | 18.188,96 EUR | 14 EA | 14 EA | 8.507,99 EUR | 9.680,97 EUR | |
| ▽ Spaltenmerkmale | Zeile 1   - 5 / 5 | | | | Spalte 1   - 6 / 6 | | | |
| Kennzahlen | RSRT BICS | | | | | | | |
| ▽ Freie Merkmale | | | | | | | | |
| Verkaufsorganisation | | | | | | | | |
| Auftraggeber | | | | | | | | |
| Verkaufsmengeneinh. | | | | | | | | |
| Belegwährung | | | | | | | | |
| Woche Tag | | | | | | | | |

**Abbildung 8.28** Eingeschränkte Kennzahlen

### Unterschied zu Formeln

In Formeln, die durch @AnalyticsDetails.query.formula definiert sind, ist ebenso eine logische Bedingung mit case möglich. Dabei sind aber nur Kennzahlen oder Konstanten in der Bedingung erlaubt, und die Bedingung wird für die aggregierten Kennzahlen bewertet.

### 8.3.6 Ausnahmeaggregation

Mit der Technik der *Ausnahmeaggregation* können Sie verschiedene Aggregationsweisen, z. B. Summe oder Maximum, zur Berechnung einer Kennzahl in einer analytischen Query kombinieren, um dadurch komplexere Berechnungen auszuführen. Dabei können Sie mehrfach Aggregation und Berechnung abwechseln, und die Art der Aggregation dabei ändern.

#### Beispiel: Zähler für unterschiedliche Werte

Im ersten Beispiel wird ein Zähler für unterschiedliche Materialien gebildet, d. h. jedes Material wird nur einmal gezählt, auch wenn es doppelt vorkommt. Legen Sie hierfür eine neue Query an, wie in Listing 8.18 angegeben.

```
@AbapCatalog.sqlViewName: 'ZB_SOIQ07'
@EndUserText.label: 'Query 07 für Kundenauftragspositionen'
@Analytics.query: true
define view ZB_SalesOrderItemQuery07
  as select from ZB_SalesOrderItemCube04
{ @AnalyticsDetails.query.totals: #SHOW
  @AnalyticsDetails.query.display: #KEY_TEXT
  Material,
  _SalesOrganization._Text.SalesOrganizationName,
```

```
@AnalyticsDetails.query.totals: #SHOW
@AnalyticsDetails.query.axis: #ROWS
SoldToParty,
@AnalyticsDetails.query.sortDirection: #ASC
_SoldToParty.CustomerName,
OrderQuantity, OrderQuantityUnit,
NetAmount, TransactionCurrency,
@EndUserText.label: 'Verschiedene Materialien'
@AnalyticsDetails: {
  exceptionAggregationSteps: [{
    exceptionAggregationBehavior: #COUNT,
    exceptionAggregationElements: [ 'Material' ]
  }]
}
0 as DifferentMaterials
}
```

**Listing 8.18**  Zähler definieren durch Ausnahmeaggregation

Beim Ausführen der Query erhalten Sie die Resultate aus Abbildung 8.29.

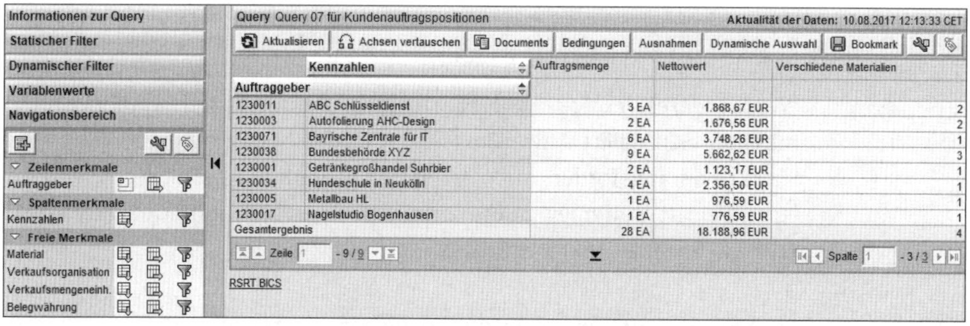

**Abbildung 8.29**  Zähler für unterschiedliche Materialien

Wie Sie sehen, wird zu jedem Kunden die Zahl unterschiedlicher Materialien aus dessen Aufträgen angezeigt. Sie können dies überprüfen, indem Sie auch die Dimension Material in die Zeilen übernehmen.

### Definition einer Ausnahmeaggregation

Die Definition einer Ausnahmeaggregation hat mehrere Bestandteile. Zuerst wird eine *Kennzahl* für das Resultat der Ausnahmeaggregation gebraucht. Im Beispiel aus Listing 8.18 wird durch 0 as DifferentMaterials ein neues Feld definiert. In der Annotation @AnalyticsDetails.exceptionAggregationSteps werden die *Schritte* der Ausnahmeaggregation definiert; im Beispiel gibt es nur einen Schritt.

**Erweiterte Selektion**

Die Teilannotation `exceptionAggregationElements: ['Material']` spielt eine entscheidende Rolle, da sie die SQL-Select-Anweisung verändert, die zur Beschaffung der Daten verwendet wird: Es werden *weitere Dimensionsfelder* selektiert und auch nach diesen gruppiert, im Beispiel die Dimension `Material`. Eigentlich würden die Daten mit der folgenden SQL-Select-Anweisung gelesen:

```
select SoldToParty, sum(OrderQuantity) …
  group by SoldToParty
```

Stattdessen wird aber eine erweiterte Selektion ausgeführt:

```
select SoldToParty, Material, sum(OrderQuantity),
  0 as DifferentMaterials …
  group by SoldToParty, Material
```

Auch die neue Kennzahl wird hier ergänzt.

**Zusätzliche Aggregation**

Dieses Zwischenresultat muss weiteraggregiert werden, wodurch die zusätzlichen Dimensionen (`Material`) wieder entfernt werden. Dabei wird für die neue Kennzahl (`DifferentMaterials`) das Aggregationsverhalten aus der Teilannotation `exceptionAggregationBehavior` verwendet. Im Beispiel ist dies `#COUNT`, also werden die Materialien gezählt. Da über die SQL-Select-Anweisung nach der Dimension `Material` gruppiert wurde, werden nur unterschiedliche Materialien gezählt.

Wenn mehrere `exceptionAggregationSteps` definiert sind, werden bei der initialen SQL-Select-Anweisung die `exceptionAggregationElements` aller Schritte mitangefordert und nach ihnen gruppiert. Anschließend wird für jeden Schritt weiteraggregiert, jeweils mit der Teilannotation `exceptionAggregationBehavior` des Schrittes.

### Beispiel: Summation bei unterschiedlichen Aufträgen

Im zweiten Beispiel soll nicht nur gezählt sondern gerechnet werden. Definieren Sie hierfür einen neuen Cube `ZB_SalesOrderItemCube06`, indem Sie den Cube `ZB_SalesOrderItemCube01` um den Auftragsnettowert ergänzen (siehe Listing 8.19).

```
define view ZB_SalesOrderItemCube06
  as select from I_SalesOrderItem
{ …
  _TransactionCurrency,
  @Aggregation.default: #MAX
  _SalesOrder.TotalNetAmount
}
```

**Listing 8.19** Cube-View mit Auftragsnettowert

Dieser Auftragsnettowert wird im Beispiel benötigt. Es sollen nämlich die Auftragsnettowerte von Aufträgen summiert werden, die bestimmte Eigenschaften haben. Dabei sollen auch Eigenschaften der Auftragspositionen berücksichtigt werden, z. B. das Material einer Position. Da die Eigenschaften für die Summation bei mehreren Positionen eines Auftrags vorkommen können, können Sie nicht einfach die Auftragsnettowerte summieren, sondern Sie dürfen nur die Auftragsnettowerte verschiedener Aufträge addieren. Dies wird durch die Ausnahmeaggregation der Query aus Listing 8.20 realisiert.

**Summation bei verschiedenen Aufträgen**

```
@AbapCatalog.sqlViewName: 'ZB_SOIQ08'
@EndUserText.label: 'Query 08 für Kundenauftragspositionen'
@Analytics.query: true
define view ZB_SalesOrderItemQuery08
  as select from ZB_SalesOrderItemCube06
{ @AnalyticsDetails.query.axis: #ROWS
  @AnalyticsDetails.query.totals: #SHOW
  @AnalyticsDetails.query.display: #KEY_TEXT
  Material,
  _SalesOrganization._Text.SalesOrganizationName,
  @AnalyticsDetails.query.totals: #SHOW
  SoldToParty,
  @AnalyticsDetails.query.sortDirection: #ASC
  _SoldToParty.CustomerName,
  @AnalyticsDetails.query.totals: #SHOW
  SalesOrder,
  OrderQuantity,
  NetAmount,
  @EndUserText.label: 'Maximaler Auftragsnettowert'
  @AnalyticsDetails.query.hidden: true
  TotalNetAmount,
  @EndUserText.label: 'Gesamter Auftragsnettowert'
  @AnalyticsDetails: {
    exceptionAggregationSteps: [{
      exceptionAggregationBehavior: #SUM,
      exceptionAggregationElements: [ 'SalesOrder' ]
    }]
  }
  @AnalyticsDetails.query.formula: 'TotalNetAmount'
  0 as DistinctTotalNetAmount
}
```

Listing 8.20 Summation nur bei verschiedenen Aufträgen

Die Ausgabe dieser Query sehen Sie in Abbildung 8.30.

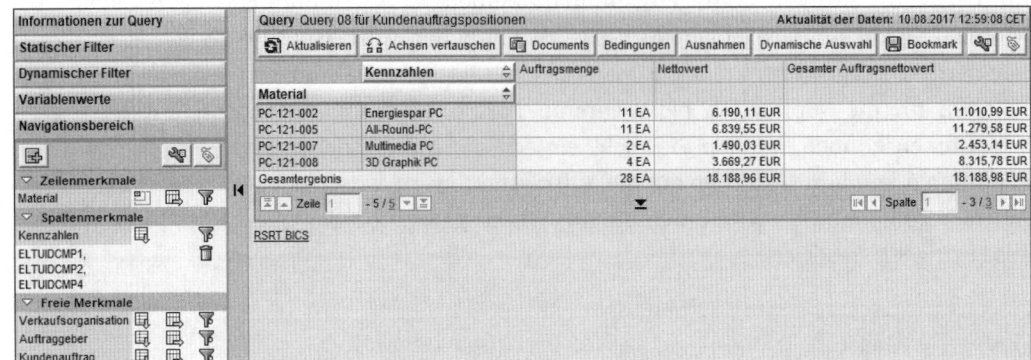

**Abbildung 8.30** Summation nur bei verschiedenen Aufträgen

**Ausnahmeaggregation mit Formel**

Die Ausnahmeaggregation ist ähnlich definiert wie im ersten Beispiel; es gibt allerdings einige Besonderheiten. Die Kennzahl für das Resultat wird wieder mit einem konstanten Wert »0« definiert; die formula-Annotation legt als Quelle für den Wert von DistinctTotalNetAmount aber den Betrag TotalNetAmount aus dem Cube fest. Daher muss in der SQL-Select-Anweisung zur Datenbeschaffung auch der Betrag TotalNetAmount selektiert werden. Eine Summation dieser Kennzahl würde ein falsches Ergebnis liefern; deswegen wurde im Cube das Aggregationsverhalten #MAX definiert. Die ausgeführte SQL-Select-Anweisung sieht folgendermaßen aus:

```
select Material, SalesOrder,
    max(TotalNetAmount) as DistinctTotalNetAmount …
    group by Material, SalesOrder
```

Da nach SalesOrder gruppiert wird, enthält die berechnete Kennzahl nun genau den Nettowert des Auftrags SalesOrder. Im Ausnahmeaggregationsschritt wird der Betrag DistinctTotalNetAmount zum gewünschten Resultat summiert. Da nach den Aufträgen gruppiert wurde, kommt bei jeder Summation ein Auftragsnettowert höchstens einmal vor.

**Ausnahmeaggregation nachvollziehen**

Wenn Sie das Merkmal (die Dimension) **Kundenauftrag** mit in die Zeilen übernehmen (siehe Abbildung 8.31), können Sie die Schritte der Ausnahmeaggregation nachvollziehen.

Da nun die Ausnahmeaggregationsspalte SalesOrder (aus der Annotation exceptionAggregationElements) als Standardspalte angefordert wird und in die Gruppierung eingeht, entfällt der Ausnahmeaggregationsschritt für die regulären Ergebniszeilen (die hellgrauen Zeilen). In der Spalte **Gesamter Auftragsnettowert** wird der Nettowert des Kundenauftrags angezeigt. In den Zeilen mit Zwischensummen pro Material wird der Ausnahmeaggregationsschritt aber ausgeführt, denn auch die Werte der Zwischensummen werden mit einer Ausnahmeaggregation bestimmt. Auf diese Weise können Sie auch Fehler in der Definition der Ausnahmeaggregation suchen.

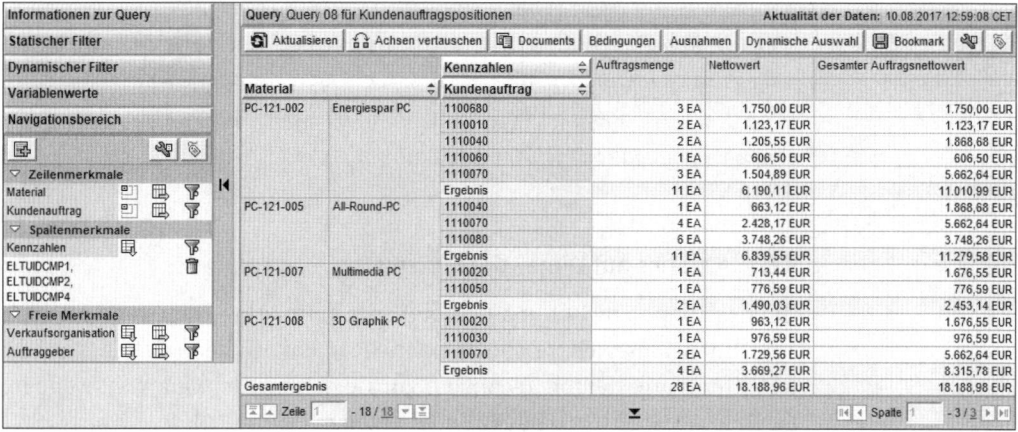

**Abbildung 8.31** Schritte der Ausnahmeaggregation

In einem Ausnahmeaggregationsschritt kann auf verschiedene Arten aggregiert werden. Tabelle 8.4 gibt einen Überblick der möglichen Aggregationsverhalten (exceptionAggregationBehavior).

**Aggregations- verhalten**

| Aggregationsverhalten | Beschreibung |
|---|---|
| #SUM | Summation der Einzelwerte |
| #MIN | Minimum aller Einzelwerte |
| #MAX | Maximum aller Einzelwerte |
| #COUNT | Anzahl aller Einzelwerte |
| #AVG | Durchschnitt aller Einzelwerte |
| #STD | Standardabweichung aller Einzelwerte |
| #FIRST | erster Einzelwert, wenn die zu aggregierenden Zeilen, aufsteigend nach exceptionAggregation- Elements, sortiert werden |
| #LAST | letzter Einzelwert, wenn die zu aggregierenden Zeilen, aufsteigend nach den exceptionAggregation- Elements, sortiert werden |

**Tabelle 8.4** Aggregationsverhalten in der Ausnahmeaggregation

[+]   **Grundprinzip der Ausnahmeaggregation**

Die Ausnahmeaggregation ist ein mächtiges Werkzeug, um Berechnungen mit besonderen Anforderungen zu realisieren. Merken Sie sich das Grundprinzip der Ausnahmeaggregation:

*Erst weitere Dimensionen mitselektieren, dann eine Formel berechnen, und die Zusatzdimensionen mit einer speziellen Aggregation wieder eliminieren.*

Dann fällt es Ihnen leichter, konkrete Berechnungsvorschriften mit Ausnahmeaggregationen zu modellieren.

### 8.3.7   Queries auf Dimensions-Views

Queries können nicht nur auf Cube-Views definiert werden, sondern auch auf Dimensions-Views. Dabei können Sie ebenfalls die in den letzten Abschnitten vorgestellten Techniken zur Gestaltung der Query verwenden. Ein Beispiel ist die Query auf Kundendaten in Listing 8.21.

```
@AbapCatalog.sqlViewName: 'ZB_CUSTQ01'
@EndUserText.label: 'Query 01 für Kundendaten'
@Analytics.query: true
define view ZB_CustomerQuery01
  as select from I_Customer
{
  Customer,
  Country,
  @AnalyticsDetails.query.axis: #ROWS
  CityName,
  @DefaultAggregation: #SUM
  1 as NumberOfCustomers
}
```

**Listing 8.21** Query auf einem Dimensions-View

Zähler definieren   Eine Besonderheit von Queries auf Dimensions-Views ist die Definition eines Zählers durch ein berechnetes Feld mit dem Wert »1« und dem Aggregationsverhalten #SUM. Dies ist möglich, da es sich beim Feld Customer um den Schlüssel des Dimensions-Views handelt. Eine Ausnahmeaggregation ist hierfür nicht notwendig, was die Laufzeit positiv beeinflussen kann. Beachten Sie, dass hier gegebenenfalls noch die alte Form der Annotation @DefaultAggregation: #SUM verwendet werden muss. Die Ausgabe dieser Query sehen Sie in Abbildung 8.32.

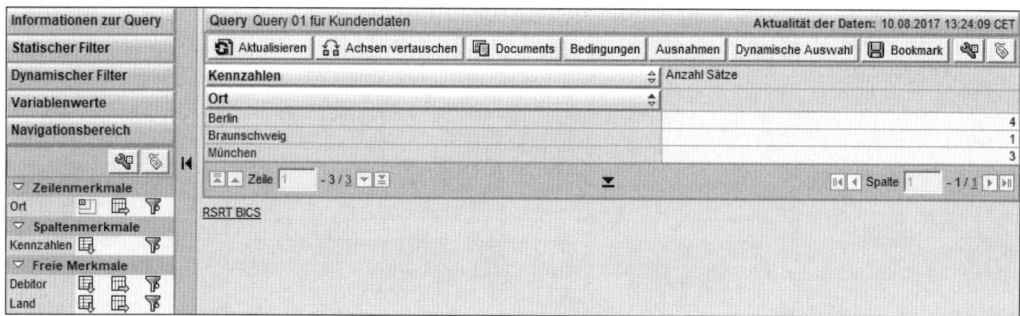

**Abbildung 8.32** Query auf einem Dimensions-View mit Zähler

**[«]**

### Queries auf Cube-Views oder Dimensions-Views

Meist werden Queries auf Cubes definiert. Cubes kombinieren für gewöhnlich verschiedene Entitäten, enthalten viele Merkmale aus unterschiedlichen Quellen und ermöglichen vielfältige Analysen. Und wenn einmal ein Merkmal fehlt, können Sie den Cube kopieren, das Merkmal hinzunehmen und darauf eine Query definieren; daher bieten Cubes sehr viele Möglichkeiten.

Dimensions-Views repräsentieren hingegen meist nur eine Entität und haben nur Attribute, die betriebswirtschaftlich direkt der Entität zugeordnet sind. Indirekte Attribute, z. B. das Autoländerkennzeichen des Landes eines Kunden, werden nicht in den Dimensions-View aufgenommen. Ihre Flexibilität ist dadurch eingeschränkt.

## 8.4 Analytische Infrastruktur

Sie haben im letzten Abschnitt gesehen, dass analytische Views und Queries viele zusätzliche Möglichkeiten und Funktionen bieten, die sie bei einer Ausführung als gewöhnliche CDS-Views nicht haben, z. B. beim Data Preview in Eclipse. Diese Zusatzfunktionen werden von einer analytischen Infrastruktur realisiert.

Die Definition von analytischen Views und Queries soll unabhängig von einer konkreten analytischen Infrastruktur und deren Eigenschaften möglich sein. Dies erlaubt die Nutzung der einmal definierten analytischen CDS-Views auf Plattformen mit unterschiedlicher Technologie. In den letzten Kapiteln konnten wir daher CDS-basierte Analysen ohne genauere Angabe der analytischen Infrastruktur einführen. Nur eine Testumgebung war notwendig.

Unabhängigkeit von der Infrastruktur

Analytische
Infrastruktur in
SAP S/4HANA
Nun wollen wir die analytische Infrastruktur von SAP S/4HANA vorstellen. Abbildung 8.33 zeigt einen Überblick ihrer Komponenten.

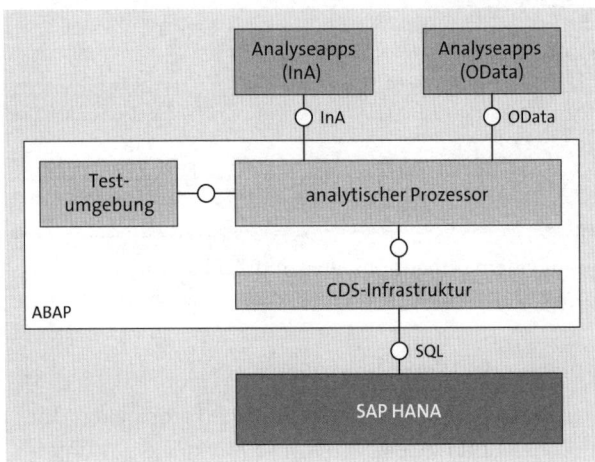

**Abbildung 8.33** Analytische Infrastruktur in SAP S/4HANA

**Analytischer Prozessor**

Die zentrale analytische Komponente ist der *analytische Prozessor* im ABAP-Server, auch bekannt als OLAP-Prozessor (Online Analytical Processing) oder Analytic Engine. Diese wird auch im klassischen SAP-BW-System verwendet und kommt nun für die CDS-basierte eingebaute Analyse in SAP S/4HANA zum Einsatz.

Der analytische Prozessor verwendet die ABAP- und CDS-Infrastruktur für Folgendes:

- Lesen von Metadaten von CDS-Views, z. B. Annotationen,
  um das analytische Modell aufzubauen
- Selektion von Daten über ABAP SQL

Die von Ihnen schon verwendete Testumgebung ist in ABAP an den analytischen Prozessor angeschlossen.

**Analytische Schnittstellen**

Für Apps zur Analyse von Daten oder andere analytische Benutzeroberflächen stehen zwei Schnittstellen zur Verfügung:

- das SAP-interne *Information Access Protocol* (InA) für die
  Kommunikation mit SAP-eigenen analytischen Komponenten
- das global standardisierte *Open Data Protocol* (OData) als offene
  Kommunikationsschnittstelle

**Analyse-Tools**

Über diese Schnittstellen können die in CDS definierten analytischen Views und Queries von diversen Analyse-Tools genutzt werden, z. B.:

- SAP Analysis for Microsoft Office
- SAP Lumira, designer edition, auch bekannt als SAP Business Objects Design Studio (siehe z. B. *https://help.sap.com/viewer/p/SAP_BUSINESS-OBJECTS_DESIGN_STUDIO*)
- SAP Analytics Cloud

CDS-Views werden in das Modell des analytischen Prozessors und der existierenden InA-Schnittstelle übersetzt. Dabei erhalten sie technische Namen, die in das existierende Namensschema passen. Die technischen Namen werden durch Zusammenfügen eines Präfix »2C« mit dem SQL-View-Namen des CDS-Views gebildet. Bei Ihrem ersten Cube-View mit dem SQL-View-Namen ZB_SOIC01 ergibt dies den technischen Namen 2CZB_SOIC01.

Technische Namen

8

Der analytische Prozessor optimiert die Datenzugriffe in vielen Situationen. Gewöhnlich liest er die Kennzahlen in der angefragten Gruppierung durch eine SQL-Select-Anweisung an SAP HANA in aggregierter Form. Dadurch müssen keine großen Datenmengen von der Datenbank zu den Applikationsservern übertragen werden. Danach ergänzt er die benötigten Texte und bei Bedarf weitere Attribute aus Dimensions-Views zur Anzeige. Hierbei können Puffer des Applikationsservers genutzt werden, was die Last in der Datenbank reduziert.

Verarbeitung einer Analyse

**Sinnvolle Selektion von Daten**

Versuchen Sie, die Selektion großer, schwach aggregierter Datenmengen zu vermeiden, da sonst der Transport der Daten zum Applikationsserver und ihre Verarbeitung im ABAP-Server längere Zeit dauern kann.

# Kapitel 9
# Modellierung transaktionaler Anwendungen

*In diesem Kapitel widmen wir uns den transaktionalen Anwendungen, d. h.
Anwendungen, die Daten nicht nur lesend verarbeiten, sondern sie auch
verändern. Sie lernen, wie Sie CDS-Modelle auch für diese Art von Anwendungen nutzen können.*

Neben der Modellierung und Ausführung lesender Datenzugriffe bilden
Core Data Services auch die Grundlage für die Modellierung transaktionaler Aspekte, wodurch weitere Artefakte und das Verhalten schreibender Anwendungen definiert werden. Das Erzeugen, Ändern oder Löschen von
Daten kann hierbei durch direkte Benutzereingaben über eine Benutzerschnittstelle oder über maschinelle Schnittstellen erfolgen, z. B. durch eine
*A2A-Kommunikation* (Anwendung zu Anwendung). Durch Änderungen
über die Schnittstelle können sich weitere Änderungen als *Seiteneffekte* ergeben.

Sie werden in diesem Kapitel lernen, was transaktionale Anwendungen
sind und welche Besonderheiten beachtet werden müssen. Ferner lernen
Sie, wie die transaktionale Infrastruktur in SAP S/4HANA funktioniert und
wie Sie *transaktionale Objektmodelle* definieren und deren *Geschäftslogik*
implementieren können.

**Aufbau des Kapitels**

Nachdem wir definiert haben, was transaktionale Anwendungen ausmachen, lernen Sie die *transaktionale Infrastruktur* von SAP S/4HANA kennen.
Deren Grundlage bildet das transaktionale Objektmodell, das Sie nach und
nach erweitern werden, um *Sperren, Berechtigungen, Geschäftslogik* und
*Datenprüfungen*, die *dynamische Steuerung von Eigenschaften, Aktionen*
und *berechnete Felder* abzubilden. Danach werden Sie diese Beispielanwendung mithilfe von *transaktionalen Servicemodellen* in unterschiedlichen
Verwendungen nutzen.

## 9.1   Transaktionale Anwendungen

In den vorangehenden Kapiteln haben wir gezeigt, wie CDS zur Modellierung lesender Zugriffe verwendet werden kann. Die Frage, die sich aufdrängt, ist, ob und wie nun dieses semantisch reiche Modell auch für schreibende Zugriffe genutzt werden kann. Speziell wenn Sie diese Modelle über *REST-basierte* (*Representational State Transfer*) Schnittstellen im Web nutzen, wird offensichtlich, dass Lese- und Schreiboperationen idealerweise auf den gleichen Modellen basieren sollten. Im Folgenden erörtern wir die Grundlagen und spezifischen Aspekte von transaktionalen Anwendungen.

**Geschäftsobjekte**   *Geschäftsobjekte* sind ein logischer Zusammenschluss von mehreren *Entitäten*. Als Beispiel eines Geschäftsobjekts haben wir bereits den Kundenauftrag kennengelernt, der unter anderem aus Kopfdaten, Positionsdaten und Einteilungen besteht. Diese haben untereinander eine *Kompositionsbeziehung*, sind also existenziell von der jeweils übergeordneten Entität abhängig. Während beim Lesen Geschäftsobjekte als solche eine eher untergeordnete Rolle spielen, ist der Zusammenhang beim Schreiben sehr wichtig. Im Normalfall werden mehrere Entitäten, also ein Geschäftsobjekt, gemeinsam bearbeitet und geschrieben. Andere referenzierte bzw. assoziierte Entitäten werden oft nur gelesen bzw. haben für schreibende Zugriffe jeweils ihre eigene Implementierung.

**Berechtigung und Sperren**   Das Schreiben von Daten erfordert neben einer erweiterten dedizierten Berechtigungskontrolle auch Sperren, um die *transaktionale Konsistenz* der Daten zu gewährleisten. Sowohl die Berechtigungskontrolle als auch das Sperrverhalten sind in den meisten Fällen auf der Ebene des Geschäftsobjekts angesiedelt und nicht auf den einzelnen Entitäten eines Geschäftsobjekts. Nur in wenigen Ausnahmefällen sind Geschäftsobjekte z. B. so definiert, dass sie das Sperren von Teilgeschäftsobjekten unterstützen.

**Geschäftslogik**   Beim Schreiben werden die Daten, die durch einen Benutzer eingegeben oder von einer maschinellen Schnittstelle übermittelt werden, in der Regel nicht einfach übernommen. Die eingegebenen Daten werden vielmehr geprüft. Es werden weitere Daten ermittelt und berechnet, die von anderen Daten oder der Geschäftskonfiguration abhängen usw. Wir sprechen hier gemeinhin von *Geschäftslogik*. Dabei werden nicht nur Daten des direkt angesprochenen Geschäftsobjekts geändert, sondern in vielen Fällen werden auch andere Geschäftsobjekte oder ganze *Geschäftsprozesse* oder Folgeprozesse angestoßen bzw. prozessiert.

**Aktionen**   Die Änderung von Daten und Geschäftsobjekten kann durch einfache Operationen wie Anlegen, Ändern oder Löschen erfolgen (ergänzt um das Lesen, auch bekannt als *CRUD-Operationen*). Die angesprochene Geschäftslogik wird allerdings auch sehr häufig in reichhaltigere Operationen verpackt, die mehrere, in sich konsistente Änderungen enthalten. Diese Art der Operationen nennen wir im Folgenden *Aktionen*. Aktionen helfen dabei, die Geschäftslogik bzw. die Konsistenz von mehreren Änderungen nicht dem Verwender zu überlassen, sondern bieten dem Verwender einen höheren Komfort bezüglich wiederkehrender Änderungen. Zudem können Aktionen bei Bedarf auch eine explizite erweiterte Berechtigungssteuerung anbieten. Wir werden dies in Abschnitt 9.3.6, »Aktionen modellieren und implementieren«, an einem Beispiel erläutern.

Im Kontext von ABAP CDS und des darin verfügbaren Funktionsumfangs gibt es noch einige zusätzliche Herausforderungen. Zum einen bietet ABAP CDS im aktuellen Funktionsumfang nur CDS-Views und CDS-Tabellenfunktionen zur Datenmodellierung an. Diese sind per Definition nur für lesende Zugriffe nutzbar. Das heißt, rein technisch gesehen, müssen die entsprechenden SQL-Operationen zum Ändern von Daten unmittelbar über die bzw. auf den zugrunde liegenden Tabellen erfolgen. Es liegt auf der Hand, dass die Infrastruktur Schreibzugriffe auf den CDS-Modellen nur dann automatisch prozessieren kann, wenn die CDS-Modelle eine einfache Projektion der Datenbanktabellen darstellen. Bei der Nutzung von komplexerer SQL-Logik innerhalb der CDS-Modelle sowie Schichtenbildung ist das Schreiben bzw. das Auffinden dessen, was wohin geschrieben werden soll, nicht mehr so einfach oder überhaupt nicht möglich. Tatsächlich wird im virtuellen Datenmodell von SAP S/4HANA, das wir als semantisch reiches Modell nutzen möchten, an vielen Stellen das Datenmodell grundlegend vereinfacht, sodass durchaus auch Unions, Joins und weitere Funktionen bei der Definition der Modelle genutzt werden.

**Herausforderungen: CDS und S/4HANA**

## 9.2 Transaktionale Infrastruktur in SAP S/4HANA

An dieser Stelle können Sie sich durchaus die Frage stellen, auf welcher Ebene die Geschäftslogik implementiert und integriert werden sollte. Im ABAP-Umfeld ist die Antwort relativ klar und einleuchtend: Die Geschäftslogik (so wie wir sie hier verstehen) läuft im Applikationsserver ab und ist in ABAP implementiert. Gründe dafür sind unter anderem die Skalierbarkeit der Applikationsserver und die umfangreiche Geschäftslogik in SAP S/4HANA, die natürlich wiederverwendet werden soll. Dieser Ansatz ist auch kein Widerspruch zum Ziel, die datenintensive Logik in die Datenbank zu verlagern. So wird SAP HANA natürlich bei sämtlichen Leseoperationen optimal ausgenutzt, und Transformationen werden beim Lesen möglichst

**Applikationsserver oder Datenbank**

über SQL-Mittel abgebildet. Auch in der transaktionalen Logik kann dies sinnvoll eingesetzt werden, wie folgendes Beispiel zeigen soll.

### Ausnutzen der Datenbank und SAP HANA

Bei einer Kundenauftragsbearbeitung soll, basierend auf dem aktuellen Auftrag sowie den noch offenen Posten, das Kreditlimit des Kunden geprüft werden, bevor der Kundenauftrag bestätigt werden kann. Die offenen Posten werden über eine Aggregation (Summe der offenen Posten) in der Datenbank berechnet. Nur das Ergebnis der Berechnung wird an den Applikationsserver übertragen. Im Applikationsserver in der entsprechenden Prüfung wird nun dieser Wert zum aktuellen Auftragswert addiert und mit dem Kreditlimit des Kunden verglichen. Bei Überschreitung wird eine entsprechende Meldung erzeugt und gegebenenfalls ein entsprechender Status im Beleg gesetzt.

CDS und BOPF   Die *ABAP-Plattform* hat die Möglichkeit geschaffen, CDS-Modelle auch als Grundlage für transaktionale Anwendungen nutzen zu können. Alle im vorherigen Kapitel definierten Anforderungen an transaktionale Anwendungen bzw. an eine entsprechende Infrastruktur müssen hierbei berücksichtigt werden. Für diesen Zweck wurde das *Business Object Processing Framework* (kurz BOPF), das bereits Teil der ABAP-Plattform ist und die genannten Aspekte entsprechend abdeckt, als transaktionale Laufzeit integriert. Zum Zeitpunkt der Erstellung dieses Buches ist dies auch die einzige Möglichkeit, um transaktionale Logik in die CDS-Welt zu integrieren, die die ABAP-Plattform zur Implementierung von CDS-basierten Anwendungen unterstützt. Der Anschluss anderer transaktionaler Frameworks oder eigener Implementierungen außerhalb von BOPF wird momentan nicht unterstützt. Bei der Erstellung von OData-Services (siehe Abschnitt 9.4.2, »OData-Service generieren«) kann hingegen die transaktionale Logik direkt in der Serviceimplementierung erfolgen und CDS nur für die lesenden Zugriffe verwendet werden. Hierauf gehen wir nicht mehr weiter ein. Weitere Informationen zu BOPF finden Sie z. B. im E-Bite »BOPF: Business Object Development« von James Wood und Joseph Rupert (SAP PRESS 2017), im englischsprachigen Tutorial »Getting Started with Business Object Processing Framework« aus dem SAP Developers Network (SDN) unter *https://archive.sap.com/documents/docs/DOC-45703*, oder in Roth; Stöhr: BOPF – Business-Objekte mit ABAP entwickeln. (SAP PRESS 2018).

Konkret wird aus den CDS-Modellen ein BOPF-Geschäftsobjekt generiert. Der Vollständigkeit halber sei hier erwähnt, dass bei den auf diese Weise erzeugten BOPF-Modellen aktuell nicht der komplette Funktionsumfang von

BOPF zur Verfügung steht; dieser erweitert sich jedoch stetig. Details finden sich in der entsprechenden Dokumentation der ABAP-Plattform. Diese finden Sie in der SAP-Hilfe bzw. im SAP Help Portal unter *https://help.sap.com/viewer/aa7fc5c3c1524844b811735b9373252a/7.5.8/en-US/*. Wir nutzen in den Beispielen konsequent den BOPF-Editor in Eclipse, da Ihnen hier die nicht verfügbaren Funktionen erst gar nicht angeboten werden. Ein Großteil der transaktionalen Erweiterungen ist bislang nicht direkt in die CDS-Syntax integriert worden, sondern wird über Annotationen gesteuert. Wir werden im Laufe des Kapitels immer darauf hinweisen, welche Annotationen Einfluss auf das BOPF-Modell haben und was diese bewirken. Die grundlegende Merkregel ist:

Die Daten- bzw. Objektmodellierung eines Geschäftsobjekts und dessen Eigenschaften erfolgt über CDS, und diese Informationen sind im daraus generierten BOPF-Modell nicht änderbar. Die Verhaltensmodellierung, d. h. die Definition der Geschäftslogik (Datenermittlungen und -berechnungen sowie Konsistenzprüfungen und Aktionen) erfolgt im BOPF-Modell.

Die BOPF-Laufzeit, die auf dem BOPF-Modell basiert, bietet hierbei die volle Unterstützung der CRUD-Operationen, sowie klar definierte Schnittstellen zur Integration von Berechtigungsprüfungen, Sperren und Geschäftslogik, die dann entsprechend ausprogrammiert werden können.

**BOPF-Schlüssel und Datenmodell**

Bei sich ändernden Operationen wird die BOPF-Infrastruktur für das relevante BOPF-Geschäftsobjekt entsprechend aufgerufen. Wer BOPF kennt, weiß, dass BOPF zur Laufzeit auf einem technischen Schlüssel vom Typ RAW16 basiert (UUID bzw. GUID). Das zugrunde liegende CDS-Modell muss allerdings nicht zwangsläufig einen solchen Schlüssel besitzen. Es verfügt in der Regel über semantische Schlüssel. Daher wird bei solchen Modellen zur Laufzeit ein temporärer technischer Schlüssel erstellt und auf den eigentlichen semantischen Schlüssel der Entitäten abgebildet. Aktuell bietet die ABAP-Plattform keine generelle Zugriffsschnittstelle auf das so definierte Geschäftsobjekt. Daher müssen Sie auch als Konsument der BOPF-Schnittstellen (*BOPF-Service-Layer*) entsprechend zugreifen und eine Schlüsselkonvertierung durchführen. Wir werden an geeigneter Stelle auf diese Problematik zurückkommen.

Aus diesem Grund werden wir uns im Folgenden im Wesentlichen auf die Konsumierung der Anwendung über REST und *OData* als Webstandard fokussieren, da die ABAP-Plattform bereits eine echte Ende-zu-Ende-Unterstützung bietet. Konkret wird nicht nur die oben erwähnte Schlüsselbe-

SADL und OData

handlung von der Infrastruktur übernommen, sondern es werden auch die lesenden und schreibenden Zugriffe automatisiert weitergeleitet. So werden sämtliche nicht transaktional lesende sowie analytische Aufrufe direkt über die *Open-SQL-Schnittstelle* an die Datenbank delegiert. Transaktionale Aufrufe zum Lesen oder Schreiben der Daten gehen über die transaktionale Laufzeit (BOPF) und den transaktionalen Puffer im Applikationsserver. Damit wird eine optimale Nutzung der *SAP-HANA-Datenbank* mit der Verarbeitung von sämtlichen persistenten Daten mit den Vorzügen der transaktionalen Laufzeit in einem *ABAP-Applikationsserver* und der möglichen Nutzung der vorhandenen Geschäftslogik kombiniert.

Hierfür wird die *Service Adaptation Definition Language* (SADL) der ABAP-Plattform genutzt. SADL ist eine Infrastruktur für modellbasiertes Lesen und das Prozessieren von Daten. Weitere Informationen zu SADL finden Sie z. B. im SAP Help Portal unter

*https://help.sap.com/viewer/7bfe8cdcfbb040dcb6702dada8c3e2f0/7.52.0/en-US/13d9849973dd4174adaa375f568984bf.html.*

Eine schematische Darstellung der ABAP-Infrastruktur für transaktionale Anwendungen mit den wichtigsten Laufzeitkomponenten finden Sie in Abbildung 9.1.

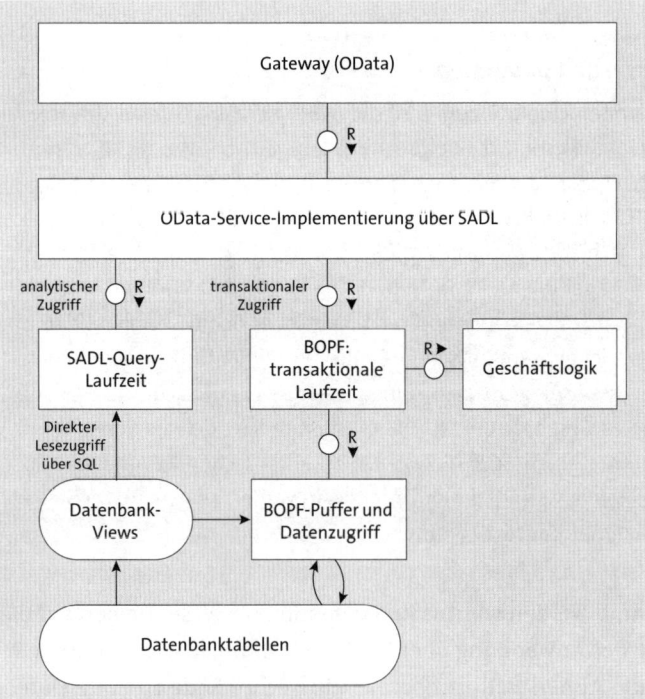

**Abbildung 9.1** ABAP-Infrastruktur für transaktionale Anwendungen

## 9.3   Transaktionale Objektmodelle

In diesem Abschnitt stellen wir Ihnen die transaktionalen Objektmodelle vor. Sie lernen, wie Sie hierüber ein Geschäftsobjekt und die zugehörige Geschäftslogik definieren und implementieren. Zunächst werden Sie das Datenmodell definieren und eine Objektstruktur einführen. Das so definierte Geschäftsobjekt werden Sie dann erweitern, um transaktionale Änderungen unterstützen zu können. Ihre Applikation werden Sie schließlich mit den erweiterten Funktionen wie den Sperren, der Berechtigungssteuerung sowie der Geschäftslogik und den Aktionen vervollständigen. Nach und nach wird so anhand eines konkreten Beispiels eine komplette Anwendung entstehen.

### 9.3.1   Objektmodelle definieren

Geschäftsobjekte sind – wie bereits erwähnt – als Baum- oder Kompositionsstrukturen von Entitäten definiert. Um im Netz der CDS-Entitäten und Assoziationen Geschäftsobjekte zu beschreiben, wird die Wurzel des Kompositionsbaums als solche ausgezeichnet und die relevanten *Assoziationen* als *Kompositionen* definiert. Zur Auszeichnung der Wurzel annotieren Sie den entsprechenden CDS-View wie folgt:

`@ObjectModel.compositionRoot:true`

Die Kompositionsassoziationen zu Unterentitäten werden durch die folgende Annotation gekennzeichnet:

`@ObjectModel.association.type: #TO_COMPOSITION_CHILD`

Wer BOPF bereits kennt, weiß, dass hier auch die Rückassoziationen der Komposition zum Vater sowie zur Wurzel verfügbar sind. Da es generell sinnvoll ist, eine derartige Navigation einzurichten, sollten Sie diese Assoziationen ebenfalls wie folgt annotieren:

`@ObjectModel.association.type: #TO_COMPOSITION_PARENT`
`@ObjectModel.association.type: #TO_COMPOSITION_ROOT`

Um ein Geschäftsobjekt als solches expliziter auszuzeichnen, können Sie zudem für die Wurzelentität als Repräsentant des Geschäftsobjekts die folgende Annotation verwenden:

`@ObjectModel.modelCategory: #BUSINESS_OBJECT`

Diese Annotation hat keine Laufzeitrelevanz und ist einzig zur semantischen Kategorisierung im Kontext des VDM relevant.

Kompositions-
struktur

[+]

### Transaktionale View-Schicht

Wir empfehlen Ihnen, für Ihre transaktionale Anwendung eigene CDS-Views zu definieren, die auf den Basis-Views aufsetzen. Zum einen wird hierdurch das Modell und die Verwendung klarer, zum anderen bleibt das Modell offen für Weiterentwicklungen und neue Funktionen. Wir empfehlen hier die Ergänzung der unterliegenden CDS-View-Namen um das Suffix TP.

**Geschäftsobjekt und Wurzelentität**

Im normalen Sprachgebrauch wird meist nicht zwischen dem Geschäftsobjekt (im Beispiel der Kundenauftrag) und dessen Wurzelentität (im Beispiel der Kundenauftragskopf) unterschieden und der Name des Geschäftsobjekt synonym verwendet. Wir behalten im Folgenden die korrekten Bezeichnungen bei, um eine begriffliche Verwirrung zu vermeiden.

**Beispiel: Geschäftsobjekt**

Definieren Sie nun das Modell des Geschäftsobjekts für den Kundenauftrag. Da Sie die CDS-Views auf den bereits definierten Basis-Views aufsetzen, sind bereits bekannte und verfügbare Annotationen der unterliegenden Felder, wie z. B. deren Semantik, durch die Propagationslogik automatisch verfügbar. Ebenso sind die Feldnamen bereits mit einem schönen Alias versehen. Definieren Sie den Kundenauftragskopf, wie in Listing 9.1 dargestellt. Er enthält bereits eine Kindassoziation zur Kundenauftragsposition, die in Listing 9.2 definiert wird. Die neu definierten Annotationen sind entsprechend hervorgehoben.

```
@AbapCatalog.sqlViewName: 'ZISALESORDERTP'
@AbapCatalog.compiler.compareFilter: true
@AccessControl.authorizationCheck: #CHECK
@EndUserText.label: 'Sales Order'
@ObjectModel.modelCategory: #BUSINESS_OBJECT
@ObjectModel.compositionRoot: true
define view ZI_SalesOrderTP
  as select from ZI_SalesOrder
  association [0..*] to ZI_SalesOrderItemTP as _SalesOrderItem
  on $projection.SalesOrder = _SalesOrderItem.SalesOrder
{
 key SalesOrder,
     SalesOrderType,
     SalesOrganization,
     DistributionChannel,
     OrganizationDivision,
     DeliveryStatus,
```

```
    DeletionIndicator,
    CreatedByUser,
    CreationDateTime,
    LastChangedByUser,
    LastChangeDateTime,
    @ObjectModel.association.type: [#TO_COMPOSITION_CHILD]
    _SalesOrderItem
}
```

**Listing 9.1** CDS-View des Kundenauftragskopfes

Listing 9.2 zeigt die Kundenauftragsposition, die sowohl Assoziationen zum Kundenauftragskopf als auch zu den Einteilungen hat, die in Listing 9.3 definiert werden.

```
@AbapCatalog.sqlViewName: 'ZISALESORDERITTP'
@AbapCatalog.compiler.compareFilter: true
@AccessControl.authorizationCheck: #CHECK
@EndUserText.label: 'Sales Order Item'
define view ZI_SalesOrderItemTP
  as select from ZI_SalesOrderItem
  association [1..1] to ZI_SalesOrderTP as _SalesOrder
    on $projection.SalesOrder     = _SalesOrder.SalesOrder
  association [0..*] to ZI_SalesOrderScheduleLineTP
    as  _SalesOrderScheduleLine
    on  $projection.SalesOrder     =
        _SalesOrderScheduleLine.SalesOrder
    and $projection.SalesOrderItem =
        _SalesOrderScheduleLine.SalesOrderItem
{
  key SalesOrder,
  key SalesOrderItem,
      Product,
      OrderQuantity,
      OrderQuantityUnit,
      NetAmount,
      TransactionCurrency,
      CreatedByUser,
      CreationDateTime,
      LastChangedByUser,
      LastChangeDateTime,
      @ObjectModel.association.type: [#TO_COMPOSITION_PARENT,
                                      #TO_COMPOSITION_ROOT]
```

```
            _SalesOrder,
            @ObjectModel.association.type: [#TO_COMPOSITION_CHILD]
            _SalesOrderScheduleLine
}
```

**Listing 9.2** CDS-View der Kundenauftragsposition

Listing 9.3 zeigt die Kundenauftragseinteilung, die Assoziationen zum Kundenauftragskopf als Wurzelentität und zu den Kundenauftragspositionen als Vaterentität hat.

```
@AbapCatalog.sqlViewName: 'ZISALESORDERSLTP'
@AbapCatalog.compiler.compareFilter: true
@AccessControl.authorizationCheck: #CHECK
@EndUserText.label: 'Sales Order Schedule Line'
define view ZI_SalesOrderScheduleLineTP
  as select from ZI_SalesOrderScheduleLine
  association [1..1] to ZI_SalesOrderTP as _SalesOrder
   on $projection.SalesOrder     = _SalesOrder.SalesOrder
  association [1..1] to ZI_SalesOrderItemTP as _SalesOrderItem
   on $projection.SalesOrder     = _SalesOrderItem.SalesOrder
   and $projection.SalesOrderItem =
       _SalesOrderItem.SalesOrderItem
{
  key SalesOrder,
  key SalesOrderItem,
  key SalesOrderScheduleLine,
      DeliveryDate,
      OrderQuantity,
      OrderQuantityUnit,
      CreatedByUser,
      CreationDateTime,
      LastChangedByUser,
      LastChangeDateTime,
      @ObjectModel.association.type: [#TO_COMPOSITION_ROOT]
      _SalesOrder,
      @ObjectModel.association.type: [#TO_COMPOSITION_PARENT]
      _SalesOrderItem
}
```

**Listing 9.3** CDS-View der Kundenauftragseinteilung

[+]

**CDS-View-Aktivierung**

Um Probleme bei der CDS-View-Aktivierung zu vermeiden, empfiehlt es sich, die CDS-Views zunächst ohne Assoziationen zu definieren und zu aktivieren und die Assoziationen im zweiten Schritt zu ergänzen.

### 9.3.2   Transaktionale Objektmodelle definieren

Im nächsten Schritt zeigen wir Ihnen, wie Sie zum definierten Datenmodell des Geschäftsobjekts das Modell für die transaktionale Laufzeit definieren. Da Sie das Modell im Sinne von Entitäten und Assoziationen bereits vollständig definiert haben, genügt es, die Wurzelentität entsprechend auszuzeichnen, um die Nutzung der transaktionalen Laufzeit für das Geschäftsobjekt zu ermöglichen. Die geschieht über die folgende Annotation an der Wurzelentität des Geschäftsobjekts:

*Transaktionales Objektmodell*

```
@ObjectModel.transactionalProcessingEnabled:true
```

Allerdings haben wir, wie oben bereits erwähnt, mit den CDS-Views Datenbankobjekte, die zunächst nur einen lesenden Zugriff auf die Daten erlauben. Theoretisch wäre es in einfachen Fällen möglich, die Schreibzugriffe entsprechend den CDS-View-Definition auf die korrekten Tabellen zurückzurechnen. Die Infrastruktur verlangt hier jedoch in allen Fällen konsequent eine explizite Angabe der Datenbanktabelle, in die die Daten geschrieben werden sollen. Diese muss für jede Entität mit der folgenden Annotation angegeben werden:

```
@ObjectModel.writeActivePersistence:'Tabellenname'
```

Hierbei wird streng vorausgesetzt, dass die angegebene Datenbanktabelle strukturgleich bzw. kompatibel mit dem CDS-View ist und die Feldnamen (in Großbuchstaben) namensgleich sind.

In unserem Beispiel wird das Modell um die neuen Annotationen ergänzt, die für den Kundenauftragskopf in Listing 9.4 entsprechend hervorgehoben sind.

*Beispiel: Annotationen hinzufügen*

```
@AbapCatalog.sqlViewName: 'ZISALESORDERTP'
@AbapCatalog.compiler.compareFilter: true
@AccessControl.authorizationCheck: #CHECK
@EndUserText.label: 'Sales Order'
@ObjectModel.modelCategory: #BUSINESS_OBJECT
@ObjectModel.compositionRoot:true
@ObjectModel.transactionalProcessingEnabled: true
@ObjectModel.writeActivePersistence: 'ZSALESORDER'
```

```
define view ZI_SalesOrderTP
...
```

**Listing 9.4** CDS-Kundenauftrag mit transaktionalen Annotationen

Listing 9.5 zeigt die Annotationen für die Kundenauftragsposition.

```
@AbapCatalog.sqlViewName: 'ZISALESORDERITTP'
@AbapCatalog.compiler.compareFilter: true
@AccessControl.authorizationCheck: #CHECK
@EndUserText.label: 'Sales Order Item'
@ObjectModel.writeActivePersistence: 'ZSALESORDERITEM'
define view ZI_SalesOrderItemTP
...
```

**Listing 9.5** CDS-Kundenauftragsposition mit transaktionalen Annotationen

Listing 9.6 zeigt die entsprechenden Annotationen für die Kundenauftragseinteilung.

```
@AbapCatalog.sqlViewName: 'ZISALESORDERSLTP'
@AbapCatalog.compiler.compareFilter: true
@AccessControl.authorizationCheck: #CHECK
@EndUserText.label: 'Sales Order Schedule Line'
@ObjectModel.writeActivePersistence: 'ZSALESORDERSLINE'
define view ZI_SalesOrderScheduleLineTP
...
```

**Listing 9.6** CDS-Kundenauftragseinteilung mit transaktionalen Annotationen

**BOPF-Modell**  Haben Sie diese Annotationen ergänzt, wird bei der Aktivierung des Wurzel-CDS-Views ein BOPF-Geschäftsobjekt generiert und damit die transaktionale Laufzeit aktiviert. Wenn Sie den Cursor auf das Icon 🔘 links neben der Annotation positionieren, erscheint eine Information zum generierten Objekt (siehe Abbildung 9.2). Über die dort dargestellte Verknüpfung **Business-Objekt** können Sie direkt zum BOPF-Geschäftsobjekt weiternavigieren.

Der Name das BOPF-Geschäftsobjekts ist identisch mit dem Namen des Wurzel-CDS-Views. Die Namen der Knoten im BOPF-Geschäftsobjekt entsprechen den CDS-View-Namen der einzelnen Entitäten. Ebenso werden die Kompositionsassoziationen zu den Kindern namensgleich übernommen. Abbildung 9.3 zeigt die entsprechenden Elemente im Eclipse-Outline-View. Wir werden im Folgenden für einen CDS-View und dessen zugehörige BOPF-Knoten allgemein von Entitäten sprechen.

```
@AbapCatalog.sqlViewName: 'ZISALESORDERTP'
@AbapCatalog.compiler.compareFilter: true
@AccessControl.authorizationCheck: #CHECK
@EndUserText.label: 'Sales Order'
@ObjectModel.modelCategory: #BUSINESS_OBJECT
@ObjectModel.compositionRoot:true
```

  ○ **ObjectModel.transactionalProcessingEnabled**
    Business-Objekt für CDS-View generiert

    ***Generated Object***
    **Business-Objekt**

**Abbildung 9.2**  CDS-Generierung eines BOPF-Geschäftsobjekts

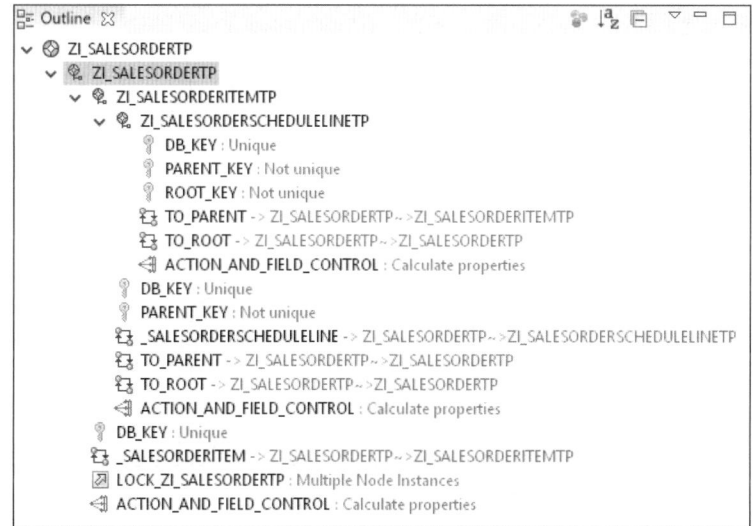

**Abbildung 9.3**  BOPF-Geschäftsobjekt – »Outline« des BOPF-Modells

BOPF-intern sind in jedem Knoten immer Assoziationen zum Vater und zur Wurzel verfügbar, die einen Standardnamen tragen und nicht mit den Namen der entsprechenden Assoziationen im CDS-Modell übereinstimmen. Andere Assoziationen sind im BOPF-Geschäftsobjekt aktuell nicht automatisch verfügbar und müssen bei Bedarf manuell ergänzt werden. Dies gilt jedoch nur für Assoziationen innerhalb des gleichen Geschäftsobjekts. Achten Sie hierbei sinnvollerweise darauf, ebenfalls die gleichen Namen zu verwenden, da dann die Ende-zu-Ende-Laufzeit automatisch funktioniert. Dies gilt z. B. für Spezialisierungen entlang der Kompositionsbeziehung.

Assoziationen zu anderen Entitäten oder Geschäftsobjekten werden in BOPF nicht benötigt und können auch nicht erstellt werden. Die alternativen Schlüssel DB_KEY, PARENT_KEY und ROOT_KEY können wir vernachlässigen. Sie sind technisch für die Infrastruktur notwendig, da wir uns im Beispiel für ein Modell mit semantischem Schlüssel entschieden haben. Die LOCK_...-Aktion werden Sie in Abschnitt 9.3.4, »Sperren setzen und prüfen«, kennenlernen. Auf die Funktionen mit dem Namen ACTION_AND_FIELD_CONTROL werden wir in Abschnitt 9.3.7, »Eigenschaften dynamisch steuern«, näher eingehen.

Abbildung 9.4 vermittelt Ihnen einen Überblick über Ihr BOPF-Geschäftsobjekt. Die dargestellte Referenz auf den CDS-View zeigt Ihnen direkt dessen Herkunft. Von hier aus können Sie auf die Knotenstruktur in einer Baumansicht wechseln oder die Details zu einem Knoten anzeigen.

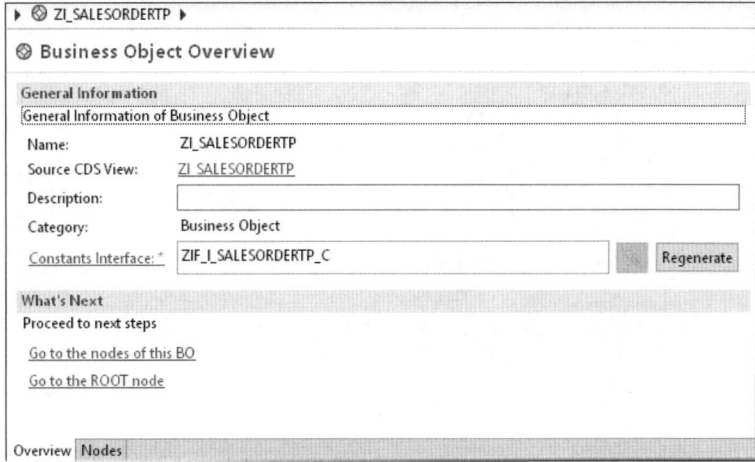

**Abbildung 9.4** BOPF-Geschäftsobjekt – Überblick

In Abbildung 9.5 sehen Sie exemplarisch den Wurzelknoten. Hier erkennen Sie sehr gut, dass nicht nur das BOPF-Geschäftsobjekt selbst, sondern auch diverse ABAP Dictionary-Objekte und ABAP-Klassen generiert werden.

**[»]**

### Löschen des BOPF-Modells

Sollten Sie wider Erwarten das CDS-Modell löschen, bleibt das BOPF-Modell mitsamt seinen weiteren Entwicklungsartefakten erhalten. In einem solchen Fall sollten Sie das BOPF-Modell und die relevanten weiteren Entwicklungsobjekte manuell löschen. Da alle generierten Entwicklungsobjekte im gleichen Paket wie der CDS-View liegen, sind diese recht einfach zu finden.

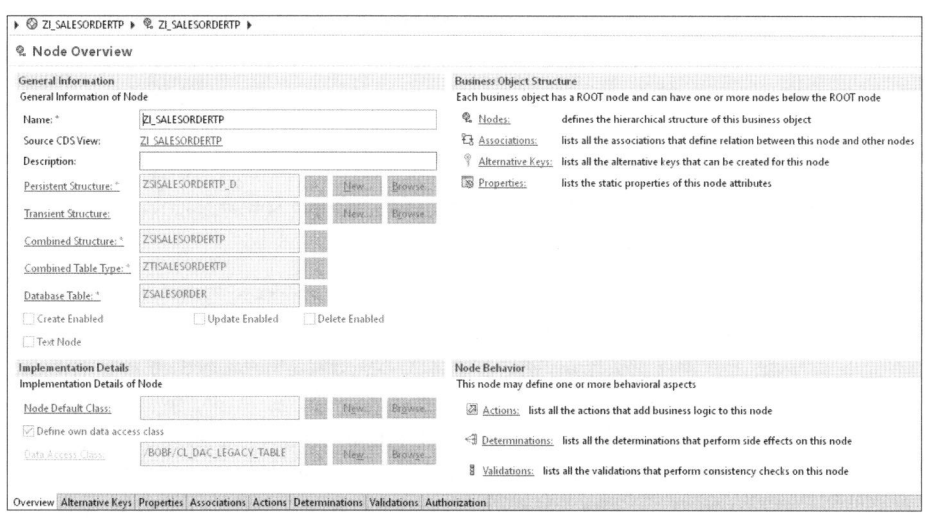

**Abbildung 9.5** BOPF-Geschäftsobjekt – Wurzelknoten

Das so erzeugte BOPF-Geschäftsobjekt erlaubt nun den Zugriff über die transaktionale Schnittstelle, den *BOPF-Service-Layer*. Die Daten können über den BOPF-Service-Layer gelesen werden. Zum Beispiel kann dies, wie in Abbildung 9.6 dargestellt, in der BOPF-Testumgebung erfolgen.

**BOPF-Test- umgebung**

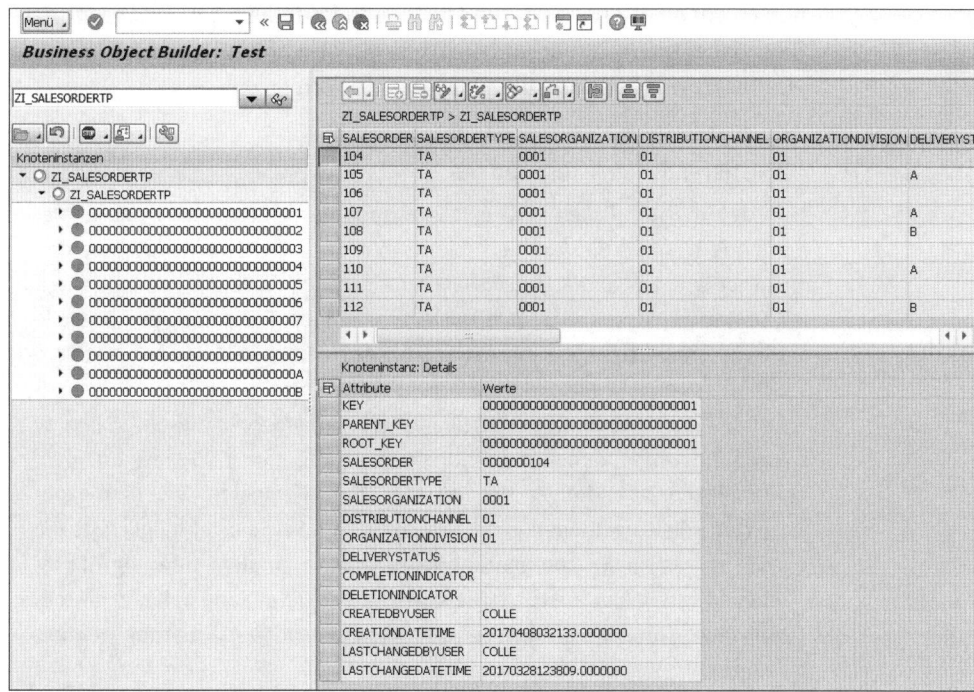

**Abbildung 9.6** BOPF-Testumgebung mit Daten

Diese können Sie direkt in der ABAP-in-Eclipse-Umgebung auf dem BOPF-Geschäftsobjekt über den Menüpfad **Run • Run as • Test Environment** starten. Das Tool ermöglicht Ihnen zudem die Navigation über das gesamte Modell. Hier sehen Sie im Baum bzw. in der Detailsicht die bereits in Abschnitt 9.2, »Transaktionale Infrastruktur in SAP S/4HANA«, erwähnten technischen Schlüssel, die (in Ihrem Modell mit semantischen Schlüsseln) nicht Teil des CDS-Modells sind.

[»]

### Instanzen in die Testumgebung laden

Aktuell ist es nicht möglich, im BOPF-Modell eine Query zu definieren, sodass die Daten in der Testumgebung immer per explizite Schlüsselangabe geladen werden müssen. Bei einem GUID-basieren Modell erfolgt dies über die BOPF-nativen Schlüssel (DB_KEY) und bei unserem Modell mit semantischen Schlüsseln über die automatisch generierten alternativen Schlüssel. Diese sind namensgleich zu den BOPF-nativen Schlüsseln, entsprechen in ihrer Struktur jedoch den semantischen Schlüsseln.

Was in der Testumgebung auffällt, ist, dass das Erzeugen, Ändern und Löschen von Datensätzen nicht verfügbar ist. Die entsprechenden Buttons sind ausgegraut. Grund hierfür ist, dass die unterstützten Operationen noch nicht definiert wurden und BOPF standardmäßig davon ausgeht, dass diese daher nicht erlaubt sind. Im nächsten Abschnitt zeigen wir Ihnen, wie Sie die Definition der erlaubten Operationen ergänzen.

[»]

### Existierende Persistenz nutzen

In den meisten Fällen wird eine Anwendung nicht komplett neu implementiert, sondern es existiert bereits eine Persistenz, die genutzt werden soll oder muss. Einfache Umbenennungen der Felder im semantischen CDS-Modell lassen sich noch mit einem kleinen Trick erreichen. Anstelle der ursprünglichen, in Transaktion SE11 definierten Tabelle kann auch ein schreibbarer, in Transaktion SE11 manuell definierter SQL-View als schreibende Persistenz im CDS-Modell angegeben werden. In diesem SQL-View kann ein Umbenennen der Feldnamen analog zum CDS-View erfolgen. Komplexere Abbildungen der über den transaktionalen CDS-View exponierten Persistenzmodelle sind nach aktuellem Stand nicht möglich, da die ABAP-Infrastruktur momentan keine eigene Implementierung dieser Abbildungslogik unterstützt. Die ABAP-Infrastruktur kann daher in diesem Fall nicht für die transaktionale Anwendungsimplementierung genutzt werden.

### 9.3.3   Statische Eigenschaften definieren

Da meist nicht alle Daten eines Geschäftsobjekts von einem Benutzer direkt geändert werden dürfen (wie z. B. eine intern ermittelte Belegnummer oder technische administrative Daten), sind die ändernden Operationen in einem transaktionalen Objektmodell zunächst nicht verfügbar, sondern müssen explizit aktiviert werden. Auch dies wird über Annotationen gesteuert. Durch Annotationen auf der Entitätsebene wird definiert, ob Instanzen der Entität generell angelegt, geändert oder gelöscht werden dürfen. Durch Annotationen auf der Feldebene wird die Eingabebereitschaft einzelner Felder im Detail spezifiziert. Das heißt, die Annotationen legen fest, ob ein Feld überhaupt änderbar ist und ob es verpflichtend gefüllt werden muss.

**Änderungen ermöglichen**

- Durch die folgende Annotation wird das Anlegen von Instanzen einer Entität über den annotierten CDS-View erlaubt:

  `@ObjectModel.createEnabled:true`

- Durch die folgende Annotation wird das Ändern von Instanzen einer Entität erlaubt: `@ObjectModel.updateEnabled:true`

- Die folgende Annotation erlaubt das Löschen von Instanzen einer Entität: `@ObjectModel.deleteEnabled:true`

- Beim Anlegen und Ändern können zunächst alle Felder geschrieben werden. Felder die intern berechnet oder ermittelt und vom Benutzer nicht direkt verändert werden dürfen, werden wie folgt gekennzeichnet:

  `@ObjectModel.readOnly:true`

- Um Felder zu kennzeichnen, die für eine betriebswirtschaftliche Konsistenz der Geschäftsobjektinstanz verpflichtend gefüllt sein müssen, wird die folgende Annotation verwendet: `@ObjectModel.mandatory:true`

  Zunächst hat diese letzte Annotation rein informativen Charakter. Allerdings kann sie sowohl für eine Prüfung beim Sichern der Daten durch die Infrastruktur als auch in der Eingabemaske für die Benutzer als Kennzeichnung der verpflichtenden Felder verwendet werden.

Ergänzen Sie nun Ihr Modell mit den entsprechenden transaktionalen Annotationen. Im Kundenauftragskopf definieren Sie, wie in Listing 9.7 angegeben, dass das Anlegen und Ändern, nicht aber das (direkte) Löschen eines Kundenauftrags möglich sein soll. Wie Sie im letzten Abschnitt bereits gesehen haben, gilt die zuletzt genannte Einschränkung auch dann, wenn die entsprechende Annotation fehlt. Das Hinzufügen der Annotation verbessert jedoch die Lesbarkeit Ihres Modells.

**Beispiel: transaktionale Annotationen**

```
@AbapCatalog.sqlViewName: 'ZISALESORDERTP'
@AbapCatalog.compiler.compareFilter: true
@AccessControl.authorizationCheck: #CHECK
@EndUserText.label: 'Sales Order'
@ObjectModel.modelCategory: #BUSINESS_OBJECT
@ObjectModel.compositionRoot:true
@ObjectModel.transactionalProcessingEnabled:true
@ObjectModel.writeActivePersistence: 'ZSALESORDER'
@ObjectModel.createEnabled: true
@ObjectModel.updateEnabled: true
@ObjectModel.deleteEnabled: false
define view ZI_SalesOrderTP
  as select from ZI_SalesOrder
  association [0..*] to ZI_SalesOrderItemTP as _SalesOrderItem
   on $projection.SalesOrder = _SalesOrderItem.SalesOrder
{
    @ObjectModel.readOnly: true
 key SalesOrder,
    @ObjectModel.mandatory: true
    SalesOrderType,
    @ObjectModel.mandatory: true
    SalesOrganization,
    @ObjectModel.mandatory: true
    DistributionChannel,
    @ObjectModel.mandatory: true
    OrganizationDivision,
    DeliveryStatus,
    @ObjectModel.readOnly: true
    DeletionIndicator,
    @ObjectModel.readOnly: true
    CreatedByUser,
    @ObjectModel.readOnly: true
    CreationDateTime,
    @ObjectModel.readOnly: true
    LastChangedByUser,
    @ObjectModel.readOnly: true
    LastChangeDateTime,
    @ObjectModel.association.type: [#TO_COMPOSITION_CHILD]
    _SalesOrderItem
}
```

**Listing 9.7** CDS-View des Kundenauftragkopfes mit statischen transaktionalen Eigenschaften

Zudem modellieren Sie, dass einige Felder verpflichtend sind, während die systemadministrativen Felder nicht änderbar sind. Erweitern Sie die Kundenauftragsposition (siehe Listing 9.8) entsprechend.

Kundenauftrags-
position erweitern

```
@AbapCatalog.sqlViewName: 'ZISALESORDERITTP'
@AbapCatalog.compiler.compareFilter: true
@AccessControl.authorizationCheck: #CHECK
@EndUserText.label: 'Sales Order Item'
@ObjectModel.writeActivePersistence: 'ZSALESORDERITEM'
@ObjectModel.createEnabled: true
@ObjectModel.updateEnabled: true
@ObjectModel.deleteEnabled: true
define view ZI_SalesOrderItemTP
  as select from ZI_SalesOrderItem
  association [1..1] to ZI_SalesOrderTP as _SalesOrder
    on  $projection.SalesOrder     = _SalesOrder.SalesOrder
  association [0..*] to ZI_SalesOrderScheduleLineTP
    as  _SalesOrderScheduleLine
    on  $projection.SalesOrder
        = _SalesOrderScheduleLine.SalesOrder
    and $projection.SalesOrderItem
        = _SalesOrderScheduleLine.SalesOrderItem
{
      @ObjectModel.readOnly: true
  key SalesOrder,
      @ObjectModel.mandatory: true
  key SalesOrderItem,
      @ObjectModel.mandatory: true
      Product,
      @ObjectModel.mandatory: true
      OrderQuantity,
      @ObjectModel.mandatory: true
      OrderQuantityUnit,
      NetAmount,
      TransactionCurrency,
      @ObjectModel.readOnly: true
      CreatedByUser,
      @ObjectModel.readOnly: true
      CreationDateTime,
      @ObjectModel.readOnly: true
      LastChangedByUser,
      @ObjectModel.readOnly: true
      LastChangeDateTime,
```

```
@ObjectModel.association.type: [#TO_COMPOSITION_PARENT,
                                #TO_COMPOSITION_ROOT]
_SalesOrder,
@ObjectModel.association.type: [#TO_COMPOSITION_CHILD]
_SalesOrderScheduleLine
}
```

**Listing 9.8** CDS-View der Kundenauftragsposition mit statischen transaktionalen Eigenschaften

**Kundenauftrags-einteilung erweitern**

Im nächsten Schritt erweitern Sie die Kundenauftragseinteilung (siehe Listing 9.9) entsprechend.

```
@AbapCatalog.sqlViewName: 'ZISALESORDERSLTP'
@AbapCatalog.compiler.compareFilter: true
@AccessControl.authorizationCheck: #CHECK
@EndUserText.label: 'Sales Order Schedule Line'
@ObjectModel.writeActivePersistence: 'ZSALESORDERSLINE'
@ObjectModel.createEnabled: true
@ObjectModel.updateEnabled: true
@ObjectModel.deleteEnabled: true
define view ZI_SalesOrderScheduleLineTP
  as select from ZI_SalesOrderScheduleLine
  association [1..1] to ZI_SalesOrderTP as _SalesOrder
  on $projection.SalesOrder     = _SalesOrder.SalesOrder
  association [1..1] to ZI_SalesOrderItemTP as _SalesOrderItem
  on $projection.SalesOrder     = _SalesOrderItem.SalesOrder
  and $projection.SalesOrderItem = _SalesOrderItem.SalesOrderItem
{
    @ObjectModel.readOnly: true
key SalesOrder,
    @ObjectModel.readOnly: true
key SalesOrderItem,
    @ObjectModel.mandatory: true
key SalesOrderScheduleLine,
    @ObjectModel.mandatory: true
    DeliveryDate,
    @ObjectModel.mandatory: true
    OrderQuantity,
    @ObjectModel.mandatory: true
    OrderQuantityUnit,
    @ObjectModel.readOnly: true
    CreatedByUser,
    @ObjectModel.readOnly: true
```

```
CreationDateTime,
@ObjectModel.readOnly: true
LastChangedByUser,
@ObjectModel.readOnly: true
LastChangeDateTime,
@ObjectModel.association.type: [#TO_COMPOSITION_ROOT]
_SalesOrder,
@ObjectModel.association.type: [#TO_COMPOSITION_PARENT]
_SalesOrderItem
}
```

**Listing 9.9**  CDS-View der Kundenauftragseinteilung mit statischen transaktionalen Eigenschaften

Wenn Sie sich nach der Aktivierung Ihrer Änderungen das BOPF-Geschäfts-objekt anschauen, sehen Sie, dass die annotierten Eigenschaften hier eben-falls übernommen wurden. Die Eigenschaften der Entität – also ob eine Entität vom Verwender angelegt, geändert oder gelöscht werden darf – wer-den, wie in Abbildung 9.7 zu sehen ist, für den BOPF-Knoten übernommen.

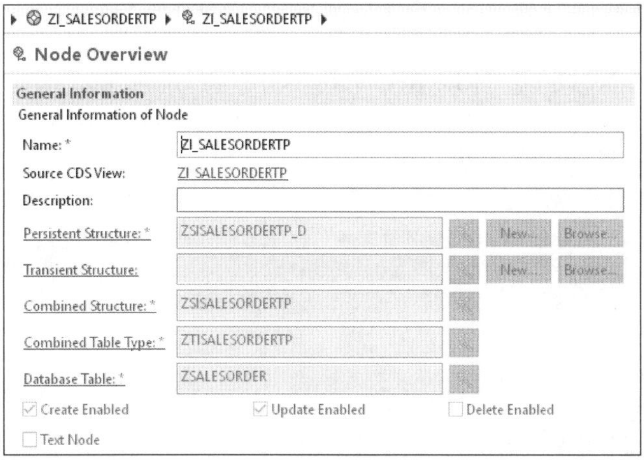

**Ergebnis**

**Abbildung 9.7**  BOPF-Geschäftsobjekt – Knoten mit statischen Eigenschaften

Die Eigenschaften der Felder – also ob ein Feld vom Verwender geändert werden darf oder verpflichtend ist – werden, wie in Abbildung 9.8 zu sehen ist, für die Felder des BOPF-Knotens übernommen.

Das BOPF-Geschäftsobjekt wird also mit dem CDS-Modell automatisch syn-chronisiert, wenn Sie den Wurzel-CDS-View aktivieren. Somit stehen die erfassten Eigenschaften auch in der BOPF-Laufzeit zur Verfügung und können auch in Ihrer eigenen Implementierung über die BOPF-Laufzeit-konfiguration ausgewertet und genutzt werden.

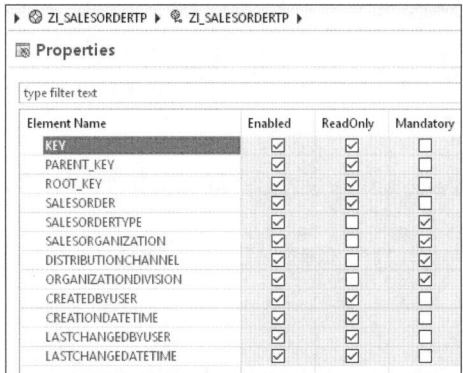

**Abbildung 9.8** BOPF-Geschäftsobjekt – Felder mit statischen Eigenschaften

## Synchronisierung/Generierung des BOPF-Modells

Die Synchronisierung des BOPF-Modells bei Änderungen an den beteiligten CDS-Views erfolgt aktuell nur bei erneuter Aktivierung des Wurzel-CDS-Views. Sie sollten also bei relevanten Änderungen immer den Wurzel-CDS-View mitaktivieren, auch wenn dort selbst keine Änderungen erfolgt sind.

**BOPF-Test-umgebung** In der BOPF-Testumgebung (siehe Abbildung 9.9) können Sie nun neue Kundenaufträge erstellen, Kundenaufträge verändern oder neue Kunden-auftragspositionen erstellen, ändern und löschen.

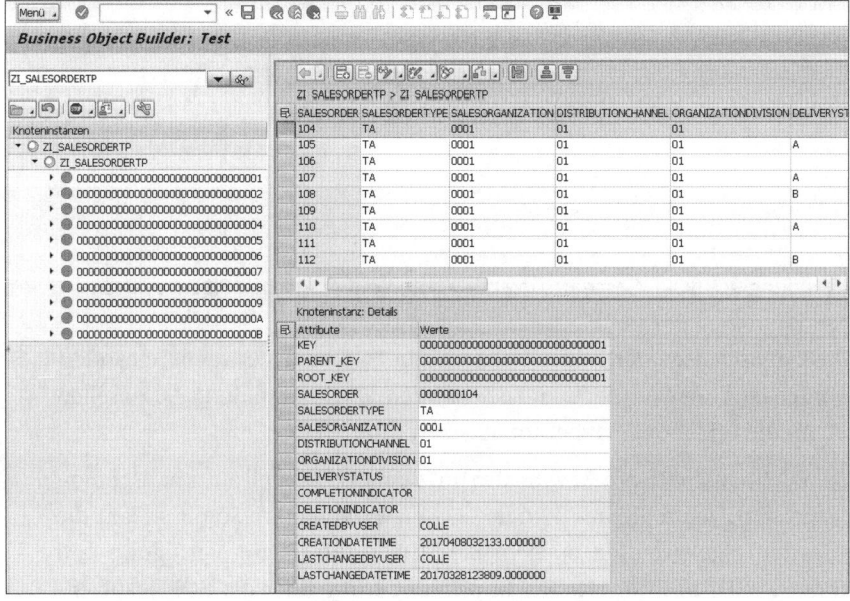

**Abbildung 9.9** BOPF-Testumgebung mit änderbaren Daten

Das Löschen von Kundenaufträgen ist nicht möglich, da es explizit nicht gewünscht ist und Sie dies im CDS-Modell entsprechend annotiert haben.

Ihnen stehen nun also CDS-Views zum nicht-transaktionalen Lesen und die BOPF-Infrastruktur zum transaktionalen Lesen und Schreiben von Daten zur Verfügung. Wie wir bereits in Abschnitt 9.2, »Transaktionale Infrastruktur in SAP S/4HANA«, erwähnt haben, gibt es zum aktuellen Zeitpunkt von der ABAP-Plattform keine Programmierschnittstelle für die integrierte Laufzeit. Daher ist es die Aufgabe des Verwenders zu entscheiden, ob ein Lesezugriff direkt über CDS/SQL an die Datenbank erfolgen soll oder ob es sich um einen transaktionalen Lesezugriff handelt, der über die transaktionale Laufzeit erfolgen muss. Zudem muss der Verwender verstehen, wie BOPF mit den Schlüsseln umgeht, wenn es sich um ein Modell mit semantischen Schlüsseln handelt. Bei der Verwendung der Modelle in OData-Services bietet die ABAP-Plattform jedoch eine Ende-zu-Ende-Unterstützung, die Sie in Abschnitt 9.3.9, »Berechnete Felder definieren«, in Form von Servicemodellen und deren konkreter Verwendung kennenlernen. Sie können nun auch gerne in den entsprechenden Abschnitt springen und das Modell über einen REST-Client oder ein *SAPUI5-/SAP-Fiori-UI* testen. Ansonsten werden Sie in den nächsten Abschnitten Ihre Anwendung um weitere Funktionen ergänzen und vervollständigen.

*Ende-zu-Ende-Unterstützung*

### 9.3.4    Sperren setzen und prüfen

Wie Sie am Beispiel und im Test-UI eventuell bereits bemerkt haben, ist für das (gesamte) Dokument keine Sperre (*SAP Enqueue*) gesetzt, wenn Sie in den Editiermodus wechseln bzw. das Dokument bearbeiten. BOPF bietet eine Standardimplementierung der Sperrlogik auf Basis eines zentralen Sperrobjekts, bei dem der Name des Geschäftsobjekts in das Sperrargument eingeht. Diese ist automatisch verfügbar, jedoch nur für ein GUID-basiertes Modell. Da Sie im diskutierten Beispiel eine neue Anwendung mit einem semantischen Schlüssel implementieren, müssen Sie hier selbst zur Tat schreiten. Natürlich können Sie auch bei einer neuen Anwendung mit GUIDs als Schlüssel die Standardimplementierung ersetzen, wenn Sie z. B. lieber ein eigenes Sperrobjekt definieren oder ein vorhandenes Sperrobjekt nutzen möchten.

*Standardimplementierung für Sperren*

Um die Standardimplementierung zu ersetzen, müssen Sie die Methode `LOCK_ACTIVE_ENTITY` in der generierten ABAP-Klasse für die Sperrimplementierung überdefinieren und entsprechend ausimplementieren. Das Lesen der notwendigen Daten der zu sperrenden Instanz erfolgt über BOPF-Stan-

*Eigene Implementierung für Sperren*

dardmittel mit IO_READ. Sollte die Sperre nicht gesetzt werden können, müssen Sie dies dem Framework über den Exportparameter ET_FAILED_KEY mitteilen. Eine Beispielimplementierung auf Basis des Sperrobjekts ZSALES-ORDER finden Sie in Listing 9.10.

```
METHOD /bobf/if_lib_lock_active~lock_active_entity.

  DATA lt_sales_order TYPE ztisalesordertp.

  io_read->retrieve( EXPORTING iv_node = is_ctx-node_key
                               it_key  = it_key
                     IMPORTING et_data = lt_sales_order ).

  LOOP AT lt_sales_order
      ASSIGNING FIELD-SYMBOL(<ls_sales_order>)
      WHERE salesorder IS NOT INITIAL.
    CALL FUNCTION 'ENQUEUE_ZSALESORDER'
      EXPORTING
        salesorder     = <ls_sales_order>-salesorder
      EXCEPTIONS
        foreign_lock   = 1
        system_failure = 2
        OTHERS         = 3.
    IF sy-subrc <> 0.
      APPEND INITIAL LINE TO et_failed_key
        ASSIGNING FIELD-SYMBOL(<ls_failed_key>).
      <ls_failed_key>-key = <ls_sales_order>-key.
    ENDIF.
  ENDLOOP.

ENDMETHOD.
```

**Listing 9.10** ABAP-BOPF-Sperrimplementierung

[+]

**Nutzung eines vorhandenen Sperrobjekts**

Sofern Sie eine existierende Anwendung mit einem vorhandenen Sperr-objekt umbauen, können und sollten Sie dieses Sperrobjekt natürlich nut-zen. Hierdurch stellen Sie die Interoperabilität zwischen der neuen und alten Anwendung und die Integrität der Daten sicher.

Die Sperrimplementierung wird dann automatisch vom Framework aufge- **Sperrverwaltung**
rufen. Dies können Sie leicht über die BOPF-Testumgebung und einen Blick in
die *Sperrverwaltung* (Transaktion SM12) überprüfen (siehe Abbildung 9.10).

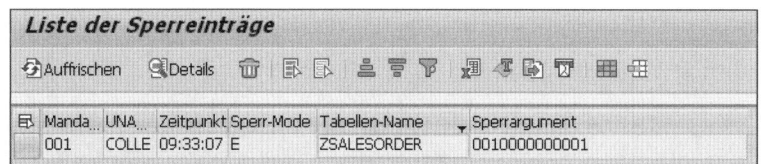

**Abbildung 9.10** ABAP-Liste der Sperreinträge

Wie Sie wahrscheinlich bemerkt haben, gibt es aktuell keine Möglichkeit **Fehlermeldung**
und keine Notwendigkeit bei der Implementierung der Sperre Meldungen **bei Sperren**
an das Framework zu übergeben. BOPF übernimmt dies und erzeugt automatisch eine entsprechende Fehlermeldung. Auch dies lässt sich über die
BOPF-Testumgebung überprüfen. Starten Sie hierzu die BOPF-Testumgebung in einem zweiten Modus nochmals, und öffnen und ändern Sie das
gleiche Dokument. Die Änderung wird vom Framework abgelehnt, und es
wird wie eine entsprechende Fehlermeldung ausgegeben, wie in Abbildung 9.11 zu sehen.

**Abbildung 9.11** BOPF-Testumgebung: Fehlermeldung bei einem Sperrkonflikt

**Sperren auf Knotenebene**

Aktuell können Sperren nur auf der Ebene des Wurzelknotens, d. h., für das
komplette Geschäftsobjekt modelliert, implementiert und gesetzt werden.
In den meisten Fällen ist dies ausreichend. Um Sperrkonflikte zu vermeiden, ist es allerdings in manchen Fällen sinnvoll, Sperren auf Teilbäumen
des Geschäftsobjekts zu setzen, wenn die Anwendung und die Bearbeitung eines Dokuments dies zulassen. BOPF bietet hier von Haus aus bereits
mehr Flexibilität, die für CDS-basierte transaktionale Anwendungen
jedoch noch nicht verfügbar ist.

### 9.3.5 Datenermittlungen und Datenprüfungen implementieren

In transaktionalen Anwendungen werden in der Regel Daten geändert, und **Seiteneffekte**
durch diese Änderungen werden während der Bearbeitung oder zum Abschluss der Bearbeitung andere Daten, Eigenschaften oder Meldungen zum

Zustand eines Geschäftsobjekts verändert. Dies bezeichnen wir gemeinhin als *Seiteneffekte*. Wir unterscheiden meist drei Typen von Seiteneffekten:

- Änderung von abhängigen Daten
- Prüfung von Daten mit entsprechenden (Fehler)eldungen
- Änderung von Eigenschaften

In den folgenden Abschnitten beschäftigen wir uns mit den ersten beiden Typen. Da die Modellierung und Implementierung dieser Seiteneffekte komplett im BOPF-Geschäftsobjekt erfolgt und nicht im Rahmen der CDS-Modellierung, halten wir diesen Abschnitt recht kurz und verweisen auf die BOPF-Anwendungsdokumentation und auf entsprechende Fachliteratur. Den Änderungen von Eigenschaften widmen wir uns dann in Abschnitt 9.3.7, »Eigenschaften dynamisch steuern«, da hier CDS bei der Modellierung wieder eine Rolle spielt und die statischen Eigenschaften, die wir in Abschnitt 9.3.3, »Statische Eigenschaften definieren«, bereits kennengelernt und definiert haben, entsprechend ergänzt.

### Datenermittlungen implementieren

Ermittlungen

Zunächst einmal beschreiben wir, was Änderungen von abhängigen Daten ausmachen. Es wird z. B. eine Postleitzahl eingegeben und die zugehörige Stadt ermittelt und in das hierfür vorgesehene Datenfeld gestellt. Oder es wird ein Warenkorb gefüllt, und der Gesamtwarenpreis wird entsprechend ermittelt. Dies sind nur sehr einfache Beispiele. Natürlich können durch geänderte Daten im Rahmen der Geschäftslogik wiederum weitere Änderungen angestoßen werden. Beispielsweise werden durch den geänderten Gesamtwarenpreis im Warenkorb die Steuern und die Versandkosten neu berechnet. Änderungen von abhängigen Daten in BOPF werden in *Ermittlungen* implementiert.

Auslöse-
bedingungen

In BOPF werden diese Ermittlungen zu einem gewissen Grad modelliert. Definiert werden sowohl die Ermittlung selbst als auch die Änderungen, die eine Ermittlung auslösen sollen. Dies wird in BOPF als *Auslösebedingung* bezeichnet. Das Framework ruft die implementierende Klasse nur dann auf, wenn eine entsprechende Änderung, die für die Ermittlung relevant ist, erfolgt ist. Die auslösenden Änderungen können auf der eigenen Instanz (wie im Beispiel der Postleitzahl und Stadt) erfolgen oder in anderen Instanzen (wie im Beispiel des Warenkorbs, bei dem durch eine Änderung in den Positionen die Kopfdaten geändert werden). Falls Änderungen an anderen Instanzen als Auslösebedingung fungieren, muss es immer einen Assoziationspfad von der auslösenden Änderung zum Knoten, an dem die Ermittlung definiert ist, geben. Zudem kann die Art der Änderung (Anlegen, Ändern oder Löschen einer Instanz) modelliert werden, auf die reagiert werden soll.

Für Ermittlungen stehen verschiedene Zeitpunkte zur Verfügung, die festlegen, wann sie ausgeführt und durchlaufen werden sollen. In CDS-basierten Anwendungen stehen die folgenden Zeitpunkte zur Verfügung:

**Ausführungs-zeitpunkte**

- **Nach dem Ändern von Daten**
  Der Zeitpunkt »nach dem Ändern von Daten« wird genutzt, um direkt nach der Änderung der Daten Geschäftslogik auszuführen, deren Resultat während der Transaktion anderen Anwendungsteilen oder dem Benutzer am Bildschirm zur Verfügung steht.

- **Vor dem Sichern von Daten**
  Der Zeitpunkt »vor dem Sichern von Daten« wird genutzt, um zum Abschluss der Transaktion Geschäftslogik auszuführen, die erst dort ausgeführt werden darf (z. B. das lückenlose Ziehen von Nummern aus einem Nummernkreis) oder in der Benutzerinteraktion nicht notwendig ist und daher aus Performancegründen erst am Ende (und einmalig) ausgeführt wird (wie z. B. das Anstoßen von Folgeprozessen).

Die anderen von BOPF bekannten Zeitpunkte sind aktuell nicht verfügbar und werden möglicherweise in Zukunft freigeschaltet.

Im folgenden Beispiel beschränken wir uns auf die notwendige Ermittlung der Belegnummer, da wir dieses Feld im Modell statisch auf »nicht änderbar« gesetzt haben. Im Normalfall würden Sie diese Ermittlung erst beim Sichern durchführen. In Ihrem Beispiel ziehen Sie die Belegnummer jedoch direkt beim Anlegen einer Instanz. Hierfür legen Sie eine Ermittlung mit den notwendigen Eigenschaften in BOPF an (siehe Abbildung 9.12).

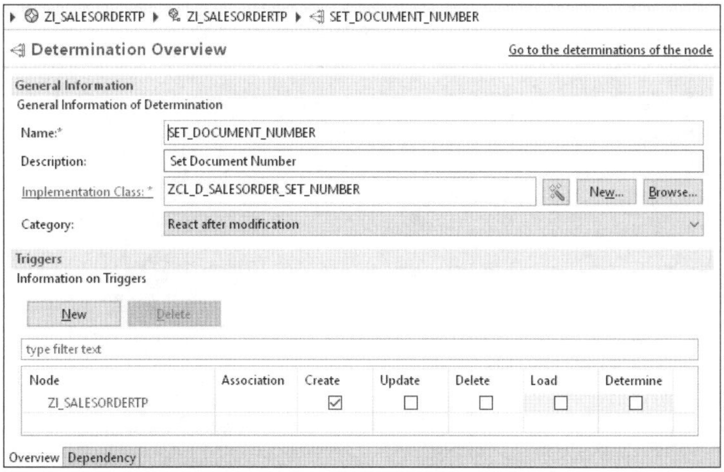

**Beispiel: Belegnummer ermitteln**

**Abbildung 9.12** BOPF-Ermittlung zur Nummernvergabe

Von hier aus können Sie sich mit **New** direkt die implementierende Klasse erzeugen lassen und die entsprechende Implementierung hinzufügen. Wir haben dies in Listing 9.11 exemplarisch vorgenommen und ziehen uns eine Belegnummer aus einem hierfür definierten *Nummernkreis* ZSALESORD.

```abap
METHOD /bobf/if_frw_determination~execute.
  DATA ls_salesorder TYPE REF TO zsisalesordertp.
  DATA ls_msg        TYPE symsg.

  LOOP AT it_key ASSIGNING FIELD-SYMBOL(<ls_key>).
    CREATE DATA ls_salesorder.

    CALL FUNCTION 'NUMBER_GET_NEXT'
      EXPORTING
        nr_range_nr             = '01'
        object                  = 'ZSALESORD'
      IMPORTING
        number                  = ls_salesorder->salesorder
      EXCEPTIONS
        interval_not_found      = 1
        number_range_not_intern = 2
        object_not_found        = 3
        quantity_is_0           = 4
        quantity_is_not_1       = 5
        interval_overflow       = 6
        buffer_overflow         = 7
        OTHERS                  = 8.
    IF sy-subrc <> 0.
      IF eo_message IS NOT BOUND.
        eo_message = /bobf/cl_frw_factory=>get_message( ).
      ENDIF.
      ls_msg-msgid = sy-msgid.
      ls_msg-msgno = sy-msgno.
      ls_msg-msgty = sy-msgty.
      ls_msg-msgv1 = sy-msgv1.
      ls_msg-msgv2 = sy-msgv2.
      ls_msg-msgv3 = sy-msgv3.
      ls_msg-msgv4 = sy-msgv4.
      eo_message->add_message(
        EXPORTING
          is_msg   = ls_msg
          iv_node  = is_ctx-node_key
```

```
            iv_key       = <ls_key>-key
            iv_attribute = 'SALESORDER'
            iv_lifetime  = /bobf/cm_lib=>co_lifetime_transition
      ).
    ENDIF.

    io_modify->update(
      EXPORTING
        iv_node           = is_ctx-node_key
        iv_key            = <ls_key>-key
        is_data           = ls_salesorder
        it_changed_fields = VALUE #( ( CONV #('SALESORDER') ) )
    ).
  ENDLOOP.
ENDMETHOD.
```

**Listing 9.11** ABAP-BOPF-Ermittlung zur Nummernvergabe

Da wir uns für ein Modell mit semantischem Schlüssel entschieden haben, in dem die Schlüsselfelder des Vaterknotens Teil des eigenen Schlüssels sind, muss zudem sichergestellt werden, dass diese Daten beim Anlegen eines Unterknotens auch tatsächlich gefüllt werden. Bei GUIDs wird dies nativ von BOPF übernommen. Bei semantischen Schlüsseln ist dies aktuell nicht der Fall. Daher ist auch hierfür eine Ermittlung auf jedem Knoten notwendig (siehe Abbildung 9.13).

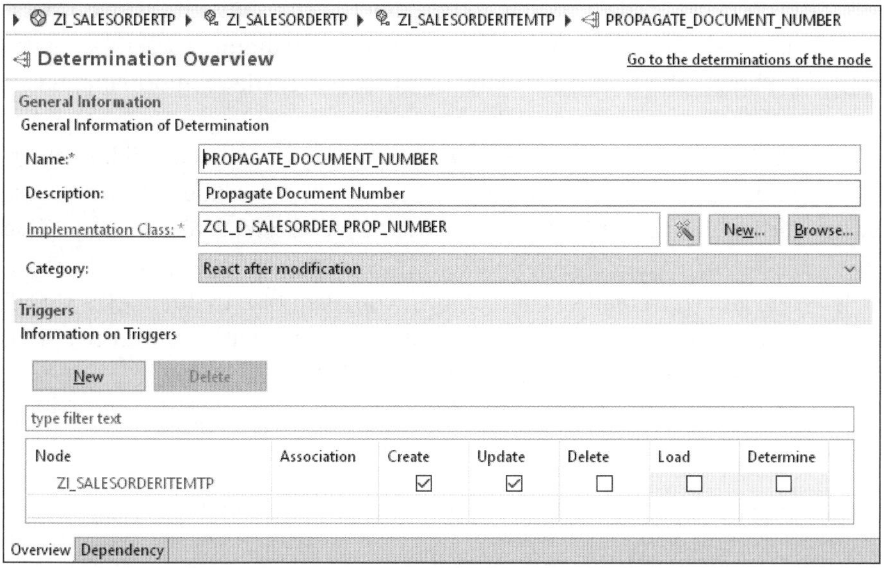

*Abhängigkeiten von Ermittlungen*

**Abbildung 9.13** BOPF-Ermittlung zur Verteilung der Nummern

**Abhängigkeiten**   Die Implementierung sollte kein Problem darstellen, und daher überlassen wir dies getrost Ihnen. An dieser Stelle möchten wir noch erwähnen, dass es für diese Ermittlung wichtig ist, die Abhängigkeiten der Ermittlungen untereinander zu pflegen. Wenn im gleichen Aufruf der Kundenauftragskopf als auch eine oder mehrere Kundenauftragspositionen oder Kundenauftragseinteilungen angelegt werden, ist es wichtig, dass zunächst die Belegnummer vergeben und dann für die (zugehörigen) Positionen übernommen wird und schließlich die Belegnummer und die Positionsnummern (extern gesetzt oder intern vorgeschlagen) für die (zugehörigen) Einteilungen übernommen werden. Die Abhängigkeit von Ermittlungen können Sie in der Registerkarte **Dependency** pflegen (siehe Abbildung 9.14).

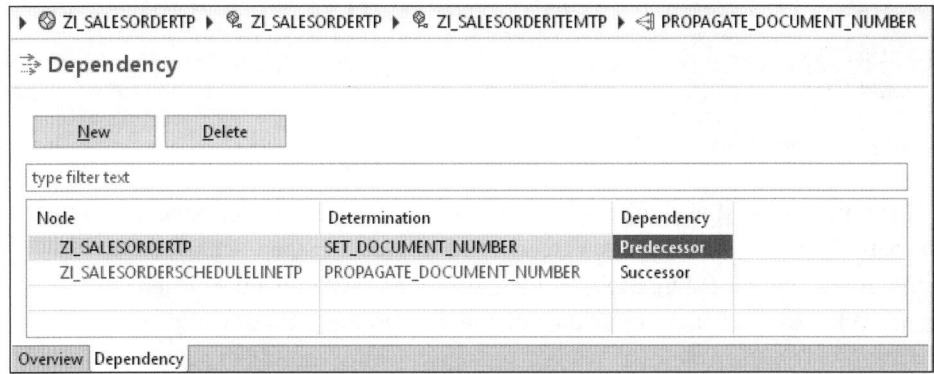

**Abbildung 9.14** BOPF-Abhängigkeiten zwischen den Ermittlungen

**Bibliotheks-funktionen**   BOPF bietet auch diverse Bibliotheksfunktionen an, die auf Basis von Metadaten in BOPF arbeiten. Für den Spezialfall der administrativen Daten (Erstellungsdatum, letzter Änderer usw.) können Sie diese Informationen als semantische Annotationen bereits im CDS-Modell pflegen. Die ABAP-Infrastruktur nutzt diese Informationen, um die entsprechende Bibliotheksermittlung automatisch in das BOPF-Geschäftsobjekt zu übernehmen, sodass die Daten auch zur Laufzeit automatisch und korrekt gefüllt werden. Diese Felder hatten Sie daher bereits als nicht änderbar annotiert, da sie vom System gesetzt werden sollen und nicht vom Benutzer. In Ihrem CDS-Modell ergänzen Sie daher diese Felder in jeder relevanten Entität um die in Listing 9.12 hervorgehobenen semantischen Annotationen.

```
define view ZI_SalesOrderTP
...
{
    ...
    @ObjectModel.readOnly: true
    @Semantics.user.createdBy: true
```

```
CreatedByUser,
@ObjectModel.readOnly: true
@Semantics.systemDateTime.createdAt: true
CreationDateTime,
@ObjectModel.readOnly: true
@Semantics.user.lastChangedBy: true
LastChangedByUser,
@ObjectModel.readOnly: true
@Semantics.systemDateTime.lastChangedAt: true
LastChangeDateTime,
…
}
```

**Listing 9.12** CDS-Annotationen für systemadministrative Daten

Nach der Aktivierung der CDS-Views sind im BOPF-Modell die automatisch erzeugten Ermittlungen für die administrativen Daten vorhanden (siehe Abbildung 9.15). Diese laufen beim Sichern der Daten und füllen die Felder mit dem aktuellen Benutzer und Systemzeitstempel.

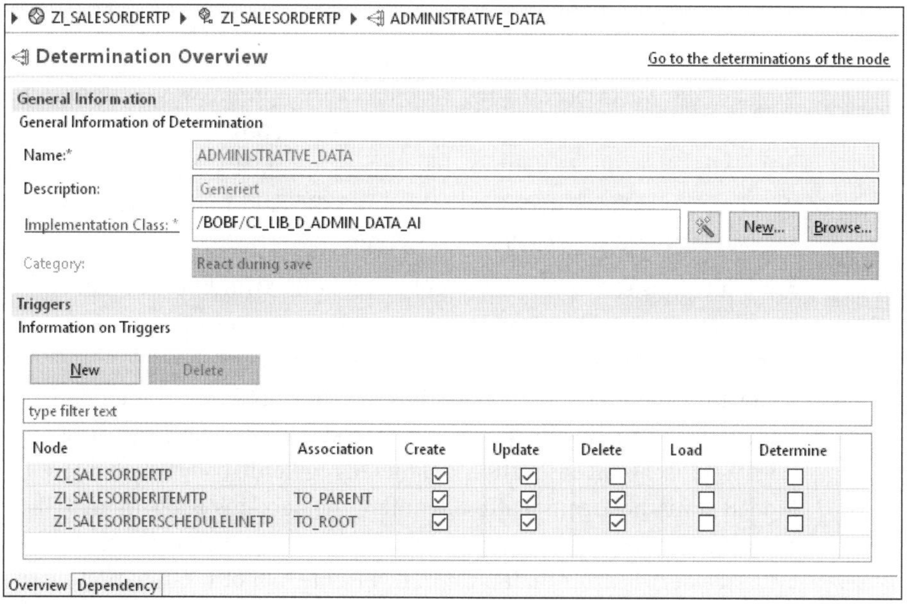

**Abbildung 9.15** BOPF-Ermittlung für systemadministrative Daten

### Datenprüfungen implementieren

Reichern Ermittlungen die eingegebenen Daten an, ist es natürlich auch notwendig, die Daten vor dem Sichern in die Datenbank zu überprüfen, um gegebenenfalls das Sichern zu unterbinden. In der Regel soll in den Ge-

**Konsistenz-prüfungen**

schäftsdaten eine betriebswirtschaftliche Konsistenz gewahrt werden. Einfache Prüfungen, die Fehleingaben verhindern, sind Prüfungen auf erlaubte Werte, wie z. B. Festwerte oder auch Fremdschlüssel. Auch wenn alle Einzelwerte korrekt sind, kann die Kombination der Werte oder auch die Überschreitung von Grenzwerten usw. zu einem inkonsistenten Zustand führen, beispielsweise wenn Postleitzahl und Stadt gemeinsam eingegeben werden, aber nicht zusammenpassen oder wenn der Gesamtwarenwert ein gewisses Budget überschreitet. Datenprüfungen in BOPF werden in *Konsistenzprüfungen* implementiert.

**Auslöse-bedingungen**

Analog zu Ermittlungen werden auch Konsistenzprüfungen in BOPF modelliert und durch Änderungen ausgelöst. Hierdurch können direkt bei Änderungen automatisch entsprechende Prüfungen durchgeführt werden. Diese führen gegebenenfalls zu Meldungen, die dem Benutzer bei der Eingabe von konsistenten Daten unterstützen. In der Regel möchte man solche Prüfungen nicht nur als Seiteneffekt von Änderungen durchführen, sondern diese auch explizit anfordern können. Ein Grund hierfür ist, dass sich manche Fehler gar nicht im Geschäftsobjekt selbst durch Änderung der Daten beheben lassen, sondern durch Änderungen im Umfeld, wie z. B. der Systemkonfiguration, oder von Stammdaten oder anderen Geschäftsobjekten. Daher gibt es in BOPF auch die Möglichkeit, eine Konsistenzprüfung auf die Auslösebedingung »Prüfen« auszuführen, was der expliziten Anforderung, eine Prüfung durchzuführen, entspricht. Im CDS-basierten BOPF-Modell ist dieses Kennzeichen immer automatisch gesetzt, da es der Best Practice entspricht; es wird daher im BOPF-Editor nicht angezeigt. Lassen Sie sich hierdurch also nicht verwirren.

**Bibliotheks-funktionen**

Auch für Konsistenzprüfungen gibt es Bibliotheksfunktionen, von denen Sie in Ihrem Beispiel einige direkt nutzen werden. Hierfür definieren Sie in Ihrem BOPF-Geschäftsobjekt eine neue Konsistenzprüfung, legen jedoch keine implementierende Klasse an, die Sie selbst implementieren, sondern tragen eine vorhandene BOPF-Bibliotheksklasse ein. Wie Sie in Abschnitt 9.3.3, »Statische Eigenschaften definieren«, gelernt haben, haben Sie im Modell statische Eigenschaften definiert, die auch ins BOPF-Modell übernommen werden. Eine Eigenschaft war die Verbindlichkeit von Feldern (Muss-Felder). Hierfür finden wir in BOPF eine Bibliotheksfunktion für die Prüfung von Muss-Feldern. Definieren Sie in Ihrem Beispiel, wie in Abbildung 9.16 für den Wurzelknoten, auf jedem Knoten eine entsprechende Konsistenzprüfung. Hierdurch werden die Felder auf initiale Werte geprüft und entsprechende Fehlermeldungen erzeugt, wenn die Felder nicht befüllt wurden (vom Endbenutzer oder auch durch eine Datenermittlung).

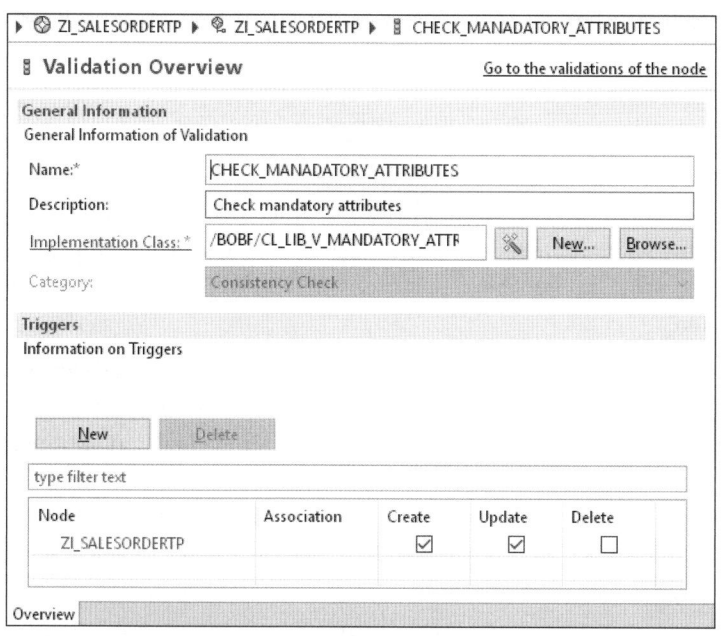

**Abbildung 9.16** BOPF-Konsistenzprüfung

Im BOPF-Test-Tool in Abbildung 9.17 sehen Sie das Ergebnis einer Prüfung **Ergebnis** eines neu angelegten Kundenauftrags für den noch keine weiteren Daten eingegeben wurden. Durch die Fehlermeldungen wird das Sichern der Änderungen verhindert, sodass nur konsistente Daten in die Datenbank geschrieben werden.

| Nachrichten | | | | | | |
|---|---|---|---|---|---|---|
| Typ | Text | BO | Knotenname | Schlüssel | Quelle | Editor |
| ✖ | Mussfeld "SALESORGANIZATION" muss ausgefüllt werden | ZI_SALESORDERTP | ZI_SALESORDERTP | 0894EF31D8451ED7A1FF91AD410A81E2 | | |
| ✖ | Mussfeld "SALESORDERTYPE" muss ausgefüllt werden | ZI_SALESORDERTP | ZI_SALESORDERTP | 0894EF31D8451ED7A1FF91AD410A81E2 | | |
| ✖ | Mussfeld "ORGANIZATIONDIVISION" muss ausgefüllt werden | ZI_SALESORDERTP | ZI_SALESORDERTP | 0894EF31D8451ED7A1FF91AD410A81E2 | | |
| ✖ | Mussfeld "DISTRIBUTIONCHANNEL" muss ausgefüllt werden | ZI_SALESORDERTP | ZI_SALESORDERTP | 0894EF31D8451ED7A1FF91AD410A81E2 | | |

**Abbildung 9.17** BOPF-Testumgebung: Meldungen aus Konsistenzprüfungen

## 9.3.6 Aktionen modellieren und implementieren

Neben den Standardoperationen wie Anlegen, Ändern und Löschen möchten wir in unseren Anwendungen auch höherwertige Operationen anbieten, die eine abgeschlossene Funktionalität bieten und in der Regel mehrere Grundoperationen konsistent bündeln. Diese Operationen werden in BOPF als *Aktionen* bezeichnet. Einfach ausgedrückt, entsprechen Aktionen in den meisten Fällen den Buttons in der Benutzerschnittstelle der Anwendung. Da Aktionen ebenso Daten ändern können, führen sie genauso wie die Standardoperationen **Anlegen**, **Ändern** und **Löschen** zu Seiteneffekten

**Aktionen**

in BOPF. Aktionen können nicht im CDS-Modell definiert werden, sondern werden in BOPF analog zu Ermittlungen und Konsistenzprüfungen definiert und implementiert.

**Aktionsparameter**

Aktionen können im Unterschied zu den Standardoperationen auch parametrisiert sein. Damit kann das Verhalten einer Aktion vom Verwender (z. B. dem Endbenutzer) im vordefinierten Rahmen beeinflusst werden. In einer Benutzerschnittstelle entspricht dies einem Benutzerdialog nach dem Betätigen des entsprechenden Buttons, in dem Werte eingegeben werden können.

**Aktionsergebnis**

Im klassischen BOPF haben Aktionen kein Resultat, sondern operieren auf den Daten des Geschäftsobjekts und verändern diese. Im Unterschied hierzu gibt es im CDS-basierten BOPF-Modell nun die Möglichkeit, in Aktionen auch explizit ein Ergebnis zu modellieren. Dies kann entweder ein Knoten des BOPF-Geschäftsobjekts sein oder ein frei gewählter Ergebnisdatentyp. Hierbei sind jegliche Datentypen aus dem SAP Dictionary möglich, auch tiefe Strukturen und Tabellen.

**Beispiel: Löschen-Aktion**

Wir möchten das Beispiel nun um eine Aktion erweitern. In Ihrem Modell haben Sie das direkte Löschen von Kundenaufträgen nicht erlaubt. Hierfür führen Sie nun eine Aktion ein, die, je nach Lieferstatus des Kundenauftrags, tatsächlich eine physische Löschung durchführt oder ein Löschkennzeichen setzt. Hierzu definieren Sie in BOPF eine Aktion und erfassen die notwendigen Daten (siehe Abbildung 9.18).

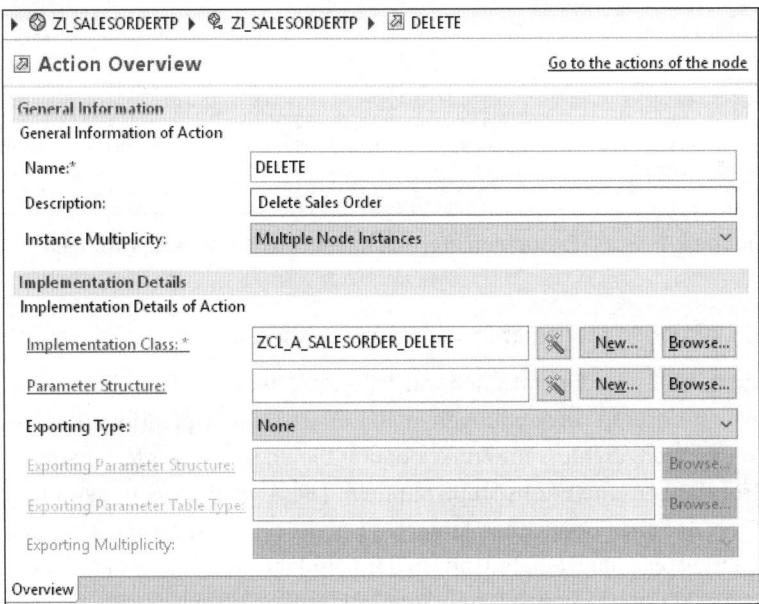

**Abbildung 9.18** BOPF-Aktion zum Löschen

Auch hier bietet Ihnen die Tool-Umgebung wieder gute Unterstützung. Mit der Funktion **New** wird die Klasse mit dem zu implementierenden Interface erzeugt. Die Implementierung folgt dann wieder dem BOPF-Standard-implementierungsansatz und ist exemplarisch in Listing 9.13 angegeben.

```abap
METHOD /bobf/if_frw_action~execute.

  DATA lt_sales_order TYPE ztisalesordertp.
  DATA ls_msg         TYPE symsg.

  CLEAR et_failed_key.
  CLEAR eo_message.

  io_read->retrieve( EXPORTING iv_node = is_ctx-node_key
                               it_key  = it_key
                     IMPORTING et_data = lt_sales_order ).

  LOOP AT lt_sales_order REFERENCE INTO DATA(ls_sales_order).
    CASE ls_sales_order->deliverystatus.
      WHEN ' '.
        io_modify->delete(
          EXPORTING
            iv_node = is_ctx-node_key
            iv_key  = ls_sales_order->key
        ).
      WHEN 'A'.
        ls_sales_order->deletionindicator = abap_true.
        io_modify->update(
          EXPORTING
            iv_node           = is_ctx-node_key
            iv_key            = ls_sales_order->key
            is_data           = ls_sales_order
            it_changed_fields = VALUE #( (
                                  CONV #('DELETIONINDICATOR')
                                      ) )
        ).
      WHEN OTHERS.
        IF eo_message IS NOT BOUND.
          eo_message = /bobf/cl_frw_factory=>get_message( ).
        ENDIF.
        eo_message->add_cm(
          NEW /bobf/cm_lib(
                textid
```

```
                                = /bobf/cm_lib=>action_not_allowed2
                      severity
                                = /bobf/cm_lib=>co_severity_error
                      lifetime
                                = /bobf/cm_lib=>co_lifetime_transition
                      ms_origin_location = VALUE #(
                          bo_key = is_ctx-bo_key
                          node_key = is_ctx-node_key )
                      mv_object_name     = 'ZI_SALESORDERTP'
                      mv_node_name       = 'ZI_SALESORDERTP' )
            ).
        ENDCASE.
        ENDLOOP.


    ENDMETHOD.
```

**Listing 9.13** ABAP-BOPF-Aktionsimplementierung

### 9.3.7   Eigenschaften dynamisch steuern

Applikations-
spezifische Ein-
schränkungen

Neben Änderungen von Daten und Prüfungen als Seiteneffekte von Änderungen können sich auch die Eigenschaften einer Instanz des Geschäftsobjekts ändern. Beispielsweise wird durch eine Änderung oder eine Aktion ein Status gesetzt, der weitere Änderungen an einer Entität oder bestimmten Feldern nicht mehr zulässt. Andersherum können manche Felder gegebenenfalls erst dann eingegeben und geändert werden, wenn ein anderes Feld, wie z. B. der Typ eines Kundenauftrags, eingegeben wurde. Diese Seiteneffekte beschreiben applikationsspezifische Einschränkungen, basierend auf den konkreten Daten einer Instanz. Natürlich können hier neben den Daten des Geschäftsobjekts auch weitere Daten berücksichtigt werden, wie z. B. die Konfiguration der Anwendung, durch die, unabhängig von einer konkreten Instanz, Daten gegebenenfalls nicht geändert werden können oder nicht sichtbar sein sollen. In diesem Abschnitt werden wir Ihnen erklären, wie Sie Ihr Modell erweitern können, um eine entsprechende Logik für die Steuerung der Anwendung zu hinterlegen.

Sperre und
Berechtigung

Neben den applikationsspezifischen Einschränkungen auf Basis der Daten gibt es noch weitere Einschränkungen, die Sie in vorangegangenen Abschnitten bereits kennengelernt und implementiert haben. Einerseits sollen parallele Änderungen von verschiedenen Benutzern an den gleichen Entitäten und Instanzen vermieden werden. Hierzu nutzen wir das SAP-Sperrkonzept, siehe Abschnitt 9.3.4, »Sperren setzen und prüfen«. Andererseits sind nicht alle Benutzer dazu berechtigt, Änderungen durchzuführen, oder sie dürfen nur manche Daten ändern und ausgewählte Operationen ausführen. Hierfür nutzen wir das SAP-Berechtigungskonzept, das wir in Abschnitt 9.3.8, »Berechtigungsprüfungen implementieren«, ergänzen. Beide laufzeitrelevanten Informationen werden vom Framework automatisch bei den applikationsspezifischen Steuerungsinformationen ergänzt, sodass für Sperren und Berechtigungen neben der anwendungsspezifischen Implementierung keine dedizierte Implementierung für die Steuerung der dynamischen Eigenschaften erforderlich ist.

Sie haben in Abschnitt 9.3.3, »Statische Eigenschaften definieren«, bereits die Modellierung und den Effekt der statischen Eigenschaften kennengelernt. Dynamisch gesteuert werden können im Wesentlichen genau diese Eigenschaften. Auf Entitäts- bzw. Instanzebene können Sie steuern, ob das Ändern oder Löschen von Instanzen erlaubt sein soll. Auf Feldebene können Sie festlegen, ob ein Feld eingabebereit ist oder nicht, ob es verpflichtend einzugeben ist oder für den Benutzer verborgen bleiben soll, da es im konkreten Kontext nicht relevant (und in der Regel in diesen Fällen auch nicht mit einem Wert belegt) ist. Letzteres, d. h. das statische Verstecken eines Felds, ist natürlich nicht sinnvoll, da Sie das Feld ansonsten gar nicht in Ihr Modell aufnehmen würden. Grundsätzlich können im CDS-basierten Ansatz (im Gegensatz zum Standard-BOPF) die Modelleigenschaften dynamisch nur weiter eingeschränkt werden. Wenn eine Entität z. B. statisch nicht löschbar ist, kann sie dynamisch auch nicht auf »löschbar« gesetzt werden. Um nun im Framework eine Implementierung zu hinterlegen, nutzen Sie die bereits kennengelernten Annotationen für die statische Steuerung der Eigenschaften. Allerdings ersetzen Sie die statischen Werte, also »true« oder »false«, durch einen speziellen Annotationswert EXTERNAL_CALCULATION, der Ihre Absicht ausdrückt, diesen Wert dynamisch zu berechnen.

**Modellierung**

Auf der Entitätsebene sehen die Annotationen wie folgt aus:

- `@ObjectModel.updateEnabled: #('EXTERNAL_CALCULATION')`
- `@ObjectModel.deleteEnabled: #('EXTERNAL_CALCULATION')`

Auf der Feldebene sehen die Annotationen wie folgt aus:

- `@ObjectModel.readOnly: #('EXTERNAL_CALCULATION')`
- `@ObjectModel.mandatory: #('EXTERNAL_CALCULATION')`
- `@ObjectModel.enabled: #('EXTERNAL_CALCULATION')`

Zudem können Sie natürlich auch Aktionen, die Sie in Abschnitt 9.3.6, »Aktionen modellieren und implementieren«, kennengelernt haben, dynamisch steuern. Da Aktionen nicht in CDS modelliert werden, gibt es keine Möglichkeit, um diese Intention im CDS-Modell auszudrücken. Daher sind

**Beispiel:
Aktion steuern**

Aktionen, bzw. genauer deren Ausführbarkeit, immer dynamisch steuerbar und standardmäßig ausführbar. Als Beispiel wollen wir die Änderbarkeit der Positionsnummer einer Kundenauftragsposition nach dem Sichern deaktivieren. Hierzu ergänzen Sie Ihr Modell, wie in Listing 9.14 angegeben.

```
define view ZI_SalesOrderItemTP
...
{
      @ObjectModel.readOnly: true
  key SalesOrder,
      @ObjectModel.mandatory: true
      @ObjectModel.readOnly: 'EXTERNAL_CALCULATION'
  key SalesOrderItem,
      ...
}
```

**Listing 9.14** CDS-View: dynamische Eigenschaften definieren

**Beispiel-**
**implementierung**
Durch die Annotation im CDS-Modell wird im BOPF-Modell automatisch (sofern noch nicht vorhanden) eine Ermittlung zur Berechnung der Eigenschaften mit dem Namen ACTION_AND_FIELD_CONTROL generiert, ebenso wie eine zugehörige Klasse, in der die Implementierung hinterlegt werden kann. Die Implementierung erfolgt, wie gehabt, nach dem BOPF-Standardvorgehen. Eine Beispielimplementierung finden Sie in Listing 9.15.

```
METHOD /bobf/if_frw_determination~execute.

  DATA lt_sales_order_item TYPE ztisalesorderitemtp.

  io_read->retrieve( EXPORTING iv_node = is_ctx-node_key
                               it_key  = it_key
                     IMPORTING et_data = lt_sales_order_item
  ).

  LOOP AT lt_sales_order_item
    ASSIGNING FIELD-SYMBOL(<ls_sales_order_item>)
    WHERE creationdatetime IS NOT INITIAL.
    NEW /bobf/cl_lib_h_set_property(
        is_context = is_ctx
        io_modify  = io_modify
      )->set_attribute_read_only(
          EXPORTING
            iv_attribute_name = 'SALESORDERITEM'
            iv_key            = <ls_sales_order_item>-key
```

```
    ).
ENDLOOP.

ENDMETHOD.
```

Listing 9.15 ABAP-BOPF: dynamische Eigenschaften implementieren

> **Dynamische Eigenschaften setzen**
>
> Um Eigenschaften einfach dynamisch zu setzen, empfiehlt es sich, die von BOPF angebotene Hilfsklasse /BOPF/CL_LIB_H_SET_PROPERTY zu verwenden. Diese verfügt über aussagekräftige Methoden mit einfachen Signaturen zum schnellen Setzen der jeweiligen dynamischen Eigenschaften.

### 9.3.8 Berechtigungsprüfungen implementieren

Während Sperren das gleichzeitige Bearbeiten und Überschreiben von Daten verhindern, steuern Berechtigungsprüfungen den Zugriff auf die Daten. Hierbei können die unterschiedlichen Operationen auf den zugrunde liegenden Dokumenten, wie das Anlegen, Lesen, Ändern und Löschen, sowie jede selbst definierte Aktion separat berechtigt werden. Da Berechtigungen immer anwendungsspezifisch sind und von konkreten Anwendungsdaten (z. B. Organisationseinheiten, Auftragstypen usw.) abhängen, müssen Sie das notwendige *Berechtigungsobjekt* selbst definieren.

Berechtigungsobjekt

Wie Sie bereits in Kapitel 4, »CDS-Zugriffskontrollen«, erfahren haben, wird die Leseberechtigung beim Zugriff über Open SQL mit CDS-Zugriffskontrollen modelliert. Diese Zugriffskontrollen werden bei einer Datenselektion über die CDS-Views automatisch angewandt. Dies ist beim transaktionalen Zugriff nicht der Fall, auch nicht beim transaktionalen Lesezugriff über den BOPF-Service-Layer. Daher müssen Sie eine entsprechende Implementierung der Berechtigungprüfung für diese Zugriffe immer selbst ergänzen. Das Framework generiert Ihnen hierzu bereits eine entsprechende Klasse mit zwei zu implementierenden Methoden. In der Methode CHECK_STATIC_ AUTH können Sie die statische (nicht-instanzbasierte) Prüfung durchführen. Diese prüft, ob ein Benutzer unabhängig von einer konkreten Instanz des Geschäftsobjekts bestimmte Aktionen wie das Anlegen, Ändern oder Löschen auf diesem Geschäftsobjekt ausführen darf. In der Methode CHECK_ INSTANCE_AUTH können Sie die instanzbasierte Prüfung implementieren. Diese prüft, ob ein Benutzer bestimmte Aktionen für eine oder mehrere konkrete Instanzen des Geschäftsobjekts ausführen darf.

Implementierung

Wir haben exemplarisch im Beispiel ein im SAP-Standard vorhandenes Berechtigungsobjekt V_VBAK_AAT verwendet. Listing 9.16 zeigt eine Beispielimplementierung der statischen Berechtigungsprüfung.

```
METHOD /bobf/if_lib_auth_draft_active~check_instance_authority.

  DATA lt_sales_order TYPE ztisalesordertp.
  DATA ls_key         TYPE /bobf/s_frw_key.
  DATA lv_textid      TYPE scx_t100key.

  CLEAR et_failed_key.
  CLEAR eo_message.

  EXIT.

  IF is_ctx-node_key = zif_i_salesordertp_c=>
      sc_node-zi_salesordertp.
    io_read->retrieve( EXPORTING iv_node = is_ctx-node_key
                                 it_key  = it_key
                       IMPORTING et_data = lt_sales_order ).
  ELSEIF is_ctx-node_key = zif_i_salesordertp_c=>
         sc_node-zi_salesorderitemtp.
    io_read->retrieve_by_association(
      EXPORTING
        iv_node                  = is_ctx-node_key
        it_key                   = it_key
        iv_association           = zif_i_salesordertp_c=>
          sc_association-zi_salesorderitemtp-to_root
        iv_fill_data             = abap_true
      IMPORTING
        et_data                  = lt_sales_order
    ).
  ELSEIF is_ctx-node_key = zif_i_salesordertp_c=>
         sc_node-zi_salesorderschedulelinetp.
    io_read->retrieve_by_association(
      EXPORTING
        iv_node                  = is_ctx-node_key
        it_key                   = it_key
        iv_association           = zif_i_salesordertp_c=>
          sc_association-zi_salesorderschedulelinetp-to_root
        iv_fill_data             = abap_true
      IMPORTING
        et_data                  = lt_sales_order
```

```
    ).
ENDIF.


LOOP AT lt_sales_order ASSIGNING FIELD-SYMBOL(<ls_sales_order>).
  AUTHORITY-CHECK OBJECT 'V_VBAK_AAT'
    ID 'ACTVT' FIELD is_ctx-activity
    ID 'AUART' FIELD <ls_sales_order>-salesordertype.
  IF sy-subrc <> 0.
    ls_key-key = <ls_sales_order>-key.
    APPEND ls_key TO et_failed_key.

    CASE is_ctx-activity.
      WHEN /bobf/cl_frw_authority_check=>sc_activity-display.
        lv_textid = /bobf/cm_lib=>no_auth_display.
      WHEN /bobf/cl_frw_authority_check=>sc_activity-create.
        lv_textid = /bobf/cm_lib=>no_auth_create.
      WHEN /bobf/cl_frw_authority_check=>sc_activity-change.
        lv_textid = /bobf/cm_lib=>no_auth_update.
      WHEN /bobf/cl_frw_authority_check=>sc_activity-delete.
        lv_textid = /bobf/cm_lib=>no_auth_delete.
      WHEN /bobf/cl_frw_authority_check=>sc_activity-execute.
        lv_textid = /bobf/cm_lib=>no_auth_execute_action.
      WHEN OTHERS.
        RETURN.
    ENDCASE.

    IF eo_message IS NOT BOUND.
      eo_message = /bobf/cl_frw_factory=>get_message( ).
    ENDIF.
    eo_message->add_cm( NEW /bobf/cm_lib(
        textid            = lv_textid
        severity          = /bobf/cm_lib=>co_severity_error
        lifetime          = /bobf/cm_lib=>co_lifetime_transition
        ms_origin_location = VALUE #( bo_key =
          is_ctx-bo_key node_key = is_ctx-node_key )
        mv_object_name    = 'ZI_SALESORDERTP'
        mv_node_name      = 'ZI_SALESORDERTP'
        mv_action_name    = CONV #( is_ctx-action_name )
      )
    ).
  ENDIF.
```

```
   ENDLOOP.

   ENDMETHOD.
```

**Listing 9.16** ABAP BOPF: statische Berechtigungsprüfung

**Beispiel: instanz-
bezogene Berech-
tigungsprüfung**Listing 9.17 zeigt ein Beispiel für die instanzbezogene Berechtigungsprüfung.

```
METHOD /bobf/if_lib_auth_draft_active~check_static_authority.

   DATA lv_textid TYPE scx_t100key.

   rv_failed = abap_false.

   AUTHORITY-CHECK OBJECT 'V_VBAK_AAT'
      ID 'ACTVT' FIELD is_ctx-activity
      ID 'AUART' DUMMY.
   IF sy-subrc <> 0.
      rv_failed = abap_true.

      CASE is_ctx-activity.
         WHEN /bobf/cl_frw_authority_check=>sc_activity-display.
            lv_textid = /bobf/cm_lib=>no_auth_display.
         WHEN /bobf/cl_frw_authority_check=>sc_activity-create.
            lv_textid = /bobf/cm_lib=>no_auth_create.
         WHEN /bobf/cl_frw_authority_check=>sc_activity-change.
            lv_textid = /bobf/cm_lib=>no_auth_update.
         WHEN /bobf/cl_frw_authority_check=>sc_activity-delete.
            lv_textid = /bobf/cm_lib=>no_auth_delete.
         WHEN /bobf/cl_frw_authority_check=>sc_activity-execute.
            lv_textid = /bobf/cm_lib=>no_auth_execute_action.
         WHEN OTHERS.
            RETURN.
      ENDCASE.

      eo_message = /bobf/cl_frw_factory=>get_message( ).
      eo_message->add_cm( NEW /bobf/cm_lib(
         textid           = lv_textid
         severity         = /bobf/cm_lib=>co_severity_error
         lifetime         = /bobf/cm_lib=>co_lifetime_transition
         ms_origin_location = VALUE #( bo_key =
            is_ctx-bo_key node_key = is_ctx-node_key )
```

```
            mv_object_name      = 'ZI_SALESORDERTP'
            mv_node_name        = 'ZI_SALESORDERTP'
            mv_action_name      = CONV #( is_ctx-action_name )
        )
    ).
  ENDIF.


ENDMETHOD.
```

**Listing 9.17** ABAP BOPF: instanzbasierte Berechtigungsprüfung

---

**Privilegierte Zugriffe aus der Geschäftslogik**

Die soeben definierten und implementierten Berechtigungsprüfungen werden nur beim Zugriff »von außen«, d. h. von einem Verwender, über den BOPF-Service-Layer ausgeführt. Der programmatische Zugriff über die Geschäftslogik auf die Daten in BOPF ist immer privilegiert. Hintergrund ist, dass auch in der internen Geschäftslogik durchaus entsprechende Zugriffe erfolgreich ausgeführt werden müssen. Ein Beispiel ist die Duplikatprüfung bei der externen Nummernvergabe, die ohne Berechtigungseinschränkungen erfolgen muss, um mögliche Duplikate zu finden.

---

### 9.3.9 Berechnete Felder definieren

**Virtuelle Felder**

Da wir die Modellierung des Geschäftsobjekts mittels CDS-Views durchführen, könnten Sie auf die Idee kommen, hier nicht nur eins zu eins von einer Datenbanktabelle zu lesen, sondern das Business-Objekt unabhängig von der (gegebenenfalls alten) Datenbankmodellierung neu zu definieren. Prinzipiell erlaubt Ihnen die CDS-Modellierung die Nutzung diverser SQL-Funktionen wie Joins, Unions usw. Sofern beim Schreiben eine bijektive Abbildung möglich ist, wäre die Verwendung dieser Funktionen durchaus vorstellbar. Da es nicht möglich ist, die Daten in einem ABAP-Exit selbst in die Datenbank zu schreiben, können die erwähnten SQL-Funktionen jedoch nur sehr eingeschränkt genutzt werden (siehe Abschnitt 9.3.2, »Transaktionale Objektmodelle definieren«). Was jedoch möglich ist, ist das Ergänzen der transaktionalen CDS-Views um einzelne View-Felder, die mittels SQL- bzw. CDS-Logik berechnet werden. Hier müssen Sie jedoch darauf achten, dass die Ergebnismenge des CDS-Views (d. h. die Anzahl der Zeilen im Ergebnis) nicht verändert wird. Zudem müssen diese Felder als nicht änderbar annotiert werden.

Berechnung in der
Datenbank

Sinnvoll kann dies z. B. sein, wenn der Gesamtbetrag des Kundenauftrags über eine Aggregatsfunktion über die zugehörigen Kundenauftragspositionen direkt in der Datenbank berechnet wird, um die Werte direkt beim Lesen (vor allem bei vielen Kundenaufträgen) effizient zu ermitteln. Ein anderes Beispiel ist die Transformation eines Feldwerts, um Ihrem Benutzer eine einfacher zu konsumierende Information zur Verfügung stellen zu können. Listing 9.18 zeigt dies an einem Beispiel, bei dem wir aus dem Status des Kundenauftrags mit mehreren Werten einen speziellen Wert als eigenes Feld DeliveryIsCompleted exponieren.

```
define view ZI_SalesOrderTP
...
{
    ...
    DeliveryStatus,
    @ObjectModel.readOnly: true
    cast ( case DeliveryStatus
            when 'C' then 'X' else ' ' end
            as compl_ind preserving type )
            as DeliveryIsCompleted,
    ...
}
```

**Listing 9.18** CDS-View: berechnetes Feld

Berechnung in ABAP

Wichtig bei den in der Datenbank berechneten Feldern ist, dass beim transaktionalen Zugriff die Daten nicht notwendigerweise direkt aus der Datenbank kommen und damit die Berechnung auch nicht allein dort erfolgen kann. Während der Transaktion könnten sich die Kundenauftragspositionen ändern. Auch in diesem Fall muss der korrekte Wert für den Gesamtbetrag berechnet und bei einem transaktionalen Zugriff zurückgeliefert werden. Dies gilt ebenso in unserem Beispiel zum Erledigungsstatus. Daher müssen Sie in diesem Falle immer noch eine Ermittlung bereitstellen, die die gleiche Berechnung in CDS und in ABAP durchführt. Trotz der redundanten Implementierung ist dieses Vorgehen in vielen Fällen sinnvoll, da die ABAP-Berechnung nur bei einem transaktionalen Zugriff erfolgt, während beim reinen Lesen der Daten die Berechnung in der Datenbank erfolgt.

[»]

**Exklusiv in ABAP berechnete Daten**

Sollten Sie Felder haben, die Sie ausschließlich in ABAP berechnen können, ist dies auf Ebene des transaktionalen Objektmodells aktuell nicht mög-

lich. Solche Felder können Sie erst im transaktionalen Servicemodell hinzufügen und implementieren. Details hierzu finden Sie in Abschnitt 9.4.3,
»Berechnete Felder definieren«. Ebenso ist es aktuell nicht möglich, komplette Entitäten innerhalb eines CDS-basierten BOPF-Modells, die nicht
über CDS-Views definiert werden können, zu definieren und zu implementieren.

## 9.4   Transaktionale Servicemodelle

In diesem Abschnitt lernen Sie die transaktionalen CDS-Servicemodelle kennen, die Ihre Anwendung in einem konkreten Service exponieren. Das Geschäftsobjekt und die zugehörige Geschäftslogik möchten Sie natürlich nur einmal implementieren, um Redundanzen zu vermeiden und die Kon-sistenz des Systems sicherzustellen. Gleichzeitig möchten Sie das Ge-schäftsobjekt aber in verschiedenen Geschäftsprozessen und in verschie-denen Anwendungen und Benutzeroberflächen nutzen können. Zudem möchten Sie in einem konkreten API oder UI nur gewisse Teile Ihres trans-aktionalen Modells exponieren. Hierbei möchten Sie Einschränkungen so-wohl auf der Ebene der Daten als auch auf der Ebene des Verhaltens bzw. der verfügbaren Funktionen definieren.

Geschäftsobjekt in verschiedenen Anwendungen

Wie eingangs bereits erwähnt, stehen das CDS-Modell und das BOPF-Mo-dell zur Laufzeit zunächst einmal nebeneinander. Der Verwender Ihrer An-wendung benötigt prinzipiell dieses Wissen, um die Zugriffe über den kor-rekten Zugriffskanal durchführen zu können. Über die Servicemodelle und deren Abbildung auf OData-Services bietet die ABAP-Plattform ein Ende-zu-Ende-Programmiermodell an, das diese Aufgabe konsistent übernimmt.

### 9.4.1   Transaktionale Servicemodelle definieren

Die Definition der Servicemodelle erfolgt – wie sollte es anders sein – mit CDS. Die entsprechenden CDS-Views werden als *Projektionen* der CDS-Views des transaktionalen Objektmodells definiert. Hierbei sind einige Ein-schränkungen zu beachten, damit Sie auch dieses Modell später transaktio-nal nutzen können. Bei allgemeinen Servicemodellen, die nur zum Lesen genutzt werden (können), können Sie den kompletten Umfang der CDS-Sprachmöglichkeiten für Ihre Implementierung nutzen. Wenn Sie das Ser-vicemodell in der transaktionalen Laufzeit nutzen wollen, sind diese Mög-lichkeiten für die betroffenen CDS-Views nicht verfügbar. Das transaktio-nale Objektmodell Ihrer Anwendung können Sie im Wesentlichen nur

Servicemodelle als Sichten

einschränken, um nur einen ausgewählten Teil Ihrer Gesamtapplikation zu exponieren. Folgende Einschränkungen und Änderungen sind erlaubt:

- Aliasing (Schlüsselwort AS): Felder können umbenannt werden.

- Exponierte Felder (Spalten; Schlüsselwort SELECT): Die Auswahl der Felder der unterliegenden Views kann eingeschränkt werden.

- Ergebnismenge (Zeilen; Schlüsselwort WHERE): Die Ergebnismenge kann mittels Bedingungen eingeschränkt werden.

- Exponierte Knoten: Es müssen nicht alle Entitäten des Business-Objekts exponiert werden.

- Statische Eigenschaften: Die Operation wie das Anlegen, Ändern und Löschen sowie die Feldeigenschaften für die Editierbarkeit können eingeschränkt werden.

Regeln für Servicemodelle

Hierbei müssen Sie folgende Punkte beachten:

- Der Schlüssel der CDS-Views des Servicemodells muss dem Schlüssel im Objektmodell entsprechen. Insbesondere müssen also alle Schlüsselfelder des unterliegenden CDS-Views in der Projektionsliste vorhanden sein.

- Der Wurzelknoten muss immer exponiert werden. Zudem müssen für jeden aufgenommenen Knoten auch alle Knoten auf dem Pfad zum Wurzelknoten im Servicemodell vorhanden sein. Das heißt, es können nur Blätter bzw. ganze Teilbäume weggelassen werden.

- Da für jede Entität, die exponiert wird, ein neuer CDS-View im Servicemodell eingeführt wird, können die kompositionsartigen Assoziationen nicht projiziert werden, da diese als Ziel auf den CDS-View des Objektmodells verweisen würden und nicht auf dessen Projektion. Daher müssen Sie die notwendigen Assoziationen entsprechend ebenfalls neu definieren und annotieren. Hierbei gilt es zu beachten, dass der Name der so definierten Assoziation dem Namen der exponierten Assoziation des Objektmodells entsprechen muss. Sie können diesen Namen jedoch in der Projektionsliste Ihres CDS-Views mit einem Alias umbenennen.

Aggregatsfunktionen und Berechnungen über CDS sind ebenso wenig erlaubt wie Union- oder Join-Verknüpfungen der CDS-Views des Objektmodells. Als Grundregel gilt, dass alle Funktionen, die eine eindeutige Abbildung der Ergebnismenge eines CDS-Views im Servicemodell auf die Ergebnismenge des unterliegenden CDS-Views des Objektmodells verhindern, nicht erlaubt sind. Das Hinzufügen von Feldern in die Projektionsliste über Pfadausdrücke oder explizite Join-Verknüpfungen ist prinzipiell gestattet, falls die resultierenden Joins die Ergebnismenge nicht verändern. Die hinzugefügten Felder sind per Definition nicht Teil des Objektmodells und damit auch nicht änderbar, sondern können nur gelesen werden.

Zur Definition der Objektstruktur werden auch im Servicemodell die bereits bekannten Annotationen verwendet:

**Annotationen**

- `@ObjectModel.compositionRoot: true`
- `@ObjectModel.association.type: [#TO_COMPOSITION_CHILD]`
- `@ObjectModel.association.type: [#TO_COMPOSITION_PARENT]`
- `@ObjectModel.association.type: [#TO_COMPOSITION_ROOT]`

Anders als im Objektmodell müssen im Servicemodell die Assoziationen zum Vater bzw. zur Wurzel nicht unbedingt exponiert (und damit annotiert) werden. Im Normalfall ist es jedoch sehr sinnvoll, diese Navigation auch im Servicemodell anzubieten.

Das Nutzen des unterliegenden transaktionalen Objektmodells im transaktionalen Sinne erfolgt schließlich über die folgende Annotation, die Sie im Wurzel-CDS-View angeben müssen:

`@ObjectModel.transactionalProcessingDelegated:true`

Diese Information drückt aus, dass aus diesem Servicemodell das unterliegende transaktionale Objektmodell und insbesondere dessen transaktionale Laufzeit verwenden werden soll. An dieser Stelle möchten wir noch ergänzen, dass das transaktionale Servicemodell direkt über dem transaktionalen Objektmodell definiert werden muss. Ein zweites Servicemodell, z. B. für eine zweite UI-Anwendung, muss ebenfalls direkt auf dem transaktionalen Objektmodell aufbauen und nicht auf einem anderen transaktionalen Servicemodell. Die ABAP-Infrastruktur erlaubt für transaktionale Verwendungen nur eine einstufige Schichtung der entsprechenden CDS-Views.

Zuletzt bereiten Sie die CDS-Views des Servicemodells für die Nutzung von Metadatenerweiterungen vor. Dazu annotieren Sie die CDS-Views des Servicemodells wie folgt:

`@Metadata.allowExtensions: true.`

Im Beispiel soll nun das transaktionale Objektmodell des Kundenauftrags komplett als Service exponiert werden. Daher definieren Sie für die drei Entitäten jeweils einen CDS-View mit den notwendigen Annotationen. Die Definition des Kundenauftragskopfes erfolgt so, wie in Listing 9.19 angegeben.

**Beispiel: Objektmodell exponieren**

```
@AbapCatalog.sqlViewName: 'ZCSALESORDERTP'
@AbapCatalog.compiler.compareFilter: true
@AccessControl.authorizationCheck: #CHECK
@EndUserText.label: 'Sales Order'
@Metadata.allowExtensions: true
@ObjectModel.compositionRoot: true
@ObjectModel.transactionalProcessingDelegated: true
@ObjectModel.createEnabled: true
@ObjectModel.updateEnabled: true
@ObjectModel.deleteEnabled: false
define view ZC_SalesOrderTP
  as select from ZI_SalesOrderTP
  association [0..*] to ZC_SalesOrderItemTP as _SalesOrderItem
    on $projection.SalesOrder = _SalesOrderItem.SalesOrder
{
 key SalesOrder,
     SalesOrderType,
     SalesOrganization,
     DistributionChannel,
     OrganizationDivision,
     DeliveryStatus,
     DeletionIndicator,
     CreatedByUser,
     CreationDateTime,
     LastChangedByUser,
     LastChangeDateTime,
     @ObjectModel.association.type: [#TO_COMPOSITION_CHILD]
     _SalesOrderItem
}
```

**Listing 9.19** CDS-Servicemodell: Kundenauftragskopf

**Kundenauftrags-position**

Listing 9.20 zeigt die Definition der Kundenauftragsposition.

```
@AbapCatalog.sqlViewName: 'ZCSALESORDERITTP'
@AbapCatalog.compiler.compareFilter: true
@AccessControl.authorizationCheck: #CHECK
@EndUserText.label: 'Sales Order Item'
@Metadata.allowExtensions: true
@ObjectModel.createEnabled: true
@ObjectModel.updateEnabled: true
@ObjectModel.deleteEnabled: true
define view ZC_SalesOrderItemTP
  as select from ZI_SalesOrderItemTP
```

```
  association [1..1] to ZC_SalesOrderTP as _SalesOrder
    on  $projection.SalesOrder = _SalesOrder.SalesOrder
    association [0..*] to ZC_SalesOrderScheduleLineTP as _
SalesOrderScheduleLine
    on  $projection.SalesOrder     = _SalesOrderScheduleLine.SalesOrder
    and $projection.SalesOrderItem = _SalesOrderScheduleLine.SalesOrderItem
{
  key SalesOrder,
  key SalesOrderItem,
      Product,
      OrderQuantity,
      OrderQuantityUnit,
      NetAmount,
      TransactionCurrency,
      CreatedByUser,
      CreationDateTime,
      LastChangedByUser,
      LastChangeDateTime,
      @ObjectModel.association.type: [#TO_COMPOSITION_PARENT,
                                      #TO_COMPOSITION_ROOT]
      _SalesOrder,
      @ObjectModel.association.type: [#TO_COMPOSITION_CHILD]
      _SalesOrderScheduleLine
}
```

**Listing 9.20** CDS-View: Servicemodell der Kundenauftragsposition

Listing 9.21 zeigt die Definition der Kundenauftragseinteilung.

Kundenauftrags-
einteilung

```
@AbapCatalog.sqlViewName: 'ZCSALESORDERSLTP'
@AbapCatalog.compiler.compareFilter: true
@AccessControl.authorizationCheck: #CHECK
@EndUserText.label: 'Sales Order Schedule Line'
@Metadata.allowExtensions: true
@ObjectModel.createEnabled: true
@ObjectModel.updateEnabled: true
@ObjectModel.deleteEnabled: true
define view ZC_SalesOrderScheduleLineTP
  as select from ZI_SalesOrderScheduleLineTP
  association [1..1] to ZC_SalesOrderTP as _SalesOrder
    on  $projection.SalesOrder = _SalesOrder.SalesOrder
  association [1..1] to ZC_SalesOrderItemTP as _SalesOrderItem
    on  $projection.SalesOrder     = _SalesOrderItem.SalesOrder
```

```
        and $projection.SalesOrderItem = _SalesOrderItem.SalesOrderItem
     {
       key SalesOrder,
       key SalesOrderItem,
       key SalesOrderScheduleLine,
           DeliveryDate,
           OrderQuantity,
           OrderQuantityUnit,
           CreatedByUser,
           CreationDateTime,
           LastChangedByUser,
           LastChangeDateTime,
           @ObjectModel.association.type: [#TO_COMPOSITION_ROOT]
           _SalesOrder,
           @ObjectModel.association.type: [#TO_COMPOSITION_PARENT]
           _SalesOrderItem
     }
```

**Listing 9.21** CDS-View: Servicemodell der Kundenauftragseinteilung

### 9.4.2   OData-Service generieren

OData-Service

Die einfachste Weise, um aus dem im letzten Abschnitt definierten Servicemodell einen OData-Service zu generieren, bietet die folgende Annotation: @OData.publish: true.

Sobald Sie diese am Wurzel-CDS-Views Ihres Servicemodells ergänzen, wird auf Basis des Servicemodells ein entsprechender OData-Service generiert. Dies erkennen Sie an dem kleinen Generierungsmarker neben der Annotation. Wenn Sie Ihren Cursor über dieser Markierung positionieren, erscheint das in Abbildung 9.19 dargestellte Informationsfenster. Hierin können Sie die Service-URL direkt starten.

Der OData-Service muss explizit über Transaktion /IWFND/MAINT_SERVICE (Services aktivieren und verwalten) aktiviert werden, um über einen REST oder OData Client aufgerufen werden zu können.

[»]

**Aktivierung OData-Service**

Die Aktivierung des OData-Service erfolgt, je nach System-Setup im Backend-System selbst (lokales SAP Gateway) oder im Frontend-Server-System (Gateway Hub).

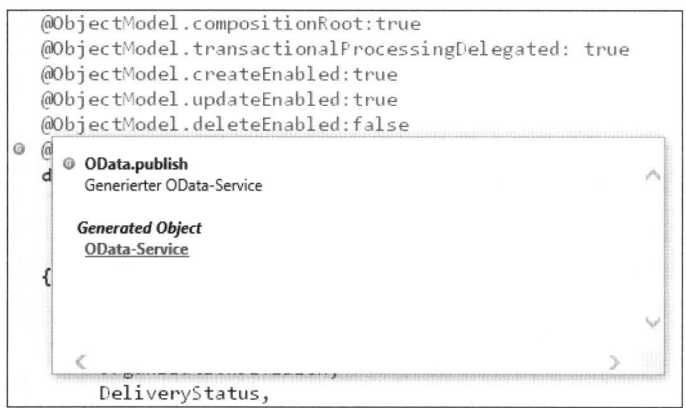

**Abbildung 9.19** CDS-Generierung eines OData-Service

Weiterführende Informationen zu SAP Gateway finden Sie im SAP Help Portal: *https://help.sap.com/viewer/68bf513362174d54b58cddec28794093/7.5.8/ en-US/7db1ea508f88bb7ee10000000a445394.html*

Der auf diese Weise generierte Service enthält nun alle Metadaten, die aus dem CDS-basierten Servicemodell abgeleitet werden können. So werden z. B. auch manche CDS-Annotationen direkt in OData-Annotationen übersetzt und das Modell entsprechend angereichert. Im Detail wird aus jedem CDS-View in OData eine OData-Entitätsmenge mit entsprechendem Entitätstyp, der die Felder des CDS-Views als OData-Eigenschaften mit entsprechendem Namen und der entsprechenden Typisierung enthält. CDS-Assoziationen werden entsprechend als OData-Assoziationen bzw. OData-Assoziationsmengen und OData-Navigationseigenschaften abgebildet. Da wir ein transaktionales Objektmodell haben, das neben CDS auch noch Aktionen enthalten kann, die in BOPF definiert sind, möchte man diese natürlich auch gerne exponiert haben. Auch das geschieht automatisch, und die in BOPF definierten Aktionen werden als Funktionsimport abgebildet. Hier gilt aktuell die Einschränkung, dass alle Aktionen exponiert werden, die als Rückgabeparameter den Knoten haben. Eine explizite Einschränkung, analog zu den anderen Elementen des Modells, ist noch nicht möglich.

*OData-Metadaten*

Neben dem eigentlich transaktionalen Servicemodell bietet die OData-Servicegenerierung einen weiteren Komfort. So werden Fremdschlüsselassoziationen als auch Wertehilfe-Annotationen ebenfalls ausgewertet und automatisch entsprechende OData-Entitätstypen und -mengen für die Wertehilfen erzeugt und deren Verwendung annotiert. Ebenso werden Textassoziationen für alle erzeugten OData-Entitätsmengen ausgewertet und der Text als OData-Eigenschaft in den jeweiligen Entitätstyp mitaufgenommen.

*Fremdschlüssel, Wertehilfen und Texte*

Mit dem nun lauffähigen OData-Service können wir unsere Applikation mit einem REST oder OData Client testen, z. B. mit dem SAP Gateway Client (Transaktion /IWFND/GW_CLIENT).

### 9.4.3   Berechnete Felder definieren

Virtuelle Felder      Wie in Abschnitt 9.3.9, »Berechnete Felder definieren«, bereits ausgeführt, gibt es speziell im Umfeld transaktionaler Anwendungen auch die Notwendigkeit, Felder ins Datenmodell aufzunehmen, die nicht persistiert werden. Dies können z. B. transformierte Felder sein, die für eine vereinfachte oder ergänzende Darstellung in der Benutzerschnittstelle verwendet werden. Im Servicemodell ist es, im Gegensatz zum Objektmodell, möglich, auch solche Felder hinzuzufügen und über eine ABAP-Implementierung mit Werten zu versorgen. Hierzu definieren Sie das Feld im entsprechenden CDS-View des Servicemodells mit einer typgerechten Konstante und fügen folgende Annotationen hinzu:

- `@ObjectModel.virtualElement: true`
- `@ObjectModel.virtualElementCalculatedBy:'...'`

Die erste Annotation definiert das Feld als virtuelles Feld und die zweite Annotation definiert die implementierende Klasse, die genutzt wird, um das Feld zur Laufzeit korrekt zu füllen. Die implementierende Klasse muss hierbei das Interface `IF_SADL_EXIT_CALC_ELEMENT_READ` implementieren. In der Methode `GET_CALCULATION_INFO` definieren Sie, welche Felder der eigenen Entität für die Berechnung benötigt werden. Dies ist wichtig, damit die Daten auch dann von der Datenbank gelesen werden und für die Berechnung zur Verfügung stehen, wenn sie vom Verwender nicht explizit angefordert wurden. In der Methode `CALCULATE` werden die gelesenen Daten dann bereitgestellt und können um das hier zu berechnende Feld angereichert werden. Ein virtuelles Feld darf per Definition nicht eingabebereit sein und muss per Definition nicht eingegeben werden. Es muss daher auch, wie in Abschnitt 9.3.3, »Statische Eigenschaften definieren«, beschrieben, mit `@ObjectModel.readOnly: true` annotiert werden.

**Einschränkung bei berechneten Felder in ABAP**

Da auch virtuelle Felder formal im CDS-View definiert werden, können prinzipiell auch Datenbankfunktionen auf diesen Feldern angewendet werden. Da die Berechnung der Werte allerdings in ABAP vorgenommen wird und auf Datenbankebene nur ein konstanter Wert vorliegt, ist dies natürlich nicht sinnvoll. Davon betroffen sind unter anderem Datenbank-operationen wie das Suchen, Filtern oder Sortieren usw. Bei der Generie-rung des OData-Service wird dies berücksichtigt und die entsprechenden OData-Eigenschaften im OData-Entitätstypen als nicht sichtbar, filterbar und sortierbar exponiert.

Das Beispiel soll nun auf der Ebene der Kundenauftragsposition exempla-risch um ein solches Feld erweitert werden. Ergänzen Sie daher das Modell, wie in Listing 9.22 dargestellt.

**Beispiel: virtuelles Feld**

```
...
@ObjectModel.readOnly: true
@ObjectModel.virtualElement: true
@ObjectModel.virtualElementCalculatedBy: 'ABAP:ZCL_F_SALESORDERITEM'
cast( ' ' as boole_d preserving type ) as OrderIsFreeOfCharge,
...
```

**Listing 9.22**  CDS-Servicemodell: virtuelles Feld definieren

In der Implementierung dieses Felds setzen Sie dann den Wert mittels her-kömmlicher ABAP-Mittel. Im Beispiel aus Listing 9.23 definieren wir das Feld NETAMOUNT als notwendiges Feld für die Berechnung. Die Berechnung selbst prüft nun, ob der Wert »0« ist und setzt in diesem Fall das virtuelle Feld ORDERISFREEOFCHARGE.

```
METHOD if_sadl_exit_calc_element_read~get_calculation_info.
  INSERT CONV #('NETAMOUNT')
    INTO TABLE et_requested_orig_elements.
ENDMETHOD.

METHOD if_sadl_exit_calc_element_read~calculate.
  LOOP AT it_original_data
    ASSIGNING FIELD-SYMBOL(<ls_salesorderitem>).
    ASSIGN COMPONENT 'NETAMOUNT'
      OF STRUCTURE <ls_salesorderitem>
      TO FIELD-SYMBOL(<lv_netamount>).
    CHECK sy-subrc = 0.
    CHECK <lv_netamount> IS INITIAL.
    ASSIGN COMPONENT 'ORDERISFREEOFCHARGE'
      OF STRUCTURE ct_calculated_data[ sy-tabix ]
      TO FIELD-SYMBOL(<lv_orderisfreeofcharge>).
    CHECK sy-subrc = 0.
```

```
        <lv_orderisfreeofcharge> = abap_true.
    ENDLOOP.
  ENDMETHOD.
```

**Listing 9.23** ABAP-Implementierung: virtuelles Feld berechnen

**Sortieren und Filtern von virtuellen Feldern**

Die Einschränkungen bezüglich des Sortierens und Filterns können aufgehoben werden, wenn sich diese Operationen auf einfache Weise und eineindeutig auf persistente Felder im CDS-View abbilden lassen. Die Abbildungsvorschriften können Sie in annotierten ABAP-Exits hinterlegen. Weiterführende Informationen finden Sie in der SAP-Standarddokumentation.

### 9.4.4   SAP-Fiori-Anwendung definieren

SAP Fiori Elements

Zum Abschluss dieses Kapitels wollen wir noch einen kurzen Ausflug in Richtung einer SAP-Fiori-Anwendung machen. Wir haben durch die OData-Services bereits reichhaltige Metadaten, die bei der Implementierung von UI-Anwendungen genutzt werden können. SAP bietet hier mit *SAP Fiori Elements* (siehe *https://experience.sap.com/fiori-design-web/smart-templates/*) einen Template-basierten Ansatz, der diese Metadaten nutzt, um auf einfache Weise eine UI-Anwendung zu implementieren. Mit CDS und der ABAP-Infrastruktur können Sie weitere UI-spezifische Metadaten in Form von CDS-Annotationen im CDS-Servicemodell definieren, die als separate Metadaten über OData bereitgestellt werden. SAP-Fiori-Elements-basierte UIs nutzen diese Metadaten, sodass Sie mit wenigen zusätzlichen Schritten eine lauffähige SAP-Fiori-Anwendung erzeugen können, mit der Sie Ihre Anwendung testen können.

UI-Annotationen

Wir beschränken uns hier auf ausgesuchte Annotationen aus dem großen Fundus der *UI-Annotationen*, um einen ersten Einstieg in das Thema zu geben. So wollen wir im Wesentlichen definieren, welche Felder pro Entität in einer Tabellen- bzw. Formdarstellung standardmäßig verfügbar sind und in welcher Reihenfolge sie dargestellt werden sollen. Zudem wollen wir in der Liste definieren, nach welchen Feldern standardmäßig selektiert werden kann. Im OData-Service sind natürlich alle exponierten Felder verfügbar, sodass ein Benutzer über eine mögliche Personalisierung auch weitere Felder aufnehmen oder die Reihenfolge selbst definieren kann.

- Die folgende Annotation und deren Bestandteile definiert die Darstellung von Selektionsfeldern: @UI.selectionField

- Die folgende Annotation und deren Elemente definiert die Darstellung einer Entität in einer tabellarischen Form: @UI.lineItem

- Die folgende Annotation und deren Elemente definiert die Darstellung einer Instanz einer Entität in einer Einzeldarstellung:
  @UI.identification

- Die jeweilige Reihenfolge definieren Sie mit position. Mit importance können Sie die Wichtigkeit eines Felds deklarieren. Letzteres wird genutzt, um in der Benutzerschnittstelle bei weniger Platz (z. B. auf einem Tablett oder einem Mobilgerät) weniger wichtige Felder standardmäßig auszublenden (Responsive Design).

- Eine weitere Verfeinerung der Darstellung im Detailbild kann durch folgende Annotationen erreicht werden, auf die wir nicht näher eingehen wollen:
  - @UI.headerInfo
  - @UI.facet
  - @UI.fieldGroup

Schließlich möchten Sie auch die in 9.3.6, »Aktionen modellieren und implementieren«, definierte Aktion als Button in Ihre Benutzerschnittstelle einbringen. Dies erreichen Sie durch eine spezielle CDS-Annotation. Soll die Aktion in der Liste erscheinen, ergänzen Sie einfach eines der darin gezeigten Felder um die folgende Annotation:

```
@UI.lineItem: { type:#FOR_ACTION,
              dataAction:'BOPF:<Name der Aktion>',
              label: '<Kurztext des Buttons>' }
```

Soll die Aktion im Detailbild erscheinen, können Sie folgende Annotation nutzen:

```
@UI.identification: { type:#FOR_ACTION,
                dataAction:'BOPF:<Name der Aktion>',
                label: '<Kurztext des BButtons>' }
```

Wie in Kapitel 3, »CDS-Annotationen«, beschrieben, nutzen wir hier eine Metadatenerweiterung für die Definition der UI-spezifischen Annotationen. Für Ihren konkreten OData-Service ergänzen Sie Ihr CDS-Modell entsprechend um eine Metadatenerweiterung, wie in Listing 9.24 exemplarisch für den Kundenauftrag dargestellt.

**Beispiel: Metadatenerweiterung**

```
@Metadata.layer: #CUSTOMER
@UI.headerInfo.typeName: 'Sales Order'
@UI.headerInfo.typeNamePlural: 'Sales Orders'
@UI.headerInfo.title.label: 'Kundenauftrag'
@UI.headerInfo.title.value: 'SalesOrder'
annotate view ZC_SalesOrderTP with
{
  @UI.identification: [{position: 10, importance: #HIGH},
                       {type:#FOR_ACTION, position: 0,
                        dataAction: 'BOPF:DELETE',
                        label: 'Kundenauftrag löschen' }]
  @UI.lineItem: [{position: 10, importance: #HIGH}]
  @UI.fieldGroup: [{qualifier: 'GeneralData', position: 10,
                    importance: #HIGH }]
  @UI.selectionField: [{position: 10}]
  SalesOrder;
  @UI.identification: [{position: 20, importance: #HIGH}]
  @UI.lineItem: [{position: 20, importance: #HIGH}]
  @UI.fieldGroup: [{qualifier: 'GeneralData', position: 20,
                    importance: #HIGH }]
  @UI.selectionField: [{position: 20}]
  SalesOrderType;
  @UI.identification: [{position: 20, importance: #HIGH}]
  @UI.lineItem: [{position: 20, importance: #HIGH}]
  @UI.fieldGroup: [{qualifier: 'GeneralData', position: 30,
                    importance: #HIGH }]
  @UI.selectionField: [{position: 20}]
  SalesOrganization;
  @UI.identification: [{position: 30, importance: #HIGH}]
  @UI.lineItem: [{position: 30, importance: #HIGH}]
  @UI.fieldGroup: [{qualifier: 'GeneralData', position: 40,
                    importance: #HIGH }]
  @UI.selectionField: [{position: 30}]
  DistributionChannel;
  @UI.identification: [{position: 40, importance: #HIGH}]
  @UI.lineItem: [{position: 40, importance: #HIGH}]
  @UI.fieldGroup: [{qualifier: 'GeneralData', position: 50,
                    importance: #HIGH }]
  @UI.selectionField: [{position: 40}]
  OrganizationDivision;
  @UI.identification: [{position: 50, importance: #HIGH}]
```

```
@UI.lineItem: [{position: 50, importance: #HIGH}]
@UI.selectionField: [{position: 50}]
DeliveryStatus;
@UI.identification: [{position: 60, importance: #LOW}]
@UI.lineItem: [{position: 60, importance: #LOW}]
DeletionIndicator;
@UI.identification: [{position: 70, importance: #LOW }]
@UI.fieldGroup: [{qualifier: 'AdminData', position: 10,
                  importance: #LOW }]
CreatedByUser;
@UI.identification: [{position: 80, importance: #LOW}]
@UI.fieldGroup: [{qualifier: 'AdminData', position: 20,
                  importance: #LOW }]
CreationDateTime;
@UI.identification: [{position: 90, importance: #LOW}]
@UI.fieldGroup: [{qualifier: 'AdminData', position: 30,
                  importance: #LOW }]
LastChangedByUser;
@UI.identification: [{position: 100, importance: #LOW}]
@UI.fieldGroup: [{qualifier: 'AdminData', position: 40,
                  importance: #LOW }]
LastChangeDateTime;
}
```

**Listing 9.24** CDS-Metadatenerweiterung des Kundenauftrags-Views mit UI-Annotationen

Zur Erstellung Ihrer SAP-Fiori-Anwendung nutzen Sie z. B. die *SAP Web IDE* (siehe *https://www.sap.com/developer/topics/sap-webide.html*) in der *SAP Cloud Platform* (siehe *https://cloudplatform.sap.com/capabilities/devops/web-ide.html*), die mit Ihrem Backend-System oder dem SAP Gateway Hub verbunden ist. Durch die angegebenen UI-Annotationen erhalten Sie eine SAP-Fiori-Anwendung, in der die annotierten Felder standardmäßig angezeigt werden und über die Sie Dokumente anlegen, ändern und durch die spezifische Aktion auch löschen können. Die Einstiegsliste mit umfangreichen Filter- und Selektionsmöglichkeiten stellt sich in etwa wie in Abbildung 9.20 dar.

Ebenso sind Wertehilfen, die Sie in Kapitel 10, »CDS-basierte Suchfunktionen«, kennenlernen, für die Selektionsfelder verfügbar, und über den Button + über der Liste können neue Kundenaufträge erfasst werden (siehe Abbildung 9.21).

**SAP-Fiori-App erstellen**

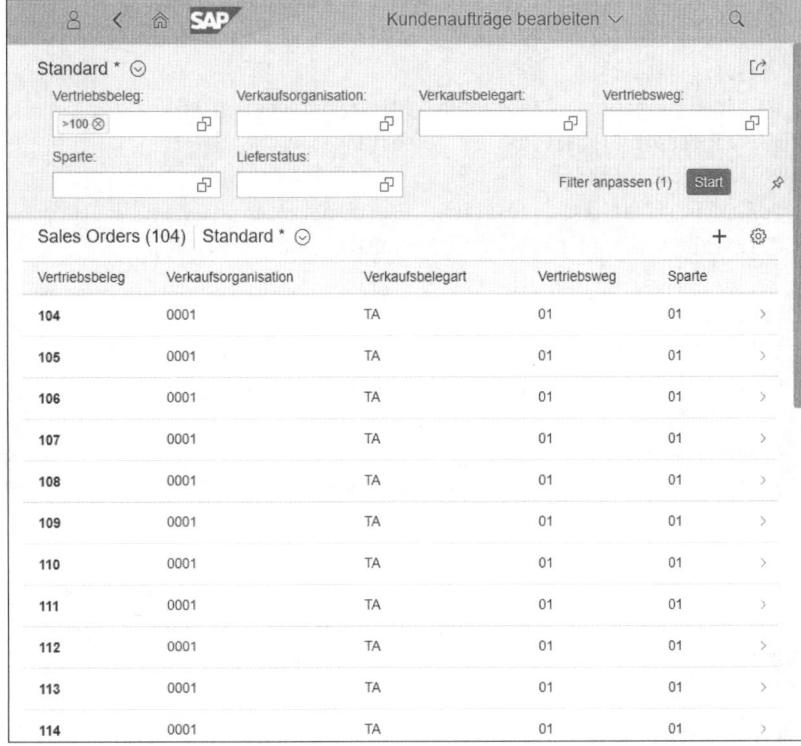

**Abbildung 9.20**  SAP-Fiori-Elements-basierte Einstiegsliste

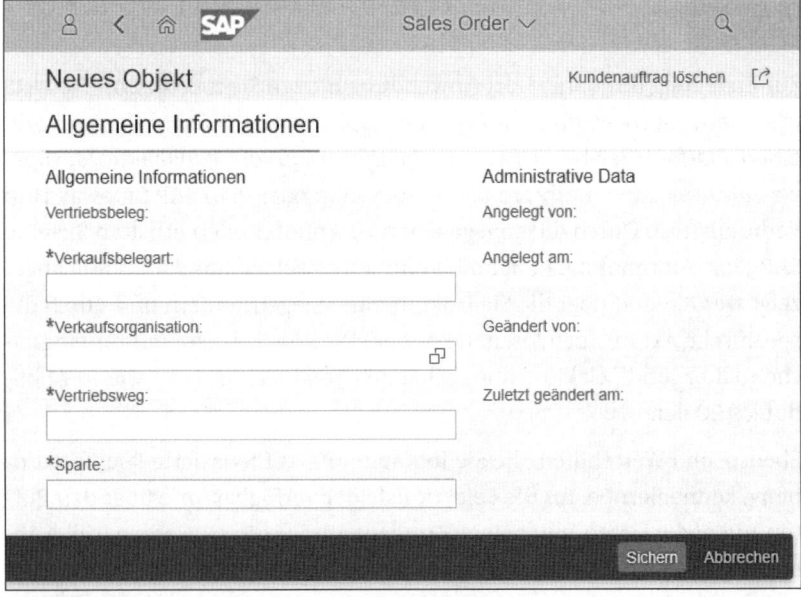

**Abbildung 9.21**  SAP-Fiori-Elements-basierte Detailseite zum Anlegen

Bei der Navigation in einen Kundenauftrag zeigt Abbildung 9.22 eine mögliche Darstellung der formbasierten Benutzerschnittstelle. Da Sie im Servicemodell das Editieren erlaubt und in den UI-Annotationen die selbst definierte Aktion zum Löschen angegeben haben, sind entsprechende Buttons für diese Operationen (im Bild rechts oben) verfügbar.

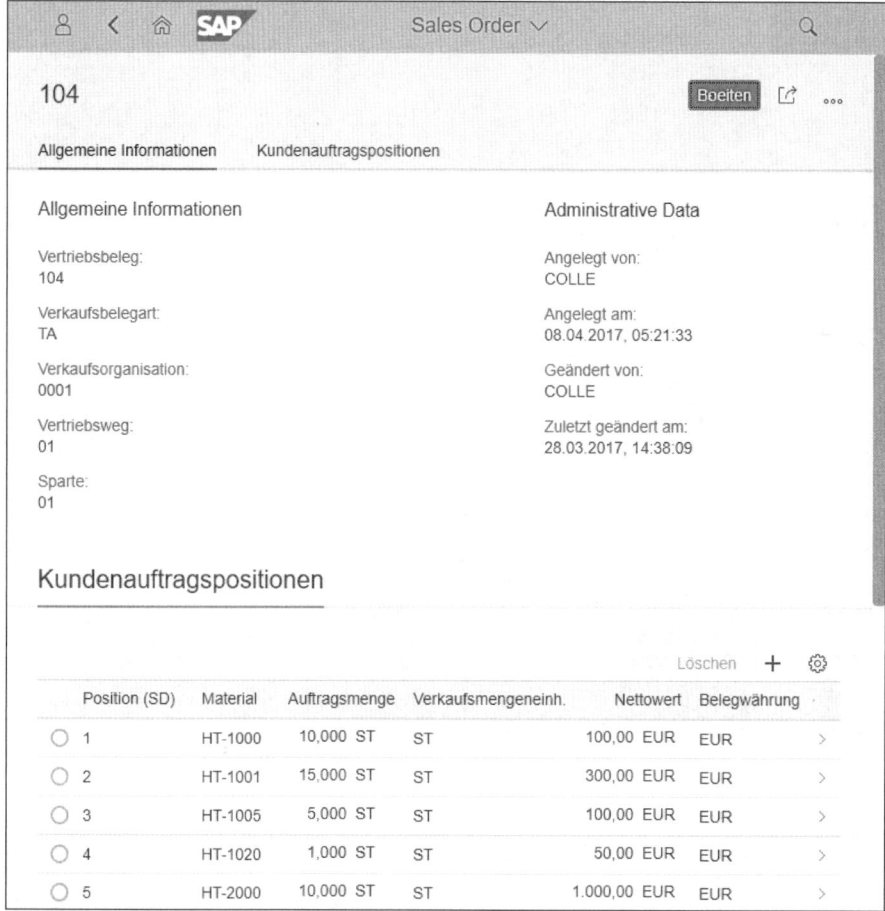

**Abbildung 9.22** SAP-Fiori-Elements-basierte Detailseite

Weiterführende Informationen zu SAPUI5 finden Sie unter anderem im Buch von Christiane Goebels, Denise Nepraunig und Thilo Seidel: SAPUI5: Das umfassende Handbuch (SAP PRESS Bonn 2017) und zu SAP Fiori im Buch von Michael Englbrecht und Michael Wegelin: SAP Fiori: Implementierung und Entwicklung (2. Auflage, SAP PRESS Bonn, 2017).

# Kapitel 10
# CDS-basierte Suchfunktionen

*Das Spektrum der Suchfunktionen reicht von einfachen Wertehilfen für Felder bis hin zu komplexen Auswertungen zum Auffinden relevanter Informationen im unternehmensweiten Datenbestand. In diesem Kapitel erläutern wir Ihnen die von CDS unterstützten Suchfunktionen.*

10

Anhand von Beispielen erfahren Sie, welche Möglichkeiten Ihnen CDS-Modelle bei der Definition von Wertehilfen und Freitext-Suchfunktionen in OData-Services bieten.

*Wertehilfen* werden CDS-seitig über Fremdschlüsselbeziehungen oder dedizierte Wertehilfe-Annotationen modelliert. Eine spezifisch annotierte Wertehilfe eines Felds verschattet dabei eine eventuell zusätzlich vorhandene, fremdschlüsselbasierte Wertehilfe. Neben dieser Vorfahrtsregel gibt es einige inhaltliche Unterschiede, die Sie beim Einsatz der beiden Varianten einer Wertehilfe-Definition beachten sollten. Sie lernen die wesentlichen Unterschiede im ersten Abschnitt kennen.

**Wertehilfe-Varianten**

*Freitext-Suchfunktionen* erlauben es Ihnen, den Suchbegriff in mehreren Feldern der Datenquellen gleichzeitig zu suchen. Die Datensätze können Sie dabei nicht nur mit exakt formulierten Filterbedingungen, sondern auch mit unscharfen Selektionskriterien auffinden (*Fuzzy-Suche*). Sie erfahren, wie Sie die Freitext-Suchfunktionalität in Ihren CDS-basierten OData-Services modellieren können.

**Freitextsuche**

## 10.1  Wertehilfen modellieren

Der CDS-View Z_ViewWithValueHelps aus Listing 10.1 beinhaltet verschiedene Wertehilfe-Anbindungen. Gleichzeitig dient er als Definitionsquelle eines OData-Service Z_VIEWWITHVALUEHELPS_CDS, der aufgrund der Annotation @OData.publish:true aus dem CDS-View generiert wird.

**CDS-View mit unterschiedlichen Wertehilfe-Definitionen**

```
@Metadata.ignorePropagatedAnnotations: true
@OData.publish: true
define view Z_ViewWithValueHelps
```

351

```
                  as select from ZI_SalesOrderItem
                  association [0..1] to ZI_Product as _ProductA
                     on $projection.ProductA = _ProductA.Product
                  association [0..1] to ZI_Product as _ProductB
                     on $projection.ProductB = _ProductB.Product
               {
                  key SalesOrder,
                  key SalesOrderItem,
                     _Product.ProductType,
                     @ObjectModel.foreignKey.association: '_ProductA'
                     Product as ProductA,
                     @Consumption.valueHelpDefinition: [{association :
                        '_ProductB'}]
                     @ObjectModel.foreignKey.association: '_ProductB'
                     Product as ProductB,
                     @Consumption.valueHelpDefinition: [{ entity :
                      {name     : 'ZI_Product',
                       element : 'Product'} }]
                     Product as ProductC,
                     @Consumption.valueHelpDefinition: [{ entity :
                        {name     : 'ZI_Product',
                         element : 'Product'} ,
                         additionalBinding : [
                           { localElement :'ProductType',
                             element       :'ProductType' } ]
                                                           }]
                     Product as ProductD,
                     _ProductA,
                     _ProductB
               }
```

**Listing 10.1** CDS-View Z_ViewWithValueHelps

**Wertehilfe-CDS-View ZI_Product**

Die einzelnen Wertehilfe-Definitionen basieren auf dem CDS-View ZI_Product aus Listing 10.2. Sie nutzen dabei nicht nur den CDS-View ZI_Product selbst, sondern auch implizit dessen sprachabhängige Texte.

```
@ObjectModel.representativeKey: 'Product'
define view ZI_Product
   as select from zproduct
   association [0..*] to ZI_ProductText as _Text
      on $projection.Product = _Text.Product
{
```

```
    @ObjectModel.text.association: '_Text'
  key product            as Product,
      product_type       as ProductType,
      creation_date_time as CreationDateTime,
      _Text
}
```

**Listing 10.2** CDS-View ZI_Product

Diese sprachabhängigen Texte werden durch den CDS-View ZI_ProductText aus Listing 10.3 repräsentiert. Sie werden mit dem Feld Product des CDS-Views ZI_Product über dessen annotierte Textbeziehung @ObjectModel. text.association:'_Text' in Beziehung gesetzt.

**Text-CDS-View ZI_ProductText**

```
@ObjectModel.representativeKey: 'Product'
@ObjectModel.dataCategory: #TEXT
define view ZI_ProductText
   as select from zproducttext
{
      @Semantics.language: true
  key language           as Language,
  key product            as Product,
      @Semantics.text: true
      product_name       as ProductName
}
```

**Listing 10.3** CDS-View ZI_ProductText

Durch die modellierte OData-Exponierung der CDS-Views über die ABAP-Applikationsinfrastruktur entstehen gemäß Listing 10.4 zwei OData Entity Sets für die CDS-Views Z_ViewWithValueHelps und ZI_Product mit den jeweils gleichen Namen. Die in ihnen enthaltenen OData Propertys entsprechen den Feldern der zugrunde liegenden CDS-View-Modelle.

**OData Entity Sets ZI_Product und Z_ViewWithValue-Helps**

```
<EntityContainer Name="Z_VIEWWITHVALUEHELPS_CDS_Entities" ...>
  <EntitySet Name="ZI_Product"
   EntityType="Z_VIEWWITHVALUEHELPS_CDS.ZI_ProductType" .../>
  <EntitySet Name="Z_ViewWithValueHelps"
   EntityType="Z_VIEWWITHVALUEHELPS_CDS.Z_
ViewWithValueHelpsType" .../>
   ...
</EntityContainer>
```

**Listing 10.4** OData Entity Sets ZI_Product und Z_ViewWithValueHelps

OData Entity Type
ZI_ProductType

Beispielsweise ist das OData Entity Set ZI_Product mit dem OData Entity Type ZI_ProductType aus Listing 10.5 typisiert.

```
<EntityType ... Name="ZI_ProductType">
  <Key>
    <PropertyRef Name="Product"/>
  </Key>
  <Property Name="Product" sap:text="Product_Text" .../>
  <Property Name="Product_Text" .../>
  <Property Name="ProductType" .../>
  <Property Name="CreationDateTime" .../>
</EntityType>
```

**Listing 10.5** OData Entity Type ZI_ProductType

OData Property
Product_Text

Dieser Typ beinhaltet neben OData Propertys, die den Feldern des zugrunde liegenden CDS-Views ZI_Product entsprechen, auch noch die zusätzliche OData Property Product_Text, die der OData Property Product als beschreibender Text über sap:text="Product_Text" zugeordnet ist. Diese OData Property Product_Text leitet sich aus der in Listing 10.2 hinterlegten Textbeziehung @ObjectModel.text.association:'_Text' ab. Sie wird zur Laufzeit von der ABAP-Infrastruktur mit dem Wert des Felds Product-Name aus dem assoziierten CDS-View ZI_ProductText aus Listing 10.3 unter Berücksichtigung der Anmeldesprache des Benutzers automatisch gefüllt.

Betrachten wir nun die unterschiedlichen Wertehilfe-Definitionen des CDS-Views Z_ViewWithValueHelps im Detail.

Fremdschlüssel-
basierte Wertehilfe

Die Annotation @ObjectModel.foreignKey.association:'_ProductA' des Felds ProductA zeichnet die Assoziation _ProductA zum CDS-View ZI_Product als Fremdschlüsselbeziehung aus.

Wertehilfe-OData-
Metadaten

Diese Modellierung führt zu einer Anreicherung der Metadaten des abgeleiteten OData-Service entsprechend Listing 10.6. Darin wird spezifiziert, dass die OData-Property ProductA, die aus dem gleichnamigen Feld des zugrunde liegenden CDS-Views Z_ViewWithValueHelps hervorgeht, eine Wertehilfe auf Basis des CDS-Views ZI_Product aus Listing 10.2 bzw. des daraus abgeleiteten gleichnamigen OData Entity Sets aus Listing 10.4 erhalten soll.

```
<Annotations xmlns="http://docs.oasis-open.org/odata/ns/edm" Target=
"Z_VIEWWITHVALUEHELPS_CDS.Z_ViewWithValueHelpsType/ProductA">
  <Annotation Term="Common.ValueList">
    <Record>
      <PropertyValue Property="Label" String="Product"/>
```

```
        <PropertyValue Property="CollectionPath"
          String="ZI_Product"/>
        <PropertyValue Property="SearchSupported" Bool="false"/>
        <PropertyValue Property="Parameters">
            <Collection>
                <Record Type="Common.ValueListParameterInOut">
                    <PropertyValue Property="LocalDataProperty"
                        PropertyPath="ProductA"/>
                    <PropertyValue Property="ValueListProperty"
                        String="Product"/>
                </Record>
                <Record Type="Common.ValueListParameterDisplayOnly">
                    <PropertyValue Property="ValueListProperty"
                        String="Product_Text"/>
                </Record>
            </Collection>
        </PropertyValue>
    </Record>
  </Annotation>
</Annotations>
```

**Listing 10.6** OData-Metadaten der fremdschlüsselbasierten
Wertehilfe des Felds ProductA

Des Weiteren verknüpfen die OData-Metadaten die OData Property ProductA der Quelle mit der OData Property Product des OData Entity Sets ZI_Product über den in Listing 10.6 erfassten Parameter vom Typ Eingabe- und Rückgabeparameter ValueListParameter**InOut**.

**Kombinierte Eingabe- und Rückgabeparameter**

Dieser Parametertyp drückt aus, dass ein möglicher Eingabewert des Benutzers für die OData Property ProductA als Filter in die Wertehilfe ZI_Product einfließt und die dem Benutzer angebotene Werteliste entsprechend einschränken soll. Des Weiteren soll nach der Auswahl eines Datensatzes aus der Werteliste durch den Benutzer die Werte der OData Property Product als Ergebnis der Wertehilfe-Ausführung in die Quell-Property ProductA zurückgestellt werden. Der geschilderte Zusammenhang der beiden OData Propertys ProductA und Product wird automatisch aus der On-Bedingung der Fremdschlüsselassoziation _ProductA in Listing 10.1 abgeleitet.

Zusätzlich zu den direkt verknüpften Feldern des Quell- und Ziel-CDS-Views bzw. der daraus abgeleiteten Propertys der OData Entity Sets wird bei einer fremdschlüsselbasierten Wertehilfe auch die Text-Property Product_Text als Anzeigeparameter (ValueListParameter**DisplayOnly**) standardmäßig in die Wertehilfe mitaufgenommen.

**Anzeigeparameter Product_Text**

Nachdem wir uns mit der fremdschlüsselbasierten Wertehilfe beschäftigt haben, wenden wir uns nun den spezifischen Wertehilfe-CDS-Annotationen im CDS-View `Z_ViewWithValueHelps` aus Listing 10.1 zu. Das Feld `ProductB` verfügt sowohl über eine Fremdschlüsselbeziehung `@Object-Model.foreignKey.association:'_ProductB'` als auch über eine dedizierte Wertehilfe-Annotation `@Consumption.valueHelpDefinition:[{association: '_ProductB'}]`. Wie eingangs erwähnt, überlagert die dezidierte Wertehilfe die fremdschlüsselbasierte Wertehilfe.

Die spezifische Wertehilfe-Annotation des Felds `ProductB` beruht dabei erneut auf der Definition einer Assoziation. Diese Assoziation `_ProductB` gleicht der zuvor diskutierten Fremdschlüsselassoziation `_ProductA` des Felds `ProductA`. Bei einer spezifisch annotierten Wertehilfe werden jedoch, im Gegensatz zu einer fremdschlüsselbasierten Wertehilfe, alle Felder bzw. Propertys des Assoziationsziels in die im OData-Service definierte Wertehilfe aufgenommen. Die zusätzlichen, nicht über die On-Bedingung der Assoziation gebundenen Felder bzw. Propertys werden darin als Anzeigeparameter `ValueListParameterDisplayOnly` typisiert. Für die Wertehilfe der OData Property `ProductB` sind die Propertys `ProductType` und `Creation-DateTime` dementsprechend als weitere Anzeigeparameter in den OData-Metadaten aus Listing 10.7 spezifiziert.

```
<Annotations xmlns="http://docs.oasis-open.org/odata/ns/edm" Target=
"Z_VIEWWITHVALUEHELPS_CDS.Z_ViewWithValueHelpsType/ProductB">
   <Annotation Term="Common.ValueList">
      <Record>
         <PropertyValue Property="Label" String="Product"/>
         <PropertyValue Property="CollectionPath"
           String="ZI_Product"/>
         <PropertyValue Property="SearchSupported" Bool="false"/>
         <PropertyValue Property="Parameters">
            <Collection>
               <Record Type="Common.ValueListParameterInOut">
                  <PropertyValue Property="LocalDataProperty"
                    PropertyPath="ProductB"/>
                  <PropertyValue Property="ValueListProperty"
                    String="Product"/>
               </Record>
               <Record Type="Common.ValueListParameterDisplayOnly">
                  <PropertyValue Property="ValueListProperty"
                    String="Product_Text"/>
               </Record>
               <Record Type="Common.ValueListParameterDisplayOnly">
```

```
            <PropertyValue Property="ValueListProperty"
               String="ProductType"/>
         </Record>
         <Record Type="Common.ValueListParameterDisplayOnly">
            <PropertyValue Property="ValueListProperty"
               String="CreationDateTime"/>
         </Record>
      </Collection>
    </PropertyValue>
   </Record>
  </Annotation>
</Annotations>
```

**Listing 10.7** OData-Metadaten der annotierten Wertehilfe des Felds ProductB

> **Spezialisierte Wertehilfe-CDS-Views verwenden**
>
> Um eine optimierte Wertehilfe-Unterstützung für den Endanwender anbieten zu können, können Sie spezialisierte Wertehilfe-CDS-Views definieren und über die Annotationen @Consumption.valueHelpDefinition… in Ihr CDS-View-Modell einbinden. In der SAP-Standardauslieferung enthalten derartige CDS-Views das Namenssuffix »ValueHelp« oder kurz »VH«.

In den vorangehenden Beispielen basierten die Wertehilfen auf einer exponierten Assoziation. Die Wertehilfe-Annotation @Consumption.valueHelpDefinition bietet Ihnen jedoch auch eine alternative Modellierungsmöglichkeit einer Wertehilfe ohne den Einsatz einer Assoziation an. | **Spezifische Wertehilfe-CDS-Annotation ohne Assoziation**

Ein Beispiel zeigt das Feld ProductC aus Listing 10.1. Die dort hinterlegte Wertehilfe-Annotation verknüpft unmittelbar das annotierte Feld ProductC mit dem Feld Product der Entität ZI_Product. Der in der Annotation hinterlegte Zusammenhang entspricht der On-Bedingung der Assoziation _ProductB für das Feld ProductB. Demzufolge entspricht in diesem Fall die resultierende Wertehilfe des Felds bzw. der Property ProductC der Wertehilfe des Felds bzw. der Property ProductB.

Mit der Wertehilfe-Annotation @Consumption.valueHelpDefinition.additionalBinding können Sie weitere Korrelationen von CDS-View-Feldern bzw. OData-Propertys spezifizieren. Ein Beispiel zeigt die Wertehilfe-Annotation des Felds ProductD des CDS-Views Z_ViewWithValueHelps aus Listing 10.1. Darin wird das Feld ProductType der Quelle mit dem namensgleichen Feld des Wertehilfe-CDS-Views ZI_Product korreliert. Diese zusätzliche Bindung führt im Vergleich zu den OData-Annotationen aus Listing 10.7 zu einer | **Zusätzliche Verknüpfungen definieren**

Umtypisierung des Parameters für die Property `ProductType`: Der ehemalige Anzeigeparameter `ValueListParameter`**`DisplayOnly`** wird entsprechend Listing 10.8 zu einem Parameter vom Typ `ValueListParameter`**`InOut`**. Sein Wert soll wie der Wert des Felds `ProductD` aus der Quelle als Filter in die Wertehilfe eingehen und nach der Auswahl eines Eintrags der Werteliste auch zurückgestellt werden.

```
...
<Record Type="Common.ValueListParameterInOut">
    <PropertyValue Property="LocalDataProperty"
      PropertyPath="ProductType"/>
    <PropertyValue Property="ValueListProperty" String="ProductType"/>
</Record>
...
```

**Listing 10.8** Auszug aus den OData-Metadaten der annotierten Wertehilfe des Felds ProductD

**Verwender des OData-Service**

Die Konsumenten des OData-Service sind gehalten, die in den Metadaten enthaltenen Wertehilfe-Annotationen auszuwerten und, darauf aufbauend, eine Wertehilfe für den Anwender zur Verfügung zu stellen. Exemplarisch werden diese Annotationen in den SAP-Fiori-Elements-basierten UI-Applikationen unterstützt.

**Wertehilfen in analytischen Queries**

Die analytische Engine unterstützt vornehmlich fremdschlüsselbasierte Wertehilfen. Dedizierte Wertehilfe-Annotationen werden nur eingeschränkt unterstützt.

## 10.2  Freitext-Suchfunktionen in OData-Services

Sie können Ihre CDS-View-Modelle für die Bereitstellung von Freitext-Suchfunktionen mit den Annotationen der Domäne `Search` ausstatten.

**CDS-View mit Search-Annotationen**

Betrachten Sie dazu das in Listing 10.9 illustrierte Beispiel des CDS-Views `Z_ViewWithSearchSupport`.

```
@OData.publish: true
@Metadata.ignorePropagatedAnnotations: true
@Search.searchable: true
define view Z_ViewWithSearchSupport as select from ZI_SalesOrderItem {
    @Search.defaultSearchElement: true
    @Search.fuzzinessThreshold: 0.4
```

```
@Search.ranking: #HIGH
key SalesOrder,
@Search.defaultSearchElement: true
@Search.fuzzinessThreshold: 0.7
@Search.ranking: #HIGH
key SalesOrderItem,
@Search.defaultSearchElement: true
@Search.fuzzinessThreshold: 1.0
@Search.ranking: #MEDIUM
Product,
_Product.ProductType,
OrderQuantity,
...
}
```

**Listing 10.9** CDS-View mit Search-Annotationen

Hierin finden Sie auf der Kopfebene die Annotation `@Search.searchable:true`. Sie zeichnet den CDS-View `Z_ViewWithSearchSupport` als Datenquelle einer Freitextsuche aus. Der CDS-View fungiert durch die Annotation `@OData.publish:true` gleichzeitig als Definitionsquelle eines OData-Service mit dem Namen `Z_VIEWWITHSEARCHSUPPORT_CDS`. Das auf Basis des namensgleichen CDS-Views abgeleitete OData Entity Set `Z_ViewWithSearchSupport` unterstützt darin eine Freitext-Suchfunktion und trägt daher selbst die Auszeichnung `sap:searchable="true"`. Listing 10.10 illustriert die entsprechenden OData-Metadaten.

```
<EntityContainer Name="Z_VIEWWITHSEARCHSUPPORT_CDS_Entities" ...>
    <EntitySet Name="Z_ViewWithSearchSupport" ...
                sap:searchable="true"/>
</EntityContainer>
```

**Listing 10.10** OData Entity Set mit Suchhilfe-Unterstützung

Die Felder des CDS-Views, deren Werte im Rahmen einer Suchanfrage berücksichtigt werden sollen, kennzeichnen Sie durch die Annotation `@Search.defaultSearchElement:true`. Im vorliegenden Fall werden auf der Grundlage dieser Annotation die Felder `SalesOrder`, `SalesOrderItem` und `Product` als *Suchfelder* spezifiziert. Bei einer Suchanfrage werden diese entsprechend in die Auswertelogik einbezogen, während z. B. das Feld `ProductType` keinen Einfluss auf die Findungslogik nimmt. **Suchfelder**

In der Regel sollen Suchbegriffe innerhalb einer Suchanfrage nicht nur exakt auf die Werte der Datenquelle abgebildet werden. Vielmehr soll **Unschärfeangabe** eine gewisse *Unschärfe* bei der Suche zugelassen werden, um Werte, die dem Suchbegriff ähneln, in das Suchergebnis einzubeziehen. Diese Unschärfe können Sie mit der Annotation `@Search.fuzzinessThreshold` an den relevanten Suchfeldern hinterlegen. Der zulässige Wertebereich dieser Unschärfeklassifizierung liegt zwischen »0« und »1«. Je höher dabei der vorgegebene Wert liegt, desto genauer muss der Suchbegriff mit den verglichenen Werten der Datensätze übereinstimmen, um in die Ergebnisliste der Suche aufgenommen zu werden.

**Beispiele für Unschärfeangaben und Auswirkungen**

In Listing 10.9 besitzt das Feld `SalesOrder` mit »0.4« den niedrigsten Wert, während das Feld `SalesOrderItem` mit »0.7« einen mittleren Wert und das Feld `Product` mit »1« den höchsten Wert für die Unschärfeangabe aufweist. Um den Effekt dieser Einstellungen deutlich zu machen, betrachten wir die vier exemplarischen Datensätze aus Tabelle 10.1.

| Datensatz | SalesOrder | SalesOrderItem | Product |
|---|---|---|---|
| 1 | »S1« | »000010« | »P1« |
| 2 | »S1« | »000020« | »P2« |
| 3 | »S2« | »000010« | »P1« |
| 4 | »S2« | »000020« | »P3« |

**Tabelle 10.1** Daten des CDS-Views Z_ViewWithSearchSupport

Wird über den aus Listing 10.9 erzeugten OData-Service eine Suchanfrage der Form `<ODataServiceName>/Z_ViewWithSearchSupport?search=<Search-Term>` abgesetzt, führt diese in Abhängigkeit vom Suchbegriff `<SearchTerm>` zu den in Tabelle 10.2 dargestellten Ergebnissen.

| Suchbegriff | Suchergebnis |
|---|---|
| »S1« | 1,2,3,4 |
| »S« | 1,2,3,4 |
| »2« | 3,4 |
| »P« | – |
| »P2« | 2 |
| »000010« | 1,2,3,4 |

**Tabelle 10.2** Ergebnisse der Suchanfrage (Datensätze aus Tabelle 10.1) in Abhängigkeit vom verwendeten Suchbegriff

Demnach liefert eine Suchanfrage mit dem Begriff »S1« dieselben Datensätze wie eine Suchanfrage mit »S«, obwohl »S1« exakt dem Feldwert zweier Datensätze entspricht. Eine Suche mit dem Suchbegriff »2« liefert hingegen nur die Datensätze drei und vier, die den Wert »S2« für das Feld SalesOrder beinhalten, obwohl auch der zweite Datensatz in den Werten der Felder SalesOrderItem und Product eine »2« enthält.

Wird die Anfrage mit »P« durchgeführt, bleibt das Selektionsergebnis leer. Erst wenn mit »P2« der exakte Wert als Suchbegriff verwendet wird, wird der zweite Datensatz aufgrund einer genauen Übereinstimmung mit dem Wert des Felds Product ins Suchergebnis übernommen. Die Suche mit dem Begriff »000010« liefert alle Datensätze zurück, obwohl bei einer exakten Suche nur die Datensätze eins und drei im Ergebnis erscheinen sollten.

Mit dem Ranking @Search.ranking geben Sie eine relative Gewichtung der Suchergebnisse für die einzelnen Felder, die in die Suche eingehen, vor. Im vorliegenden Fall sollen Werte für die Felder SalesOrder und SalesOrderItem, die unter Berücksichtigung der zulässigen Unschärfe mit dem Suchbegriff übereinstimmen, höher gewichtet werden (»HIGH«) als die entsprechenden Werte des Felds Product (»MEDIUM«).

**Gewichtung der Suchergebnisse**

> ### Verwendung von Search-Annotationen
>
> Um nachvollziehbare und erwartungskonforme Ergebnisse bei Suchanfragen zu erhalten, müssen Sie die in die Suche eingehenden Felder und ihre Eigenschaften an den konkreten Anwendungsfall anpassen. Dies gilt speziell für die über die Search-Annotation @Search.fuzzinessThreshold definierte zulässige Unschärfe sowie für die Gewichtung der Suchergebnisse über die Annotation @Search.ranking. Diese können in der Regel erst in einem applikationsspezifischen CDS-View sinnvoll definiert werden.

Sie können eine Wertehilfe auch mit einer Freitext-Suchfunktion ausstatten. Reichern Sie dazu beispielsweise den CDS-View ZI_Product aus Listing 10.2 mit Search-Annotationen gemäß Listing 10.11 an.

**Wertehilfe mit Freitextsuche**

```
...
@Search.searchable: true
define view ZI_Product ...
{
    ...
    @Search.defaultSearchElement: true
    @Search.fuzzinessThreshold: 0.7
  key product          as Product,
    @Search.defaultSearchElement: true
```

```
        @Search.fuzzinessThreshold: 0.7
        product_type        as ProductType,
        ...
}
```

**Listing 10.11** CDS-View ZI_Product aus Listing 10.2 mit Search-Annotationen

Sie werden feststellen, dass daraufhin die Metadaten des OData-Service Z_VIEWWITHVALUEHELPS_CDS automatisch angepasst wurden (siehe Listing 10.12).

```
...
<EntityContainer Name="Z_VIEWWITHVALUEHELPS_CDS_Entities"...>
    <EntitySet Name="ZI_Product" ... sap:searchable="true" .../>
...
</EntityContainer>
...
<Annotations ...
Target="Z_VIEWWITHVALUEHELPS_CDS.Z_ViewWithValueHelpsType/ProductA">
    <Annotation Term="Common.ValueList">
        <Record>
            <PropertyValue Property="Label" String="Product"/>
            <PropertyValue Property="CollectionPath"
                           String="ZI_Product"/>
            <PropertyValue Property="SearchSupported" Bool="true"/>
...
```

**Listing 10.12** Auszug der OData-Metadaten der fremdschlüsselbasierten Wertehilfe des Felds ProductA mit Freitext-Suchfunktion

Das OData Entity Set ZI_Product unterstützt danach prinzipiell die Freitextsuche (sap:searchable="true"). Diese wird zusätzlich z. B. für die Wertehilfe der OData Property ProductA angeboten (Property="SearchSupported" Bool="true").

Contains-Funktion | Die Freitext-Suchfunktionalität basiert technisch auf der Contains-Funktion der SAP-HANA-Datenbank. Die ABAP-Infrastruktur wendet diese unter Berücksichtigung der Search-Annotationen des CDS-Views bei einer Suchanfrage automatisch an.

Damit die Contains-Funktion auf den Suchfeldern eines CDS-Views prinzipiell angewandt werden kann, unterliegt die Implementierung des CDS-View zahlreichen technischen Einschränkungen. So können Felder, deren Typisierung effektiv über eine Cast-Operation verändert wird, nicht in eine Contains-Abfrage eingebunden werden. Würde beispielsweise das Feld

SalesOrderItem in Listing 10.9 eine Typänderung über eine Cast-Operation gemäß Listing 10.13 erfahren, würde die zuvor diskutierte Suchfunktion nicht mehr zur Verfügung stehen. Stattdessen würde bei einer Suchanfrage ein Laufzeitfehler auftreten.

```
...
//@Search.defaultSearchElement: true
//@Search.fuzzinessThreshold: 0.7
//@Search.ranking: #HIGH
key cast( SalesOrderItem as abap.char(10)) as SalesOrderItem,
...
```

**Listing 10.13** Fehlende Unterstützung von Suchfeldern, deren Typisierung durch Cast-Operationen verändert wird

**10**

[«]

### Suchhilfe-Funktionalität prüfen

Sie sollten insbesondere bei komplex aufgebauten CDS-View-Modellen überprüfen, ob eine Freitext-Suchhilfe tatsächlich angeboten werden kann. Konsultieren Sie dazu die Dokumentation der SAP-HANA-Contains-Funktion.

Sie können die entsprechenden Suchfunktionen Ihres OData-Service auch manuell testen. Alternativ können Sie testweise Contains-Abfragen unter Einbeziehung der entsprechenden Suchfelder direkt auf der SAP-HANA-Datenbank ausführen. Beachten Sie, dass derartige Tests nur eine notwendige, aber keine hinreichende Voraussetzung für eine erfolgreiche Anwendung der Suchfunktionen darstellen, da das Auftreten von Laufzeitfehlern auch von der konkreten Datenkonstellation abhängen kann.

Sollten Laufzeitfehler nur für bestimmte Suchfelder auftreten, sollten Sie diese, wie in Listing 10.13 skizziert, durch das Entfernen der Search-Annotationen aus dem Suchumfang entfernen. Um die gewünschte Suchfunktionalität dennoch realisieren zu können, können Sie die betroffenen Felder in manchen Fällen durch geeignete Hilfefelder für die Suche ersetzen. Listing 10.14 zeigt ein Beispiel für ein solches Hilfefeld SalesOrderItem-ForSearch. Dieses Hilfefeld dupliziert das Basisfeld des durch eine Cast-Funktion berechneten Schlüsselfelds SalesOrderItem. Es trägt neben den erforderlichen Search-Annotationen auch die Annotation @Consumption.hidden:true. Diese Annotation bewirkt, dass das Feld nur als ABAP-internes Implementierungsdetail genutzt und nicht als Property im OData-Service exponiert wird.

**Hilfefelder zur Unterstützung der Suche**

```
...
    //@Search.defaultSearchElement: true
    //@Search.fuzzinessThreshold: 0.7
    //@Search.ranking: #HIGH
key cast( SalesOrderItem as abap.char(10)) as SalesOrderItem,
    @Search.defaultSearchElement: true
    @Search.fuzzinessThreshold: 0.7
    @Search.ranking: #HIGH
    @Consumption.hidden:true
    SalesOrderItem as SalesOrderItemForSearch,
...
```

**Listing 10.14** Hilfefeld SalesOrderItemForSearch zur Unterstützung der Such-funktionalität

Sollte der CDS-View so implementiert worden sein, dass er grundsätzlich keine Suchfunktionen unterstützt, sollten Sie alle seine Search-Annotationen entfernen.

# Kapitel 11
# Erweiterungen von CDS-Views

*Genau wie SAP-Fiori-Apps des SAP-S/4HANA-Systems auf CDS-Views beruhen, basieren auch kundenspezifische Erweiterungen der Apps auf Erweiterungen von CDS-Views.*

Für die Erweiterung von CDS-Views stehen Ihnen zwei Techniken zur Verfügung: *CDS-View-Erweiterungen* und *CDS-Metadatenerweiterungen*. CDS-Metadatenerweiterungen bieten die Möglichkeit, Annotationen an Standardfeldern hinzuzufügen oder sogar zu ändern. In Abschnitt 3.4, »CDS-Metadatenerweiterungen«, haben wir CDS-Metadatenerweiterungen schon ausführlich erläutert. Daher konzentrieren wir uns in diesem Kapitel auf CDS-View-Erweiterungen, mit denen Sie CDS-Views von SAP durch weitere Felder und Assoziationen erweitern können.

Der erste Abschnitt dieses Kapitels beginnt mit einem Überblick, welche Möglichkeiten es für die Definition von Erweiterungen von CDS-Views gibt, und behandelt anschließend die wichtige Frage, wie sich Erweiterungen bei einem Upgrade des Systems verhalten. Da dies unmittelbar mit der *Upgrade-Stabilität* der verwendeten CDS-Views zusammenhängt, erläutert dieser Teil auch die Stabilitätsaspekte der von SAP freigegebenen CDS-Views, deren sogenannten Stabilitätskontrakt. Der zweite Abschnitt erläutert CDS-View-Erweiterungen und demonstriert sie an konkreten Beispielen. Dabei lernen Sie die von SAP bereitgestellten Extension-Include-Views und Erweiterungsassoziationen kennen, mit deren Hilfe stabile Erweiterungen von CDS-Views mit Ihren eigenen Feldern möglich sind. Der letzte Abschnitt gibt einen Überblick der Erweiterungsmöglichkeiten für CDS-Views, die nicht schon von SAP dafür vorbereitet wurden.

*Aufbau des Kapitels*

## 11.1 Erweiterungsarten und freigegebene CDS-Views

Die Betriebsmodelle eines SAP-S/4HANA-Systems, On-Premise- oder Cloud-Betriebsmodell, unterscheiden sich in ihren Erweiterungsmöglichkeiten. Im Cloud-Betriebsmodell sind ausschließlich Erweiterungen über spezielle

Anwendungen möglich. Im On-Premise-Betriebsmodell können Sie hingegen die vollen Möglichkeiten der CDS-Technologie nutzen.

### 11.1.1  Key-User-Erweiterungen

Den bequemsten Weg zu Erweiterungen von SAP S/4HANA bieten die SAP-Fiori-Apps für *Key-User-Erweiterungen* (siehe Abbildung 11.1). Zielgruppe dieser Werkzeuge sind nicht Entwickler, sondern Fachexperten (*Key User*). Mit einer entsprechenden Berechtigung können die Apps von jedem Benutzer verwendet werden.

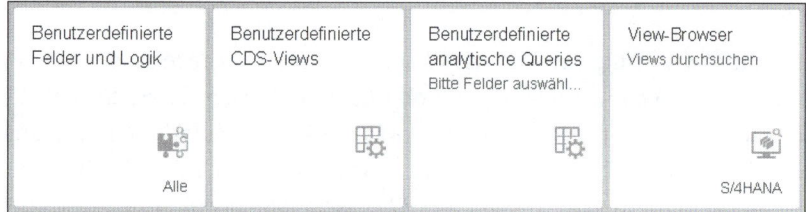

**Abbildung 11.1** SAP-Fiori-Apps für Key-User-Erweiterungen

Key-User-Apps    Mit diesen SAP-Fiori-Apps können Sie eigene Felder als Erweiterung der Anwendungsdaten definieren, diese in CDS-Views, OData-Services und Benutzeroberflächen aufnehmen und eigene Anwendungslogik für die Erfassung der Daten implementieren. Auch die Definition eigener CDS-Views und eigener analytischer Queries ist möglich. Dafür benötigen Sie keinen SAP GUI und keine Eclipse-Entwicklungsumgebung.

Die Key-User-Apps können nur solche Anwendungsdaten und Entwicklungsobjekte, insbesondere CDS-Views des SAP-Standards erweitern, die dafür vorbereitet bzw. freigegeben wurden. Damit wird sichergestellt, dass Ihre Erweiterungen im Normalfall bei Upgrades erhalten bleiben. Entwickelt wurden die Key-User-Apps und die zugrunde liegende Technologie speziell für das Cloud-Betriebsmodell von SAP S/4HANA, wo sie die einzige Erweiterungsmöglichkeit darstellen. Sie stehen aber auch bei einer On-Premise-Installation zur Verfügung.

### 11.1.2  Erweiterungen bei einer On-Premise-Installation

Als Leser dieses Buches haben Sie die nativen Entwicklungswerkzeuge für CDS kennengelernt. Diese können Sie on premise für die Definition eigener CDS-Views oder analytischer Queries nutzen. Dabei haben Sie mehr Möglichkeiten und Freiheiten und können beliebige CDS-Views verwenden. Wir empfehlen aber, nur von SAP freigegebene CDS-Views zur Definition Ihrer eigenen Views und Queries zu nutzen. Denn bei einer inkompatiblen Änderung kann es sonst notwendig werden, Ihre Views bei einem Upgrade anzupassen.

Neu ist hingegen die Technik der *CDS-View-Erweiterung*. Diese dient zur Erweiterung von CDS-Views mit Ihren eigenen Felder, weiteren Standardfeldern, berechneten Feldern und Assoziationen. Details hierzu werden in Abschnitt 11.2, »CDS-View-Erweiterungen mit eigenen Feldern«. erläutert. Auch die Key-User-Apps verwenden die Technik der CDS-View-Erweiterungen. Wie Sie in Abschnitt 6.1, »Anwendungsarchitektur in SAP S/4HANA«, gesehen haben, ist im neuen Programmiermodell von SAP S/4HANA die Struktur der CDS-Views die Grundlage für die Struktur der Services. Eine Erweiterung eines CDS-Views resultiert dann sofort in der Erweiterung eines darauf basierenden OData-Service. Daher spielen Erweiterungen von CDS-Views eine wichtige Rolle.

CDS-Metadatenerweiterungen bieten die Möglichkeit, Annotationen an Standardfeldern hinzuzufügen oder zu ändern. Dies wurde in Abschnitt 3.4, »CDS-Metadatenerweiterungen«, genauer erläutert.

CDS-View-Erweiterungen

Annotationen ändern

### 11.1.3   Freigegebene CDS-Views

CDS-Views, die für die Verwendung durch Kunden und Partner in einem SAP-S/4HANA-System freigegeben sind, erkennen Sie in der Eclipse-Entwicklungsumgebung an ihrem **API State** bei den Eigenschaften des Views (siehe Abbildung 11.2). Bei freigegebenen Views ist die **Visibility** auf **Released** gesetzt.

Freigegebene SAP-CDS-Views

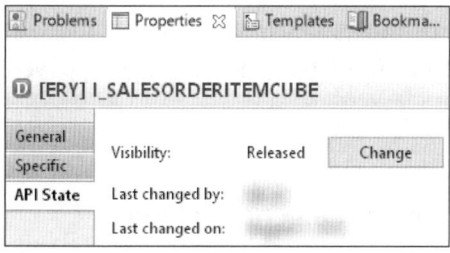

**Abbildung 11.2** Freigegebener CDS-View

Sie finden alle freigegebenen CDS-Views in der SAP-Fiori-App »View-Browser«, wie in Abschnitt 7.5.1, View-Browser«, beschrieben.

Freigegebene CDS-Views folgen einem Stabilitätskontrakt, der zwei Arten der Nutzung des Views vorsieht:

Stabilitätskontrakt

- Anfragen an den CDS-View in Open SQL, inklusive Pfadnotation entlang der Assoziationen zu anderen freigegebenen CDS-Views

- Verwendung des Views als Datenquelle bei der Definition neuer CDS-Views

Ein freigegebener View kann nach einem Upgrade die gleichen SQL-Abfragen ausführen und liefert wieder die gleichen Daten zurück. Die Semantik und die technischen Eigenschaften des Views bleiben erhalten. Beachten Sie aber, dass SAP sich vorbehält, ein Fehlverhalten des Views zu korrigieren. In einem neuen Release können neue Felder oder Assoziationen hinzukommen, und die interne Definition des Views kann sich ändern. Der View könnte im neuen Release beispielsweise andere Datenquellen verwenden, Assoziationen statt Joins nutzen oder berechnete Felder anders ermitteln. Da dies keinen Einfluss auf alte SQL-Anfragen an den View oder seine Verwendung als Datenquelle hat, bewegen sich solche Änderungen im Rahmen des Kontrakts. Exponierte Assoziationen eines freigegebenen CDS-Views fallen erst dann unter den Stabilitätskontrakt, wenn auch der Ziel-View der Assoziation freigegeben ist – sonst ist eine stabile Definition nicht möglich.

**Feldlängen**   Eine Besonderheit des Stabilitätskontrakts für freigegebene CDS-Views bilden die Längen von Feldern. SAP möchte im Rahmen des Kontrakts Felder bei Bedarf *verlängern* können, z. B. Betragsfelder, Codes oder Identifiers, um SAP S/4HANA weiterzuentwickeln. Ein Verwender der freigegebenen CDS-Views sollte darauf vorbereitet sein, z. B. indem er die gleichen Datenelemente oder Domänen wie der freigegebene View verwendet.

**Anwendungs-bereiche**   Freigegebene CDS-Views können vielfältig eingesetzt werden, primär als Datenquellen bei der Definition eigener Views oder analytischer Queries oder zur Datenselektion in eigenen Programmen. Sie sind aber auch bei CDS-View-Erweiterungen nützlich und werden von den Key-User-Apps verwendet.

## 11.2   CDS-View-Erweiterungen mit eigenen Feldern

CDS-View-Erweiterungen werden wie CDS-Views in Eclipse als Datendefinitionen angelegt. Mit ihnen können CDS-Views um Felder und Assoziationen erweitert werden. Für die Erweiterungsfelder und Erweiterungsassoziationen können auch Annotationen angegeben werden. In den folgenden Abschnitten wollen wir die Verwendung von CDS-View-Erweiterungen an einem Beispiel demonstrieren. Der SAP Standard-View I_SalesOrderItem-Cube soll um ein kundeneigenes Feld erweitert werden, das eine Priorität für die Bearbeitung der Kundenauftragsposition angibt. Dabei erklären wir nicht nur die Technik der CDS-View-Erweiterung selbst, sondern auch eine Vorgehensweise, mit der Sie das Nacharbeiten bei einem Upgrade vermeiden können.

### 11.2.1    Erweiterungsfeld

Wenn Sie das Beispiel in Ihrem System nachvollziehen wollen, legen Sie folgende Entwicklungsobjekte im ABAP Data Dictionary an und aktivieren sie anschließend:

*Tabellen-erweiterung*

- eine Domäne ZZPRIO mit den Festwerten »A«, »B«, »C« und den Texten »Höchste Priorität«, »Wichtig« und »Standard«

- ein Datenelement ZZPRIO zu dieser Domäne mit dem Feldbezeichner »Priorität« und dem Kurztext »Priorität für die Bearbeitung«

- ein Datenelement ZZPRIOTEXT zur Domäne TEXT20 mit dem gleichen Feldbezeichner und Kurztext

- ein Append ZZPRIO_VBAP der Datenbanktabelle VBAP mit dem Feld ZZPRIO und dem Typ ZZPRIO

Um dieses Erweiterungsfeld komfortabel nutzen zu können, brauchen Sie einen CDS-View für die möglichen Prioritätswerte (»A«, »B«, »C«) und einen Text-View für die Texte. Das Feld soll auch als analytische Dimension genutzt werden können.

*Views für das Erweiterungsfeld*

Bei Domänen mit Festwerten gibt es ein Muster für die Definition der beiden Views. Dies verwenden wir hier. Legen Sie die Views Z_Prioritaet und Z_PrioritaetText wie in Listing 11.1 an.

```
@EndUserText.label: 'Priorität für die Bearbeitung'
@Analytics.dataCategory: #DIMENSION
@AbapCatalog.sqlViewName: 'ZPRIORITAET'
@ObjectModel.representativeKey: 'ZZPrioritaet'
@ClientHandling.algorithm: #SESSION_VARIABLE
define view Z_Prioritaet as select from dd07l
  association [0..*] to Z_PrioritaetText
    as _Text on $projection.ZZPrioritaet = _Text.ZZPrioritaet
{ @ObjectModel.text.association: '_Text'
  key cast (
       substring(domvalue_l, 1, 1) as zzprio preserving type
     ) as ZZPrioritaet,
  _Text
}
```

```
where domname = 'ZZPRIO' and as4local = 'A'

@EndUserText.label: 'Text zur Priorität für die Bearbeitung'
@ObjectModel.dataCategory: #TEXT
@AbapCatalog.sqlViewName: 'ZPRIORITAETT'
@ObjectModel.representativeKey: 'ZZPrioritaet'
@ClientHandling.algorithm: #SESSION_VARIABLE
define view Z_PrioritaetText as select from dd07t
  association [0..1] to Z_Prioritaet
    as _ZZPrioritaet
    on $projection.ZZPrioritaet = _ZZPrioritaet.ZZPrioritaet
  association [0..1] to I_Language
    as _Language on $projection.Language = _Language.Language
{ @Semantics.language: true
  @ObjectModel.foreignKey.association: '_Language'
  key cast( ddlanguage as spras preserving type )
      as Language,
  @ObjectModel.foreignKey.association: '_ZZPrioritaet'
  key cast (
    substring(domvalue_l, 1, 1) as zzprio preserving type
  ) as ZZPrioritaet,
  @Semantics.text: true
  cast (
    substring(ddtext, 1, 20) as zzpriotext preserving type
  ) as ZZPrioritaetText,
  _ZZPrioritaet,
  _Language
}
where domname = 'ZZPRIO' and as4local = 'A'
```

**Listing 11.1** Werte-View und Text-View für das Erweiterungsfeld

Namensregeln

Für die Namensgebung in diesen Views haben wir die typischen Namensregeln von SAP verwendet, aber Deutsch für den Namenskern »Prioritaet«:

- Die View-Namen Z_Prioritaet und Z_PrioritaetText reflektieren die Semantik der Daten, sind im Singular gehalten, und haben einen Kundennamensraum als Präfix, im Beispiel »Z«.

- Die Feldnamen ZZPrioritaet und ZZPrioritaetText für Ihr Erweiterungsfeld beschreiben ebenfalls die Semantik und haben einen Kundennamensraum als Präfix, im Beispiel »ZZ«. Dann können sie mit dem gleichen Namen auch als Erweiterungsfeld in einem Standard-View von SAP aufgenommen werden, ohne die Gefahr einer Namenskollision.

- Auch die Assoziation _ZZPrioritaet hat einen analog aufgebauten Namen mit Namensraumpräfix.

### 11.2.2   View-Stack

Nach diesen Vorbereitungen müssen Sie nun das Erweiterungsfeld der Tabelle VBAP in den View I_SalesOrderItemCube integrieren. Allerdings selektiert der View nicht direkt von der Tabelle, sondern über mehrere dazwischenliegende Views in einem View-Stack (siehe Abbildung 11.3).

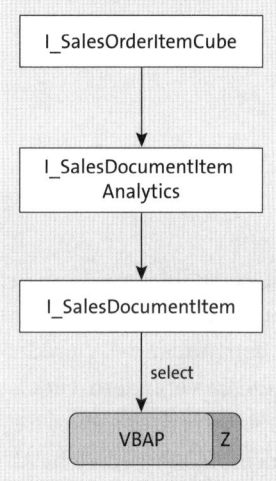

**Abbildung 11.3** View-Stack

Eine CDS-View-Erweiterung kann nur von den Datenquellen des zu erweiternden Views selektieren. Daher müssten auch alle Zwischen-Views um das Feld ZZPrioritaet erweitert werden. Eine solche *direkte CDS-View-Erweiterung* für I_SalesDocumentItem würde wie in Listing 11.2 aussehen. Wir führen diese Erweiterung aber erst mal nicht durch, sondern überlegen zuerst, welche Konsequenzen sich daraus ergeben würden.

**Direkte CDS-View-Erweiterung**

```
@AbapCatalog.sqlViewAppendName: 'ZXSDITEMPRIO'
extend view I_SalesDocumentItem with ZX_SalesDocumentItem
{ zzprio as ZZPrioritaet
}
```

**Listing 11.2** Direkte CDS-View-Erweiterung

Durch eine Folge von solchen aufeinander aufbauenden CDS-View-Erweiterungen könnten Sie schließlich das Erweiterungsfeld dem obersten View I_SalesOrderItemCube hinzufügen (siehe Abbildung 11.4).

**Folge von Erweiterungen**

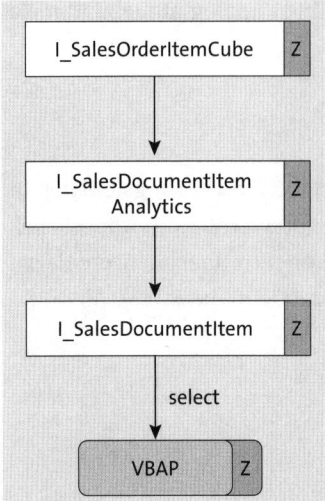

**Abbildung 11.4**  Folge von CDS-View-Erweiterungen

Änderung des
View-Aufbaus

Sie verlassen sich bei dieser Konstruktion allerdings darauf, dass die Folge von aufeinander aufbauenden CDS-Views immer gleich bleibt. Dies muss aber nicht so sein: Im nächsten Release kann SAP den Aufbau des View-Stacks von der Tabelle bis zum View `I_SalesOrderItemCube` verändern. Dies ist sogar bei freigegebenen Views möglich, da die Implementierung eines freigegebenen Views durch den Stabilitätskontrakt nicht fixiert wird, siehe Abschnitt 11.1.3. Nur die Verwendungsschnittstelle muss stabil bleiben. Ein Beispiel eines geänderten Aufbaus der Views zeigt Abbildung 11.5.

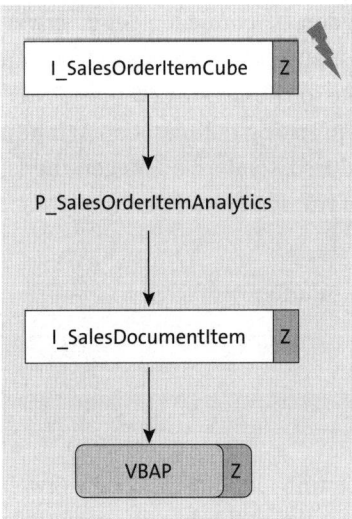

**Abbildung 11.5**  Geänderter Aufbau der Views

Der neue Zwischen-View würde das Erweiterungsfeld nicht mehr besitzen. Daher wäre der erweiterte View I_SalesOrderItemCube nicht mehr konsistent und könnte weder ausgeführt noch aktiviert werden. Das Aktivierungsproblem würde sich schon beim Upgrade auf ein neues Release zeigen. Sie müssten also bei jedem Upgrade damit rechnen, dass ein Nacharbeiten notwendig wird. Deshalb sollten direkte CDS-View-Erweiterungen vermieden werden, wenn es eine bessere Möglichkeit gibt.

**Mögliche Inkonsistenzen**

Als Alternative wurde die Technik der indirekten CDS-View-Erweiterungen entwickelt. Diese Technik können Sie auch ohne Key-User-Apps verwenden, wenn der zu erweiternde View darauf vorbereitet ist.

### 11.2.3 Indirekte CDS-View-Erweiterungen

Die Grundidee *indirekter CDS-View-Erweiterungen* ist die Einführung eines besonderen CDS-Views, des *Extension-Include-Views* als Datenquelle für die Erweiterungsfelder einer Tabelle. Ergänzt wird er durch *Erweiterungsassoziationen* von allen zu erweiternden Views zu dem Extension-Include-View. Abbildung 11.6 zeigt den Extension-Include-View E_SalesDocumentItemBasic und die Erweiterungsassoziationen in unserem Beispiel.

**Extension-Include-View**

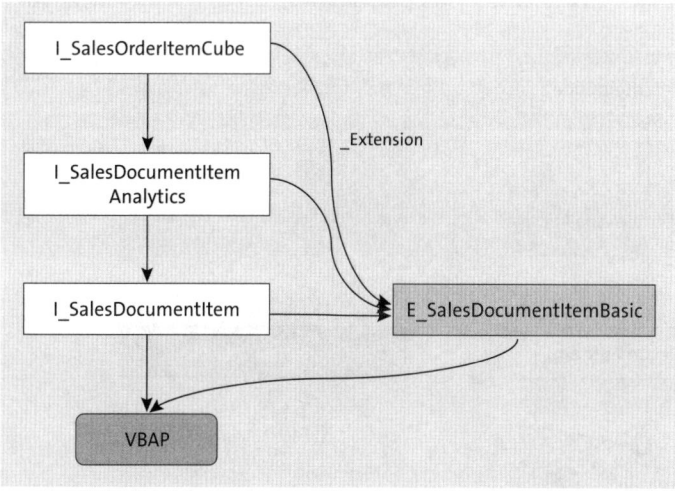

**Abbildung 11.6** Extension-Include-View und Erweiterungsassoziationen

Anstatt alle Views im View-Stack zu erweitern, werden nur der Extension-Include-View und der View I_SalesOrderItemCube erweitert (siehe Abbildung 11.7). Dabei dient der Extension-Include-View als Datenquelle für das Erweiterungsfeld, das über die Erweiterungsassoziation in den Cube-View aufgenommen wird.

**Indirekte CDS-View-Erweiterung**

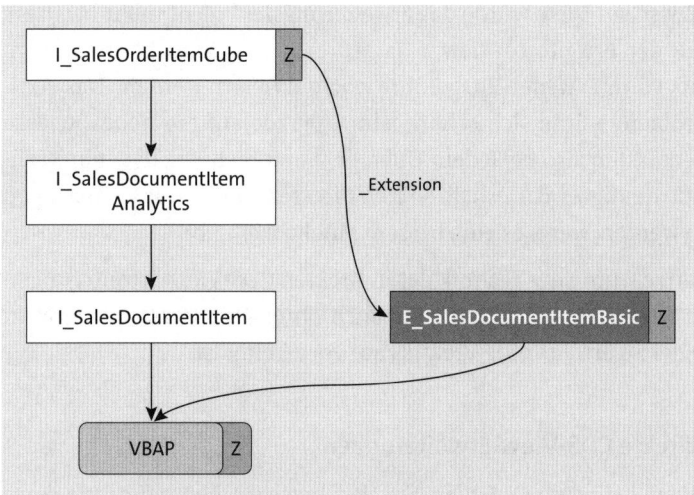

**Abbildung 11.7** Indirekte CDS-View-Erweiterung

Vermeidung von Inkonsistenzen
Wenn sich nun beim Upgrade die Zwischen-Views ändern, hat das keine Auswirkungen auf die Erweiterung, da die Zwischen-Views nicht mehr die Datenquelle für die Erweiterung sind (siehe Abbildung 11.8). Die Probleme der direkten View-Erweiterung (siehe Abbildung 11.5) treten hier nicht auf.

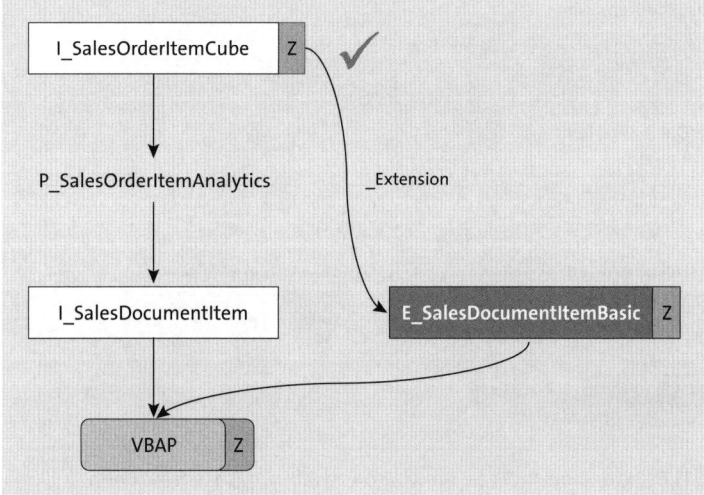

**Abbildung 11.8** Änderung eines Zwischen-Views

### 11.2.4 Erweiterung des Extension-Include-Views

Beispiel: Extension-Include-View
Nun schauen wir uns die konkreten View-Definitionen für eine indirekte CDS-View-Erweiterung an. Listing 11.3 zeigt den wesentlichen Teil des von

SAP ausgelieferten Extension-Include-Views E_SalesDocumentItemBasic für die Tabelle VBAP. Er hat nur die Schlüsselfelder der Tabelle als Felder.

```
@AbapCatalog.sqlViewName: 'ESDSLSDOCITMBSC'
@EndUserText.label: 'Extension view for VBAP'
@VDM.viewType: #EXTENSION
define view E_SalesDocumentItemBasic
  as select from vbap as Persistence
{ key Persistence.vbeln as SalesDocument,
  key Persistence.posnr as SalesDocumentItem
}
```

**Listing 11.3** Extension-Include-View für die Tabelle VBAP

Die Definition der Erweiterungsassoziation im View I_SalesOrderItemCube ist in Listing 11.4 angegeben. Sie heißt standardmäßig _Extension und wird vom View nicht exponiert.

**Beispiel: Erweiterungsassoziation**

```
define view I_SalesOrderItemCube
...
association [0..1] to E_SalesDocumentItemBasic
  as _Extension
    on  $projection.SalesOrder = _Extension.SalesDocument
    and $projection.SalesOrderItem =
                          _Extension.SalesDocumentItem
```

**Listing 11.4** Definition der Erweiterungsassoziation

Um eine Erweiterungsassoziation definieren und nutzen zu können, müssen die Schlüsselfelder des Extension-Include-Views als Felder im zu erweiternden View vorhanden sein. Bei ihnen darf es sich nicht um berechnete Felder handeln. Dies ist eine Voraussetzung für indirekte CDS-View-Erweiterungen. Denn eine Assoziation, die auf berechneten Feldern definiert ist, kann nicht gleich im View ihrer Definition genutzt werden.

**Schlüsselfelder**

Definieren Sie nun eine CDS-View-Erweiterung für den Extension-Include-View. Gehen Sie genau wie bei der Definition eines CDS-Views vor, und legen Sie in Eclipse eine Datendefinition an. Geben Sie dieser den Namen ZX_E_SalesDocItemBasic_Prio und eine passende Beschreibung. Erfassen Sie dann den Quelltext aus Listing 11.5, und aktivieren Sie die Datendefinition. Die Aktivierung einer CDS-View-Erweiterung führt zu einer Aktivierung des Extension-Include-Views und aller Views, die diesen als Datenquelle nutzen. Dies kann daher längere Zeit dauern.

**Erweiterung des Extension-Include-Views**

375

```
@AbapCatalog.sqlViewAppendName: 'ZXESDIBPRIO'
extend view E_SalesDocumentItemBasic
  with ZX_E_SalesDocItemBasic_Prio
  association [0..1] to Z_Prioritaet as _ZZPrioritaet
    on $projection.ZZPrioritaet = _ZZPrioritaet.ZZPrioritaet
{ @ObjectModel.foreignKey.association: '_ZZPrioritaet'
  zzprio as ZZPrioritaet,
  _ZZPrioritaet
}
```

**Listing 11.5** CDS-View-Erweiterung für den Extension-Include-View

**Elemente der CDS-View-Erweiterung**

Eine CDS-View-Erweiterung besteht aus folgenden Teilen:

- Die Annotation `@AbapCatalog.sqlViewAppendName` legt den Namen einer Append-Struktur im ABAP Data Dictionary fest. Diese wird an den SQL-View des zu erweiternden Views, hier des Extension-Include-Views, gehängt. Sonst wird er nicht weiter benötigt.

- Wie bei CDS-Views kann auch hier eine Assoziation definiert werden. Im Beispiel haben Sie eine Fremdschlüsselassoziation zum Werte-View des Erweiterungsfelds definiert.

- In der Projektionsliste ist das Erweiterungsfeld `ZZPrioritaet` mit einem Namensraumpräfix angegeben. Das neue Feld kann hier auch annotiert werden. Außerdem wird die neu definierte Assoziation exponiert.

**Datenbank-View**

Bei der Aktivierung der CDS-View-Erweiterung wird auch der SQL-View zum Extension-Include-View erweitert, Listing 11.6 zeigt sein SQL-Create-Statement.

```
CREATE VIEW "ESDSLSDOCITMBSC" AS SELECT
  "PERSISTENCE"."MANDT" AS "MANDT",
  "PERSISTENCE"."VBELN" AS "SALESDOCUMENT",
  "PERSISTENCE"."POSNR" AS "SALESDOCUMENTITEM",
  "PERSISTENCE"."ZZPRIO" AS "ZZPRIORITAET"
FROM "VBAP" "PERSISTENCE"
```

**Listing 11.6** Erweiterter SQL-View des Extension-Include-Views

**CDS Navigator**

Im Fenster **CDS Navigator** von Eclipse wird die neue Erweiterung des Views `E_SalesDocumentItemBasic` zusammen mit einer Erweiterung durch die Key-User-Apps angezeigt (siehe Abbildung 11.9).

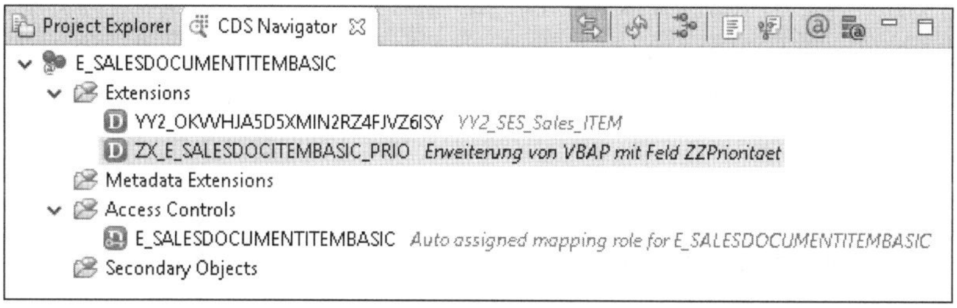

**Abbildung 11.9**  Erweiterungen im CDS Navigator

Wie Sie sehen, kann Ihre manuell durchgeführte CDS-View-Erweiterung mit einer Erweiterung durch die Key-User-Apps koexistieren. Diese generieren eindeutige Namen für CDS-View-Erweiterungen. Der **CDS Navigator** gibt einen Überblick der einem CDS-View zugeordneten Entwicklungsobjekte, wozu neben View-Erweiterungen auch Zugriffskontrollen oder generierte OData-Services zählen.

### 11.2.5    Erweiterungsassoziation

Im nächsten Schritt erweitern Sie den View `I_SalesOrderItemCube` mithilfe seiner Erweiterungsassoziation. Die Definition dieser Assoziation war schon in Listing 11.4 angegeben. Mit dieser Assoziation können Sie eine CDS-View-Erweiterung `ZX_I_SalesOrderItemCube_Prio` für `I_SalesOrder-ItemCube` wie in Listing 11.7 definieren.

*Erweiterungs-*
*assoziation*

```
@AbapCatalog.sqlViewAppendName: 'ZXISOICPRIO'
extend view I_SalesOrderItemCube
  with ZX_I_SalesOrderItemCube_Prio
  association [0..1] to Z_Prioritaet as _ZZPrioritaet
    on $projection.zzprioritaet = _ZZPrioritaet.ZZPrioritaet
{ @ObjectModel.foreignKey.association: '_ZZPrioritaet'
  _Extension.ZZPrioritaet,
  _ZZPrioritaet
}
```

**Listing 11.7**  CDS-View-Erweiterung mit einer Erweiterungsassoziation

Beachten Sie, dass die Aktivierung der Erweiterung einige Zeit dauern kann, wenn der Cube-View in vielen Query-Views genutzt wird.

Das Erweiterungsfeld wird durch den Pfadausdruck `_Extension.ZZPrio-`ritaet angegeben und technisch durch einen Join mit dem Extension-Include-View eingebunden. Dieser Join ist im Prinzip ein Selbst-Join der Tabelle VBAP, der von der SAP-HANA-Datenbank optimiert ausgeführt wird.

*Selbst-Join*

Löschen einer
Erweiterung

Um eine CDS-View-Erweiterung wieder zu entfernen, müssen Sie die Datendefinition der CDS-View-Erweiterung komplett löschen. Da hierbei die erweiterten Views neu aktiviert werden müssen, kann der Löschvorgang längere Zeit dauern.

### 11.2.6    Upgrade-Stabilität von indirekten CDS-View-Erweiterungen

Stabilität von Felderweiterungen

Eine indirekte CDS-View-Erweiterung bleibt stabil, solange der Extension-Include-View und die Erweiterungsassoziation unverändert erhalten bleiben. Der View muss dafür nicht freigegeben sein. Welche Views diese Eigenschaften erfüllen, ist im aktuellen Release 7.52 noch nicht offiziell dokumentiert. Dennoch gibt es schon viele solcher Views, und diese werden von den Key-User-Apps genutzt. Sie können einen View indirekt daran erkennen, dass die Key-User-Apps Felderweiterungen für den View anbieten und er eine Erweiterungsassoziation besitzt.

Der View I_SalesOrderItemCube aus unseren Beispielen ist für indirekte CDS-View-Erweiterungen vorgesehen. Er ist außerdem für die Nutzung durch Kunden und Partner freigegeben. Sie können also z. B. eigene analytische Queries für diesen Cube-View definieren. Auch Ihr Erweiterungsfeld ZZPrioritaet steht dabei zur Verfügung. Der von Ihnen definierte Werte-View Z_Prioritaet wird dabei aufgrund der Fremdschlüsselannotation in der CDS-View-Erweiterung als Dimensions-View verwendet, und über den zugehörigen Text-View werden die von Ihnen definierten Domänen-Festwerttexte auf Wunsch angezeigt.

## 11.3    Einsatz von CDS-View-Erweiterungen

Indirekte Erweiterung nicht möglich

Es gibt verschiedene Situationen, in denen eine Vorbereitung der CDS-Views durch SAP nicht möglich ist oder noch nicht durchgeführt wurde. Eine Erweiterungsassoziation ist z. B. nicht vorhanden oder kann nicht verwendet werden. Dann können Sie die von SAP bereitgestellten indirekten CDS-View-Erweiterungen nicht einsetzen. Wir geben hier einen Überblick solcher Situationen und erläutern alternative Vorgehensweisen und deren Risiken beim Upgrade.

### 11.3.1    Fehlende Erweiterungsassoziation

Wir gehen von folgender Situation aus: Sie möchten ein eigenes Feld in einen CDS-View aufnehmen, es gibt aber keine Erweiterungsassoziation _Extension in diesem View. Ein geeigneter Extension-Include-View ist vorhanden, und Sie haben diesen schon um Ihr Feld erweitert. Außerdem besitzt der zu erweiternde CDS-View Fremdschlüsselfelder, die allen Schlüsselfeldern des Extension-Include-Views entsprechen – und diese Fremdschlüsselfelder wurden in dem zu erweiternden View nicht berechnet, sondern direkt aus einer Datenquelle übernommen.

Dann können Sie in einer CDS-View-Erweiterung eine eigene Assoziation als Ersatz für die Erweiterungsassoziation definieren und über diese Ihr Erweiterungsfeld einbinden. Die CDS-View-Erweiterung kann dabei wie in Listing 11.8 aussehen.

**Eigene Assoziation als Ersatz**

```
@AbapCatalog.sqlViewAppendName: 'ZXOEAPRIO'
extend view <OhneErweiterungsassoziation>
  with ZX_OhneErwAssoziation_Prio
association [0..1] to E_SalesDocumentItemBasic
  as _ZZExtension
    on $projection.<SO_Feld> = _ZZExtension.SalesDocument
    and $projection.<SOI_Feld> =
                          _ZZExtension.SalesDocumentItem
{ _ZZExtension.ZZPrioritaet
}
```

**Listing 11.8** Erweiterung für einen View ohne Erweiterungsassoziation

Diese Erweiterung ist stabil, solange der zu erweiternde View die Fremdschlüsselfelder besitzt, auf denen Sie die Assoziation definiert haben, und diese Fremdschlüsselfelder nicht erst im View berechnet. Ist der zu erweiternde View freigegeben, können Sie sich darauf verlassen, dass er die verwendeten Fremdschlüsselfelder behalten wird. Dennoch besteht ein geringes Restrisiko, dass auch in einem freigegebenen View die verwendeten Fremdschlüsselfelder durch berechnete Felder ersetzt werden, da eine Freigabe keine Aussage über die interne Implementierung des Views macht. Sobald SAP für den zu erweiternden View eine Erweiterungsassoziation anbietet, können Sie in Ihrer CDS-View-Erweiterung (z. B. in Listing 11.8) Ihre selbstdefinierte Assoziation durch die Erweiterungsassoziation _Extension des SAP-Standards ersetzen. Sie können Ihre eigene Erweiterungsassoziation aber auch beibehalten – parallele Assoziationen mit unterschiedlichen Namen stören sich nicht gegenseitig.

### 11.3.2 Fehlender Extension-Include-View

Möglicherweise gibt es für die Tabelle mit Ihren Erweiterungsfeldern noch keinen Extension-Include-View von SAP. Um das Upgrade-Risiko für Ihre

Erweiterungen möglichst gering zu halten, können Sie das Konzept der indirekten Erweiterungen selbst einsetzen: Definieren Sie dazu einen eigenen Extension-Include-View und verwenden Sie eine eigene Erweiterungsassoziation, wie Sie im letzten Abschnitt 11.3.1, »Fehlende Erweiterungsassoziation«, gesehen haben.

**Eigener Extension-Include-View als Ersatz**

Wenn es den Extension-Include-View E_SalesDocumentItemBasic nicht geben würde, könnte ein Ersatz wie in Listing 11.9 aussehen. Ihre Erweiterungsfelder können Sie in diesen View schon direkt aufnehmen.

```
@AbapCatalog.sqlViewName: 'ZESDSLSDOCITMBSC'
@AbapCatalog.compiler.compareFilter: true
@EndUserText.label: 'Eigener Extension-Include-View für VBAP'
define view ZE_SalesDocumentItemBasic
  as select from vbap as Persistence
{ key Persistence.vbeln  as SalesDocument,
  key Persistence.posnr  as SalesDocumentItem,
      Persistence.zzprio as ZZPrioritaet
}
```

**Listing 11.9** Eigener Extension-Include-View als Ersatz

Mit dieser Vorgehensweise vermeiden Sie die Erweiterung kompletter View-Stacks und reduzieren das Risiko inkompatibler Änderungen auf die konkreten Erweiterungspunkte. Wenn SAP in einem späteren Release einen Extension-Include-View ausliefert, können Sie Ihre Erweiterungen auf diesen migrieren.

### 11.3.3    Fehlende Fremdschlüsselfelder

**Fremdschlüsselfelder fehlen**

Wenn Sie ein eigenes Feld in einen CDS-View aufnehmen möchten, der keine Fremdschlüsselfelder für die Tabelle besitzt, in denen Ihr Erweiterungsfeld abgelegt ist, ist eine indirekte CDS-View-Erweiterung nicht möglich. Eine solche Situation kann entstehen, wenn nur ausgewählte Felder im View-Stack weitergegeben oder wenn Daten aggregiert werden.

Nehmen Sie dann Ihr Erweiterungsfeld in den nächstgelegenen CDS-View im View-Stack auf, der die Fremdschlüsselfelder noch enthält. Nutzen Sie ab diesem View direkte CDS-View-Erweiterungen. Wie Sie dabei mit aggregierenden Views oder Union-Konstrukten umgehen, ist in der ABAP-Hilfe zu CDS ausführlich beschrieben. Beachten Sie, dass in einem solchen Fall das in Abschnitt 11.2.2, »View-Stack«, beschriebene Upgrade-Risiko besteht.

### 11.3.4    Analytische Query-Views

In analytischen Query-Views können über Assoziationen keine vollwertigen Dimensionsfelder hinzugefügt werden, sondern nur Anzeigeattribute (siehe Abschnitt 8.3.2, »Initiales Layout einer Query«).

Wenn Sie nach Ihren eigenen Feldern gruppieren oder filtern wollen, müssen Sie die primäre Datenquelle der Query, den Cube- oder Dimensions-View, mit Ihren Feldern erweitern. Vergessen Sie nicht, die Fremdschlüsselassoziationen zu den zugehörigen Dimensions-Views auch mitaufzunehmen. Verwenden Sie eine direkte CDS-View-Erweiterung, um Ihre Felder in die analytische Query einzubinden. Abbildung 11.10 zeigt die Situation.

**Erweiterung der Datenquelle**

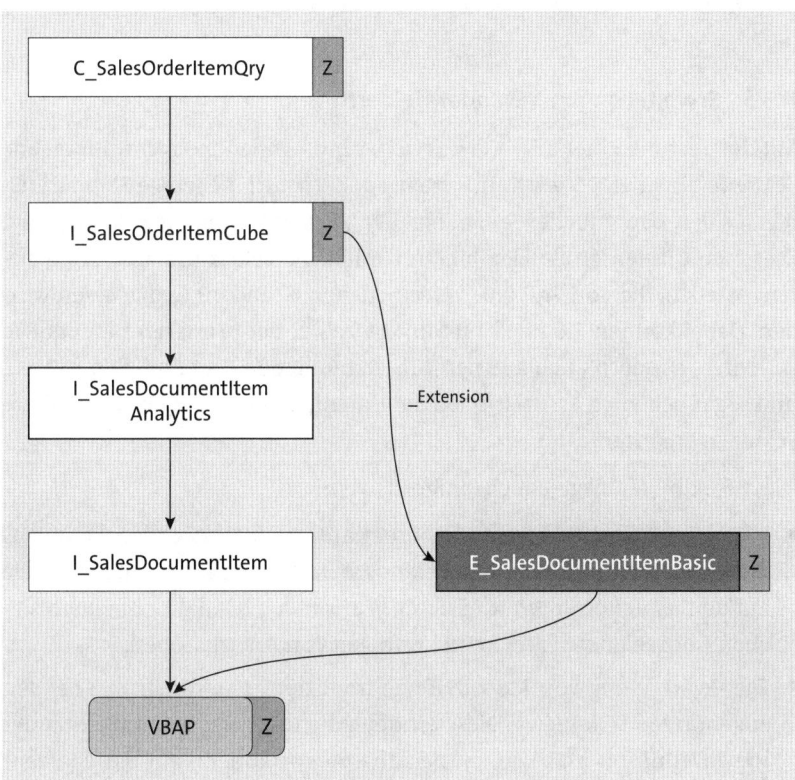

**Abbildung 11.10**  Erweiterung eines analytischen Query-Views

Die direkte CDS-View-Erweiterung der analytischen Query ist in Listing 11.10 angegeben. Beachten Sie, dass Sie Annotationen auch nutzen können, um die Darstellung der Erweiterungsfelder zu steuern.

**Erweiterung der Query**

```
@AbapCatalog.sqlViewAppendName: 'ZXCSOIQPRIO'
extend view C_SalesOrderItemQry
  with ZX_C_SalesOrderItemQry_Prio
```

```
{ @AnalyticsDetails.query.display: #KEY_TEXT
  ZZPrioritaet
}
```

**Listing 11.10** Erweiterung eines analytischen Query-Views

Solange SAP die Query nicht so ändert, dass sie von einem anderen Cube-View selektiert, ist diese direkte View-Erweiterung stabil.

Alternativ zur Erweiterung einer analytischen Query können Sie die Query auch kopieren, Ihre Felder ergänzen und als eigene Query verwenden. Wenn die primäre Datenquelle der Query, der Cube-View, von SAP freigegeben wurde, bietet diese Vorgehensweise das geringste Upgrade-Risiko.

### 11.3.5   Erweiterung mit Standardfeldern

Felder aus
Datenquellen

Mit der Technik einer CDS-View-Erweiterung können Sie nicht nur eigene Felder in einen CDS-View aufnehmen, sondern auch beliebige Standardfelder aus den Datenquellen, auf denen der zu erweiternde View definiert ist. Dies bietet Ihnen große Flexibilität, zusätzliche Felder in einem View bereitzustellen, die von SAP (aus verschiedenen Gründen) weggelassen wurden. Dabei können Sie nicht nur auf die Felder der primären Datenquelle zugreifen, sondern auch alle per Join verbundenen Datenquellen nutzen, und sogar beliebige Assoziationen der Datenquellen verfolgen, um weitere Felder zu ergänzen.

Risiken

Diese Flexibilität birgt jedoch einige Risiken:

- Wenn Sie Assoziationen mit höherer Kardinalität verwenden, kann dies die Kardinalität des Resultats verändern und damit alle Kennzahlen, die auf dem erweiterten View basieren. Verwenden Sie daher in einem solchen Fall geeignete Filter beim Verfolgen von Assoziationen.

- Die Verwendung von Assoziationen impliziert Join-Konstrukte bei den zugehörigen SQL-Views. Diese erhöhen die technische Komplexität der View-Definition und können negative Auswirkungen auf das Laufzeitverhalten haben.

- SAP hat manche Standardfelder aus Datenschutzgründen oder aufgrund des gewählten Zugriffsschutzes weggelassen. Wenn Sie in dieser Hinsicht relevante Felder aufnehmen, müssen Sie die Einhaltung von Datenschutz- oder Zugriffsregelungen selbst sicherstellen.

- SAP kann die innere Struktur eines CDS-Views, also die verwendeten Datenquellen, mit jedem Release ändern. Dies ist selbst bei freigegebenen

Views möglich. Hierdurch entsteht ein hohes Upgrade-Risiko für Ihre Erweiterung.

Folgende Änderungen an der View-Implementierung können eine Erweiterung mit Standardfeldern oder via Assoziationen invalidieren:

– Eine Datenquelle wurde inkompatibel verändert, ihre Felder oder Assoziationen gibt es nicht mehr oder sie haben andere Namen erhalten.

– Eine Datenquelle des zu erweiternden Views wurde im neuen Release durch eine andere Datenquelle ersetzt.

– Eine Datenquelle hat einen anderen Aliasnamen erhalten.

– Es gibt einen Namenskonflikt zwischen Datenquellen, der eine explizite Angabe der Datenquelle bei der Selektion erfordert.

Für Key-User-Erweiterungen wurden erste Möglichkeiten geschaffen, CDS-Views mit Standardfeldern aus den Datenquellen des Views zu erweitern. Entsprechende Stabilitätszusagen für beliebige CDS-View-Erweiterungen sind zurzeit noch nicht möglich. Für freigegebene CDS-Views gibt es allerdings Erweiterungsmöglichkeiten mit geringerem Upgrade-Risiko, die wir im nächsten Abschnitt beschreiben.

### 11.3.6    Erweiterung von freigegebenen CDS-Views

Bei freigegebenen CDS-Views bleiben alle Felder und alle Assoziationen zu anderen freigegebenen Views erhalten. Trotzdem können Sie diese Felder und Assoziationen nicht einfach als Quelle für Ihre Erweiterungen nutzen, denn bei der Definition einer CDS-View-Erweiterung stehen nur die Felder und Assoziationen der Datenquellen des Views zur Verfügung sowie Assoziationen, die im View selbst definiert wurden. Auch bei freigegebenen CDS-Views gelten die Risiken aus Abschnitt 11.3.5 für die direkte Nutzung der Felder und Assoziationen der Datenquellen.

Es ist aber möglich, Assoziationen zu verwenden, die nicht von Datenquellen kommen. Das sind Assoziationen, die schon im zu erweiternden View selbst definiert wurden, aber auch Assoziationen, die Sie erst in Ihrer CDS-View-Erweiterung definieren. Es stehen Ihnen also zwei Sorten von Assoziationen zur Verfügung:

**Im View definierte Assoziationen**

■ Die im zu erweiternden CDS-View definierten Assoziationen zu freigegebenen Views, die auch in der Projektionsliste des Views exponiert werden und die nicht auf berechneten Feldern definiert sind. Diese fallen unter den Stabilitätskontrakt des freigegebenen Views.

■ Mit allen exponierten Felder des zu erweiternden Views, die nicht im View selbst berechnet werden, können Sie in der CDS-View-Erweiterung neue Assoziationen auf freigegebene Views definieren, indem Sie die exponierten Felder über `$projection` nutzen.

**Felder aus assoziierten Views**

Über diese Assoziationen können Sie in Ihrer CDS-View-Erweiterung Standardfelder und auch Erweiterungsfelder aus freigegebenen Views aufnehmen. Listing 11.11 zeigt, wie Sie das Beispiel aus Abschnitt 11.2.5 um selbst definierte Assoziationen auf freigegebene Views ergänzen. Über diese erweitern Sie den View um ein Standardfeld.

```
@AbapCatalog.sqlViewAppendName: 'ZXISOICPRIO'
extend view I_SalesOrderItemCube
  with ZX_I_SalesOrderItemCube_Prio
  association [0..1] to Z_Prioritaet as _ZZPrioritaet
    on $projection.zzprioritaet = _ZZPrioritaet.ZZPrioritaet
  association [0..1] to I_Customer as _ZZSoldToParty
    on $projection.soldtoparty = _ZZSoldToParty.Customer
  association [0..1] to I_Country  as _ZZSoldToPartyCountry
    on $projection.ZZSoldToPartyCountry =
                       _ZZSoldToPartyCountry.Country
{ @ObjectModel.foreignKey.association: '_ZZPrioritaet'
  _Extension.ZZPrioritaet,
  _ZZPrioritaet,
  @ObjectModel.foreignKey.association:
    '_ZZSoldToPartyCountry'
  _ZZSoldToParty.Country as ZZSoldToPartyCountry,
  _ZZSoldToPartyCountry
}
```

**Listing 11.11** Erweiterung um ein Standardfeld über eine selbst definierte Assoziation

Über die Assoziation `_ZZSoldToParty` zum Auftraggeber eines Kundenauftrags wird im Beispiel das Land des Auftraggebers als Erweiterungsfeld zum Cube-View `I_SalesOrderItemCube` hinzugefügt. Dieses Vorgehen ist möglich, da bei der Definition einer Assoziation in CDS das Sprachelement `$projection` verwendet werden kann. Damit wird ein Feld in der Resultatstruktur des Views `I_SalesOrderItemCube` bezeichnet. Da dieser View freigegeben ist, darf die Resultatstruktur nicht inkompatibel geändert werden, und damit ist diese Assoziationsdefinition durch den Stabilitätskontrakt abgedeckt.

**Namensraumpräfix**

Achten Sie auch bei Erweiterungen mit Standardfeldern darauf, diese mit einem Namensraumpräfix zu versehen. SAP könnte in einem späteren Release die Standardfelder hinzufügen, und Sie müssen Namenskollisionen vermeiden.

Bei dieser Vorgehensweise gibt es, unter stark einschränkenden Bedingungen, folgende, eher theoretische Upgrade-Risiken:

**Upgrade-Risiko**

- Ein Feld des zu erweiternden Views, das bisher nicht berechnet wurde, wird in einem neuen Release berechnet. Dieses Feld ist eines der $projection-Felder bei der Definition einer Assoziation des zu erweiternden Views oder Ihrer CDS-View-Erweiterung, über die Sie ein Erweiterungsfeld ausgewählt haben. Dies führt zu einem Syntaxfehler, da Assoziationen, die auf berechneten Feldern definiert sind, in der View-Definition selbst nicht genutzt werden dürfen.

- Bei der Definition einer Assoziation im zu erweiternden View wird in einem neuen Release ein anderer Name gewählt. Die Assoziation wird über einen Aliasnamen unter dem alten Namen exponiert. Über diese Assoziation haben Sie ein Erweiterungsfeld ausgewählt. Dies führt zu einem Syntaxfehler, da bei der Pfadnotation der interne Name der Assoziation relevant ist, nicht der exponierte Name.

Verglichen mit den Upgrade-Risiken aus dem letzten Abschnitt 11.3.5, »Erweiterung mit Standardfeldern«, ist dies eine deutliche Verbesserung.

### 11.3.7    Erweiterung mit berechneten Feldern

CDS-View-Erweiterungen erlauben auch die Berechnung von Feldern. Technisch stehen dabei wieder alle Felder und Assoziationen aller Datenquellen des zu erweiternden CDS-Views als Eingabewerte für die Berechnung zur Verfügung, außerdem die Parameter des Views. Dabei gibt es wieder die in Abschnitt 11.3.5, »Erweiterung mit Standardfeldern«, genannten Upgrade-Risiken. Deutlich weniger Risiken haben Sie bei der Erweiterung von freigegebenen Views, wenn Sie wie in Abschnitt 11.3.6, »Erweiterung von freigegebenen CDS-Views«, vorgehen und nur Felder als Eingabewerte verwenden, die über die dort beschriebenen Assoziationen erreichbar sind. Parameter des zu erweiternden Views können Sie gefahrlos nutzen, da diese bei freigegebenen Views stabil bleiben müssen. Das Beispiel aus Listing 11.11 können Sie etwa um folgendes berechnete Feld erweitern:

**Berechnete Felder**

```
concat(_Extension.ZZPrioritaet, _ZZSoldToParty.Country)
   as ZZCalculatedField
```

Das Upgrade-Risiko ergibt sich direkt aus den Upgrade-Risiken der in die Berechnung eingehenden Werte.

# Kapitel 12
# Testautomatisierung

*In diesem Kapitel lernen Sie, wie Sie automatisierte Tests für CDS-Views entwickeln können. Darüber hinaus lernen Sie, wie Sie Unit-Tests für ABAP-Anwendungen entwickeln können, die CDS-Views als Datenquellen von Selektionsanfragen nutzen.*

CDS-Views implementieren einen Großteil der Datenbeschaffungslogik moderner ABAP-Anwendungen. Hierbei kann komplexe Anwendungslogik in die Datenbeschaffung integriert und an die Datenbank delegiert sein. Separate Tests der CDS-Views sind dann als Maßnahme zur Qualitätssicherung unverzichtbar. Insbesondere wenn die Logik einzelner CDS-Views komplex ist oder durch die Vielzahl der beteiligten CDS-Views in einem CDS-View-Stack der Überblick über die Gesamtfunktionalität erschwert wird, sollten Sie automatisierte Tests zur kurzfristigen Prüfung und langfristigen Absicherung der von Ihnen implementierten Funktionalität erstellen. Gleiches gilt für die darauf aufbauende Anwendungslogik in ABAP.

> **Testautomatisierung nutzen**
> Automatisierte Tests für Ihre CDS-Views helfen Ihnen, funktionale Regressionsprobleme, die im Rahmen der Wartungstätigkeit auftreten können, effizient zu identifizieren. Sie sollten daher in eine ausreichende Testautomatisierung investieren.

Das vorliegende Kapitel vermittelt Ihnen zunächst einen Überblick über das Test-Double-Framework, das Sie für die Erstellung automatisierter Tests nutzen können. Im Anschluss stellen wir Ihnen ein Testbeispiel vor, anhand dessen wir Ihnen den Einsatz des Test-Double-Frameworks erläutern. Dabei zeigen wir Ihnen, wie Sie einerseits die Implementierung Ihrer CDS-Modelle selbst testen können, und andererseits, wie Sie Ihre ABAP-Logik, die die Daten von CDS-Modellen selektiert, testen können.

## 12.1   Grundlagen des Test-Double-Frameworks

Das *Test-Double-Framework* bietet Ihnen die Möglichkeit, ein stabiles Bett von Testdaten für die angestrebten, wiederholbaren Testausführungen zu definieren. Dazu werden die Datenquellen der zu testenden CDS-Views bzw. die CDS-Views selbst innerhalb der Testausführung durch *Stellvertreterobjekte* ersetzt.

Abbildung 12.1 zeigt schematisch einen möglichen Einsatzfall für das CDS-Test-Double-Framework.

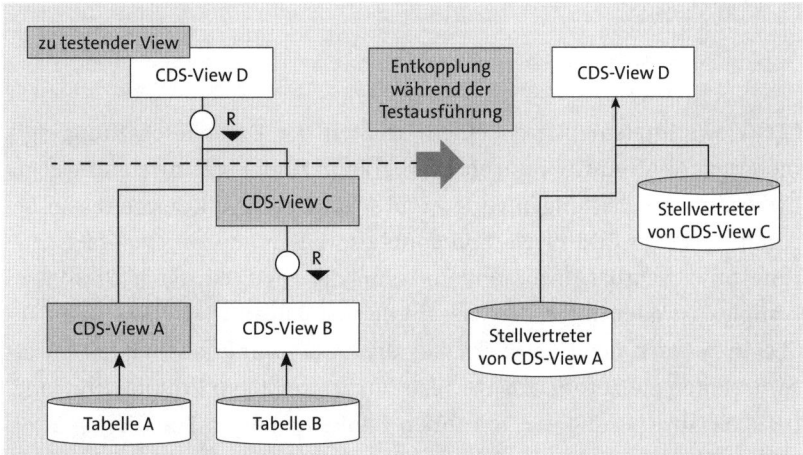

**Abbildung 12.1** Stellvertreterobjekte des CDS-Test-Double-Frameworks

**Stellvertreterobjekte nutzen**

Darin wird der zu testende CDS-View D von seinen unmittelbaren Datenquellen, den CDS-Views A und C, freigeschnitten. Anstelle dieser CDS-Views werden Stellvertreterobjekte in den CDS-View-Stack eingeführt, die während der Testausführung als alleinige Datenquellen des getesteten Views D dienen. Die in den CDS-Views A, B und C implementierte Logik bleibt dabei unberücksichtigt. Demnach verifiziert ein solcher Test des CDS-Views D ausschließlich dessen Logik. Die stellvertretenden Datenquellen können Sie dabei mit beliebigen Daten füllen. Damit können Sie nicht nur die Datensätze reproduzierbar für Ihren Testfall fixieren, sondern auch flexibel an Ihre Testbedürfnisse anpassen.

**Vorteile des Test-Double-Frameworks**

Der besondere Vorteil des Einsatzes des Test-Double-Frameworks liegt darin, dass weder der zu testende, produktive CDS-View noch Ihre produktive ABAP-Implementierung oder die Inhalte der zugrunde liegenden Datenbanktabellen der Anwendungen für die Testausführung verändert werden müssen. Alle für den Test erforderlichen Eingriffe finden sich ausschließlich in der Implementierung der Tests wieder.

Des Weiteren ist zu beachten, dass die durchgeführten Änderungen auf die transaktionale Laufzeit des ausgeführten Tests begrenzt sind und entsprechend technisch von anderen ABAP-Laufzeitsitzungen isoliert vorgenommen werden. Sie können demnach sowohl parallel denselben Test ausführen als auch die produktive Anwendung nutzen, ohne dass sich die entsprechenden Transaktionen aufeinander auswirken.

**Isolation der Testausführungen**

Entsprechend der unterstützten Anwendungsfälle werden zwei Spezialisierungen des Test-Double-Frameworks unterschieden:

**Spezialisierungen**

- **CDS-Test-Double-Framework**
  Das CDS-Test-Double-Framework unterstützt eine Testautomatisierung der in Ihren CDS-Views implementierten Logik.

- **Open-SQL-Test-Double-Framework**
  Das Open-SQL-Test-Double-Framework unterstützt eine Testautomatisierung Ihrer ABAP-Implementierung, die Daten über CDS-Views selektiert.

Die entsprechende Prüflogik wird jeweils als ABAP-Unit-Test realisiert.

## 12.2   Testbeispiel

Für die weiteren Erörterungen nutzen wir den Cube-CDS-View der Kundenauftragsposition ZI_SalesOrderItemCube aus Abbildung 12.2.

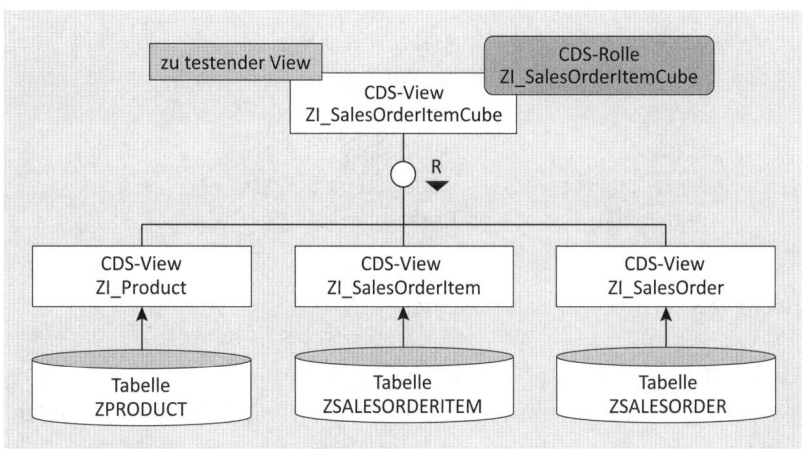

**Abbildung 12.2** CDS-Views des Testbeispiels

Listing 12.1 bis Listing 12.5 zeigen Details zu den dargestellten CDS-Views und der dargestellten CDS-Rolle. Listing 12.1 zeigt die Definition des Produkt-Views ZI_Product.

**Details zum Aufbau des Testbeispiels**

```
define view ZI_Product
   as select from zproduct
{
   key product as Product,
       product_type as ProductType
}
```

**Listing 12.1** CDS-View ZI_Product

Listing 12.2 zeigt den CDS-View ZI_SalesOrder, der den Kopf des Kundenauftrags definiert.

```
define view ZI_SalesOrder
   as select from zsalesorder
{
   key salesorder    as SalesOrder,
       salesordertype as SalesOrderType
}
```

**Listing 12.2** CDS-View ZI_SalesOrder

Listing 12.3 zeigt den CDS-View ZI_SalesOrderItem, der die Kundenauftragsposition definiert.

```
define view ZI_SalesOrderItem
   as select from zsalesorderitem
{
   key salesorder          as SalesOrder,
   key salesorderitem      as SalesOrderItem,
       product             as Product,
       netamount           as NetAmount,
       transactioncurrency as TransactionCurrency,
       creationdate        as CreationDate
}
```

**Listing 12.3** CDS-View ZI_SalesOrderItem

Listing 12.4 zeigt den Cube-CDS-View ZI_SalesOrderItemCube. Dieser CDS-View reichert die Positionsdaten ZI_SalesOrderItem mit Daten des Kundenauftragskopfes ZI_SalesOrder und des Produktstamms ZI_Product über Join-Verknüpfungen an. Zusätzlich beinhaltet er eine Währungsumrechnungsfunktion.

```
@AccessControl.authorizationCheck: #CHECK
define view ZI_SalesOrderItemCube
   with parameters
     P_DisplayCurrency : vdm_v_display_currency
   as select from          ZI_SalesOrderItem as ITEM
     left outer to one join ZI_SalesOrder     as SO
        on SO.SalesOrder = ITEM.SalesOrder
     left outer to one join ZI_Product        as PROD
        on PROD.Product = ITEM.Product
{
key ITEM.SalesOrder,
key ITEM.SalesOrderItem,
    ITEM.Product,
    SO.SalesOrderType,
    PROD.ProductType,
    ITEM.NetAmount,
    ITEM.TransactionCurrency,
    $parameters.P_DisplayCurrency as  DisplayCurrency,
    currency_conversion(
    amount             => ITEM.NetAmount,
    source_currency    => ITEM.TransactionCurrency,
    target_currency    => $parameters.P_DisplayCurrency,
    exchange_rate_date => ITEM.CreationDate,
    exchange_rate_type => 'M',
    error_handling     => 'FAIL_ON_ERROR',
    round              => 'X',
    decimal_shift      => 'X',
    decimal_shift_back => 'X'
    ) as NetAmountInDisplayCurrency
}
```

**Listing 12.4** Cube-CDS-View ZI_SalesOrderItemCube

Der Cube-CDS-View ZI_SalesOrderItemCube wird durch eine gleichnamige CDS-Rolle geschützt. Listing 12.5 zeigt die Definition dieser CDS-Rolle.

```
@MappingRole: true
define role ZI_SalesOrderItemCube {
    grant select on ZI_SalesOrderItemCube
    where ( SalesOrderType ) =
    aspect pfcg_auth ( V_VBAK_AAT,
```

```
                         AUART,
                         ACTVT = '03' );
        }
```

**Listing 12.5** CDS-Rolle ZI_SalesOrderItemCube

## 12.3    Implementierung der CDS-Views testen

**Testdesign erstellen**    Das automatisierte Testen von CDS-Views erfordert ein eigenständiges Design. Darin ist insbesondere festzulegen, welcher Teil der von den einzelnen CDS-Views implementierten Funktionalität überprüft werden soll. Beispielsweise könnte die Überprüfung einer einzelnen Case-Anweisung im Vordergrund stehen. Der Test könnte aber auch zum Ziel haben, die Gesamtfunktionalität bzw. das Zusammenspiel einer Vielzahl voneinander abhängiger CDS-Views eines CDS-View-Stacks zu verifizieren.

[»]

**Auswahl der zu testenden CDS-Views**

Eine Testautomatisierung mit dem Test-Double-Framework sollten Sie insbesondere dann erwägen, wenn ein CDS-View, inklusive seiner Datenquellen, komplexe Implementierungsbestandteile beinhaltet. Das Bilden einfacher Projektionen oder aber auch der Einsatz von Standard-SQL-Funktionen, wie einer Summation (SUM) bei aggregierten Datensätzen, erfordert in der Regel keinen Test-Double-Framework-basierten Test.

Das Test-Double-Framework unterstützt Sie bei der Implementierung von funktionalen Tests. Aufgrund seiner massiven Eingriffe in die Standardselektionslogik der CDS-Views ist es allerdings nicht für die Durchführung von Performancetests geeignet.

**Entkopplungsmöglichkeiten für CDS-Views**    Prinzipiell lassen sich mithilfe des CDS-Test-Double-Frameworks beliebige Entkopplungen der zu testenden CDS-Views, sowohl von ihren direkten als auch von ihren indirekten Datenquellen, realisieren. Die dazu durchgeführten Entkopplungsschnitte müssen jedoch stets alle zugrunde liegenden Datenbanktabellen verbergen.

Abbildung 12.3 zeigt Ihnen beispielhaft eine Auswahl zulässiger *Entkopplungsschnitte* für einen zu testenden CDS-View. Die darin skizzierten Entkopplungsschnitte erläutern wir im Folgenden näher.

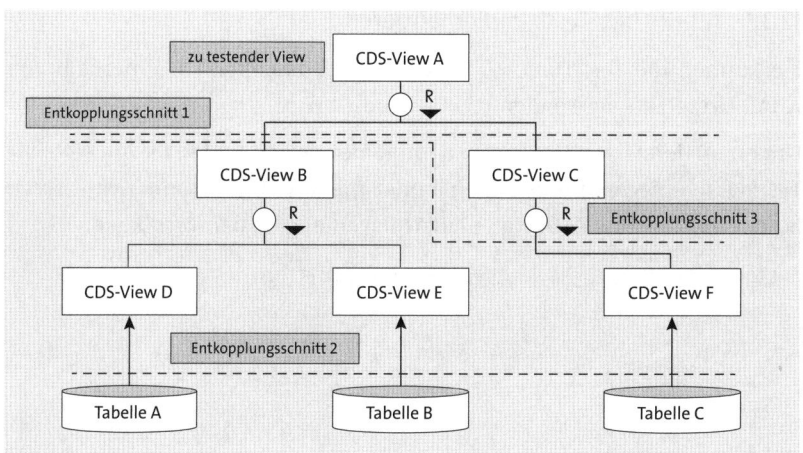

**Abbildung 12.3** Mögliche Entkopplungsschnitte für einen zu testenden CDS-View

In *Entkopplungsschnitt 1* wird der zu testende CDS-View von allen seinen direkten Datenquellen entkoppelt. Dieses Vorgehen eignet sich, wenn Sie die innerhalb des betroffenen CDS-Views implementierte Logik isoliert testen wollen. Sie können in der Regel durch eine entsprechende Variation der Inhalte der stellvertretenden Datenquellen alle für Ihre Tests notwendigen Datenkonstellationen simulieren. Zum Beispiel könnten Sie durch eine entsprechende Ausprägung der Testdaten alle Zweige einer Case-Anweisung überprüfen.

**CDS-Views isoliert testen**

In *Entkopplungsschnitt 2* werden alle in der CDS-View-Logik konsumierten Datenbanktabellen durch Stellvertreterobjekte ersetzt. Damit können Sie einen Integrationstest definieren, der die komplette Logik des CDS-View-Stacks beinhaltet. Ein derartiger Test ist insbesondere zum Auffinden von Regressionsproblemen, die im Rahmen Ihrer Wartungstätigkeiten für den getesteten CDS-View auftreten können, geeignet. Beispielsweise könnten Sie über den Lebenszyklus des getesteten CDS-Views die im View-Stack eingebundenen weiteren Views abändern oder gar austauschen und dabei über Ihren automatisierten Test sicherstellen, dass die Gesamtfunktionalität erhalten bleibt.

**CDS-View-Stacks testen**

In *Entkopplungsschnitt 3* werden Innerhalb des CDS-View-Stacks gezielt bestimmte Unterbäume durch stellvertretende Datenquellen freigeschnitten. Dieses Vorgehen eignet sich vor allem dann, wenn die dadurch ausgenommenen Unterbäume bereits individuell für sich getestet werden.

**Gruppen abhängiger CDS-Views testen**

### 12.3.1   ABAP-Unit-Tests implementieren

Sie können die Test-Double-Funktionalität ausschließlich innerhalb von ABAP-Unit-Tests verwenden.

Globale Testklasse definieren

Um einen derartigen Unit-Test zu implementieren, sollten Sie eine globale Testklasse anlegen, in die Sie eine oder mehrere lokale Unit-Test-Klassen aufnehmen. Listing 12.6 zeigt ein Beispiel einer globalen Testklasse.

```
CLASS zcl_zi_salesorderitemcube_test DEFINITION
    PUBLIC
    FINAL
    CREATE PUBLIC
    FOR TESTING.
ENDCLASS.
CLASS zcl_zi_salesorderitemcube_test IMPLEMENTATION.
ENDCLASS.
```

**Listing 12.6**  Definition einer globalen Testklasse

[+]

**Granularität der Unit-Test-Klassen definieren**

Sie sollten je eine eigene lokale Unit-Test-Klasse pro zu testendem CDS-View und pro gewähltem Entkopplungsschnitt implementieren. Innerhalb dieser Klasse können Sie einzelne Aspekte der CDS-Logik in jeweils entsprechend benannten Testmethoden überprüfen.

Lokale Unit-Test-Klasse definieren

Die lokalen Unit-Test-Klassen beinhalten in der Regel die in Listing 12.7 aufgeführten Methoden, die wir im Folgenden genauer betrachten.

```
CLASS lcl_zi_salesorderitemcube1
    DEFINITION FINAL FOR TESTING
    DURATION SHORT
    RISK LEVEL HARMLESS.
    PRIVATE SECTION.
        CLASS-DATA: go_cds_test_environment TYPE REF TO
          if_cds_test_environment.
        CLASS-METHODS: class_setup.
        CLASS-METHODS: class_teardown.
        METHODS: setup.
        METHODS: <test_select_1> FOR TESTING.
        ...
```

```
    METHODS: <test_select_n> FOR TESTING.
ENDCLASS.
```

**Listing 12.7** Definition einer lokalen Unit-Test-Klasse

Um das CDS-Test-Double-Framework nutzen zu können, müssen Sie dieses in Ihrer Testimplementierung zunächst initialisieren. Dies geschieht in der Class-Setup-Methode Ihrer Unit-Test-Klasse durch den Aufruf der Methode `CL_CDS_TEST_ENVIRONMENT=>CREATE`. Dabei spezifizieren Sie neben dem zu testenden CDS-View auch dessen durch Stellvertreterobjekte zu ersetzende Datenquellen. Die Testumgebung des CDS-Test-Double-Frameworks, d. h. den bei der Testinitialisierung erzeugten Testkontext, sollten Sie in einer globalen statischen Variablen `GO_CDS_TEST_ENVIRONMENT` für die weiteren Zugriffe puffern. Beispielhaft wird in Listing 12.8 das Test-Double-Framework für einen Test des CDS-Views `ZI_SalesOrderItemCube` aus Abbildung 12.2 initialisiert. Dabei werden Stellvertreterobjekte für die zugrunde liegenden Datenbanktabellen `ZSALESORDERITEM` und `ZSALESORDER` sowie für den CDS-View `ZI_Product` spezifiziert.

*Class-Setup-Methode implementieren*

```
METHOD class_setup.
   DATA: lt_stub TYPE if_cds_test_environment=>ty_qlast_doubles.
   lt_stub = VALUE #(
     ( name = 'ZSALESORDERITEM' type ='TABLE' )
     ( name = 'ZSALESORDER'     type ='TABLE' )
     ( name = 'ZI_PRODUCT'      type ='CDS_VIEW' )
   ).
   cl_cds_test_environment=>create(
      EXPORTING
         i_for_entity      = 'ZI_SALESORDERITEMCUBE'
         i_dependency_list = lt_stub
       RECEIVING
         r_result          = go_cds_test_environment ).
ENDMETHOD.
```

**Listing 12.8** Class-Setup-Methode: Initialisierung der CDS-Test-Double-Framework-Funktionalität

Die Setup-Methode dient dazu, die Testumgebung für die jeweilige Ausführung einer einzelnen Testmethode vorzubereiten. In der Regel sollten Sie darin alle zuvor in Ihrer ABAP-Sitzung erstellten Datensätze der Stellvertreterobjekte löschen. Dies geschieht durch den Aufruf der Methode `IF_CDS_TEST_ENVIRONMENT->CLEAR_DOUBLES`, entsprechend Listing 12.9.

*Setup-Methode implementieren*

```
METHOD setup.
  go_cds_test_environment->clear_doubles( ).
ENDMETHOD.
```

**Listing 12.9** Setup-Methode: Vorbereitung der Testausführung

Testmethoden
implementieren

Zu Beginn der einzelnen Testmethoden, die den Zusatz FOR TESTING tragen, müssen Sie zunächst die stellvertretenden Datenquellen mit geeigneten Daten für Ihren Test versorgen.

Stellvertreter-
objekte mit Test-
daten versorgen

In Listing 12.10 werden drei Kundenauftragspositionen »10«, »20« und »30« definiert, die den Kundenaufträgen »S1« respektive »S2« zugeordnet sind und jeweils eines der drei Produkte »P1«, »P2« oder »P3« referenzieren. Diese Testdaten werden dem Stellvertreterobjekt der Datenbanktabelle ZSALESORDERITEM zugewiesen.

```
DATA: lt_
zsalesorderitem TYPE STANDARD TABLE OF zsalesorderitem WITH EMPTY KEY.
lt_zsalesorderitem = VALUE #(
    ( client        = sy-mandt
      salesorder    = 'S1'
      salesorderitem = '10'
      product       = 'P1' )
    ( client        = sy-mandt
      salesorder    = 'S1'
      salesorderitem = '20'
      product       = 'P2' )
    ( client        = sy-mandt
      salesorder    = 'S2'
      salesorderitem = '30'
      product       = 'P3' ) ).
CALL METHOD lo_cds_test_environment->insert_test_data
    EXPORTING
        i_data = lt_zsalesorderitem.
```

**Listing 12.10** Definition und Übertragung der Testdaten der Datenbanktabelle ZSALESORDERITEM in die Testumgebung

Listing 12.11 definiert die in Listing 12.10 referenzierten Produkte. Dem Stellvertreterobjekt des CDS-Views ZI_Product werden darin die drei Produkte »P1«, »P2« und »P3« mit den unterschiedlichen Produkttypen »T1« bzw. »T2« zugeordnet.

```
DATA: lt_zi_product TYPE STANDARD TABLE OF zi_product WITH EMPTY KEY.
lt_zi_product = VALUE #(
  ( product     = 'P1'
    producttype = 'T1' )
  ( product     = 'P2'
    producttype = 'T2' )
  ( product     = 'P3'
    producttype = 'T1' )
).
CALL METHOD lo_cds_test_environment->insert_test_data
  EXPORTING
    i_data = lt_zi_product.
```

**Listing 12.11** Definition und Übertragung der Testdaten des
CDS-Views ZI_Product in die Testumgebung

Für die Datenbanktabelle der Kundenaufträge ZSALESORDER werden keine
Testdaten definiert.

12

**[«]**

**Testdaten definieren**

Sie müssen stets nur die Testdaten definieren und den Stellvertreterobjekten zuordnen, die Sie für Ihren Test tatsächlich benötigen. Diese Daten
können aus betriebswirtschaftlicher Sicht durchaus inkonsistent sein. Sie
können diese frei, entsprechend Ihrer Testanforderungen, wählen. Die von
Ihnen definierten und verwendeten Testdaten haben keinen Einfluss auf
die produktiven Daten und werden ihrerseits auch nicht von den produktiven Daten beeinflusst bzw. überschrieben.

Nachdem Sie die gewünschten Testdaten für Ihren Test definiert haben,
können Sie die eigentliche Selektionsanweisung testen. Wie Listing 12.12
beispielhaft ausführt, greifen Sie dabei programmatisch unmittelbar auf
den originalen CDS-View ZI_SalesOrderItemCube zu, genauso wie bei Ihrer
produktiven Implementierung.

**Datenselektion
ausführen**

```
SELECT COUNT(*)
  FROM zi_salesorderitemcube( p_displaycurrency = 'EUR' )
  INTO @DATA(lv_count)
  WHERE zi_salesorderitemcube~producttype EQ 'T1'.
```

**Listing 12.12** Zu testende Selektionsanweisung

Das bedeutet, dass Sie die Selektionsanweisung für den angestrebten Test nicht speziell instrumentieren müssen. Vielmehr wird die Verarbeitung der Selektion unterhalb der Open-SQL-Schnittstelle automatisch an die Testdefinition angepasst. Dabei werden die modellierten Datenquellen des CDS-Views durch die zuvor spezifizierten Stellvertreterobjekte ersetzt. Im vorliegenden Fall umfasst das Selektionsergebnis zwei Datensätze, die Auftragspositionen »10« und »30« und deren zugeordnete Produkte »P1« und »P3« den Produkttyp »T1« besitzen. Dies entspricht dem über die Where-Bedingung ...producttype EQ 'T1' in Listing 12.12 applizierten Filter. Würde diese Bedingung fehlen, würde das Ergebnis alle drei über Listing 12.10 definierten Auftragspositionen beinhalten.

**Selektionsergebnis prüfen**

Zum Abschluss der Testmethode können Sie das Selektionsergebnis mit dem von Ihnen erwarteten Ergebnis mit einer dazu geeigneten Methode der Klasse CL_ABAP_UNIT_ASSERT vergleichen. Mit der gewählten Assert-Anweisung können Sie sicherstellen, dass das Ergebnis auch künftig Ihren Erwartungen entspricht. Listing 12.13 demonstriert eine solche Prüfung. Sie enthält den Vergleich des Count-Werts, der in der Variablen lv_count gepuffert wird, mit der erwarteten Anzahl der selektierten Datensätze (2).

```
CALL METHOD cl_abap_unit_assert=>assert_equals
    EXPORTING
        act              = lv_count
        exp              = 2
        level            = if_aunit_constants=>critical
        quit             = if_aunit_constants=>method
    RECEIVING
        assertion failed = DATA(lv assertion failed).
```

Listing 12.13 Prüfung des Selektionsergebnisses

**Class-Teardown-Methode implementieren**

Nachdem sämtliche Testausführungen beendet worden sind, sollten Sie die Stellvertreterobjekte löschen. Zu diesem Zweck können Sie in der Class-Teardown-Methode der Unit-Test-Klasse die Methode IF_CDS_TEST_EN-VIRONMENT->DESTROY aufrufen (siehe Listing 12.14).

```
METHOD class_teardown.
    go_cds_test_environment->destroy( ).
ENDMETHOD.
```

Listing 12.14 Class-Teardown-Methode: Löschen der Stellvertreterobjekte

**Stellvertreterobjekte löschen**

Sollten Sie die von ihnen erzeugten Stellvertreterobjekte nicht explizit löschen, werden diese nach einer vordefinierten Verweildauer bei einer erneuten Testausführung automatisch gelöscht.

### 12.3.2    CDS-Zugriffskontrollen testen

Neben der implementierten Logik der CDS-View-Modelle können Sie über das CDS-Test-Double-Framework auch deren CDS-Zugriffskontrollen testen. Sie können dabei die Berechtigungseinstellungen des angemeldeten Benutzers simulieren.

**CDS-Zugriffskontrollen im Test-Double-Framework**

Sie müssen die CDS-Zugriffskontrollen eines zu testenden CDS-Views explizit einschalten, damit diese im Rahmen Ihrer Tests ihre Wirkung zeigen. Ohne ausdrückliche Aktivierung erfolgen die Selektionszugriffe im Test-Double-Framework standardmäßig privilegiert, d. h. ohne Berechtigungseinschränkungen.

Um einen Berechtigungsschutz für Ihren Test einzurichten, definieren Sie in Ihrer Testmethode (Methode mit dem Zusatz FOR TESTING) zunächst die gewünschten Berechtigungen des Benutzers. In Listing 12.15 wird dazu eine Berechtigungsrolle definiert, die die Leseerlaubnis (ACTVT = »03«) für die Auftragsart (AUART) »T2« des Berechtigungsobjekts V_VBAK_AAT beinhaltet.

*Berechtigungen des Benutzers definieren*

```
DATA: lt_role_authorization TYPE role_authorizations.
lt_role_authorization = VALUE #(
   ( object       = 'V_VBAK_AAT'
     authorizations = VALUE #(
        ( VALUE #(
            ( fieldname = 'AUART'
              fieldvalues = VALUE #(
                 ( lower_value = 'T2' )
              )
            )
            ( fieldname = 'ACTVT'
              fieldvalues = VALUE #(
                 ( lower_value = '03' )
              )
            )
```

```
                    )
                )
            )
        )
    ).
```

**Listing 12.15** Simulierte Berechtigungsrolle eines Benutzers

**CDS-Zugriffskon-**
**trollen einschalten**

Diese Berechtigungseinstellungen werden an die Testumgebung übertragen, wie es in Listing 12.16 gezeigt wird. Dabei wird auch die CDS-Zugriffskontrolle durch den Aufruf der Methode IF_CDS_ACCESS_CONTROL_DOUBLE->ENABLE_ACCESS_CONTROL eingeschaltet.

```
cl_cds_test_data=>create_access_control_data(
    EXPORTING
        i_role_authorizations = lt_role_authorization
    RECEIVING
        r_instance            = DATA(lo_ac_data) ).
go_cds_test_environment->get_access_control_double(
    RECEIVING
        rv_access_control_double = DATA(lo_ac_double) ).
lo_ac_double->enable_access_control(
    EXPORTING
        i_access_control_data = lo_ac_data ).
```

**Listing 12.16** Setzen der CDS-Zugriffskontrolle für einen Berechtigungstest

**Testdaten der CDS-**
**Rolle definieren**

Im Anschluss legen Sie die Testdaten für die Datenselektion in der Testmethode fest. Soll der CDS-View ZI_SalesOrderItemCube aus Listing 12.4 getestet werden, müssen Sie zusätzlich zu den Daten der Kundenauftragsposition aus Listing 12.10 auch noch passende Testdaten für die Kundenaufträge in die Testumgebung einbringen, um eine CDS-Rollendefinition gemäß Listing 12.5 sinnvoll testen zu können. Dies geschieht in Listing 12.17. Hierin werden zwei Aufträge »S1« und »S2« mit der zugehörigen Auftragsart »T1« bzw. »T2« erfasst und in die Testumgebung injiziert.

```
DATA: lt_zsalesorder
        TYPE STANDARD TABLE OF zsalesorder
        WITH EMPTY KEY.
lt_zsalesorder = VALUE #(
    ( client        = sy-mandt
      salesorder    = 'S1'
      salesordertype = 'T1' )
```

```
( client          = sy-mandt
  salesorder      = 'S2'
  salesordertype = 'T2' ) ).
go_cds_test_environment->insert_test_data(
  EXPORTING
    i_data = lt_zsalesorder ).
```

**Listing 12.17** Definition und Übertragung der Testdaten der Datenbanktabelle ZSALESORDER in die Testumgebung

Mit der in Listing 12.15 definierten Berechtigungsrolle wird dem Benutzer lediglich der Lesezugriff auf den Kundenauftrag »S2« mit dem Typ »T2« gestattet. Eine Datenselektion gemäß Listing 12.18 liefert demnach den Wert »1« für die Variable LV_COUNT.

```
SELECT COUNT(*)
  FROM zi_salesorderitemcube( p_displaycurrency = 'EUR' )
  INTO @DATA(lv_count).
```

**Listing 12.18** Datenselektion mit Berechtigungsschutz

Wäre die Berechtigungsprüfung ausgeschaltet, würden alle drei Positionen »10«, »20« und »30« der beiden Kundenaufträge »S1« und »S2« selektiert werden.

Mithilfe der Methode IF_CDS_ACCESS_CONTROL_DOUBLE->DISABLE_ACCESS_CONTROL können Sie die CDS-Zugriffskontrolle für den zu testenden CDS-View außer Kraft setzen. Damit Sie mehrere voneinander unabhängige Tests mit unterschiedlichen Berechtigungseinstellungen innerhalb einer Unit-Test-Klasse ausführen können, sollten Sie Ihre Setup-Methode zusätzlich mit einem Aufruf dieser Methode ausstatten. Dies wird in Listing 12.19 umgesetzt.

**CDS-Zugriffskontrollen ausschalten**

```
METHOD setup.
  go_cds_test_environment->clear_doubles( ).
  go_cds_test_environment->get_access_control_double(
    RECEIVING
      rv_access_control_double = DATA(lo_ac_double)
  ).
  lo_ac_double->disable_access_control( ).
ENDMETHOD.
```

**Listing 12.19** Erweiterte Setup-Methode

Damit stellen Sie sicher, dass neben den Testdaten auch die Berechtigungsdaten einen wohldefinierten Ausgangszustand für jeden einzelnen Test aufweisen.

**Test-Double-Framework für feingranulare Berechtigungstests nutzen**

Durch eine geeignete Variation der simulierten Benutzerrechte und Testdaten können Sie mithilfe des CDS-Test-Double-Frameworks sehr effizient die CDS-Zugriffskontrollen eines CDS-Modells testen.

### 12.3.3   CDS-Views mit Konvertierungsfunktionen für Währungen und Mengeneinheiten testen

Nutzt der zu testende CDS-View eine Funktion zur Konvertierung der Währungs- oder Mengeneinheiten, können Sie das Ergebnis der Umrechnung für Ihren Test vorgeben.

*Konvertierungsergebnisse festlegen*

Sie legen dazu für jeden Satz von Eingabeparametern der jeweiligen Konvertierungsfunktion das erwartete Ergebnis der Berechnung ab. Während der Testausführung werden die vorgegebenen Konvertierungsregeln bei einem Selektionszugriff automatisch berücksichtigt. Sie führen zu einer Anreicherung der selektierten Datensätze mit den von Ihnen vorgegebenen Ergebnissen.

*Testumgebung initialisieren*

Wenn Sie Konvertierungsfunktionen in Ihren Test einbeziehen wollen, müssen Sie den zu testenden CDS-View von seinen direkten Datenquellen trennen. Das heißt, Sie können den Entkopplungsschnitt nicht beliebig wählen. Stattdessen erfolgt die Initialisierung der Testumgebung in diesem Fall ohne eine explizite Angabe von Stellvertreterobjekten gemäß Listing 12.20.

```
METHOD class_setup.
    cl_cds_test_environment=>create(
        EXPORTING
            i_for_entity       = 'ZI_SALESORDERITEMCUBE'
        RECEIVING
            r_result           = go_cds_test_environment ).
ENDMETHOD.
```

**Listing 12.20** Initialisierung der Testumgebung bei Entkopplung des zu testenden CDS-Views von seinen direkten Datenquellen

Dabei generiert die Testumgebung implizit die notwendigen Stellvertreterobjekte entsprechend dem vorliegenden CDS-View-Modell. Bei einem Test des CDS-Views ZI_SalesOrderItemCube werden demzufolge Stellvertreterobjekte für die CDS-Views ZI_SalesOrder, ZI_SalesOrderItem und ZI_Product von der Testumgebung angelegt.

Um die Währungsumrechnung für einen Test dieses CDS-Views nutzen zu können, müssen Sie die Datensätze des zugrunde liegenden CDS-Views ZI_SalesOrderItem mit den Informationen anreichern, die in die Berechnungsfunktion eingehen. Dies sind die Felder Nettobetrag (NetAmount), Transaktionswährung (TransactionCurrency) und Anlegedatum (CreationDate). Diese müssen beim Aufbau der Testdaten mit Werten versorgt werden. Listing 12.21 zeigt exemplarische Testdaten.

**Testdaten für die Währungsumrechnung definieren**

```
DATA: lt_zi_salesorderitem
        TYPE STANDARD TABLE OF zi_salesorderitem
        WITH EMPTY KEY.
lt_zi_salesorderitem = VALUE #(
   ( salesorder         = 'S1'
     salesorderitem     = '10'
     netamount          = 11
     transactioncurrency = 'USD'
     creationdate       = sy-datum )
   ( salesorder         = 'S1'
     salesorderitem     = '20'
     netamount          = 22
     transactioncurrency = 'USD'
     creationdate       = sy-datum )
   ( salesorder         = 'S2'
     salesorderitem     = '30'
     netamount          = 33
     transactioncurrency = 'USD'
     creationdate       = sy-datum ) ).
go_cds_test_environment->insert_test_data(
   EXPORTING
     i_data = lt_zi_salesorderitem ).
```

**Listing 12.21** Definition und Übertragung der Testdaten des CDS-Views ZI_SalesOrderItem für die Währungskonvertierung

Die einzelnen Umrechnungssätze können Sie mit der Funktion CL_CDS_TEST_DATA=>CREATE_CURRENCY_CONV_DATA in Ihrer Testmethode erfassen. In Listing 12.22 wird die Umrechnung von 11 USD in 10 EUR zum aktuellen Da-

**Umrechnungskurse definieren**

tum im aktuellen Mandanten festgelegt. Die übrigen verwendeten Parameterwerte entsprechen den in der Implementierung des CDS-Views ZI_Sales-OrderItemCube in Listing 12.4 verwendeten Konstanten.

```
cl_cds_test_data=>create_currency_conv_data(
    EXPORTING
        output               = 10
    RECEIVING
        curr_conv_test_data = DATA(lo_curr_conv_data) ).
lo_curr_conv_data->for_parameters(
    EXPORTING
        amount                = 11
        source_currency       = 'USD'
        target_currency       = 'EUR'
        exchange_rate_date    = sy-datum
        exchange_rate_type    = 'M'
        client                = sy-mandt
        round                 = abap_true
        decimal_shift         = abap_true
        decimal_shift_back    = abap_true
        error_handling        = 'FAIL_ON_ERROR'
    RECEIVING
        test_data             = DATA(lo_cds_test_data) ).
```

Listing 12.22  Definition eines Testdatensatzes für die Währungsumrechnung

Umrechnungskurse
einbringen

Dieser Datensatz wird in Listing 12.23 über das Stellvertreterobjekt der Währungskonvertierung der Testumgebung bekanntgegeben.

```
go_cds_test_environment->get_double(
    EXPORTING
        i_name  = cl_cds_test_environment=>currency_conversion
    RECEIVING
        r_result = DATA(lo_cds_stub) ).
lo_cds_stub->insert(
    EXPORTING
        i_test_data = lo_cds_test_data ).
```

Listing 12.23  Versorgung des Stellvertreterobjekts der
Währungskonvertierung mit Daten

Datenselektion
ausführen

Aufgrund der Testdatenkonstellation liefert die Datenselektion nach Listing 12.24 als Ergebnis einen Treffer. Nur für die Position »10« des Kundenauftrags »S1« ist eine Umrechnungsvorschrift für die Zielwährung EUR definiert. Diese ergibt für das damit berechnete Feld NetAmountInDisplay-Currency einen Betrag von »10« und erfüllt damit das angewandte Filter-kriterium WHERE netamountindisplaycurrency EQ 10.

```
SELECT COUNT(*)
    FROM zi_salesorderitemcube( p_displaycurrency = 'EUR' )
    INTO @DATA(lv_count)
    WHERE netamountindisplaycurrency EQ 10.
```

**Listing 12.24** Datenselektion mit Währungsumrechnung

### 12.3.4    Datenquellen mit Null-Werten testen

Während die ABAP-Sprache keinen Unterschied zwischen Initialwerten und undefinierten Null-Werten kennt, ist dieser Unterschied auf der Daten-bankebene signifikant.

Im CDS-Test-Double-Framework können Sie gezielt Testdaten mit Null-Werten versehen. Dazu benennen Sie bei der Festlegung der Testdatensätze die Spalten, deren Werte als Null-Werte interpretiert werden sollen. In Listing 12.25 werden exemplarisch zwei Produkte »P1« und »P2« definiert. Das erste Produkt »P1« erhält keinen Wert für den Produkttyp (ProductType). Dieser wird infolgedessen implizit ABAP-intern mit dem Initialwert des zu-grunde liegenden Datentyps belegt. Für das zweite Produkt »P2« wird dage-gen explizit über die interne Tabelle lt_null_value_field_name festgelegt, dass das Feld ProductType als Null-Wert zu interpretieren ist.

**Testdaten mit Null-Werten definieren**

```
DATA: lt_zi_product TYPE STANDARD TABLE OF zi_product WITH EMPTY KEY.
lt_zi_product = VALUE #(
    ( product = 'P1' )
).
go_cds_test_environment->insert_test_data(
    EXPORTING
        i_data = lt_zi_product ).
DATA: lt_null_value_field_name
    TYPE if_cds_null_values_config=>ty_element_names.
lt_null_value_field_name = VALUE #(
    ( CONV #( 'PRODUCTTYPE' ) )
).
lt_zi_product = VALUE #(
    ( product = 'P2' )
).
CALL METHOD go_cds_test_environment->insert_test_data
```

```
EXPORTING
    i_data       = lt_zi_product
    i_null_values = lt_null_value_field_name.
```

**Listing 12.25** Definition und Übertragung der Testdaten für Produkte
mit Initial- und Null-Werten in die Testumgebung

**Analyse des Selektionsergebnisses**

Werden die Testdaten der Kundenauftragspositionen gemäß Listing 12.10 festgelegt, liefert die Selektionsanfrage in Listing 12.26 einen Treffer. Es handelt sich dabei um die Position »10« des Kundenauftrags »S1«. Dieser Position ist das Produkt »P1« mit initialem Produkttyp zugewiesen. Die Kundenauftragsposition »20« ist nicht Bestandteil des Selektionsergebnisses, da deren zugeordnetes Produkt »P2« einen Produkttyp mit Null-Wert aufweist und damit nicht der Selektionsbedingung WHERE zi_salesorderitemcube~producttype IS NOT NULL genügt. Ebenso entfällt die Position »30« des Auftrags »S2«, da für das dort referenzierte Produkt »P3« kein Testdatensatz angelegt wurde. Damit weist das über eine Join-Verknüpfung in den CDS-View ZI_SalesOrderItemCube eingebundene Feld ProductType auch für diesen Datensatz einen Null-Wert auf.

```
SELECT COUNT(*)
    FROM zi_salesorderitemcube( p_displaycurrency = 'EUR' )
    INTO @DATA(lv_count)
    WHERE zi_salesorderitemcube~producttype IS NOT NULL.
```

**Listing 12.26** Datenselektion mit Null-Werten

## 12.4    ABAP-Logik mit SQL-Zugriffen auf CDS-Views testen

Sie können die Test-Double-Framework-Funktionalität auch zur Prüfung Ihrer ABAP-Implementierungen nutzen, die per Open SQL über CDS-Views Daten von der Datenbank selektieren.

**Anwendungsbereich des Open-SQL-Test-Double-Frameworks**

Das Open-SQL-Test-Double-Framework unterstützt neben CDS-Views auch andere Datenbankartefakte (z. B. Datenbanktabellen), für die Sie ebenso Stellvertreterobjekte in Ihrem Test definieren können.

**CDS-Views durch Stellvertreterobjekte ersetzen**

Wie beim Test der internen CDS-View-Funktionen können Sie mit dem Open-SQL-Test-Double-Framework die in Ihrer ABAP-Anwendung direkt verwendeten CDS-Views durch Stellvertreterobjekte ersetzen und damit einen stabilen Rahmen für reproduzierbare Testausführungen schaffen. Auch zur Durchführung dieser Tests müssen Sie keinerlei Veränderungen an Ihrer produktiven ABAP-Implementierung vornehmen, um dort zu Testzwecken die Funktionalität des Open-SQL-Test-Double-Frameworks nutzen zu können. Vielmehr erfolgen alle notwendigen Instrumentierungen der Laufzeit innerhalb der sie aufrufenden Unit-Test-Anwendung.

Betrachten wir dazu das Beispiel aus Listing 12.27.

**Beispiel: Daten-bankselektion**

```abap
CLASS lcl_productive_application DEFINITION.
  PUBLIC SECTION.
    CLASS-METHODS: get_sales_order_relevance
      IMPORTING
        iv_sales_order_id   TYPE vbeln
      EXPORTING
        ev_relevance_rating TYPE int4.
ENDCLASS.
CLASS lcl_productive_application IMPLEMENTATION.
  METHOD get_sales_order_relevance.
    SELECT SUM( cube~netamountindisplaycurrency )
      FROM zi_salesorderitemcube( p_displaycurrency =
                                  'EUR' ) AS cube
      INTO @DATA(lv_net_amount)
      WHERE cube~salesorder = @iv_sales_order_id.
    IF ( lv_net_amount GE 100 ).
      ev_relevance_rating = 1.
    ELSEIF ( lv_net_amount GE 30 ).
      ev_relevance_rating = 2.
    ELSE.
      ev_relevance_rating = 3.
    ENDIF.
  ENDMETHOD.
ENDCLASS.
```

**Listing 12.27** Zu testende Anwendungsmethode

Die darin definierte Anwendungsmethode summiert den Nettobetrag der Kundenauftragspositionen, um die Relevanz eines Kundenauftrags zu bewerten.

Als Datenquelle dient der Cube-CDS-View ZI_SalesOrderItemCube aus Listing 12.4. Innerhalb der Testausführung soll dieser durch ein Stellvertreterobjekt ersetzt werden. Dafür wird die Testumgebung für den Unit-Test in Listing 12.28 initialisiert.

**Testumgebung für ABAP-Tests initialisieren**

407

```
METHOD class_setup.
  DATA: lt_stub TYPE if_osql_test_environment=>ty_t_sobjnames.
  lt_stub = VALUE #(
    ( 'ZI_SALESORDERITEMCUBE' )
  ).
  cl_osql_test_environment=>create(
    EXPORTING
      i_dependency_list = lt_stub
    RECEIVING
      r_result          = go_osql_test_environment ).
ENDMETHOD.
```

**Listing 12.28**  Initialisierung der Open-SQL-Test-Double-Funktionalität

[»]

**Spezialisierte Test-Double-Umgebungen nutzen**

Im Gegensatz zu den Tests der CDS-View-Implementierung nutzen Sie im Rahmen der Implementierung von Tests Ihrer ABAP-Funktionalität spezialisierte Funktionen des Open-SQL-Test-Double-Frameworks. Ansonsten gleichen sich die Vorgehensweisen und Implementierungen.

**CDS-View mit Parameter testen**

Der Cube-CDS-View ZI_SalesOrderItemCube weist die Besonderheit auf, dass er einen Eingabeparameter, die Anzeigewährung (P_DisplayCurrency), besitzt. Die Testdaten müssen gezielt für einzelne Werte dieses Parameters an die Testumgebung übermittelt werden. Dies geschieht in Listing 12.29 für die Anzeigewährung EUR.

```
DATA: lt_zi_salesorderitemcube
        TYPE STANDARD TABLE OF zi_salesorderitemcube
        WITH EMPTY KEY.
lt_zi_salesorderitemcube = VALUE #(
  ( salesorder                  = 'S1'
    salesorderitem              = '10'
    netamountindisplaycurrency = 10 )
  ( salesorder                  = 'S1'
    salesorderitem              = '20'
    netamountindisplaycurrency = 20 ) ).
DATA: lt_parameter_value TYPE
        if_osql_param_values_config=>ty_parameter_value_pairs.
lt_parameter_value = VALUE #(
  ( parameter_name  = 'P_DISPLAYCURRENCY'
    parameter_value = 'EUR' ) ).
```

```
go_osql_test_environment->insert_test_data(
    EXPORTING
        i_data              = lt_zi_salesorderitemcube
        i_parameter_values = lt_parameter_value ).
```

**Listing 12.29** Definition und Übertragung der parametrisierten Testdaten für den CDS-View ZI_SalesOrderItemCube in die Testumgebung

Die produktive Anwendung können Sie nun mit Ihrer Testmethode testen. Listing 12.30 zeigt dazu ein Beispiel.

**Anwendungsfunktion aufrufen**

```
lcl_productive_application=>get_sales_order_relevance(
    EXPORTING
        iv_sales_order_id   = 'S1'
    IMPORTING
        ev_relevance_rating = DATA(lv_relevance_rating) ).
cl_abap_unit_assert=>assert_equals(
    EXPORTING
        act              = lv_relevance_rating
        exp              = 2
        level            = if_aunit_constants=>critical
        quit             = if_aunit_constants=>method
    RECEIVING
        assertion_failed = DATA(lv_assertion_failed) ).
```

**Listing 12.30** Ausführung der produktiven Anwendung und Verifizierung des Ergebnisses

Die in der Methode `lcl_productive_application=>get_sales_order_relevance` berechnete Summe der Nettobeträge (`NetAmount`) der beiden Positionen »10« und »20« des Kundenauftrags »S1« aus Listing 12.29 ergibt »30«. Damit sollte die erwartete Relevanzbewertung von »2« durch die produktive Methode ermittelt werden. Dies prüft die dargestellte Assert-Anweisung.

# Kapitel 13
# Problembehandlung

*In diesem Kapitel erfahren Sie, wie Sie Probleme, die im Rahmen der Implementierung und Aktivierung Ihrer CDS-Modelle auftreten können, verhindern oder identifizieren und beheben können.*

Wie bei jedem anderen Softwareprojekt kann es auch bei der Entwicklung mit CDS Probleme geben. In diesem Kapitel vermitteln wir Ihnen einen Überblick über häufig beobachtete Probleme. Wir stellen Ihnen verschiedene Prüffunktionen der ABAP-in-Eclipse-Umgebung vor, die Sie zur Identifikation und Analyse von Problemen nutzen können. Der Fokus liegt dabei auf der Behandlung von Implementierungs- und Aktivierungsproblemen der CDS-Modelle.

## 13.1 Implementierungsprobleme behandeln

Die ABAP-in-Eclipse-Umgebung bietet Ihnen verschiedene Prüffunktionen für Ihre CDS-Modelle an. Die Prüfungen werden zum Teil bereits ausgeführt, wenn Sie ein CDS-Modell im CDS-Editor zur Anzeige öffnen. Andere Prüfungen werden im Rahmen der Pflege und Aktivierung eines CDS-Modells automatisch durchlaufen. Sie haben allerdings auch die Möglichkeit, gezielt bestimmte Prüfungen aufzurufen. Die Prüfungen des CDS-Editors selbst werden dabei auf den von Ihnen gerade eingegebenen, noch nicht gesicherten Modellinformation ausgeführt. Der überwiegende Teil der Prüfungen wird jedoch nur auf den bereits gesicherten oder aber bereits aktivierten CDS-Modellen ausgeführt.

Grundsätzlich müssen Sie beachten, dass die von den Prüfungen identifizierten Probleme unterschiedliche Auswirkungen haben können. So können die Ergebnisse der Prüfungen auf schwerwiegende Probleme hindeuten, die zu funktionalen Einschränkungen oder gar zu Problemen bei der Aktivierung Ihrer CDS-Modelle führen. Die Prüfergebnisse können indes auch nur auf potenzielle Probleme hindeuten, also rein informativen Charakter haben.

**Beispiel-CDS-Views**

Die weiteren Ausführungen in diesem Kapitel beruhen auf den beiden in Listing 13.1 und in Listing 13.2 dargestellten CDS-Views. Der CDS-View Z_View-WithProblemsBase aus Listing 13.1 definiert neben dem Schlüsselfeld MyKey ein weiteres Feld MyField.

```
@AbapCatalog.sqlViewName: 'ZVIEWPROBLEMSBS'
@AbapCatalog.compiler.compareFilter: true
@AccessControl.authorizationCheck: #NOT_REQUIRED
@EndUserText.label: 'View with Problems Base'
define view Z_ViewWithProblemsBase
    as select distinct from t000
{
    key 'A' as MyKey,
        'B' as MyField
}
```

**Listing 13.1** CDS-View Z_ViewWithProblemsBase

Der CDS-View Z_ViewWithProblems aus Listing 13.2 baut dabei über einfache Projektionsbildung auf dem zugrunde liegenden CDS-View Z_ViewWithProblemsBase aus Listing 13.1 auf. Er übernimmt dabei die beiden Felder MyKey und MyField.

```
@AbapCatalog.sqlViewName: 'ZVIEWPROBLEMS'
@AbapCatalog.compiler.compareFilter: true
@AccessControl.authorizationCheck: #NOT_REQUIRED
@EndUserText.label: 'View with Problems'
define view Z_ViewWithProblems
    as select from Z_ViewWithProblemsBase
{
    key MyKey,
        MyField
}
```

**Listing 13.2** CDS-View Z_ViewWithProblems

Anhand dieser beiden CDS-Views sollen im Folgenden einige Problemfälle nachgestellt und erörtert werden.

**Verwendungen nicht spezifizierter Annotationen**

Ergänzen Sie zunächst den CDS-View Z_ViewWithProblems aus Listing 13.2 mit den drei in den Zeilen 6, 9 und 11 in Abbildung 13.1 dargestellten Annotationen @ObjectModel.dataCategory:#CUBE, @ObjectModel.representative-Key:'MyKey' und @ObjectModel.myAnnotation:true.

```
1  @AbapCatalog.sqlViewName: 'ZVIEWPROBLEMS'
2  @AbapCatalog.compiler.compareFilter: true
3  @AccessControl.authorizationCheck: #NOT_REQUIRED
4  @EndUserText.label: 'View with Problems'
5  @ObjectModel.dataCategory:#CUBE
6  define view Z_ViewWithProblems
7      as select from Z_ViewWithProblemsBase
8  {
9      @ObjectModel.representativeKey:'MyKey'
10     key MyKey,
11     @ObjectModel.myAnnotation:true
12         MyField
13 }
     <
```

☐ Properties  ▨ Problems ⊠

0 items

| Description                              ^                    | Reso |

**Abbildung 13.1** CDS-View mit fehlerhaften Annotationen

Der CDS-Editor zeigt Ihnen unmittelbar nach der Eingabe durch farbliche Hervorhebung, dass die neu hinzugefügten Annotationen fehlerhaft sind. Diese Prüfung erfolgt auf der Basis der in den Annotationsdefinitionen spezifizierten Metadaten (siehe Kapitel 3, »CDS-Annotationen«).

**Erläuterungen der Fehler**

**13**

**Code Completion des CDS-Editors nutzen**

Die Code-Completion-Funktion des CDS-Editors berücksichtigt die Annotationsdefinitionen. Sie sollten diese nutzen, um das Auftreten der dargestellten Fehler von vornherein zu vermeiden.

Die im vorliegenden Fall signalisierten Fehler resultieren zum einen aus der Verwendung eines nicht spezifizierten Enumerationswerts »CUBE« für die Annotation `@ObjectModel.dataCategory`. Zum anderen wird die Annotation `@ObjectModel.representativeKey` im Beispiel auf der Feldebene, d. h. außerhalb ihres zulässigen Geltungsbereichs (Scope) verwendet. Schließlich ist die verwendete Annotation `@ObjectModel.myAnnotation` nicht in der Annotationsdefinition der Domäne `ObjectModel` spezifiziert und gilt daher als unbekannt bzw. unzulässig.

[+]

**Annotationsfehler korrigieren**

In der Regel werden nicht spezifizierte Verwendungen von Annotationen bzw. nicht spezifizierte Annotationen in den CDS-Views von der ABAP-Infrastruktur und den Frameworks ignoriert. Sie können daher den skizzierten CDS-View erfolgreich aktivieren und auch für Laufzeitzugriffe nutzen. Allerdings sollten Sie derartigen Annotationsfehlern nachgehen und diese korrigieren. Prüfen Sie dabei, ob die betroffenen Annotationen entfallen dürfen oder durch andere ersetzt werden müssen, um die von Ihnen ge-

> wünschte Funktionalität realisieren zu können. Sie sollten zudem beachten, dass Sie bei den CDS-Metadatenerweiterungen eine verschärfte Syntaxprüfung anwenden, damit derartige Annotationsfehler dort bereits zu Aktivierungsfehlern führen.

Entfernen Sie nun die drei fehlerhaften Annotationen aus dem CDS-View Z_ViewWithProblems, und aktivieren Sie diesen.

**Konsistenzprüfungen der Frameworks**

Annotieren Sie im Anschluss das Feld MyField des CDS-Views Z_ViewWithProblemsBase mit @AnalyticsDetails.query.hidden:true. Gemäß ihrer formalen Spezifikation wird die Annotation korrekt verwendet. Im Gegensatz zum vorangehenden Fall gibt es daher direkt nach der Eingabe der Annotation auch keinen Hinweis für das Vorliegen eines Fehlers im CDS-Editor. Dies zeigt Abbildung 13.2.

```
 1 @AbapCatalog.sqlViewName: 'ZVIEWPROBLEMSBS'
 2 @AbapCatalog.compiler.compareFilter: true
 3 @AccessControl.authorizationCheck: #NOT_REQUIRED
 4 @EndUserText.label: 'View with Problems Base'
 5 define view Z_ViewWithProblemsBase
 6    as select distinct from t000
 7 {
 8    key 'A' as MyKey,
 9    @AnalyticsDetails.query.hidden:true
10        'B' as MyField
11 }
12
```

□ Properties  🔲 Problems ⊠
0 items
| Description | Reso |
| --- | --- |

**Abbildung 13.2** Fehlerhafte Verwendung der Annotation @AnalyticsDetails.query.hidden vor dem Sichern

Wenn Sie nun den CDS-View Z_ViewWithProblemsBase aktivieren, erhalten Sie die in Abbildung 13.3 dargestellte Fehlermeldung in der Sicht **Problems**.

**Erläuterung des Fehlers**

Diese Fehlermeldung wird ausgegeben, wenn das annotierte CDS-Modell von der analytischen Infrastruktur analysiert wird. Dies wird durch den Meldungszusatz »...[Analytics]« signalisiert. Trotz des vorliegenden Problems wurde das CDS-Modell aktiviert. Tatsächlich weist die dargestellte Fehlermeldung auch lediglich darauf hin, dass die Annotation keinerlei Auswirkung auf das CDS-Modell hat. Die Annotation ist lediglich für die Nutzung in einer analytischen Query vorgesehen, d. h. in einem CDS-View mit der Annotation @Analytics.query:true. Sie sollten diese deshalb aus dem CDS-View Z_ViewWithProblemsBase entfernen.

```
 1 @AbapCatalog.sqlViewName: 'ZVIEWPROBLEMSBS'
 2 @AbapCatalog.compiler.compareFilter: true
 3 @AccessControl.authorizationCheck: #NOT_REQUIRED
 4 @EndUserText.label: 'View with Problems Base'
 5 define view Z_ViewWithProblemsBase
 6   as select distinct from t000
 7 {
 8   key 'A' as MyKey,
 9   @AnalyticsDetails.query.hidden:true
10     'B' as MyField
11 }
12
```

```
Properties  Problems
1 error, 0 warnings, 0 others
Description                                                              Res
 Errors (1 item)
   Annotation ANALYTICSDETAILS.QUERY.HIDDEN (element level) is only supported with annotation Analytics.query:true [Analytics]  Z_VI
```

**Abbildung 13.3** Fehlermeldung der analytischen Infrastruktur

Neben der Prüfung der genutzten Annotationen durch die analytische Infrastruktur gibt es auch dedizierte Prüfungen der anderen Frameworks, wie z. B. der transaktionalen Infrastruktur oder der Infrastruktur für die OData-Service-Generierung, die sich analog verhalten. Daher gehen wir hier nicht weiter auf entsprechende Beispiele ein.

**Aktivierung der CDS-Modelle**

Die Aktivierung der CDS-Modelle kann nur durch Prüfungen des ABAP Dictionarys verhindert werden. Prüfungen der Frameworks können die Aktivierung der CDS-Modelle generell nicht blockieren.

Bei der Aktivierung eines CDS-Modells können dadurch prinzipiell Inkonsistenzen in den durch die Frameworks bereitgestellten Funktionen und abgeleiteten Sekundärartefakten entstehen. Sie sollten daher die im Rahmen der Aktivierung auftretenden Problemmeldungen stets prüfen und deren Ursachen korrigieren.

Durch das Einfügen der Annotation @AnalyticsDetails.query.hidden:true in den CDS-View Z_ViewWithProblemsBase haben Sie nicht nur in diesen CDS-View eine Inkonsistenz eingebracht, sondern auch in den davon abhängigen CDS-View Z_ViewWithProblems.

Inkonsistenzen durch Propagationslogik

Um diesen Zusammenhang nachvollziehen zu können, wechseln Sie zur Ansicht des CDS-Views Z_ViewWithProblems. Prüfen Sie das CDS-Modell, indem Sie auf das Icon **Check ABAP Development Object** unterhalb des Hauptmenüs klicken oder indem Sie die Tastenkombination Strg + F2 verwenden. Abbildung 13.4 zeigt das Ergebnis der Prüfung.

415

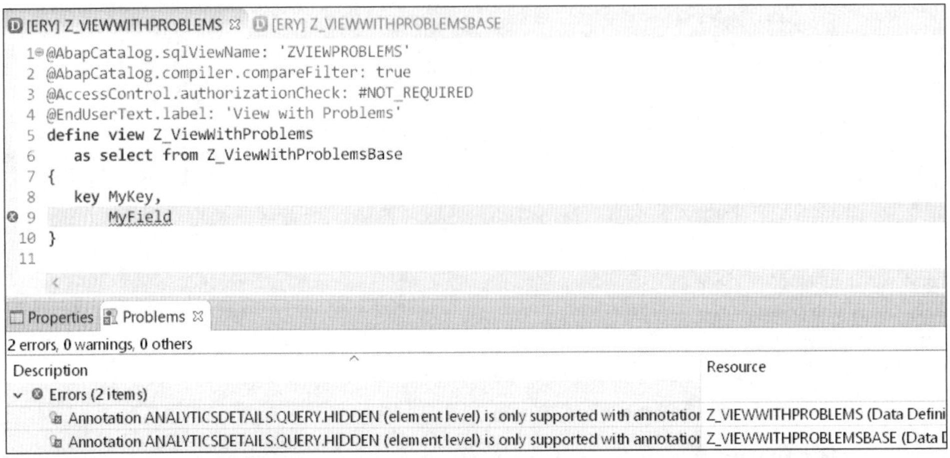

```
[ERY] Z_VIEWWITHPROBLEMS ⊠   [ERY] Z_VIEWWITHPROBLEMSBASE
  1⊖@AbapCatalog.sqlViewName: 'ZVIEWPROBLEMS'
  2 @AbapCatalog.compiler.compareFilter: true
  3 @AccessControl.authorizationCheck: #NOT_REQUIRED
  4 @EndUserText.label: 'View with Problems'
  5 define view Z_ViewWithProblems
  6    as select from Z_ViewWithProblemsBase
  7 {
  8    key MyKey,
⊗ 9        MyField
 10 }
 11
      ‹
```

| ☐ Properties | 🔲 Problems ⊠ |
|---|---|

2 errors, 0 warnings, 0 others

| Description | Resource |
|---|---|
| ⌄ ⊗ Errors (2 items) | |
| 🗎 Annotation ANALYTICSDETAILS.QUERY.HIDDEN (element level) is only supported with annotatio | Z_VIEWWITHPROBLEMS (Data Defini |
| 🗎 Annotation ANALYTICSDETAILS.QUERY.HIDDEN (element level) is only supported with annotatio | Z_VIEWWITHPROBLEMSBASE (Data [ |

**Abbildung 13.4** Fehler durch die Anwendung der Propagationslogik von Annotationen

Erläuterung des Fehlers

In der Registerkarte **Problems** finden Sie zwei gleichartige Fehlermeldungen. Die Spalte **Resource** gibt Ihnen Auskunft über die Quelle dieser Fehlermeldungen. Danach bezieht sich die erste Meldung auf den CDS-View Z_ViewWithProblems und die zweite Meldung auf den CDS-View Z_ViewWithProblemsBase, der zuvor geprüft wurde.

Zusätzlich zur Fehlermeldung können Sie erkennen, dass das Feld MyField des CDS-Views Z_ViewWithProblems im CDS-Editor als fehlerhaft gekennzeichnet wurde. Obwohl das Feld MyField nicht direkter Träger der Annotation @AnalyticsDetails.query.hidden:true ist, erhält es diese Annotation von seinem Basisfeld durch die Propagationslogik der Elementannotationen. Dies bestätigt die Sicht **Annotation Propagation**, die Sie über den Pfad **Open With · Annotation Propagation** des Kontextmenüs des Felds MyField öffnen können (siehe Abbildung 13.5).

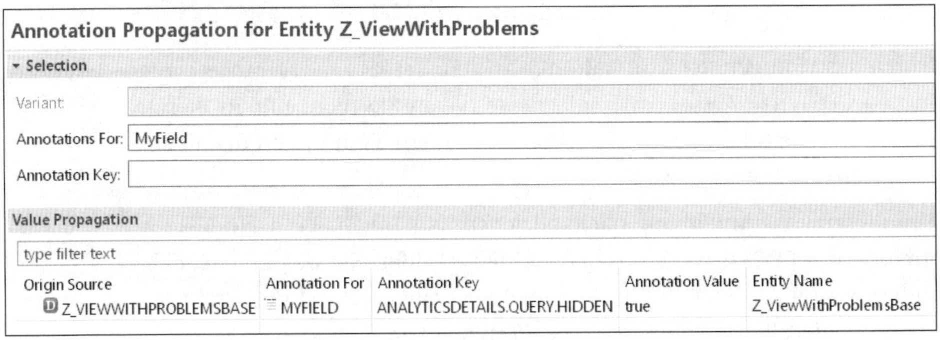

**Annotation Propagation for Entity Z_ViewWithProblems**

▾ Selection

| Variant | |
|---|---|
| Annotations For: | MyField |
| Annotation Key: | |

**Value Propagation**

type filter text

| Origin Source | Annotation For | Annotation Key | Annotation Value | Entity Name |
|---|---|---|---|---|
| Z_VIEWWITHPROBLEMSBASE | MYFIELD | ANALYTICSDETAILS.QUERY.HIDDEN | true | Z_ViewWithProblemsBase |

**Abbildung 13.5** Analyse der Propagation der Elementannotationen

[«]

**Verwendung der Propagationslogik**

Wenn Sie die Propagationslogik für Elementannotationen nicht nutzen wollen, können Sie mit der Annotation `@Metadata.ignorePropagatedAnnotations:true` einen Vererbungsstopp einführen. Anderenfalls müssen Sie Inkonsistenzen, die durch die Propagationslogik von Elementannotation auftreten, individuell behandeln. Beispielsweise können Sie im vorliegenden Fall das Feld `MyField` des CDS-Views `Z_ViewWithProblems` mit der Annotation `@AnalyticsDetails.query.hidden: null` auszeichnen.

Neben den bereits diskutierten Fehlermeldungen können die angewandten Prüfroutinen auch Warnungen und Informationsmeldungen liefern. Eine solche Warnung tritt beispielsweise auf, wenn ein CDS-Modell die Annotation `@AccessControl.authorizationCheck:#CHECK` trägt, es aber keine zugehörige CDS-Zugriffskontrolle gibt. Abbildung 13.6 zeigt ein entsprechendes Beispiel. Die in der Registerkarte **Problems** dargestellte Warnung wird, wie im Meldungstext erfasst, von der Komponente Access Control Management erzeugt. Sie hat keinen Einfluss auf die Aktivierung des CDS-Modells.

**Warnungen und Informationen**

13

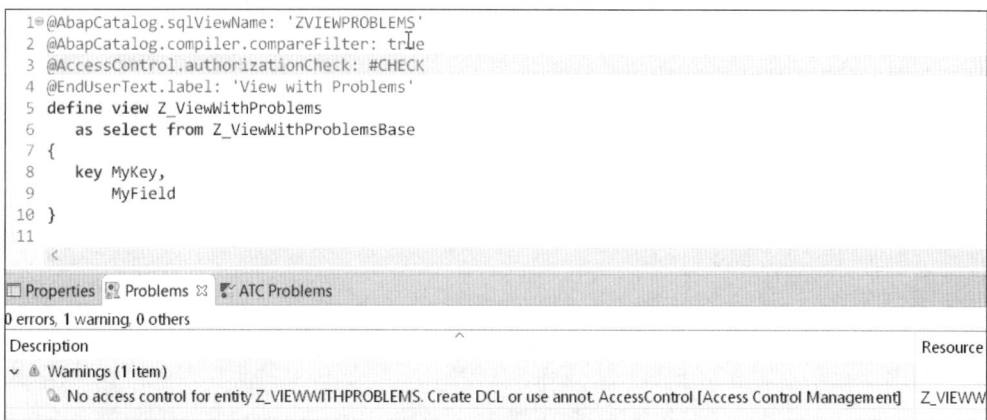

```
 1⊖ @AbapCatalog.sqlViewName: 'ZVIEWPROBLEMS'
 2  @AbapCatalog.compiler.compareFilter: true
 3  @AccessControl.authorizationCheck: #CHECK
 4  @EndUserText.label: 'View with Problems'
 5  define view Z_ViewWithProblems
 6     as select from Z_ViewWithProblemsBase
 7  {
 8     key MyKey,
 9         MyField
10  }
11
```

| ☐ Properties | 🔲 Problems ☒ | 🏷 ATC Problems | |
|---|---|---|---|
| 0 errors, 1 warning, 0 others | | | |
| Description | | | Resource |
| ⌄ ⚠ Warnings (1 item) | | | |
| ⚠ No access control for entity Z_VIEWWITHPROBLEMS. Create DCL or use annot. AccessControl [Access Control Management] | | | Z_VIEWW |

**Abbildung 13.6**  Warnung bei fehlender CDS-Zugriffskontrolle

Tritt eine solche Meldung bei Ihrem CDS-Modell auf, sollten Sie die fehlende CDS-Zugriffskontrolle ergänzen. Falls tatsächlich keine Berechtigungssteuerung auf Instanzenebene notwendig ist, sollten Sie den Annotationswert von »CHECK« auf »NOT_REQUIRED« umsetzen.

**Korrektur des Problems**

[+]

**Problemschwere**

Anhand der dargestellten Beispiele können Sie erkennen, dass der Meldungstyp (Fehler, Warnung und Information) nicht immer etwas über die

Schwere des Problems und die Dringlichkeit einer Korrektur aussagt. Sie sollten daher grundsätzlich auch Warnungen und Informationen in Ihre Analyse und Problembehebung einbeziehen. Es gibt aber auch Warnungen oder Informationen, die Sie nicht sinnvoll beheben können. Diese Meldungen weisen lediglich auf ein mögliches Problem hin, dass von Ihnen überprüft werden soll.

## 13.2   Aktivierungsprobleme behandeln

Im Gegensatz zu den bisher demonstrierten Problemfällen müssen Sie aktivierungsrelevante Probleme stets lösen, um ein CDS-Modell erfolgreich aktivieren zu können.

**Aktivierungsproblem hervorrufen**   Erzeugen Sie nun ein solches Problem. Ändern Sie dazu im CDS-View Z_View-WithProblems den Namen des Felds MyField zu MyField1. Der CDS-Editor zeigt sofort nach Ihrer Eingabe den in Abbildung 13.7 dargestellten Syntaxfehler. Dieser Fehler tritt auf, weil der zugrunde liegende CDS-View Z_View-WithProblemsBase kein entsprechend benanntes Feld exponiert.

**Abbildung 13.7**  Syntaxfehler nach der Umbenennung eines Felds

Ignorieren Sie die Fehlermeldung, und versuchen Sie, den CDS-View zu aktivieren. Es erscheint ein modales Fenster, das Sie über den Abbruch der Aktivierung informiert. Wie Sie Abbildung 13.8 entnehmen können, zeigt die Registerkarte **Problems** darüber hinaus eine entsprechende Fehlermeldung: »DDLS... was not activated«. Diese wird auch in der Statuszeile der ABAP-in-Eclipse-Umgebung angezeigt.

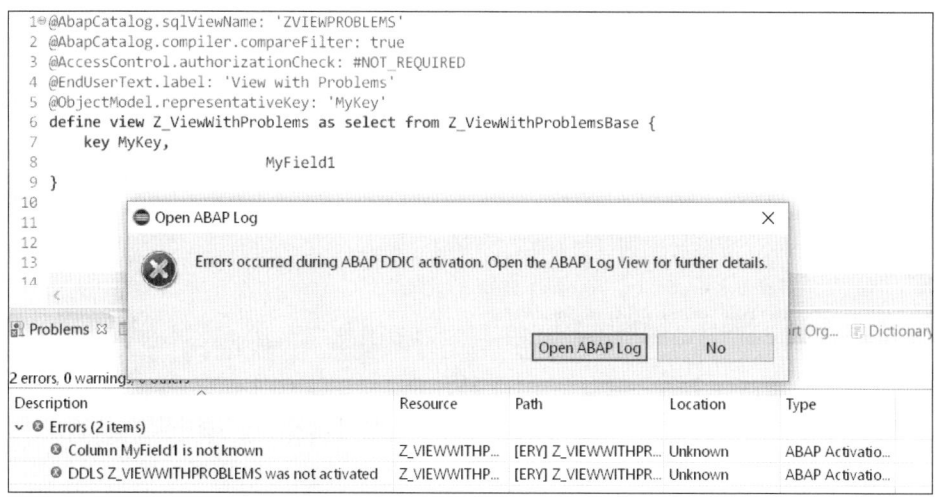

**Abbildung 13.8** Fehlgeschlagene Aktivierung im CDS-Editor

13

Oft ist die Ursache für ein Aktivierungsproblem nicht so offensichtlich wie im vorliegenden Fall. Vielmehr können weitere Informationen erforderlich sein, um den entsprechenden Fehler zu lokalisieren und schließlich abstellen zu können. In diesen Fällen sollten Sie sich das Aktivierungs-Log ansehen. Sie können das Log mit der Funktion **Open ABAP Log** öffnen (siehe Abbildung 13.8). Alternativ können Sie den Pfad **Open With · Activation Log** im Kontextmenü des CDS-Editors nutzen. Abbildung 13.9 zeigt einen Überblick über das Resultat der Aktivierung.

**Aktivierungs-problem analysieren**

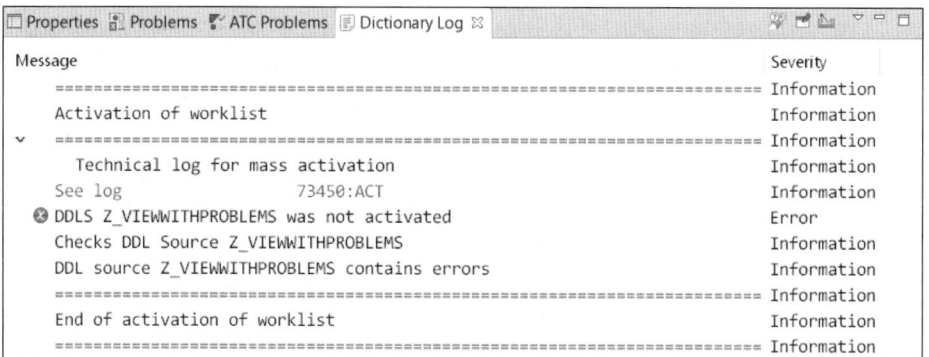

**Abbildung 13.9** Übersicht über das Aktivierungs-Log

Positionieren Sie Ihren Cursor auf der dargestellten Link-Verknüpfung »See log...:ACT«. Verwenden Sie nun die Taste Strg, und klicken Sie dabei gleichzeitig mit Ihrer Maus auf die Verknüpfung. Es öffnet sich eine Detailsicht des Aktivierungs-Logs, wie in Abbildung 13.10 gezeigt.

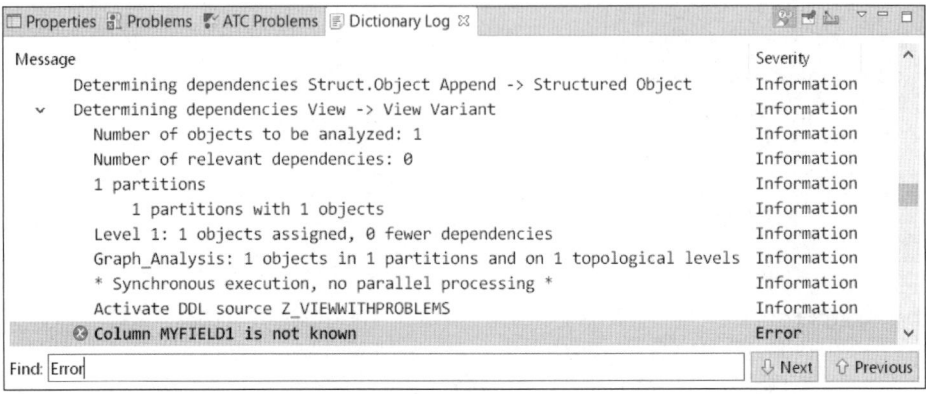

**Abbildung 13.10** Detailsicht zum Aktivierungs-Log

Suchen Sie in dem Aktivierungs-Log nach Einträgen, die als Fehler ausge-zeichnet sind. Blenden Sie dazu mit dem Icon  **Show Search Toolbar** die Suchzeile ein. Geben Sie im Suchfeld den Begriff »Error« ein, wie in Abbil-dung 13.10 gezeigt. Im vorliegenden Fall finden Sie die Fehlermeldung »Co-lumn MYFIELD1 is not known«. Um das bestehende Problem zu lösen, kön-nen Sie die gewünschte Namensänderung mit der Aliasfunktion MyField as MyField1 durchführen.

Verwendete Felder umbenennen

Aufwendiger wird eine solche Umbenennung dann, wenn mehrere vonei-nander abhängige Felder gemeinsam umbenannt werden müssen. Stellen Sie sich dazu vor, dass das Feld MyField des CDS-Views Z_ViewWithProb-lemsBase in MyField2 umbenannt werden soll. Aufgrund der bestehenden Verwendung des Felds MyField im CDS-View Z_ViewWithProblems kann die angestrebte Umbenennung nur schrittweise erfolgen: Sie müssen in einem ersten Schritt ein zweites Feld MyField2 in den CDS-View Z_ViewWithProb-lemsBase mitaufnehmen und diesen CDS-View aktivieren. Anschließend müssen Sie alle Verwendungen des Basisfelds MyField im abhängigen CDS-View Z_ViewWithProblems auf das neue Basisfeld MyField2 umstellen. Nach dem Aktivieren des CDS-Views Z_ViewWithProblems können Sie schließlich das Feld MyField aus dem CDS-View Z_ViewWithProblemsBase entfernen und diesen erneut aktivieren.

[»]  **Aktivierungslogik**

Sie können ein CDS-Modell nur dann aktivieren, wenn die erfolgreiche Aktivierung nicht von parallelen Änderungen anderer Objekte abhängt. Eine Massenaktivierung wird standardseitig nicht unterstützt. Diese funk-tionale Einschränkung erfordert, dass Sie voneinander abhängige Änder-ungen sukzessive vornehmen. Die einzelnen Zwischenstände müssen Sie

dann jeweils aktivieren, bevor Sie die nächste Änderung vornehmen kön-
nen. Zum Beispiel können Sie eine Assoziation zu einem bestehenden CDS-
View erst dann hinzufügen und diese aktivieren, wenn Sie zuvor den Ziel-
CDS-View erfolgreich aktiviert haben.

Im Rahmen der Aktivierung eines geänderten CDS-View-Modells werden
die SQL-Views der abhängigen CDS-Views auf der SAP-HANA-Datenbank
zunächst gelöscht bzw. invalidiert und im Anschluss wieder angelegt. Wird
der automatische Wiederaufbau dieser SQL-View-Hierarchie gestört, entstehen aktive CDS-Artefakte ohne zugehörigen Datenbank-SQL-View im
ABAP Data Dictionary. Die Ursachen für diese Inkonsistenzen sind sehr
vielfältig. Beispielsweise können parallele, sich überschneidende Aktivie-
rungen derselben CDS-Views diese Schiefstände hervorrufen.

**Fehlende SQL-Views in der Datenbank**

Die entstandenen Inkonsistenzen äußern sich z. B., wenn Daten über den
betroffenen CDS-View selektiert werden. Wenn Sie in einem solchen Fall
beispielsweise die Sicht **Data Preview** eines betroffenen CDS-Modells öffnen wollen, erscheint die in Abbildung 13.11 dargestellte Fehlermeldung. Beachten Sie, dass der CDS-View Z_ViewWithProblems aktiv ist und als fehler-
freies Objekt im CDS-Editor dargestellt wird.

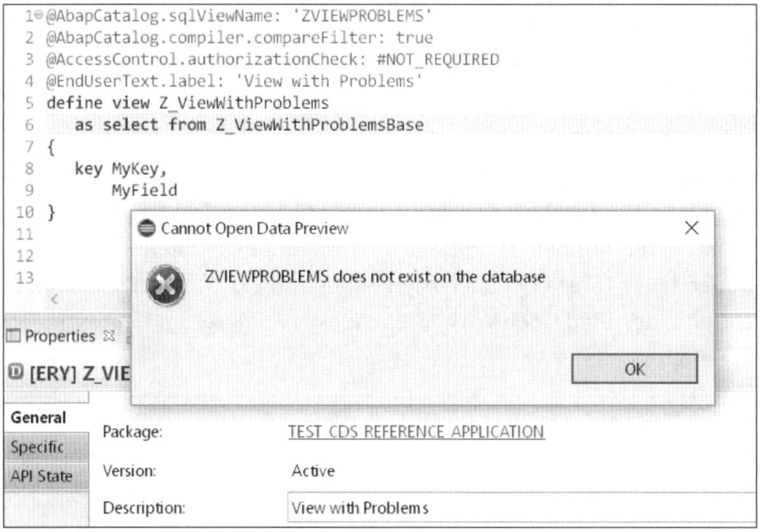

**Symptome**

```
 1 @AbapCatalog.sqlViewName: 'ZVIEWPROBLEMS'
 2 @AbapCatalog.compiler.compareFilter: true
 3 @AccessControl.authorizationCheck: #NOT_REQUIRED
 4 @EndUserText.label: 'View with Problems'
 5 define view Z_ViewWithProblems
 6     as select from Z_ViewWithProblemsBase
 7 {
 8     key MyKey,
 9         MyField
10 }
11
12
13
```

Cannot Open Data Preview                                    ×

ZVIEWPROBLEMS does not exist on the database

OK

Properties ☒

[ERY] Z_VIE

General
Specific          Package:          TEST CDS REFERENCE APPLICATION
API State         Version:          Active
                  Description:      View with Problems

**Abbildung 13.11** Fehler beim Öffnen des Data Previews

Wenn Sie den entsprechenden SQL-View des ABAP Data Dictionarys in Transaktion SE11 öffnen, erscheint die gleiche Meldung. Wenn Sie zur Darstellung
des SQL-Views navigieren, können Sie erkennen, dass aus Sicht des ABAP Dictionarys der SQL-View ebenfalls aktiv ist. Dies zeigt Abbildung 13.12.

**SQL-View im ABAP Dictionary**

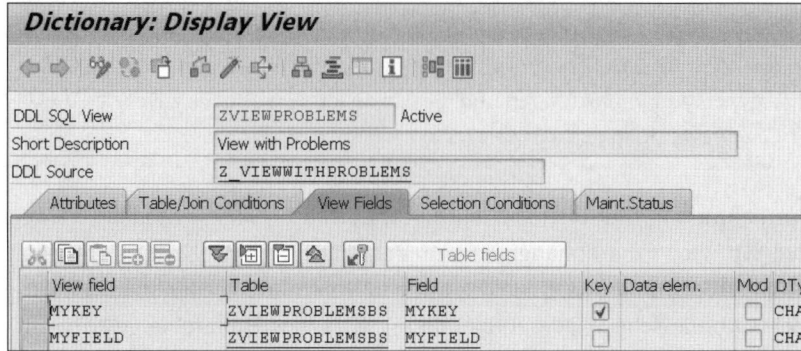

**Abbildung 13.12**  SQL-View in Transaktion SE11

**Fehlende SQL-Views erzeugen**  Sie können diese Inkonsistenz nicht durch das Aktivieren der SQL-Views in Transaktion SE11 korrigieren. Stattdessen müssen Sie das zugehörige CDS-Datenmodell in der ABAP-in-Eclipse-Umgebung erneut aktivieren.

### Generierte Artefakte

Sie sollten die aus dem CDS-Modell generierten Artefakte des ABAP Dictionarys und der Datenbank immer nur über das CDS-Datenmodell ändern bzw. aktivieren. Greifen Sie in Ihren Modellen und Implementierungen immer nur auf den modellierten CDS-View und nicht etwa auf den daraus generierten SQL-View zu, um zusätzliche Lifecycle-Probleme zu vermeiden.

Fehlen in einem CDS-View-Stack die Datenbank-SQL-Views von mehreren voneinander abhängigen CDS-Modellen, müssen Sie zunächst die zugrunde liegenden CDS-Views aktivieren, bevor Sie die darauf aufbauenden CDS-Views aktivieren können. In diesem Zusammenhang sollten Sie die Sicht **SQL Dependency Tree** verwenden (siehe Abbildung 13.13). Sie erreichen diese Sicht über den Pfad **Open With · Dependency Analyzer** im Kontextmenü des CDS-Editors.

| SQL Name | SQL Relation | Object Type | Entity Name | Database Object | Access Control |
|---|---|---|---|---|---|
| **SQL Dependency Tree** | | | | | |
| ∨ ZVIEWPROBLEMS | | CDS View (STOB) | Z_ViewWithProblems | False | None |
| ∨ ZVIEWPROBLEMSBS | From | CDS View (STOB) | Z_ViewWithProblemsBase | False | None |
| T000 | From | Database Table (TABL) | | True | |

**Abbildung 13.13**  Sicht »SQL Dependency Tree«

Darin finden Sie eine Übersicht über das Abhängigkeitsgeflecht der CDS-Modelle bis hinunter zu den Datenbanktabellen. Außerdem können Sie sich in dieser Sicht einen Überblick über den aktuellen Zustand der SQL-Views in der Datenbank verschaffen. Die Spalte **Database Object** zeigt Ihnen an, ob ein Datenbankobjekt existiert oder nicht. Im vorliegenden Fall fehlen die Datenbankobjekte, sprich die SQL-Views, der beiden CDS-Views `Z_ViewWithProblems` und `Z_ViewWithProblemsBase`. Um diese anzulegen, aktivieren Sie zunächst den unterliegenden CDS-View `Z_ViewWithProblemsBase`. Im Anschluss können Sie dann den CDS-View `Z_ViewWithProblems` aktivieren.

13

# Anhang A
# CDS-Annotationsreferenz

Im Folgenden finden Sie eine Übersicht über die in diesem Buch vorgestellten CDS-Annotationen als Schnellreferenz. Eine Übersicht über alle verfügbaren CDS-Annotationen finden Sie in der SAP-Dokumentation.

| Annotationsname | Erläuterung |
|---|---|
| **AbapCatalog** | |
| AbapCatalog.compiler. compareFilter | Instruiert den Compiler, gleichartige Pfade als solche zu behandeln und damit redundante Joins zu vermeiden. |
| AbapCatalog.preserveKey | Sichert die Übertragung der Schlüsseldefinition des CDS-Views auf dessen generierten SQL-View. |
| AbapCatalog.sqlView AppendName | Definiert in einer CDS-View-Erweiterung den Namen der Append-Struktur im ABAP DDIC für den SQL-View des CDS-Views, der erweitert wird. |
| AbapCatalog.sqlViewName | Name des vom ABAP DDIC generierten Views auf der Datenbank |
| **AccessControl** | |
| AccessControl. authorizationCheck | Dokumentation des Berechtigungsschutzes eines CDS-Modells |
| **Aggregation** | |
| Aggregation.default | Legt das Standard-Aggregationsverhalten des annotierten Felds fest; dient der Definition einer Kennzahl; mögliche Werte sind:<br>■ #AVG<br>■ #COUNT_DISTINCT<br>■ #FORMULA<br>■ #MAX<br>■ #MIN<br>■ #NONE<br>■ #SUM |

**Tabelle A.1** Überblick über ausgewählte CDS-Annotationen

| Annotationsname | Erläuterung |
| --- | --- |
| **Analytics** | |
| Analytics.dataCategory | Definiert die analytische Datenkategorie eines CDS-Views. Mögliche Werte sind:<br>■ #CUBE<br>■ #DIMENSION<br>■ #FACT |
| Analytics.query | Definition einer analytischen Query durch den CDS-View |
| **AnalyticsDetails** | |
| AnalyticsDetails.exceptionAggregationSteps | Definition eines Ausnahmeaggregationsschritts |
| AnalyticsDetails.query.axis | Wählt Zeilen oder Spalten für die Anzeige der verschiedenen Feldwerte aus. |
| AnalyticsDetails.query.display | Definiert die Art der Anzeige des annotierten Felds in einer analytischen Query. Mögliche Werte sind:<br>■ #KEY<br>■ #TEXT<br>■ #KEY_TEXT<br>■ #TEXT_KEY |
| AnalyticsDetails.query.formula | Definition einer Berechnungsformel |
| AnalyticsDetails.query.hidden | Blendet ein Feld in der Anzeige aus |
| AnalyticsDetails.query.sortDirection | Auswahl einer Sortierung |
| AnalyticsDetails.query.totals | Steuert die Anzeige von Zwischensummen zu einem Feld |
| **ClientHandling** | |
| ClientHandling.algorithm | Algorithmus der Mandantenbehandlung. Mögliche Werte sind:<br>■ #AUTOMATED<br>■ #SESSION_VARIABLE<br>■ #NONE |

**Tabelle A.1** Überblick über ausgewählte CDS-Annotationen (Forts.)

| Annotationsname | Erläuterung |
| --- | --- |
| ClientHandling.type | Art der Mandantenbehandlung. Mögliche Werte sind:<br>■ #CLIENT_DEPENDENT<br>■ #CLIENT_INDEPENDENT<br>■ #INHERITED |
| **Consumption** | |
| Consumption.defaultValue | Gibt einen Default-Wert für einen Parameter an. |
| Consumption.derivation | Definiert einen Vorschlagsmechanismus für Felder und Parameter. |
| Consumption.filter | Legt die Art der Filterung eines Felds fest. |
| Consumption.hidden | Verhindert die Exponierung eines Felds oder Parameters in der Signatur eines Service. |
| Consumption.valueHelpDefinition.association | Definition einer Wertehilfe über das Ziel-CDS-Modell einer Assoziation |
| Consumption.valueHelpDefinition.additionalBinding.element | zusätzliche Verknüpfung eines Felds eines Wertehilfe-CDS-Modells |
| Consumption.valueHelpDefinition.additionalBinding.localElement | zusätzliche Verknüpfung eines lokalen Felds |
| Consumption.valueHelpDefinition.entity.element | Definiert das mit dem annotierten Feld verbundene Feld des Wertehilfe-CDS-Modells. |
| Consumption.valueHelpDefinition.entity.name | CDS-Modell, das als Wertehilfe fungiert |
| DefaultAggregation | Diese Annotation ist veraltet und wird abgelöst durch die Annotation Aggregation.default mit der gleichen Bedeutung. |
| **EndUserText** | |
| EndUserText.label | Definiert einen sprachabhängigen Bezeichner für einen CDS-View, einen Parameter, ein Feld eines CDS-Views oder eine Rolle der CDS-Zugriffskontrolle. |
| EndUserText.quickInfo | Definiert eine sprachabhängige Beschreibung für ein Feld oder einen Parameter eines CDS-Views, die länger als ein Bezeichner ist. |

**Tabelle A.1** Überblick über ausgewählte CDS-Annotationen (Forts.)

| Annotationsname | Erläuterung |
|---|---|
| **Environment** | |
| Environment.systemField | Automatische Belegung der annotierten Parameter mit den entsprechenden ABAP-Systemfeldern, falls die Parameter beim Selektionszugriff über die SQL-Schnittstelle nicht explizit versorgt werden. Mögliche Werte sind:<br>■ #CLIENT<br>■ #SYSTEM_DATE<br>■ #SYSTEM_TIME<br>■ #SYSTEM_LANGUAGE<br>■ #USER |
| **Hierarchy** | |
| Hierarchy.leveled | Definition einer Stufenhierarchie |
| Hierarchy.parentChild | Definition einer Vater-Kind-Hierarchie |
| **MappingRole** | |
| MappingRole | Definition einer CDS-Mapping-Rolle |
| **Metadata** | |
| Metadata.allowExtensions | Ermöglicht die Definition von Metadatenerweiterungen für das annotierte CDS-Modell. |
| Metadata.ignorePropagated-Annotations | Unterbindet die Propagation von Elementannotationen. |
| Metadata.layer | Schichtzuordnung einer Metadatenerweiterung. Mögliche Werte sind:<br>■ #FOUNDATION<br>■ #APPLICATION<br>■ #INDUSTRY<br>■ #PARTNER<br>■ #CUSTOMER |
| **MetadataExtension** | |
| MetadataExtension.usageAllowed | Auszeichnung einer Annotation, die in Metadatenerweiterungen genutzt werden darf. |
| **ObjectModel** | |
| ObjectModel.alternativeKey.element | Feldliste eines alternativen Schlüssels |

**Tabelle A.1** Überblick über ausgewählte CDS-Annotationen (Forts.)

| Annotationsname | Erläuterung |
|---|---|
| ObjectModel.alternativeKey.id | Identifikator eines alternativen Schlüssels |
| ObjectModel.alternativeKey.uniqueness | Definition der Eindeutigkeit eines alternativen Schlüssels |
| ObjectModel.association.type | Kennzeichnet den Typ einer Assoziation. Mögliche Werte sind: <ul><li>#TO_COMPOSITION_ROOT</li><li>#TO_COMPOSITION_PARENT</li><li>#TO_COMPOSITION_CHILD</li></ul> |
| ObjectModel.compositionRoot | Kennzeichnet den Wurzel-View einer Kompositionshierarchie von CDS-Views. |
| ObjectModel.createEnabled | Kennzeichnet, dass eine Instanz der Entität über die Verwenderschnittstelle angelegt werden kann. |
| ObjectModel.dataCategory | Datenkategorie des CDS-Modells. Mögliche Werte sind: <ul><li>#TEXT</li><li>#HIERARCHY</li></ul> |
| ObjectModel.deleteEnabled | Kennzeichnet, dass eine Instanz der Entität über die Verwenderschnittstelle gelöscht werden kann. |
| ObjectModel.foreignKey.association | Benennt die Assoziation, die die Fremdschlüsselbeziehung des annotierten Felds darstellt. |
| ObjectModel.hierarchy.association | Kennzeichnet die Assoziation zum zugehörigen Hierarchieknoten-View. |
| ObjectModel.mandatory | Kennzeichnet, ob ein Feld verpflichtend gefüllt sein muss, um im Objekt Konsistenz zu erreichen. |
| ObjectModel.modelCategory | Kategorisierung von Objekten |
| ObjectModel.readOnly | Kennzeichnet, dass ein Feld über die Verwenderschnittstelle nicht geändert werden kann. |
| ObjectModel.representativeKey | Schlüsselfeld, das den CDS-View repräsentiert |
| ObjectModel.text.association | Definiert eine Assoziation zu einem CDS-View der Datenkategorie #TEXT. Dieser View stellt einen oder mehrere (sprachabhängige) Texte für das annotierte Feld zur Verfügung. |
| ObjectModel.text.element | Verweist auf eines oder mehrere Felder mit einem beschreibenden Text zum annotierten Feld. |

**Tabelle A.1** Überblick über ausgewählte CDS-Annotationen (Forts.)

| Annotationsname | Erläuterung |
| --- | --- |
| ObjectModel.transactional-ProcessingDelegated | Kennzeichnet, dass zur transaktionalen Laufzeit der unterliegenden Entität delegiert werden soll. |
| ObjectModel.transactional-ProcessingEnabled | Kennzeichnet, dass es eine transaktionale Laufzeit für das Objekt gibt. |
| ObjectModel.updateEnabled | Kennzeichnet, dass eine Instanz der Entität über die Verwenderschnittstelle geändert werden kann. |
| ObjectModel.usageType.dataClass | Datenklassifizierung eines CDS-Modells |
| ObjectModel.usageType.serviceQuality | Performance-Charakteristika eines CDS-Modells |
| ObjectModel.usageType.sizeCategory | Erwartet die Anzahl der prozessierten Datensätze bei einer Selektionsanfrage. |
| ObjectModel.virtualElement | Kennzeichnet ein Element in CDS, das nicht auf der Datenbankebene berechnet wird. |
| ObjectModel.virtualElement-CalculatedBy | Benennt die implementierende Klasse des virtuellen Elements. |
| ObjectModel.writeActivePersistence | Benennt die Datenbanktabelle des CDS-Views für Schreiboperationen durch die ABAP-Anwendungs-infrastruktur. |
| OData | |
| OData.publish | automatische Exponierung eines CDS-Modells als OData-Service über die ABAP-Anwendungsinfrastruktur |
| Scope | |
| Scope | Geltungsbereich von Annotationen |
| Semantics | |
| Semantics.amount.currencyCode | Kennzeichnet ein Betragsfeld und gibt das zugehörige Währungsfeld an |
| Semantics.businessDate.from | Beginndatum eines Gültigkeitszeitraums |
| Semantics.businessDate.to | Endedatum eines Gültigkeitszeitraums |
| Semantics.currencyCode | Kennzeichnet ein Währungsfeld |
| Semantics.fiscal.yearVariant | Geschäftsjahresvariante; diese legt die Eigenschaften des Geschäftsjahres fest. |

**Tabelle A.1** Überblick über ausgewählte CDS-Annotationen (Forts.)

| Annotationsname | Erläuterung |
| --- | --- |
| Semantics.fiscal.period | Geschäftsperiode |
| Semantics.fiscal.year | Geschäftsjahr |
| Semantics.fiscal.yearPeriod | Geschäftsjahresperiode, die Kombination aus Geschäftsjahr und Periode. |
| Semantics.language | Kennzeichnet ein Feld, das die Sprache für sprachabhängige Texte in dem CDS-View enthält. |
| Semantics.quantity.unitOfMeasure | Kennzeichnet ein Mengenfeld und gibt das zugehörige Einheitenfeld an. |
| Semantics.systemDate.createdAt | Datum der Datenanlage |
| Semantics.systemDate.lastChangedAt | Datum der letzten Datenänderung |
| Semantics.systemDateTime.createdAt | Zeitpunkt (ABAP Timestamp, kurz oder lang) der Datenanlage |
| Semantics.systemDateTime.lastChangedAt | Zeitpunkt (ABAP Timestamp, kurz oder lang) der letzten Datenänderung |
| Semantics.systemTime.createdAt | Uhrzeit der Datenanlage; nur sinnvoll in Kombination mit einem Anlagedatum. |
| Semantics.systemTime.lastChangedAt | Uhrzeit der letzten Datenänderung; nur sinnvoll in Kombination mit einem Änderungsdatum. |
| Semantics.text | Kennzeichnet ein Textfeld. |
| Semantics.unitOfMeasure | Kennzeichnet ein Einheitenfeld. |
| Semantics.user.createdBy | Kennzeichnet das Feld, das den User enthält, der die Instanz angelegt hat. |
| Semantics.user.lastChangedBy | Kennzeichnet das Feld, das den User enthält, der die Instanz zuletzt geändert hat. |
| Search | |
| Search.defaultSearchElement | Feld, das in die Freitextsuche eingebunden wird |
| Search.fuzzinessThreshold | Definiert die zulässige Unschärfe beim Vergleich eines Feldwerts mit dem Suchbegriff. |
| Search.ranking | Gewichtung des Suchergebnisses |
| Search.searchable | CDS-Modell, das eine Freitextsuche unterstützt |

**Tabelle A.1** Überblick über ausgewählte CDS-Annotationen (Forts.)

| Annotationsname | Erläuterung |
|---|---|
| **UI** | |
| UI.facet | Definiert eine Facette für die Benutzerschnittstelle. |
| UI.fieldGroup | Definiert eine Feldgruppe für die Benutzerschnittstelle. |
| UI.headerInfo | Definiert Informationen, die in der Benutzerschnittstelle für die Entität angezeigt werden. |
| UI.hidden | Definiert, dass ein Feld in der Benutzerschnittstelle nicht sichtbar ist. |
| UI.identification | Definiert, dass ein Feld standardmäßig in einer Einzelanzeige für die Benutzerschnittstelle sichtbar ist. |
| UI.lineItem | Definiert, dass ein Feld standardmäßig in einer tabellarischen Anzeige für die Benutzerschnittstelle sichtbar ist. |
| UI.lineItem.importance | Wichtigkeit einer Tabellenspalte. |
| UI.selectionField | Definiert, dass das Feld als Standardselektionskriterium sichtbar ist. |
| **VDM** | |
| VDM.private | Kennzeichnet einen privaten CDS-View des VDM. |
| VDM.viewExtension | Kennzeichnet eine Erweiterung eines CDS-Views des VDM. |
| VDM.viewType | Typ eines CDS-Views des VDM. Mögliche Werte sind:<br>• #BASIC<br>• #COMPOSITE<br>• #TRANSACTIONAL<br>• #CONSUMPTION<br>• #EXTENSION |

**Tabelle A.1** Überblick über ausgewählte CDS-Annotationen (Forts.)

# Anhang B
## Die Autoren

**Renzo Colle** verantwortet aktuell in der zentralen Architekturgruppe das Programmiermodell für SAP S/4HANA. Er hat Wirtschaftsmathematik an der Universität Karlsruhe studiert und ist seit 20 Jahren bei SAP in unterschiedlichsten Bereichen und Rollen tätig. Seine Laufbahn bei SAP startete er als Entwickler in der strategischen Kundenentwicklung. Danach war er unter anderem im SAP Extended Warehouse Management tätig. In SAP Business ByDesign verantwortete er den Logistikbereich und war leitender Architekt der SAP-By-Design-Plattform für Cloud-Anwendungen. Als Erfinder des Business Object Processing Frameworks (BOPF) beschäftigt er sich seit über 15 Jahren mit modellgetriebener Softwareentwicklung und transaktionalen Anwendungen. Weitere Informationen zu Herrn Colle finden Sie unter *https://de.linkedin.com/in/renzo-colle-30804ba1/de*

**Ralf Dentzer** arbeitet seit einigen Jahren in der zentralen Architekturgruppe der SAP S/4HANA Suite mit einem Schwerpunkt auf der Verwendung von Core Data Services in SAP S/4HANA. Vor mehr als 20 Jahren begann Ralf Dentzer seine Tätigkeit bei SAP. Er entwickelte Anwendungen im Bereich der Personalwirtschaft für SAP R/3, SAP ERP und SAP Business ByDesign. Danach verlagerten sich seine Aufgaben zu Fragen der Gesamtarchitektur für neue Lösungen. Ralf Dentzer studierte Mathematik und promovierte an der Universität Heidelberg. Er ist verheiratet und hat zwei erwachsene Söhne.

 **Jan Hrastnik** ist Mitglied des Architekturteams der Suite und widmet sich dort den Schwerpunktthemen des virtuellen Datenmodells und der Verwendung von Core Data Services in ABAP-Anwendungen. Er arbeitet seit über 15 Jahren in unterschiedlichen Entwicklungsbereichen von SAP. Zu Beginn seiner Tätigkeit unterstützte er zahlreiche Kundenprojekte aus der Automobilindustrie. Im Anschluss daran arbeitete er in der SCM-Entwicklung von SAP Business ByDesign. Herrn Hrastniks Tätigkeit konzentrierte sich dabei zunächst auf die Entwicklung der für die Produktionsprozesse erforderlichen Stammdaten, ehe er übergreifende Expertenaufgaben in zentralen Architekturthemen übernahm. Im Anschluss arbeitete Herr Hrastnik an der Employee-Central-Lösung von SuccessFactors und in der nativen SAP-HANA-Anwendungsentwicklung.

# Index

## A

- Einfacher entwickeln mit dem Business Objects Processing Framework

- Business-Objekte verwenden, anlegen und erweitern

- Entwickler-Know-how für SAP S/4HANA

Felix Roth, Stefan Stöhr

# BOPF – Business-Objekte mit ABAP entwickeln

Entwickeln Sie eigene ABAP-Anwendungen, ohne sich um die zeitraubende Implementierung der Hintergrundlogik kümmern zu müssen. In diesem Buch erfahren Sie, wie das mit dem Business Object Processing Framework (BOPF) von SAP möglich wird. Lernen Sie, wie Business-Objekte aufgebaut sind und wie Sie Ihre Anwendung in diese Objekte strukturieren. Verwenden Sie bestehende Business-Objekte, oder entwickeln Sie Ihre eigenen. Dank der praktischen Beispiele läuft Ihre Entwicklung mit dem Framework bald wie geschmiert!

364 Seiten, gebunden, 79,90 Euro
ISBN 978-3-8362-5972-9
www.sap-press.de/4520